中国社会科学院
庆祝中华人民共和国成立70周年书系

总主编 谢伏瞻

新中国财政学研究70年

闫坤 / 主编

国家哲学社会科学学术研究史

70年

中国社会科学出版社

图书在版编目（CIP）数据

新中国财政学研究 70 年/闫坤主编 . —北京：中国社会科学出版社，2019.9

（庆祝中华人民共和国成立 70 周年书系）

ISBN 978-7-5203-4981-9

Ⅰ.①新… Ⅱ.①闫… Ⅲ.①财政学—研究—中国—1949-2019 Ⅳ.①F812

中国版本图书馆 CIP 数据核字（2019）第 188710 号

出 版 人	赵剑英
责任编辑	王　曦
责任校对	石春梅　李　莉
责任印制	王　超

出　　版	中国社会科学出版社
社　　址	北京鼓楼西大街甲 158 号
邮　　编	100720
网　　址	http://www.csspw.cn
发 行 部	010-84083685
门 市 部	010-84029450
经　　销	新华书店及其他书店

印刷装订	北京君升印刷有限公司
版　　次	2019 年 9 月第 1 版
印　　次	2019 年 9 月第 1 次印刷

开　　本	710×1000　1/16
印　　张	30.25
字　　数	422 千字
定　　价	159.00 元

凡购买中国社会科学出版社图书，如有质量问题请与本社营销中心联系调换
电话：010-84083683
版权所有　侵权必究

中国社会科学院
《庆祝中华人民共和国成立70周年书系》
编撰工作领导小组及委员会名单

编撰工作领导小组：

组　长　谢伏瞻

成　员　王京清　蔡　昉　高　翔　高培勇　杨笑山
　　　　姜　辉　赵　奇

编撰工作委员会：

主　任　谢伏瞻

成　员　（按姓氏笔画为序）

卜宪群　马　援　王　巍　王立民　王立胜
王立峰　王延中　王京清　王建朗　史　丹
邢广程　刘丹青　刘跃进　闫　坤　孙壮志
李　扬　李正华　李　平　李向阳　李国强
李培林　李新烽　杨伯江　杨笑山　吴白乙
汪朝光　张　翼　张车伟　张宇燕　陈　甦
陈光金　陈众议　陈星灿　周　弘　郑筱筠
房　宁　赵　奇　赵剑英　姜　辉　莫纪宏

夏春涛　高　翔　高培勇　唐绪军　黄　平
黄群慧　朝戈金　蔡　昉　樊建新　潘家华
魏后凯

协调工作小组：

组　长 蔡　昉

副组长 马　援　赵剑英

成　员（按姓氏笔画为序）

王子豪　王宏伟　王　茵　云　帆　卢　娜
叶　涛　田　侃　曲建君　朱渊寿　刘大先
刘　伟　刘红敏　刘　杨　刘爱玲　吴　超
宋学立　张　骅　张　洁　张　旭　张崇宁
林　帆　金　香　郭建宏　博　悦　蒙　娃

总　序

与时代同发展　与人民齐奋进

谢伏瞻[*]

今年是新中国成立 70 周年。70 年来，中国共产党团结带领中国人民不懈奋斗，中华民族实现了从"东亚病夫"到站起来的伟大飞跃、从站起来到富起来的伟大飞跃，迎来了从富起来到强起来的伟大飞跃。70 年来，中国哲学社会科学与时代同发展，与人民齐奋进，繁荣中国学术，发展中国理论，传播中国思想，为党和国家事业发展作出重要贡献。在这重要的历史时刻，我们组织中国社会科学院多学科专家学者编撰了《庆祝中华人民共和国成立 70 周年书系》，旨在系统回顾总结中国特色社会主义建设的巨大成就，系统梳理中国特色哲学社会科学发展壮大的历史进程，为建设富强民主文明和谐美丽的社会主义现代化强国提供历史经验与理论支持。

壮丽篇章　辉煌成就

70 年来，中国共产党创造性地把马克思主义基本原理同中国具体实际相结合，领导全国各族人民进行社会主义革命、建设和改革，

---

[*] 中国社会科学院院长、党组书记，学部主席团主席。

战胜各种艰难曲折和风险考验，取得了举世瞩目的伟大成就，绘就了波澜壮阔、气势恢宏的历史画卷，谱写了感天动地、气壮山河的壮丽凯歌。中华民族正以崭新姿态巍然屹立于世界的东方，一个欣欣向荣的社会主义中国日益走向世界舞台的中央。

我们党团结带领人民，完成了新民主主义革命，建立了中华人民共和国，实现了从几千年封建专制向人民民主的伟大飞跃；完成了社会主义革命，确立社会主义基本制度，推进社会主义建设，实现了中华民族有史以来最为广泛而深刻的社会变革，为当代中国的发展进步奠定了根本政治前提和制度基础；进行改革开放新的伟大革命，破除阻碍国家和民族发展的一切思想和体制障碍，开辟了中国特色社会主义道路，使中国大踏步赶上时代，迎来了实现中华民族伟大复兴的光明前景。今天，我们比历史上任何时期都更接近、更有信心和能力实现中华民族伟大复兴的目标。

中国特色社会主义进入新时代。党的十八大以来，在以习近平同志为核心的党中央坚强领导下，我们党坚定不移地坚持和发展中国特色社会主义，统筹推进"五位一体"总体布局，协调推进"四个全面"战略布局，贯彻新发展理念，适应我国社会主要矛盾已经转化为人民日益增长的美好生活需要和不平衡不充分的发展之间的矛盾的深刻变化，推动我国经济由高速增长阶段向高质量发展阶段转变，综合国力和国际影响力大幅提升。中国特色社会主义道路、理论、制度、文化不断发展，拓展了发展中国家走向现代化的途径，给世界上那些既希望加快发展又希望保持自身独立性的国家和民族提供了全新选择，为解决人类问题贡献了中国智慧和中国方案，为人类发展、为世界社会主义发展做出了重大贡献。

70年来，党领导人民攻坚克难、砥砺奋进，从封闭落后迈向开放进步，从温饱不足迈向全面小康，从积贫积弱迈向繁荣富强，取得了举世瞩目的伟大成就，创造了人类发展史上的伟大奇迹。

经济建设取得辉煌成就。70年来，我国经济社会发生了翻天覆地的历史性变化，主要经济社会指标占世界的比重大幅提高，国际地位和国际影响力显著提升。经济总量大幅跃升，2018年国内生产总值比1952年增长175倍，年均增长8.1%。1960年我国经济总量占全球经济的比重仅为4.37%，2018年已升至16%左右，稳居世界第二大经济体地位。我国经济增速明显高于世界平均水平，成为世界经济增长的第一引擎。1979—2012年，我国经济快速增长，年平均增长率达到9.9%，比同期世界经济平均增长率快7个百分点，也高于世界各主要经济体同期平均水平。1961—1978年，中国对世界经济增长的年均贡献率为1.1%。1979—2012年，中国对世界经济增长的年均贡献率为15.9%，仅次于美国，居世界第二位。2013—2018年，中国对世界经济增长的年均贡献率为28.1%，居世界第一位。人均收入不断增加，1952年我国人均GDP仅为119元，2018年达到64644元，高于中等收入国家平均水平。城镇化率快速提高，1949年我国的城镇化率仅为10.6%，2018年我国常住人口城镇化率达到了59.58%，经历了人类历史上规模最大、速度最快的城镇化进程，成为中国发展史上的一大奇迹。工业成就辉煌，2018年，我国原煤产量为36.8亿吨，比1949年增长114倍；钢材产量为11.1亿吨，增长8503倍；水泥产量为22.1亿吨，增长3344倍。基础设施建设积极推进，2018年年末，我国铁路营业里程达到13.1万公里，比1949年年末增长5倍，其中高速铁路达到2.9万公里，占世界高铁总量60%以上；公路里程为485万公里，增长59倍；定期航班航线里程为838万公里，比1950年年末增长734倍。开放型经济新体制逐步健全，对外贸易、对外投资、外汇储备稳居世界前列。

科技发展实现大跨越。70年来，中国科技实力伴随着经济发展同步壮大，实现了从大幅落后到跟跑、并跑乃至部分领域领跑的历史性跨越。涌现出一批具有世界领先水平的重大科技成果。李四光等人提出"陆相生油"理论，王淦昌等人发现反西格玛负超子，第一颗原子弹装置爆炸成功，第一枚自行设计制造的运载火箭发射成功，在世界上首次人工合成牛胰岛素，第一颗氢弹空爆成功，陈景润证明了哥德巴赫猜想中的"1+2"，屠呦呦等人成功发现青蒿素，天宫、蛟龙、天眼、悟空、墨子、大飞机等重大科技成果相继问世。相继组织实施了一系列重大科技计划，如国家高技术研究发展（863）计划、国家重点基础研究发展（973）计划、集中解决重大问题的科技攻关（支撑）计划、推动高技术产业化的火炬计划、面向农村的星火计划以及国家自然科学基金、科技型中小企业技术创新基金等。研发人员总量稳居世界首位。我国研发经费投入持续快速增长，2018 年达 19657 亿元，是 1991 年的 138 倍，1992—2018 年年均增长 20.0%。研发经费投入强度更是屡创新高，2014 年首次突破 2%，2018 年提升至 2.18%，超过欧盟 15 国平均水平。按汇率折算，我国已成为仅次于美国的世界第二大研发经费投入国家，为科技事业发展提供了强大的资金保证。

人民生活显著改善。我们党始终把提高人民生活水平作为一切工作的出发点和落脚点，深入贯彻以人民为中心的发展思想，人民获得感显著增强。70 年来特别是改革开放以来，从温饱不足迈向全面小康，城乡居民生活发生了翻天覆地的变化。我国人均国民总收入（GNI）大幅提升。据世界银行统计，1962 年，我国人均 GNI 只有 70 美元，1978 年为 200 美元，2018 年达到 9470 美元，比 1962 年增长了 134.3 倍。人均 GNI 水平与世界平均水平的差距逐渐缩小，1962 年相当于世界平均水平的 14.6%，2018 年相当于世界平均水平的 85.3%，比 1962 年提高了 70.7 个百分点。在世界银行公布的人均 GNI 排名中，2018 年中国排名第 71 位（共计 192 个经济体），比 1978 年（共计 188 个经济体）提高 104 位。组织实施了一系列中长期扶贫规划，从救济式扶贫到开发式扶贫再到精准扶贫，探索出一条符合中国国情的农村扶贫开发道路，为全面建成小康社会奠定了坚实基础。脱贫攻坚战取得决定性进展，贫困人口大幅减少，为世界减贫事业作出了重大贡献。按照我国现行农村贫困标准测算，1978 年我国农村贫困人口为 7.7 亿人，贫困发生率为 97.5%。2018 年年末农村贫困人口为 1660 万人，比 1978 年减少 7.5 亿人；贫困发生率为 1.7%，比 1978 年下降 95.8 个百分点，平均每年下降 2.4 个百分点。我国是最早实现联合国千年发展目标中减贫目标的发展中国家。就业形势长期稳定，就业总量持续增长，从1949年的1.8亿人增加到2018年的7.8亿人，扩大了3.3倍，就业结构调整优化，就业质量显著提升，劳动力市场不断完善。教育事业获得跨越式发展。1970—2016年，我国高等教育毛入学率从0.1%提高到48.4%，2016年我国高等教育毛入学率比中等收入国家平均水平高出13.4个百分点，比世界平均水平高10.9个百分点；中等教育毛入学率从1970年的28.0%提高到2015年的94.3%，2015年我国中等教育毛入学率超过中等收入国家平均水平16.5个百分点，远高于世界平均水平。我国总人口由1949年的5.4亿人发展到2018年的近14亿人，年均增长率约为1.4%。人民身体素质日益改善，居民预期寿命由新中国成立初的35岁提高到2018年的77岁。居民环境卫生条件持续改善。2015年，我国享有基本环境卫生服务人口占总人口比重为75.0%，超过中等收入国家66.1%的平均水平。我国居民基本饮用水服务已基本实现全民覆盖，超过中等偏上收入国家平均水平。

思想文化建设取得重大进展。党对意识形态工作的领导不断加强，党的理论创新全面推进，马克思主义在意识形态领域的指导地位更加巩固，中国特色社会主义和中国梦深入人心，社会主义核心价值观和中华优秀传统文化广泛弘扬。文化事业繁荣兴盛，文化产业快速发展。文化投入力度明显加大。1953—1957年文化事业费总投入为4.97亿元，2018年达到928.33亿元。广播影视制播能力显著增强。新闻出版繁荣发展。2018年，图书品种51.9万种、总印数100.1亿册（张），分别为1950年的42.7倍和37.1倍；期刊品种10139种、总印数22.9亿册，分别为1950年的34.4倍和57.3倍；报纸品种1871种、总印数337.3亿份，分别为1950年的4.9倍和42.2倍。公共文化服务水平不断提高，文艺创作持续繁荣，文化事业和文化产业蓬勃发展，互联网建设管理运用不断完善，全民健身和竞技体育全面发展。主旋律更加响亮，正能量更加强劲，文化自信不断增强，全党全社会思想上的团结统一更加巩固。改革开放后，我国对外文化交流不断扩大和深化，已成为国家整体外交战略的重要组成部分。特别是党的十八大以来，文化交流、文化贸易和文化投资并举的"文化走出去"、推动中华文化走向世界的新格局已逐渐形成，国家文化软实力和中华文化影响力大幅提升。

生态文明建设成效显著。70年来特别是改革开放以来，生态文明建设扎实推进，走出了一条生态文明建设的中国特色道路。党的十八大以来，以习近平同志为核心的党中央高度重视生态文明建设，将其作为统筹推进"五位一体"总体布局的重要内容，形成了习近平生态文明思想，为新时代推进我国生态文明建设提供了根本遵循。国家不断加大自然生态系统建设和环境保护力度，开展水土流失综合治理，加大荒漠化治理力度，扩大森林、湖泊、湿地面积，加强自然保护区保护，实施重大生态修复工程，逐步健全主体功能区制度，推进生态保护红线工作，生态保护和建设不断取得新成效，环境保护投入跨越式增长。20世纪80年代初期，全国环境污染治理投资每年为25亿—30亿元，2017年，投资总额达到9539亿元，比2001年增长7.2倍，年均增长14.0%。污染防治强力推进，治理成效日益彰显。重大生态保护和修复工程进展顺利，森林覆盖率持续提高。生态环境治理明显加强，环境状况得到改善。引导应对气候变化国际合作，成为全球生态文明建设的重要参与者、贡献者、引领者。[①]

新中国70年的辉煌成就充分证明，只有社会主义才能救中国，只有改革开放才能发展中国、发展社会主义、发展马克思主义，只有坚持以人民为中心才能实现党的初心和使命，只有坚持党的全面领导才能确保中国这艘航船沿着正确航向破浪前行，不断开创中国特色社会主义事业新局面，谱写人民美好生活新篇章。

---

① 文中所引用数据皆来自国家统计局发布的《新中国成立70周年经济社会发展成就系列报告》。

繁荣中国学术　发展中国理论
传播中国思想

70年来，我国哲学社会科学与时代同发展、与人民齐奋进，在革命、建设和改革的各个历史时期，为党和国家事业作出了独特贡献，积累了宝贵经验。

一　发展历程

——**在马克思主义指导下奠基、开创哲学社会科学**。新中国哲学社会科学事业，是在马克思主义指导下逐步发展起来的。新中国成立前，哲学社会科学基础薄弱，研究与教学机构规模很小，无法适应新中国经济和文化建设的需要。因此，新中国成立前夕通过的具有临时宪法性质的《中国人民政治协商会议共同纲领》明确提出："提倡用科学的历史观点，研究和解释历史、经济、政治、文化及国际事务，奖励优秀的社会科学著作。"新中国成立后，党中央明确要求："用马列主义的思想原则在全国范围内和全体规模上教育人民，是我们党的一项最基本的政治任务。"经过几年努力，确立了马克思主义在哲学社会科学领域的指导地位。国务院规划委员会制定了1956—1967年哲学社会科学研究工作远景规划。1956年，毛泽东同志提出"百花齐放、百家争鸣"，强调"百花齐放、百家争鸣"的方针，"是促进艺术发展和科学进步的方针，是促进中国的社会主义文化繁荣的方针。"在机构设置方面，1955年中国社会科学院的前身——中国科学院哲学社会科学学部成立，并先后建立了14个研究所。马克思主义指导地位的确立，以及科研和教育体系的建立，为新中国哲学社会科学事业的兴起和发展奠定了坚实基础。

——**在改革开放新时期恢复、发展壮大哲学社会科学**。党的十一届三中全会开启了改革开放新时期，我国哲学社会科学从十年

"文革"的一片荒芜中迎来了繁荣发展的新阶段。邓小平同志强调"科学当然包括社会科学",重申要切实贯彻"双百"方针,强调政治学、法学、社会学以及世界政治的研究需要赶快补课。1977年,党中央决定在中国科学院哲学社会科学学部的基础上组建中国社会科学院。1982年,全国哲学社会科学规划座谈会召开,强调我国哲学社会科学事业今后必须有一个大的发展。此后,全国哲学社会科学规划领导小组成立,国家社会科学基金设立并逐年开展课题立项资助工作。进入21世纪,党中央始终将哲学社会科学置于重要位置,江泽民同志强调"在认识和改造世界的过程中,哲学社会科学和自然科学同样重要;培养高水平的哲学社会科学家,与培养高水平的自然科学家同样重要;提高全民族的哲学社会科学素质,与提高全民族的自然科学素质同样重要;任用好哲学社会科学人才并充分发挥他们的作用,与任用好自然科学人才并发挥他们的作用同样重要"。《中共中央关于进一步繁荣发展哲学社会科学的意见》等文件发布,有力地推动了哲学社会科学繁荣发展。

——**在新时代加快构建中国特色哲学社会科学**。党的十八大以来,以习近平同志为核心的党中央高度重视哲学社会科学。2016年5月17日,习近平总书记亲自主持哲学社会科学工作座谈会并发表重要讲话,提出加快构建中国特色哲学社会科学的战略任务。2017年3月5日,党中央印发《关于加快构建中国特色哲学社会科学的意见》,对加快构建中国特色哲学社会科学作出战略部署。2017年5月17日,习近平总书记专门就中国社会科学院建院40周年发来贺信,发出了"繁荣中国学术,发展中国理论,传播中国思想"的号召。2019年1月2日、4月9日,习近平总书记分别为中国社会科学院中国历史研究院和中国非洲研究院成立发来贺信,为加快构建中国特色哲学社会科学指明了方向,提供了重要遵循。不到两年的时间内,习近平总书记专门为一个研究单位三次发贺信,这充分说明党中央对哲学社会科学的重视前所未有,对哲学社会科学工作者的关怀前所未有。在党中央坚强领导下,广大哲学社会科学工作者增强"四个意识",坚定"四个自信",做到"两个维护",坚持以习近平新时代中国特色社会主义思想为指导,坚持"二为"方向和"双百"方针,以研究我国改革发展稳定重大理论和实践问题为主攻方向,哲学社会科学领域涌现出一批优秀人才和成果。经过不懈努力,我国哲学社会科学事业取得了历史性成就,发生了历史性变革。

二 主要成就

70年来,在党中央坚强领导和亲切关怀下,我国哲学社会科学取得了重大成就。

马克思主义理论研究宣传不断深入。新中国成立后,党中央组织广大哲学社会科学工作者系统翻译了《马克思恩格斯全集》《列宁全集》《斯大林全集》等马克思主义经典作家的著作,参与编辑出版《毛泽东选集》《毛泽东文集》《邓小平文选》《江泽民文选》《胡锦涛文选》等一批党和国家重要领导人文选。党的十八大以来,参与编辑出版了《习近平谈治国理政》《干在实处 走在前列》《之江新语》,以及"习近平总书记重要论述摘编"等一批代表马克思主义中国化最新成果的重要文献。将《习近平谈治国理政》、"习近平总书记重要论述摘编"翻译成多国文字,积极对外宣传党的创新理论,为传播中国思想作出了重要贡献。先后成立了一批马克思主义研究院(学院)和"邓小平理论研究中心""中国特色社会主义理论体系研究中心",党的十九大以后成立了10家习近平新时代中国特色社会主义思想研究机构,哲学社会科学研究教学机构在研究阐释党的创新理论,深入研究阐释马克思主义中国化的最新成果,推动马克思主义中国化时代化大众化方面发挥了积极作用。

为党和国家服务能力不断增强。新中国成立初期,哲学社会科学工作者围绕国家的经济建设,对商品经济、价值规律等重大现实问题进行深入研讨,推出一批重要研究成果。1978年,哲学社会科学界开展的关于真理标准问题大讨论,推动了全国性的思想解放,为我们党重新确立马克思主义思想路线、为党的十一届三中全会召开作了重要的思想和舆论准备。改革开放以来，哲学社会科学界积极探索中国特色社会主义发展道路，在社会主义市场经济理论、经济体制改革、依法治国、建设社会主义先进文化、生态文明建设等重大问题上，进行了深入研究，积极为党和国家制定政策提供决策咨询建议。党的十八大以来，广大哲学社会科学工作者辛勤耕耘，紧紧围绕统筹推进"五位一体"总体布局、协调推进"四个全面"战略布局，推进国家治理体系和治理能力现代化，构建人类命运共同体和"一带一路"建设等重大理论与实践问题，述学立论、建言献策，推出一批重要成果，很好地发挥了"思想库""智囊团"作用。

学科体系不断健全。新中国成立初期，哲学社会科学的学科设置以历史、语言、考古、经济等学科为主。70年来，特别是改革开放以来，哲学社会科学的研究领域不断拓展和深化。到目前为止，已形成拥有马克思主义研究、历史学、考古学、哲学、文学、语言学、经济学、法学、社会学、人口学、民族学、宗教学、政治学、新闻学、军事学、教育学、艺术学等20多个一级学科、400多个二级学科的较为完整的学科体系。进入新时代，哲学社会科学界深入贯彻落实习近平总书记"5·17"重要讲话精神，加快构建中国特色哲学社会科学学科体系、学术体系、话语体系。

学术研究成果丰硕。70年来，广大哲学社会科学工作者辛勤耕耘、积极探索，推出了一批高水平成果，如《殷周金文集成》《中国历史地图集》《中国语言地图集》《中国史稿》《辩证唯物主义原理》《历史唯物主义原理》《政治经济学》《中华大藏经》《中国政治制度通史》《中华文学通史》《中国民族关系史纲要》《现代汉语词典》等。学术论文的数量逐年递增，质量也不断提升。这些学术成果对传承和弘扬中华民族优秀传统文化、推进社会主义先进文化建设、增强文化自信、提高中华文化的"软实力"发挥了重要作用。

对外交流长足发展。70年来特别是改革开放以来，我国哲学社会科学界对外学术交流与合作的领域不断拓展，规模不断扩大，质量和水平不断提高。目前,我国哲学社会科学对外学术交流遍及世界 100 多个国家和地区,与国外主要研究机构、学术团体、高等院校等建立了经常性的双边交流关系。坚持"请进来"与"走出去"相结合,一方面将高水平的国外学术成果译介到国内,另一方面将能够代表中国哲学社会科学水平的成果推广到世界,讲好中国故事,传播中国声音,提高了我国哲学社会科学的国际影响力。

人才队伍不断壮大。70 年来,我国哲学社会科学研究队伍实现了由少到多、由弱到强的飞跃。新中国成立之初,哲学社会科学人才队伍薄弱。为培养科研人才,中国社会科学院、中国人民大学等一批科研、教育机构相继成立,培养了一批又一批哲学社会科学人才。目前,形成了社会科学院、高等院校、国家政府部门研究机构、党校行政学院和军队五大教研系统,汇聚了 60 万多专业、多类型、多层次的人才。这样一支规模宏大的哲学社会科学人才队伍,为实现我国哲学社会科学建设目标和任务提供了有力人才支撑。

三 重要启示

70 年来,我国哲学社会科学在取得巨大成绩的同时,也积累了宝贵经验,给我们以重要启示。

坚定不移地以马克思主义为指导。马克思主义是科学的理论、人民的理论、实践的理论、不断发展的开放的理论。坚持以马克思主义为指导,是当代中国哲学社会科学区别于其他哲学社会科学的根本标志。习近平新时代中国特色社会主义思想是马克思主义中国化的最新成果,是当代中国马克思主义、21 世纪马克思主义,要将这一重要思想贯穿哲学社会科学各学科各领域,切实转化为广大哲学社会科学工作者清醒的理论自觉、坚定的政治信念、科学的思维方法。要不断推进马克思主义中国化时代化大众化,奋力书写研究阐发当代中国马克思主义、21 世纪马克思主义的理论学术经典。

坚定不移地践行为人民做学问的理念。为什么人的问题是哲学社会科学研究的根本性、原则性问题。哲学社会科学研究必须搞清楚为谁著书、为谁立说,是为少数人服务还是为绝大多数人服务的问题。脱离了人民,哲学社会科学就不会有吸引力、感染力、影响力、生命力。我国广大哲学社会科学工作者要坚持人民是历史创造者的观点,树立为人民做学问的理想,尊重人民主体地位,聚焦人民实践创造,自觉把个人学术追求同国家和民族发展紧紧联系在一起,努力多出经得起实践、人民、历史检验的研究成果。

坚定不移地以研究回答新时代重大理论和现实问题为主攻方向。习近平总书记反复强调:"当代中国的伟大社会变革,不是简单延续我国历史文化的母版,不是简单套用马克思主义经典作家设想的模板,不是其他国家社会主义实践的再版,也不是国外现代化发展的翻版,不可能找到现成的教科书。"哲学社会科学研究,必须立足中国实际,以我们正在做的事情为中心,把研究回答新时代重大理论和现实问题作为主攻方向,从当代中国伟大社会变革中挖掘新材料,发现新问题,提出新观点,构建有学理性的新理论,推出有思想穿透力的精品力作,更好服务于党和国家科学决策,服务于建设社会主义现代化强国,实现中华民族伟大复兴的伟大实践。

坚定不移地加快构建中国特色哲学社会科学"三大体系"。加快构建中国特色哲学社会科学学科体系、学术体系、话语体系,是习近平总书记和党中央提出的战略任务和要求,是新时代我国哲学社会科学事业的崇高使命。要按照立足中国、借鉴国外,挖掘历史、把握当代,关怀人类、面向未来的思路,体现继承性、民族性,原创性、时代性,系统性、专业性的要求,着力构建中国特色哲学社会科学。要着力提升原创能力和水平,立足中国特色社会主义伟大实践,坚持不忘本来、吸收外来、面向未来,善于融通古今中外各种资源,不断推进学科体系、学术体系、话语体系建设创新,构建一个全方位、全领域、全要素的哲学社会科学体系。

坚定不移地全面贯彻"百花齐放、百家争鸣"方针。"百花齐放、百家争鸣"是促进我国哲学社会科学发展的重要方针。贯彻"双百方针",做到尊重差异、包容多样,鼓励探索、宽容失误,提倡开展平等、健康、活泼和充分说理的学术争鸣，提倡不同学术观点、不同风格学派的交流互鉴。正确区分学术问题和政治问题的界限，对政治原则问题，要旗帜鲜明、立场坚定，敢于斗争、善于交锋；对学术问题，要按照学术规律来对待，不能搞简单化，要发扬民主、相互切磋，营造良好的学术环境。

坚定不移地加强和改善党对哲学社会科学的全面领导。哲学社会科学事业是党和人民的重要事业，哲学社会科学战线是党和人民的重要战线。党对哲学社会科学的全面领导，是我国哲学社会科学事业不断发展壮大的根本保证。加快构建中国特色哲学社会科学，必须坚持和加强党的领导。只有加强和改善党的领导，才能确保哲学社会科学正确的政治方向、学术导向和价值取向；才能不断深化对共产党执政规律、社会主义建设规律、人类社会发展规律的认识，不断开辟当代中国马克思主义、21世纪马克思主义新境界。

《庆祝中华人民共和国成立70周年书系》坚持正确的政治方向和学术导向，力求客观、详实，系统回顾总结新中国成立70年来在政治、经济、社会、法治、民族、生态、外交等方面所取得的巨大成就，系统梳理我国哲学社会科学重要学科发展的历程、成就和经验。书系秉持历史与现实、理论与实践相结合的原则，编撰内容丰富、覆盖面广，分设了国家建设和学科发展两个系列，前者侧重对新中国70年国家发展建设的主要领域进行研究总结；后者侧重对哲学社会科学若干主要学科70年的发展历史进行回顾梳理，结合中国社会科学院特点，学科选择主要按照学部进行划分，同一学部内学科差异较大者单列。书系为新中国成立70年而作，希望新中国成立80年、90年、100年时能够接续编写下去，成为中国社会科学院学者向共和国生日献礼的精品工程。

是为序。

目 录

绪 论

第一章 新中国财政学 70 年发展的基本脉络与主要成就 ……………………………………………………（3）

第一节 新中国财政学 70 年的基本脉络 ………………（3）

第二节 与社会主义市场经济实践相呼应的财政学 …………（5）

 一 与社会主义国家建设相适应的财政学 ………………（5）

 二 与经济体制改革相适应的财政学 ……………………（7）

 三 与财政实践相适应的财政学 ………………………（11）

第三节 新中国财政学 70 年的主要成就 ………………（14）

 一 财政本质理论 ………………………………………（14）

 二 公共财政理论和现代财政制度论 ……………………（17）

 三 宏观财政理论 ………………………………………（19）

第二章 新中国财政与财政学发展的实践基础 ……………（22）

第一节 革命根据地时期的特殊战时财政 ………………（22）

 一 满足战争需要的财政 ………………………………（23）

 二 开源节流的财政 ……………………………………（25）

 三 从根据地财政走向全国财政 ………………………（29）

第二节 革命根据地财政实践是新中国财政及财政学发展的重要基础 …………………………………（30）

  一 紧密联系实际的财政工作方针……………………………(31)
  二 厉行节约的财政支出实践………………………………(32)
  三 集中统一领导的财政管理体制…………………………(32)
  四 坚持以人民为中心的财政理念…………………………(33)
  五 经济决定财政的财政基本价值观………………………(33)

第一篇 新中国成立初期至改革开放前的财政学(1949—1978年)

第三章 计划经济时期的财政学基础理论……………………(39)
第一节 时代背景………………………………………………(39)
  一 社会主义新中国的建立…………………………………(40)
  二 全新的官方意识形态……………………………………(40)
  三 学术传统的转换…………………………………………(42)
第二节 苏联财政理论在中国…………………………………(43)
  一 以斯大林思想为基础的苏联财政理论…………………(44)
  二 苏联财政理论在中国的移植……………………………(45)
  三 苏联财政学的"中国化"…………………………………(45)
第三节 建立与计划经济体制相匹配的中国特色财政学………………………………………………(48)
  一 中苏关系生变……………………………………………(48)
  二 苏联财政学到底说了什么?……………………………(49)
  三 中国学者的不同意见……………………………………(50)
  四 国家分配论及其主流地位的确立………………………(52)

第四章 计划经济时期的财政收入理论……………………(57)
第一节 国民经济恢复与社会主义改造时期的财政收入思想……………………………………………(58)

一　国民经济恢复时期的税制建设思想……………………(58)
　　二　"自力更生为主、争取外援为辅"的工业化建设
　　　　筹资思想…………………………………………………(60)
　　三　促进社会主义改造的税收政策与利润分配办法………(62)
　第二节　公有制与计划经济体制下的财政收入理论…………(65)
　　一　公有制和计划经济体制下国家筹集财政收入的
　　　　理论框架…………………………………………………(65)
　　二　"非税论"及其影响……………………………………(66)
　　三　行政性分权下的国家与企业和各级政府的收入
　　　　划分………………………………………………………(71)

第五章　计划经济时期的财政支出理论……………………(73)
　第一节　马克思主义国家观下的财政支出功能定位…………(73)
　第二节　生产建设财政……………………………………………(76)
　第三节　其他理论流派对财政支出的观点……………………(80)

第六章　新中国成立初期的政府间财政关系理论…………(82)
　第一节　对中央与地方财政收支划分的研究…………………(82)
　第二节　对政府间财政关系历史发展与国际经验的
　　　　　考察……………………………………………………(84)
　第三节　基于当时国情的政府间财政关系研究………………(85)

第七章　计划经济时期的国家预算与财政平衡理论………(89)
　第一节　国家财政平衡理论与国家预算实践…………………(89)
　　一　国家预算理论初探之概况……………………………(90)
　　二　国家预算概念及其特征………………………………(91)
　　三　国家预算平衡原则及其影响…………………………(94)
　第二节　适应计划经济的国家预算管理………………………(97)

第二篇 改革开放起步时期的财政学(1978—1992年)

第八章 改革开放起步时期财政学基础理论的演进与发展 ……………………………………………… (101)

第一节 时代背景 …………………………………………… (101)
一 "失去的十年"(1966—1976年) ……………………… (102)
二 改革开放 ………………………………………………… (103)

第二节 财政本质问题的再讨论 …………………………… (107)
一 市场经济改革取向逐渐明朗 …………………………… (107)
二 "国家分配论"遭遇挑战 ………………………………… (109)

第三节 转轨前期的财政学 ………………………………… (112)
一 西方财政理论的引入 …………………………………… (113)
二 转轨前期的中国财政学 ………………………………… (114)

第九章 改革开放起步时期的财政收入理论 ………………… (116)

第一节 与有计划商品经济相适应的税收理论 …………… (117)
一 改革开放初期税收理论发展的背景 …………………… (117)
二 有计划商品经济时期的税制改革思想 ………………… (118)
三 对重复征税问题的研究与增值税的引进 ……………… (121)
四 对税制模式和主体税种的讨论 ………………………… (122)

第二节 国营企业改革与利税关系 ………………………… (123)
一 国家与国营企业的财政关系 …………………………… (123)
二 利税关系对"两步利改税"和承包经营责任制的影响 …………………………………………………… (124)
三 政企职责分开、两权分离与"税利分流" ……………… (125)

第三节 农民税费负担与预算外收入的理论探讨 ………… (127)

一　对农民税费负担成因的研究 …………………………… (128)
　　二　对预算外收入的研究 …………………………………… (129)

第十章　改革开放起步时期的财政支出理论 ………………… (132)
　第一节　财政职能变化决定财政支出范围收缩调整 ………… (133)
　第二节　财政支出原则逐渐对接市场经济体制 ……………… (136)
　第三节　财政支出结构的调整 ………………………………… (138)
　第四节　"分灶吃饭"下的财政支出体制：中国财政分权的
　　　　　理论探索 ……………………………………………… (140)

第十一章　改革开放起步时期的政府间财政关系理论 ……… (144)
　第一节　适应有计划的商品经济发展需要的政府间
　　　　　财政关系理论 ………………………………………… (144)
　　一　对财政困难形势的判断 ………………………………… (145)
　　二　对财政困难原因的分析 ………………………………… (145)
　　三　对频繁调整的财政管理体制的理论研究 ……………… (146)
　　四　对财政体制改革的建议 ………………………………… (148)
　第二节　纳入财政体制改革框架的政府间财政关系
　　　　　研究 …………………………………………………… (149)
　　一　为分税制改革所作的理论准备 ………………………… (150)
　　二　国有企业与财政关系问题研究 ………………………… (155)
　　三　对我国政府间财政关系改革的国际评价 ……………… (156)
　第三节　基于历史视角和比较视角的政府间财政关系
　　　　　研究 …………………………………………………… (157)
　　一　基于历史视角的政府间财政关系研究 ………………… (157)
　　二　基于比较视角的政府间财政关系研究 ………………… (158)
　第四节　政府间财政关系对经济发展影响的研究 …………… (161)

第十二章　改革开放起步时期的国家预算管理理论 ………… (163)

第一节 国家预算概念、范畴与原则 …………………………（164）
　　一 国家预算理论研究恢复与发展 ………………………（164）
　　二 国家预算概念的发展与争鸣 …………………………（166）
　　三 国家预算平衡理论及其面临的新挑战 ………………（168）
第二节 国家预算管理理论与制度创新研究 …………………（170）
　　一 国家预算管理研究与国家预算管理学 ………………（170）
　　二 国家预算管理体制及其改革研究 ……………………（172）
第三节 国家预算研究的法律视野 ……………………………（174）
　　一 提出立法机关应加强对国家预算和政府预算行为的
　　　 立法监督 ………………………………………………（175）
　　二 提出明确各类预算权力运行范围及其实施主体 ……（175）
　　三 提出预算法应涵盖的基本内容 ………………………（176）

第十三章 改革开放起步时期的财政政策理论 ……………（178）
第一节 改革开放起步时期的财政政策源起 …………………（178）
　　一 时代背景 ………………………………………………（178）
　　二 改革开放初期的财政政策发展过程 …………………（179）
　　三 改革开放初期财政学界关于财政政策的
　　　 主要观点 ………………………………………………（181）
第二节 改革开放起步时期的财政政策演化 …………………（182）
　　一 从"财政平衡"向财政服务经济发展的拓展 ………（183）
　　二 应对经济过热的财政政策与体制改革 ………………（185）
第三节 改革开放起步时期的财政政策理论与实践 …………（186）
　　一 "放权让利"背景下的财政政策探索 ………………（186）
　　二 政策组合防范风险：财政政策与货币政策之间的
　　　 沟通 ……………………………………………………（187）
　　三 财政政策规范化与体制改革跟进 ……………………（189）

第十四章 改革开放起步时期的政府债务与投融资理论 ……（191）

第一节 改革开放之前政府债务与投融资理论和实践的
　　　 发展 ································(192)
　一 1949年之前的政府债务与投融资 ················(192)
　二 国民经济恢复时期对政府发债问题的再认识：
　　　"实物本位"思想 ····························(194)
　三 计划经济时期的政府债务与政府投融资思想的
　　　大转变 ····································(196)
第二节 改革开放初期对国债的再认识与国债
　　　 市场重建 ································(198)
第三节 改革开放初期政府投融资理论的探索与突破 ······(201)

第三篇　建立社会主义市场经济体制时期的财政学(1992—2012年)

第十五章 建立社会主义市场经济体制时期财政学基础理论的引进与创新 ································(207)
第一节 时代背景 ································(207)
　一 由"放权让利"引发的"财政危机" ················(208)
　二 "建立社会主义市场经济体制"目标的确立 ········(209)
　三 财政体制改革踏上新征程 ······················(210)
第二节 建立与社会主义市场经济体制相适应的
　　　 财政理论 ································(212)
　一 财政基础理论因应改革实践而变迁 ··············(212)
　二 关于公共财政的论争 ··························(215)
第三节 对争论的反思 ····························(220)
　一 争论的理由 ································(220)
　二 争论的意义 ································(222)
　三 争论以来中国财政学界的变化 ··················(223)

第十六章 建立社会主义市场经济体制时期的财政收入理论 ………………………………………………（225）

第一节 与社会主义市场经济体制相适应的财政收入理论 ……………………………………………（226）
  一 建设公共财政背景下的财政收入理论 ………（226）
  二 与社会主义市场经济体制相适应的税收理论 ………（228）

第二节 与社会主义市场经济体制相适应的税制改革研究 ………………………………………………（230）
  一 对税制改革总体设计相关问题的研究 ………（231）
  二 对具体税种改革的研究 ………………………（234）
  三 对税收征管的研究 ……………………………（236）

第三节 税费关系、税收法治与政府收入预算管理的研究 ………………………………………………（237）
  一 对税费关系的研究 ……………………………（237）
  二 对税收法治的研究 ……………………………（238）
  三 对政府收入全部纳入预算管理的研究 ………（240）

第十七章 建立社会主义市场经济体制时期的财政支出理论 ………………………………………………（242）

第一节 公共财政理论框架下的财政职能和财政支出范围 ………………………………………………（242）

第二节 公共财政框架下的财政支出分类 …………（246）

第三节 公共财政框架下的财政支出规模与结构 …（249）

第四节 分税制改革在厘清各级政府支出责任方面作出初步探索 ……………………………………（250）

第五节 财政支出的绩效管理理论 …………………（252）

第十八章 建立社会主义市场经济体制时期的政府间财政关系理论 …………………………………………（254）

第一节 适应社会主义市场经济发展需要的政府间财政
关系理论 ………………………………………… (254)
 一 从财政职能划分的角度探讨政府间财政关系 ……… (255)
 二 在分税制框架内探讨政府间财政关系 ……………… (255)
 三 对"事权""支出责任""财权""财力"划分及相互
关系的探讨 ……………………………………… (256)
 四 为"省直管县""乡财县管"的实践探索提供理论
依据 ……………………………………………… (258)
第二节 纳入公共财政制度框架下的政府间财政关系
研究 ……………………………………………… (260)
 一 公共财政框架下政府间财政关系分析的
基本逻辑 ………………………………………… (260)
 二 基本公共服务均等化及相关专题研究 ……………… (261)
第三节 关于政府间财政关系的规范分析与实证研究 …… (262)
 一 博弈论视角下的政府间财政关系研究 ……………… (262)
 二 对相关专题的实证研究 ……………………………… (263)
第四节 基于历史视角和比较视角的政府间财政关系
研究 ……………………………………………… (266)
 一 基于历史视角的政府间财政关系研究 ……………… (266)
 二 基于比较视角的政府间财政关系研究 ……………… (268)
第五节 聚焦政府间财政关系具体问题的研究 ……………… (270)
 一 农村义务教育领域的政府间财政关系研究 ………… (271)
 二 地方政府债务领域的政府间财政关系研究 ………… (272)
 三 土地财政领域政府间财政关系研究 ………………… (273)
 四 法律保障层面的政府间财政关系研究 ……………… (274)

第十九章 建立社会主义市场经济体制时期的预算理论 ……… (276)
 第一节 预算理论的争鸣与发展概况 ……………………… (277)
 第二节 传统财政学的自我发展与预算理论创新 ………… (280)

一　从国家预算到政府预算 …………………………………（280）
　　二　政府预算研究视野的拓展 ………………………………（282）
　第三节　公共经济学与预算理论发展 …………………………（283）
　　一　从国家预算到公共预算 …………………………………（284）
　　二　公共经济学促进预算研究的内容拓展与
　　　　方法创新 ……………………………………………………（284）
　第四节　非经济学视角下的预算理论发展 ……………………（286）

第二十章　建立社会主义市场经济体制时期的财政政策
　　　　　理论 ……………………………………………………（288）
　第一节　建立社会主义市场经济时期的财政政策源起 ………（288）
　　一　致力于熨平经济波动的财政政策 ………………………（288）
　　二　税收调节和财政支出调节 ………………………………（290）
　　三　相机抉择的财政政策 ……………………………………（291）
　第二节　建立社会主义市场经济时期的财政政策演化 ………（292）
　　一　第一轮积极财政政策 ……………………………………（293）
　　二　稳健财政政策 ……………………………………………（295）
　　三　第二轮积极财政政策 ……………………………………（296）
　第三节　建立社会主义市场经济时期的财政政策理论与
　　　　　实践 ……………………………………………………（297）
　　一　政策实践：不断加大的财政投入力度 …………………（297）
　　二　政策评价 …………………………………………………（298）

第二十一章　建立社会主义市场经济体制时期的政府债务与
　　　　　　投融资理论 …………………………………………（302）
　第一节　国债理论的新进展：宏观调控视角 …………………（302）
　第二节　关于国债适度规模和政府债务负担的学术
　　　　　大讨论 …………………………………………………（305）
　第三节　政策性金融、开发性金融理论与实践 ………………（308）

第四节 "土地财政"与土地供给双轨制 …………………… (310)
  一 "土地财政"的相关研究 …………………………… (310)
  二 土地供给双轨制 ……………………………………… (311)

第四篇 中国特色社会主义新时代的财政学(2012年以后)

第二十二章 中国特色社会主义进入新时代后财政学的发展 …………………………………………………… (319)
第一节 中国特色社会主义进入新时代的财政学基础理论 …………………………………………………… (319)
  一 时代背景 ……………………………………………… (320)
  二 主要的理论观点 ……………………………………… (323)
  三 评价与展望 …………………………………………… (324)
第二节 中国特色社会主义新时代的财政收入理论 ……… (327)
  一 国家治理现代化进程中的税收治理现代化研究 …… (327)
  二 "互联网+"与数字经济背景下税收理论的发展 …… (329)
第三节 中国特色社会主义新时代的财政支出理论 ……… (332)
  一 现代财政制度中财政支出的功能和作用研究 ……… (332)
  二 财政支出研究服务于"贯彻新发展理念,建设现代化经济体系" ……………………………………… (335)
  三 财政支出规模和结构研究的新变化和新趋势 ……… (336)
第四节 中国特色社会主义新时代的政府间财政关系理论 …………………………………………………… (337)
  一 适应国家治理现代化需要的政府间财政关系理论 ……………………………………………………… (337)
  二 纳入财税体制改革的政府间财政关系研究 ………… (340)

三　以财政事权与支出责任划分为载体的政府间财政
　　　　　关系研究 ………………………………………………… (343)
　第五节　中国特色社会主义新时代的预算理论 ……………… (347)
　　　一　现代预算基本原则与预算理论 ……………………… (348)
　　　二　现代预算理论与多学科共融发展 …………………… (349)
　第六节　中国特色社会主义新时代的财政政策理论 ………… (350)
　　　一　中国特色社会主义新时代的财政政策源起 ………… (350)
　　　二　中国特色社会主义新时代的财政政策演化 ………… (352)
　　　三　中国特色社会主义新时代的财政政策
　　　　　理论与实践 ……………………………………………… (354)
　第七节　中国特色社会主义新时代的政府债务与投融资
　　　　　理论 ……………………………………………………… (358)
　　　一　政府资产负债表研究 ………………………………… (358)
　　　二　地方政府性债务融资及其风险防范的理论探讨 …… (361)
　　　三　政府投融资理论与实践的最新发展 ………………… (369)

第二十三章　新时代财政学研究的新领域 ……………………… (373)
　第一节　财政学研究与国有资产管理的创新和发展 ………… (373)
　　　一　财政学研究与国有资产和国有资本的关系 ………… (374)
　　　二　财政学研究与国有资本管理 ………………………… (375)
　　　三　财政学研究与国有资产基础管理 …………………… (376)
　　　四　财政学研究与国有资本经营预算管理 ……………… (377)
　　　五　财政学研究与混合所有制改革 ……………………… (379)
　　　六　财政学研究与员工持股计划改革 …………………… (381)
　第二节　财政学研究与收入分配制度改革 …………………… (383)
　　　一　财政学研究与初次分配改革 ………………………… (383)
　　　二　财政学研究与再分配改革 …………………………… (384)
　　　三　财政学研究与农村收入分配改革 …………………… (386)
　第三节　财政学研究与财经外交 ……………………………… (387)

一　财政学研究与国际税收关系 …………………… （387）
　　二　财政学研究与国际贸易体系 …………………… （389）
　　三　财政学研究与"一带一路"发展 ………………… （392）

第二十四章　中国特色哲学社会科学学科体系下财政学发展展望 ………………………………………… （396）

第一节　中国特色哲学社会科学学科体系下的财政学学科归属 ………………………………………… （396）
　　一　财政学学科归属的几种意见 …………………… （398）
　　二　以经济学科为基础，多学科交融的财政学科 … （399）

第二节　中国特色财政学基础理论发展展望 ………… （401）
　　一　关于中国特色财政学基础理论的几种观点 …… （401）
　　二　以现代财政制度为重点推进基础理论发展 …… （403）

第三节　具体研究领域的发展展望 …………………… （404）
　　一　财政学具体领域的研究现状 …………………… （404）
　　二　财政学具体研究领域展望 ……………………… （408）

第四节　研究范式的发展展望 ………………………… （409）
　　一　财政学研究范式的发展趋势 …………………… （409）
　　二　现有研究范式存在的问题及未来发展方向 …… （410）

参考文献 ……………………………………………………… （413）

后　记 ………………………………………………………… （446）

绪 论

第一章

新中国财政学 70 年发展的基本脉络与主要成就

新中国财政学 70 年的发展过程,是社会主义财政学的发展过程,同时也是中国特色财政学的发展过程。在这一过程中,随着社会主义国家实践的进展,财政学有了相适应的变化。新中国财政学 70 年的发展有清晰的基本脉络,并取得了突出的成就。

第一节 新中国财政学 70 年的基本脉络

新中国成立伊始,万象更新,在国民经济恢复的同时,财政学有了根本性的变化,一些不同于旧中国时期的财政学教科书问世,反映了财政学界探索新财政学的成就。随着社会主义改造任务的完成,中国进入计划经济时代。一方面适应计划经济发展的需要,另一方面与苏联的决裂加快了新中国财政学的探索进程,财政学界欣欣向荣,形成了国家分配论、货币关系论、国家价值分配论、再生产论、剩余产品决定论等多个流派。

"文化大革命"时期,财政学不仅没有得到发展,而且遭到了破坏，一些错误的理论甚至误导了财政制度建设。例如，1974年的税制改革就受到了"非税论"的影响，过于简化的税制未能适应后来实践的需要。

"十年浩劫"过后，中国特色社会主义建设进入了一个新时期。改革开放让中国财政学又迎来新的春天。学术争论推动了国家分配论、国家价值分配论、再生产论、剩余产品决定论等传统财政学理论流派的进一步发展。这种发展不仅仅发生在各理论流派内部，各流派之间的争论更是有力地推动财政学发展进入了一个新阶段。20世纪80年代初期，社会共同需要论的提出，让中国财政学又多了一个新流派。进入90年代，又形成了意在打通国家形成之前与之后整个历史过程，并吸收诸多流派可取之处而集大成的"社会集中分配论"。

1978年中国实行改革开放政策之后，市场化改革越来越深入，财政改革有了新进展，财政学界对财政有了新的认识。1992年社会主义市场经济体制改革目标的明确，让"公共财政"这一本来只与资本主义联系在一起的概念，在社会主义市场经济实践中有了新的用武之地。中国式的公共财政论应运而生。公共财政论的内容和形式因应实践进展和理论创新而有不同的表现形式。在引入、借鉴、吸收国外财政学研究成果的基础上，中国财政学者陆续推出了"权益—伦理型公共产品""两层次财政分配平衡原理""财政三元悖论""公债规模效应曲线"等带有原创性的本土研究成果。

2013年党的十八届三中全会通过的《中共中央关于全面深化改革若干重大问题的决定》，赋予财政以新定位，即"财政是国家治理的基础和重要支柱"。这一定位，极大地推动了财政学的繁荣和发展，促进了中国财政理论话语体系、学术体系、学科体系的建设。在这一定位的指引下，现代财政制度得到了更深入的研究，现代财政制度论因此逐步确立起来。公共财政论和现代财政制度论在社会主义市场经济体制背景下，有诸多共通之处。建立现代财政制度的实践，让新时代中国财政学的发展进入了新阶段。

财政在国家职能实现中扮演重要角色，学界对财政本质、财政职能和作用、财政与经济关系、财政收入、财政支出、财政平衡、财政管理等的认识也不断推进。进入新时代以来，与社会主义市场经济相适应的财政改革不断深化，财政政策在宏观经济调控中的作用不断增强，财政在经济、政治、社会、文化、生态文明建设等诸多方面都发挥了积极作用，财政与国家治理的关系亟须在新的财政学中得到更多的探索。

本章透过不同视角的财政学建设，对新中国财政学70年发展历程作一简要的梳理，以期更好地把握财政学发展的基本脉络，在此基础上，按照财政学体系的组成板块，回顾70年来新中国财政学的主要成就。

第二节 与社会主义市场经济实践相呼应的财政学

本节从与社会主义国家建设相适应的财政学、与经济体制改革相适应的财政学以及与财政实践相适应的财政学三个层面入手，力求反映中国与社会主义市场经济实践相呼应的财政学演变发展的全貌。

一 与社会主义国家建设相适应的财政学

新中国成立之前，中国财政学者就开始探索与中国实际相结合的财政学。千家驹在20世纪40年代中后期撰写并于1949年出版的《新财政学大纲》[①] 就是将阶级分析方法引入财政学的尝试。新中国成立以后，财政学即与旧财政学决裂，在20世纪30年代就著有《财政学》教科书的尹文敬，在马克思主义政治经济学的指引下，

---

① 千家驹：《新财政学大纲》，生活·读书·新知三联书店1949年版。

1953年出版了《国家财政学》[①],对财政学作了积极的探索。丁方、罗毅在1951年出版的《新财政学教程》[②]、粟寄沧1951年出版的《新财政学教程》[③],等等,均是力图写出与社会主义国家建设相适应的财政学。

作为一个社会主义国家,新中国最初主要向苏联学习。苏联的财政学和财政实践,都对新中国有直接的影响。1964年中国人民大学财政教研室的《财政学(初稿)》的出版,有着特殊意义。新中国成立以后,苏联专家在中国人民大学传播苏联财政理论和实践知识,编译版的苏联财政学讲义扩散到全国,直接导致新中国财政学在发展的初期就有较深的苏联印记,这一印记并没有随着苏联专家的撤离而即刻消除,这种印记所产生的影响甚至到今天还有不同程度的表现。1964年全国财政理论讨论会召开,财政理论问题得到了更深入的讨论,加上社会主义国家财政实践的推动,具有中国特色的财政学教科书问世有了较好的基础。可惜,"文化大革命"导致本来应该有新发展的财政学没有得到应有的发展。

"文化大革命"之后,社会主义财政学才真正进入发展的黄金时期。一方面,财政部高等财经院校统编教材《社会主义财政学》和财政部财政科学研究所专家编写的《财政学》先后问世,另一方面,财政学的各分支分科如国家预算、国家税收、企业财务、基本建设投资、国有资产管理、国际税收等在实践和理论发展的基础之上,有了相应的教科书,标志着这些分支学科趋向成熟。

这里对改革开放最初十年社会主义财政学的探索略作说明。社会主义财政学的主要内容有:财政基础理论,一般包括财政本质、财政职能和作用、财政与经济关系、财政收入、财政支出、财政平衡、财政管理等。对财政本质的认识是区分传统财政学理论流派的

---

① 尹文敬:《国家财政学》,立信会计图书用品社1953年版。
② 丁方、罗毅:《新财政学教程》,十月出版社1951年版。
③ 粟寄沧:《新财政学教程》,新潮书店1951年版。

最重要标志。改革开放最初十多年的财政学教科书或理论专著都用相当的篇幅阐述各自对财政本质的理解,从而形成代表不同理论流派的财政学。社会主义财政学以社会主义政治经济学为基础,多与《哥达纲领批判》"六大扣除"有关。政治经济学中关于生产力与生产关系、经济基础与上层建筑的认识,直接决定着财政学的基础理论。政治经济学中的劳动价值论,构成财政活动分析的基础。在生产、交换、分配、消费中寻找财政定位,强调再生产过程中的财政,是再生产理论的认识;强调财政是以国家为主体的分配,体现一种财政分配关系,是国家分配论的理解。

追溯到从20世纪60年代开始,国家分配论已成为中国财政学的主流理论。强调财政与国家有着密切的本质性关系。在社会主义国家中的财政,财政收入和财政支出均应围绕国家职能展开。财政学研讨中奉行"量入为出"的理财观。以收定支,追求财政平衡,不打财政赤字。现实中出现赤字,多解释为被动的结果,而不是主动为之。财政学研讨中涉及区分财政赤字与赤字财政,区分经济建设公债与弥补赤字的公债。财政赤字的合理性在很大程度上是通过将赤字解释为建设性赤字,从而有存在的必要。财政赤字以及因此带来的公债是为经济建设需要而安排的。1968年中国宣布既无外债又无内债并将此作为社会主义优越性的极端的实践与认识,应看作历史中较短暂的一页而被匆匆翻过。赤字与公债在社会主义国家财政实践中早有一席之地,也成为财政学分析不可或缺的一部分。

二 与经济体制改革相适应的财政学

新中国财政学70年可以从计划经济财政学与市场经济财政学的关系中找到一条基本脉络。从新中国成立之后一直到改革开放之前,中国基本上是在建立计划经济财政学;改革开放以来,中国基本上是在建立和完善市场经济财政学。计划财政学和市场财政学只是为了行文的方便所选择的简称。前者是指与计划经济体制相适应的财政学，后者则是指与市场经济体制相适应的财政学。换种说法，前者可以称为国家财政学，后者称为公共财政学。

从新中国成立一直到1978年改革开放之前，阶级斗争是社会主义国家的中心工作，相应地，那时的财政学不可避免地留下了很深的阶级斗争烙印。阶级分析在财政学中较为常见。一直到1978年改革开放以后，社会主义国家的中心工作转到经济建设之后，阶级分析的内容才逐步减少，但财政的阶级性问题仍时不时被提出。在计划经济时代，计划部门是政府部门的领头羊，财政扮演的是会计角色，银行是作为出纳而存在的。在这样的条件下，财政的作用更多是配合国家计划的落实。计划经济所对应的是短缺经济时代，财政在"发展经济、保障供给"中发挥重要作用。按照计划经济的设想，效率、公平、宏观经济稳定都可以通过计划得以实现。正因为如此，计划财政学才会在财政本质、财政职能和作用、财政与经济关系等更多是抽象意义上的问题着力。计划财政学也涉及一些具体问题，但更多的是财政实践经验的总结，如财政结余动用很容易导致"一女二嫁"（结余资金实际上已经被利用），财政、信贷和物资的国民经济综合平衡（即"三平"，后发展为包括外汇平衡在内的"四平"）理论等。这样，计划财政学涉及具体财政问题更多的是对时行财政制度的介绍和解释，财政基础理论和具体财政问题有许多是脱节的。

从计划财政学到市场财政学，并不是自动跳跃完成的，而是经历了一个过程，与市场逆向成长是相适应的。市场成长的另一面是国家从特定范围的退出。国家的缺位与越位是相对于市场经济所要求的国家功能作用而言的。在计划经济时代，国家活动本来就覆盖到经济社会的各个角落，也就无所谓越位。市场经济条件下国家的缺位与越位是密切相关的，正是因为越位，国家没有足够的资源投入缺位领域，在财政上的表现为财政在某些领域的欠账，其中主要是公共产品和公共服务提供领域的欠账。

计划经济的资源配置效率不如市场经济，这是市场经济之所以最终替代计划经济的直接原因。尊重市场在资源配置中的基础性作用（后改为"决定性作用"），这是社会主义市场经济的基本要求。财政与市场的关系这一在计划经济条件下几乎不触及的问题，在市场经济条件下不仅不能回避，而且需要深入研究。市场的有效活动范围，直接决定财政的活动范围。市场活动不能解决的社会公平和宏观经济稳定问题，需要财政在其中发挥作用。如果说在计划经济条件下，财政即国家财政，而且国家是不受市场约束的国家，那么在市场经济条件下，财政即公共财政，作为财政主体的国家必须受到市场的约束。在计划经济条件下，财政活动的直接目标是完成国家计划，而在市场经济条件下，财政活动需要综合考虑效率、公平和稳定目标。

市场经济条件下的财政行为选择相当复杂，对各种经济主体的影响需要更深入的分析。基于计划经济背景的财政学自然需要转变，否则很难适应这种经济环境变化的要求。计划经济条件下生产资料所有制形式基本上是公有制，包括国有经济（全民所有制经济）和集体经济，而在社会主义市场经济条件下，公有制经济和非公有制经济的发展需要一视同仁，相应的财政收支形式、总量、结构等均会发生变化，财政学必须对这些新情况加以研究。在计划经济条件下，财政学只需要研究公有制经济的巩固和发展问题，财政更多的是直接调控经济，而在市场经济条件下，财政学需要同时研究公有制经济和非公有制经济的发展问题，财政更多的是间接调控经济，需要对财政与精细化的市场运作机制的关系进行深入研究，总结财政在市场经济条件下的运行规律，探讨财政收支的经济社会效应，寻找财政参与宏观经济调控之路。

市场经济条件下的财政学的关注点不再是财政的起源和发展，而是从市场失灵中找到财政活动的依据，而后转向为弥补市场失灵而可供选择的财政制度（财政收支、支出、管理制度）与财政政策（宏微观财政政策）分析。西方国家在发展市场经济上有丰富的经验，对市场财政学的研究相对深入，因此，需要立足国情，特别是社会主义国家的具体国情，引进与借鉴西方财政学，发展与社会主义市场经济相适应的财政学。建立社会主义市场经济体制是一项前无古人的事业，研究对象的不稳定性，决定了适应社会主义市场经济体制需要的财政学的发展必然是一个探索的过程。

自社会主义市场经济体制改革目标确定之后，中国财政学界对财政本质和职能作用问题的争论明显减少。有的直接将财政视为公共经济活动，力图用公共经济学取代财政学；有的在认可财政是以国家为主体的分配的基础之上，直接用财政功能取代财政职能，或直接引入 R. A. 马斯格雷夫开创的财政三职能说（政府的经济作用），认为财政具有资源配置、收入分配和经济稳定三职能，或在三职能的基础之上将"经济稳定职能"改为"经济稳定和发展职能"。财政学教科书与改革开放初中期相比，保留了财政收入—财政支出—财政管理—财政平衡（"收—支—管—平"）的架构，但次序上多将"支"排在"收"的前面。在计划经济条件下，有多少钱办多少事，财政已经是应收尽收，难以做到"以支定收"；在市场经济条件下，办多少事收多少钱，资源主要在市场上，只要经过法定程序，财政支出需要就有可能通过筹集财政收入而得以满足。"管"和"平"形式上不变，但具体内容已经有较大的变化。市场经济条件下的财政管理不同于计划经济。预算管理从国家预算管理转向政府预算管理，更加强调一级政府一级预算；预算管理技术日趋现代化，政府收支分类改革，预算编制和执行、监督、决算和预算周期都有了很大变化；政府间财政关系已不是计划经济条件下简单的财政权力的收放，而是以分税制为基础讲求规范性的财政管理体制。财政平衡理论从以财政平衡为中心的国民经济综合平衡（包括财政平衡、信贷平衡、物资平衡和外汇平衡）转向社会总需求和总供给平衡以及全局结构优化；财政收支不再苛求年度平衡，而是追求周期性平衡，追求社会总供求的平衡和宏观经济稳定。财政实践呼唤能够指导实践的财政理论，呼唤与实践相适应的财政学。

三 与财政实践相适应的财政学

（一）财政学研究范围的演变

从新中国成立到20世纪80年代初期，财政学的研究范围一直较为广泛。"财政"一词所覆盖的范围除了当今意义上的财政之外，还包括银行信贷、企业财务、保险等众多事务，甚至连会计也可算财政事务。相应地，这些财政事务都是财政学的研究范围。

随着改革开放的深入，财政从一些领域逐步退出。国营企业财务是国家财政的基础环节，但随着国有企业改革以及《企业财务通则》和《企业会计准则》的施行，企业财务逐步从财政学中分离出来，财政学中只是在国有经济、国有资产管理、国有资本管理时略有涉及。银行信贷、保险、会计等更多是企业行为，而不再归属于财政事务。相应地，中国财政学的研究范围逐步变窄。

在财政逐步退出一些领域的同时，新的财政事务也在出现，这些事务或原先就存在，但随着改革开放的深入，财政事务的重要性与日俱增，如税收事务；或原先已经灭失，但又重新出现，如公债事务；或原先不存在，因现实发展的需要而出现，如政策性金融事务，又如社会保障事务等。财政学对这些事务的关注重点不一。税收和公债得到较多的重视，政策性金融、社会保障等受重视程度明显不够。财政学研究范围确实变小，但财政学研究范围仍有较大的挖掘空间。除了一些重视不够的领域之外，重视较多的领域也有深入探索新理论的必要，如税收理论可以结合行为经济学发展、大数据技术的发展、人工智能技术的发展、"互联网＋"的发展等进行深入研究。一些在财政学之外可以独立研究的领域，实际上仍然有与财政学进行跨学科研究的空间，如会计与财政的关系研究，如企业与财政的关系研究，如政府采购研究，等等。

从财政学是经济学的分支学科和财政是经济基础而不是上层建筑出发，财政政策是否属于财政学的研究范围，尚有争议。甚至同一学者在不同时期对财政政策是否属于财政学的研究对象有不同的看法。例如，王绍飞在 1984 年出版的专著《财政学新论》中主张财政学不研究财政政策；① 1989 年出版的《改革财政学》修正了这一看法，而将财政政策视为财政学的研究对象。②

（二）财政学研究方法的演变

新中国成立以来，财政学一直被视为经济学的分支学科，相应地，在改革开放之前，财政学的发展是基于马克思主义政治经济学的。政治经济学的研究方法在财政学中得到充分的体现。国家出现之后，财政与国家就有着直接的联系，因此马克思主义国家理论对于财政本质、财政职能和作用的界定有直接的影响，财政的阶级性问题研究在很大程度上是基于国家理论的。财政是经济基础还是上层建筑的争论更是反映了财政学与政治经济学的密切关系。与传统的马克思主义政治经济学一样，财政学在这个阶段主要运用的是定性分析方法，对质的研究超过了对量的研究。由于财政收入和支出不可避免地涉及数量问题，财政学也在一定程度上涉及定量分析，但相关研究是初步的。

改革开放以来，随着市场化改革的深入，传统的计划财政学研究方法已经很难适应现实的需要。在这样的背景下，与市场经济实践和理论结合得比较紧密的西方财政学又一次被引入。最初，有着大量数量分析方法的西方财政学教科书很难为财政学界所理解和接受。③ 与此形成鲜明对比，当时中国大陆的财政学教科书几乎不用数学公式，主要依靠文字描述，且在剥笋式揭示财政本质以及阐述其他财政基础理论之后，多数内容是对时行财政制度的介绍并论证制

---

① 王绍飞：《财政学新论》，中国财政经济出版社 1984 年版。
② 王绍飞：《改革财政学》，中国财政经济出版社 1989 年版。
③ 例如，薛天栋的《现代西方财政学》（上海人民出版社 1983 年版）就是典型一例。时任香港中文大学高级讲师的薛天栋曾于 20 世纪 80 年代在厦门大学、上海财经学院等财政学研究重镇讲授西方财政学，根据当时的听课者回忆，这本用数量经济学分析方法表述西方财政学基本内容的教科书（讲义）对于不少当时中国大陆的财政学人来说不啻天书。

度的优越性。典型的财政学教科书如《社会主义财政学》（中国财政经济出版社1980年第一版，1982年修订版，1987年第二次修订版），这本财政学教科书是财政部统编教材。

随着市场化改革的深入，首先是建立社会主义有计划商品经济目标的提出，接着是社会主义市场经济目标的明确，基于商品经济和市场经济背景的财政学教科书也随即面世。最初出版的这类财政学教科书一方面继承传统财政学基础理论，另一方面引入以市场失灵理论为起点的西方财政理论，力图实现两套理论的有机融合，推动中国特色财政学的发展。以国家职能和财政本质为起点的财政学与以市场失灵为起点的财政学如何有机融合是财政学发展的难题。

随着改革开放的深入，西方经济学又一次被引进、传播，以数量经济分析方法为主要特点的西方财政学也越来越多地为财政学人所熟悉和理解，并在现实财政问题研究中得到运用。现代经济学方法的运用，推动财政学向公共经济学的转型。在这一过程中，福利经济学、公共选择理论、计量经济学、实验经济学、行为经济学等涉及的各种研究方法在财政学研究中得到不同程度的运用。

公共管理学研究方法在财政学中也得到一定的运用。公共管理学是一门交叉学科，财政学一度力图对接公共管理学，但总体上看并不成功。之所以嫁接公共管理学，与财政学专业在中国发展遇到的难题有关。希冀通过嫁接公共管理学，让财政学专业可以与英美大学的相关专业对接，同时为财政学专业寻找未来。财政学和公共管理学在预算管理、税收管理、公共财政政策分析等诸多研究对象上有交叉重叠，这是两个学科的研究方法可能共通的基础。但事与愿违，除了少数大学之外，多数本来将财政学与公共管理学对接的大学最终选择了将二者分开，但财政学已经不同程度地运用本来主要是公共管理学领域运用的研究方法。随着全面深化改革目标的确立，从国家治理视角研究财政，成为财政学发展的重要支撑力量。①

财政学在发展中,与多个学科的交叉融合,结果之一就是财政学研究方法的日趋丰富。工具箱更加丰富,财政学的发展也因此可能进入快车道。财政学研究方法从仅限于传统的政治经济学方法,到多种方法兼容并蓄,更多地引入现代经济学方法来研究市场经济条件下的财政活动。无论是与新中国成立之初相比,还是与改革开放初期相比,财政学的研究方法有了根本性的变化,财政学已经"面目全非",但"焕然一新"。财政学研究中越来越多地强调定量分析,更多地用到现代经济学方法,市场经济的话语体系更受欢迎,空洞的研究正逐步退出历史的舞台。

建设中国特色社会主义,实现社会主义现代化强国的目标,需要国家治理体系和治理能力现代化,为此,需要研究与国家治理现代化相适应的财政学。

第三节 新中国财政学 70 年的主要成就

新中国财政学的主要成就可以概括为以下三个方面:第一,新中国财政基础理论,尤其是财政本质理论得以形成。第二,社会主义市场经济条件下的财政理论得到长足发展。第三,宏观财政理论的重要性日益凸显。

一 财政本质理论

从新中国成立一直到 20 世纪 90 年代初期,中国财政学界对财政本质理论进行了深入的探讨,形成了传统财政学理论的几大

---

① 高培勇:《论中国财政基础理论的创新——由"基础和支柱说"说起》,《管理世界》2015 年第 12 期。

流派。

新中国成立以后，苏联对中国财政学的发展产生了广泛的影响，苏联财政学对财政本质的认识基于一种货币关系即所谓货币关系论。但是，这样的财政本质认识受到中国学者的质疑。如果说财政是一种货币关系，那么财政所涉及的实物分配又该如何理解？农民交公粮，是在纳税，肯定是财政行为，但并没有表现为以货币为中介的经济活动。因此，货币关系论从引入之初就受到质疑。当然，现代经济在很大程度上是货币经济，实物交易所占比例较低，从事物的主要方面来看，货币关系论也不能说没有道理。苏联社会主义建设的成就，让更多的人唯马首是瞻，但中国从来不缺乏对财政本质问题独立思考者。大规模反思苏联财政理论的不足，并提出中国自己的财政本质理论基本上是在苏联政府撕毁合同事件之后。20世纪60年代初是中国财政本质理论发展的一个高峰期。

许廷星1957年出版的《关于财政学的对象问题》[①] 篇幅很小，仅有36页。这本小册子从"货币关系论"不能解释中国历代财政上的征实问题入手，寻求系统阐述国家分配论。在许廷星看来，"财政学则是生产诸关系中有关分配关系发展的科学，它研究人类社会各个发展阶段上国家对社会产品或对国民收入分配及再分配的规律"。[②] "马克思列宁主义财政学的对象是国家关于社会产品或国民收入分配与再分配中的分配关系，简单说，也就是人类社会各个发展阶段中国家对社会的物质资料的分配关系。"[③] 一般认为，这标志着国家分配论最初的系统化提出。许毅、邓子基等大批财政学家倡导国家分配论，自20世纪60年代起，国家分配论成为中国财政学的主流学派。当然，一种理论在系统化提出之前，总是有各种理论的沉淀。

---

① 许廷星：《关于财政学的对象问题》，重庆人民出版社1957年版。
② 同上书，第4页。
③ 同上书，第5页。

从这点出发，无论是丁方、罗毅，还是尹文敬，都提出了一些后来称之为国家分配论的要点。

20世纪60年代是中国财政学各种理论流派提出的黄金时期，价值分配论、国家资金运动论、再生产论、剩余产品价值运动论等，均在这一时期面世。1964年在旅大市召开的财政学讨论会集中展示了这些理论，具体可参见会议论文集。① 20世纪80年代，何振一的社会共同需要论提出。社会共同需要论是在区分"财政一般"和"财政特殊"的基础之上提出对财政本质的认识。"社会再生产过程中为满足社会共同需要而形成的社会集中化的分配关系，这就是财政范畴的一般本质或内涵。"② 不同历史阶段的各个财政特殊，共同点有二："都是社会再生产过程中客观形成的，满足社会共同事务消费需要（以下简称为社会共同需要）的分配；都是以社会的代表占据支配地位而进行的社会集中化的分配，反映的是社会与个人和社会集团之间的分配关系。"③ 何振一进而分析了社会共同需要的本质。他认为："社会共同事务需要，并不是人人都需要，更不是全社会人人的主观欲望和主观要求的总和。……社会共同需要，它不是普通意义上的大家都需要，也不是全社会个人需要和集团需要的机械加总，在阶级社会中也不是各个阶级的共同需要，而是就社会总体或社会自身而言，是维持一定社会存在，一定社会再生产的正常运行，必须由社会集中组织的事务的需要，是一般的社会需要。社会需要按内容划分，不外是个人（集体）需要和社会一般需要两个部分。"④

传统财政学理论流派的区分标志是对财政本质的认识，由此衍生出财政与国家是否有本质联系，什么是财政的职能以及财政职能

---

① 财政部财政科学研究所、中央财政金融学院编：《财政学问题讨论集——1964年财政理论讨论会论文选辑》，中国财政经济出版社1965年版。
② 何振一：《理论财政学》，中国财政经济出版社1987年版，第3页。
③ 同上。
④ 同上书，第5—6页。

有哪些，财政是什么时候产生的，财政在共产主义社会是否存在等问题。对这些问题的回答不尽相同。贾康于20世纪90年代提出了"社会集中分配论"，将国家产生之前、之后及未来可能的"消亡"在历史视野中打通，力求理清广义、狭义财政的逻辑层次和认知框架，在突破既有"国家分配论"的局限与不足的同时，充分吸纳其他理论流派的合理科学内容，从而在财政本质这一基础理论认识上集大成。①

透过现象看本质，是财政科学的重要使命。财政本质理论的发展体现了新中国财政学者独立思考、探究财政理论的科学精神，成为中国人为财政学基础理论所做出的独树一帜的学术贡献。

二 公共财政理论和现代财政制度论

社会主义市场经济改革目标确定之后，财政理论的发展主流方向是公共财政论。在计划经济时代，公共财政是资本主义财政的代名词。随着社会主义国家接受市场经济观念，公共财政的引入和借鉴也是自然而然的事。从中国国情出发，发展具有中国特色的公共财政论，才能真正指导社会主义市场经济条件下的财政实践。

中国的市场经济是社会主义市场经济，公有制基础决定了它不同于私有制基础的西方市场经济。在这一背景下，中国式公共财政论需要能对大规模营利性国有经济的存在作出合理的解释。公共财政是一视同仁的财政，是法治化的财政，是非营利性的财政。② 同时，公共财政还应该是民主的财政，是与社会主义民主要求相适应的财政。国有经济何去何从将直接决定着中国财政的活动范围，将直接影响中国式公共财政论的发展方向。"双元结构财

---

① 贾康：《从"国家分配论"到"社会集中分配论"》（上）（下），《财政研究》1998年第4、5期。

② 张馨：《公共财政论纲》，经济科学出版社1999年版。

政论"就是在这样的背景下提出的。双元结构财政将社会主义市场经济条件下的财政区分为公共财政和国有资产财政（后改称"国有资本财政"），前者在形式上与发达国家的公共财政更接近，涉及的是非营利性活动，后者则是具有中国特色的营利性财政活动。①

2013年，随着"财政是国家治理的基础和重要支柱"的提出，深化财税体制改革的任务是建立现代财政制度。由此，现代财政制度研究得到越来越多的重视。什么是现代财政制度？有了目标，才有改革的方向。现代财政制度具有什么特征，建立现代财政制度的基本原则有哪些？②对这些问题的回答，将有助于现代财政制度理论的发展，从而为中国财政学的发展添砖加瓦。

财政与国家治理的关系，再一次引发财政属性和财政学学科属性的讨论。在20世纪60年代，财政学界为财政是经济基础还是上层建筑展开了热烈的讨论。邓子基编的《财政是经济基础还是上层建筑》③，收录了9篇主题论文，多数观点认为财政是经济基础范畴，因此财政学是经济学的分支学科观点深入人心。但是，财政与上层建筑联系密切，随着财政是国家治理的基础和重要支柱新定位的提出，需要重新审视。贾康在其代表作之一《财政本质与财政调控》（经济科学出版社1998年版）中的分析结论，是必须把"财政"区分为财政分配关系（生产关系总和的一部分）与财政分配手段（政策、体制、工资等），前者属于经济基础，后者则属于上层建筑。国家治理视角的财政学亟待在已有这些认识成果的基础上加快建立起

---

① 叶振鹏、张馨：《双元结构财政——中国财政模式研究》，经济科学出版社1995年版。

② 杨志勇：《现代财政制度：基本原则与主要特征》，《地方财政研究》2014年第6期；杨志勇：《现代财政制度探索：国家治理视角下的中国财税改革》，广东经济出版社2015年版。

③ 邓子基编：《财政是经济基础还是上层建筑》，中国财政经济出版社1964年版。

来，这就是适应新时代的财政学。

三 宏观财政理论[①]

新中国成立以来，宏观财政理论得到了发展。最初建立起来的宏观财政理论可以称之为传统的财政平衡观，财政平衡、信贷平衡、物资平衡、外汇收支平衡一环扣一环，实现内外平衡，任何一环的打破都可能导致其他失衡。在计划经济时代，没有赤字，就不会有债务。财政账面无赤字，但并不排斥财政向银行（中国人民银行）透支，财政银行之间的特殊关系，让这种事实上的赤字不易被感受到。随着改革开放的深入，以促进宏观经济稳定的宏观财政理论——财政政策理论逐步形成。

改革开放之初，经济建设任务重，资金缺口大。倘若恪守量入为出观念，那么许多事得等到财政收入达到一定水平时才能启动。正是在这样的背景下，财政赤字观得到了改变。这种改变是渐进的，典型的做法是重新定义财政平衡，如财政结余和财政赤字在财政收入 3% 之内都被视为实现平衡。[②] 实际上财政结余很少出现。[③] 在放松财政平衡定义的同时，对"公债"的发行又作不是为了弥补赤字，而是为了筹措建设资金的解释，公债观念逐步被接受。改革开放之初，公债以"国库券"[④] 的名义发行，回避了"债"，让公债更容易被接受。赤字与公债观念的突破，意味着国家理财观的总体转变。

突破旧观念，需要树立起新观念。"四平"观念也逐步让位于社会总供求平衡。适应计划经济时代需要的国民经济综合平衡理论，逐步为新的宏观财政理论所替代。财政平衡与否并不重要，重要的

[①] 杨志勇：《中国财政 40 年：观念与变革》，《财贸经济》2018 年第 10 期。
[②] 邓子基：《财政学原理》，经济科学出版社 1989 年版。
[③] 1985 年如按国际通行的赤字口径计算，当年实际上也是赤字。
[④] 国库券在美国指的是期限为一年之内的公债，在中国有了新的解释。

是社会总需求和总供给的平衡。改革开放以来，连年财政赤字（1985年有财政结余，但按国际通用口径计算也是赤字）并没有带来太大的国民经济风险。贾康明确提出"有必要由固守财政收支年度平衡的原则，转为采取旨在实现长期、动态中的综合平衡的年度弹性控制原则，赤字或盈余不拘，相机行事，加强财政收支总量上的'反经济周期'操作"[①]。财政赤字无论是被动还是主动发生的，财政失衡肯定会影响财政的运行，观念的彻底转变并不太容易。1998年积极财政政策实施之后，财政赤字和财政失衡进一步被正视。积极财政政策在应对金融危机（1998年亚洲金融危机和2008年国际金融危机）中发挥了重要作用，促进了宏观经济稳定，主动选择的财政赤字也因此逐步被接受，赤字财政不再被视为贬义词。国家理财观不再坚持量入为出，而是转向以支定收或量入为出与量出为入的结合。贾康通过对"量出制入"和"量入为出"这两个不同层次上的平衡原理的条理化考察分析，给出了学理的诠释。[②] 实践中，财政平衡观让位于宏观经济稳定观，扩张性财政政策也终于被接受。1998年以来，积极财政政策已历经两轮，宏观经济反周期稳定观念已经确立起来。当然，政策仍有进一步优化的空间，宏观财政理论研究仍大有可为。[③] 贾康、苏京春首次提出财政分配的"三元悖论"分析框架，即减税、增加公共福利支出和控制政府债务与赤字水平，这为人们所推崇的三大目标，至多只能同时实现两项，正视这种制约，是宏观调控当局的必然命题，并提出了缓解这种制约的四方面机制。就总体而言，中国适应新时代需要的宏观财政理论已基本形成。[④]

---

① 贾康：《我国财政平衡政策的历史考察》，《中国社会科学》1993年第3期。
② 贾康：《财政职能及平衡原理的再认识》，《财政研究》1998年第7期。
③ 朱军：《现代宏观财政理论研究的脉络与启示——兼谈对财政学基础理论创新的借鉴意义》，《财贸经济》2015年第7期。
④ 贾康、苏京春：《财政分配"三元悖论"制约及其缓解路径分析》，《财政研究》2012年第10期。

新中国财政学在现代税收理论、国际税收理论、现代预算理论、国际财政理论（全球治理的财政理论）等具体财政理论上也取得了突出的成就。具体内容可见本书的后续章节。

第 二 章

新中国财政与财政学发展的实践基础

中国共产党自 1921 年创建到 1949 年取得革命胜利，经历了艰苦卓绝的奋斗历程，建立了中华人民共和国。在土地革命时期，中国共产党在全国先后建立了井冈山革命根据地、中央革命根据地、湘鄂西革命根据地、鄂豫皖革命根据地、川陕革命根据地、西北革命根据地等十多个根据地。为了巩固红色政权，党也开始探索建立自己的财政体系。抗日战争爆发后，根据当时的国内外形势，党在陕甘宁边区进行了新民主主义革命实验，包括成立税务局、建立新的税收制度等。从现实意义上说，这是一次带有基础性、建设性的实验。解放战争时期，财政税收工作恢复并扩大，财政管理体制不断改进。从第一个税务局成立开始，税收实践不断发展，税务队伍不断壮大，使得革命根据地时期的财政实践适应了当时战争年代的需要。尽管当时的财政实践紧紧围绕着战争展开，但实践中孕育的财政思想萌芽，为新中国成立后财政学发展奠定了坚实基础。

第一节 革命根据地时期的特殊战时财政

财政乃庶政之母，总是与国家政权紧密联系。中国共产党领导中国人民，经过28年艰苦卓绝的奋斗，建立了新中国，由此，作为保障国家政权正常运转的财政才有了大发展的广阔空间，才有了日后财政学大发展的深厚土壤。新中国财政是以革命根据地时期的特殊财政为基础建立起来的。在那个战火纷飞的战争年代，在一切工作紧紧围绕战争的革命根据地，财政更多的是一种实践活动，财政学还难以作为一门学科进行学理上的探讨。尽管如此，承前启后，继往开来，新中国财政实践及财政学的发展应当溯及革命根据地财政。

一　满足战争需要的财政

根据地财政具有战时财政的特点。1938年毛泽东在中共扩大的六届六中全会上明确提出建立战时财政经济政策，以保障抗日武装部队一切必要供给、满足抗日战争的需要作为财政处理一切问题的宗旨。在当时各革命根据地的财政支出结构中，军费是最主要的支出部分，始终占财政总支出的首位。财政供给原则是"军事第一，生活第二，必要事业与干部教育次之"，这也是与当时革命根据地财政保障战争供给的基本任务相契合的，此类支出主要包括弹药供给、军队给养、战勤费、支前费、新军动员和训练费以及俘虏收管等。

战时财政供给的原则普遍适用于各个抗日根据地。例如，陕甘宁边区政府明确，财政无论怎样困难，"在财政分配上军费应放在第一位"，"以军六、党政四之比例来制定预算"（见表2—1）。山东革命根据地支出额中军费名列第一（见表2—2），其次是行政费、教育费等。太岳、冀西根据地财政的基本方针中第一条就是供给战争需要和服从前线需要，其次是培养民力、促进建设等。豫鄂根据地行政公署明确提出预算支出要"分清主次，合理布局"，所谓"主"就是保障部队的供给。淮南抗日根据地财政支出的第一条原则，是保障坚持敌后抗战经费的供给，支付顺序是首先满足抗战部队给养，其他经费则量力而为。由此可见，保障抗日战争的需要始终是抗日战争时期财政支出工作坚持不变的方针,各抗日根据地财政支出结构,军事支出在财政支出结构中的主体地位是普遍的、稳固的、持续的。[①]

表2—1　　　　　陕甘宁边区各项支出占财政支出的比重　　　　单位:%

年份	军费	行政费	教育费	救济费
1937	25		8.9	28.2
1938			12.2	7.4
1939	54.65	1.56	10	0.79
1940	54.89	1.34	5.87	0.52
1941	30	1.7	2.9	
1942	25.44			
1943	45.80	1.35	1.7	

资料来源:魏宏远:《晋察冀抗日根据地财政经济史稿》,中国财政经济出版社1990年版,第6页。

表2—2　　　　　山东革命根据地各项支出占财政支出的比重　　　　单位:%

年份	军费	行政费	教育费	救济费
1941	70	30		
1943	61.72	25.26	0.45	0.17
1944	70	30		
1945(上半年)	63.38	0.18		

资料来源:魏宏远:《晋察冀抗日根据地财政经济史稿》,中国财政经济出版社1990年版,第6页。

到解放战争时期,这一特征更为明显。在解放战争的初期阶段,

---

① 魏宏远:《晋察冀抗日根据地财政经济史稿》,中国财政经济出版社1990年版,第6页。

1946年6月解放军的数量仅有123万,到解放战争的中期阶段,即1948年6月解放军的数量增至280万,仅仅两年的时间人数增加了一倍多,同年11月,解放军人数更是达到300万。为了解放战争的胜利,军费支出俨然成为财政支出中最大的一项,约占财政支出总额的80%—90%。为了赢得解放战争的胜利,庞大的军费支出显然是非常必要的。除了上述巨额的军费支出外,还包括经济建设支出、文教、社会福利救济支出等。根据当时国内的实际情况,经济建设支出和文教、社会福利救济支出的总和在财政支出中所占的比重不超过15%。

二 开源节流的财政

由于保证抗日战争供给始终被放在首位,军事支出快速增长是各根据地所面临的最大的挑战。因此,根据地革命政权的中心任务是如何对有限的资金进行分配,从而提高资金的使用效率。在当时,这确实是一个极其重要且必须解决的财政问题。革命根据地必须本着节约的方针,为战争和革命事业节省每一个铜板,从而使财政支出在经济建设中发挥最大的效用。

以在解放战争中做出卓越贡献的山东革命根据地为例。一方面,为适应新的战争形势,山东革命根据地在财政开支的"节流"上采取了一系列行之有效的应急措施,如精简机构,减少人员和马匹数量等。1946年10月17日,山东省参议会与山东省政府联席会议讨论通过了省府系统的精简方案,10月25日中共中央华东局也做出了精简决定。此次精简,全省共减少人员10万以上。在如此大规模缩员的背景下,原有部队与地方机关人员的比例是1∶1,而经过此次改革,该比例变为6∶1。[①] 此外,根据地还规定应紧缩开支,杜绝一切浪费,坚决服从前线需要,对各项开支费用进行精细计算,逐

---

① 山东革命历史档案馆:《山东革命历史档案资料选编》(第18辑),山东人民出版社1983年版,第100页。

条逐项落实紧缩预算,仅1947年上半年,省政府的预算方案就先后修改了六次之多。①

另一方面,革命根据地财政收入因时局动荡起伏较大,很难形成稳定的收入来源,这就造成革命根据地财源非常有限,不得不采取非常手段开拓财源。

毛泽东同志指出:"苏维埃的财政政策,建筑于阶级的与革命的原则之上。因此苏维埃的财政来源乃是:(一)向一切封建剥削者进行没收或征发收入;(二)税收收入;(三)国民经济事业的发展。"② 在不同的发展阶段,革命根据地的财政收入亦各有差异。在革命根据地开辟阶段,财政收入主要取之于敌;在根据地初步形成阶段,财政收入以取之于敌为主、取之于民为辅;在根据地扩大巩固阶段,财政收入以取之于民和取之于己为主、取之于敌为辅。③

首先,取之于敌的财政收入筹集方式。在这一阶段,根据地尚不稳固,无法获取可靠稳定的财源。为了保障革命供给,基于当时的经济情况,不得不依赖于取之于敌的方式:一是没收封建剥削者的财产(打土豪筹款);二是战争缴获,当时这两种筹集收入方式发挥了至关重要的作用。打土豪筹款是在斗争中创造出来的一项非常措施,是解决红军和政府工作人员供给的主要来源。在当时的背景下,此方式在保障战争经费稳定的同时,动员了群众的力量摧毁封建豪绅地主阶级,也成为增强经济、政治力量的一种有效手段。战争缴获是红军武器弹药的主要来源,尽管这并不是直接的财政收入,但其不断地补充着红军的军需装备,减轻了财政的负担,在财政上

---

① 刘大可:《解放战争时期山东革命根据地的财政建设》,《东岳论丛》1996年第3期。

② 《中华苏维埃共和国中央执行委员会与人民委员会对第二次全国苏维埃代表大会的报告》,1934年1月。

③ 王礼琦、李炳俊:《土地革命时期革命根据地的财政》(上),《中国财政》1980年第11期。

的意义是不可低估的。除此之外,根据地还通过向富农、商人募捐来获得收入,这种方式不同于打土豪筹款和战争缴获,不属于取之于敌的收入范围,为保证收入的持续性,须遵循适当性原则,保持在合理的范围内,不打击商人和资本家的生产经营意愿和捐款积极性。这一阶段筹集财政收入的方式有其局限性。一是受制于土豪及其财产的有限性,所筹经费必然递减。二是战争缴获具有一定的偶然性,不足以支撑长期的革命经费需求,而且从战争缴获的物品来看,大多是武器弹药和战略物资,这些并不能完全解决红军的给养问题。三是向富农、商人募捐的方式所筹集的资金具有临时性、不固定性的特征。

其次,取之于敌为主、取之于民为辅的财政收入筹集方式。随着革命运动的不断推进,反"围剿"成为革命斗争的主要内容。与此同时,得益于土地革命的阶段性胜利成果,部分根据地经济环境得以改善,分配给贫苦农民的土地取得了相对丰硕的成果,根据地内部群众的生活日益改善。为了支持红军取得反"围剿"战争的胜利,苏维埃政权决定在经济恢复较好、农民积极性较高的根据地建立税收体制,为根据地的财政收入提供经常的稳定的来源。[①]

最后,取之于民和取之于己为主、取之于敌为辅的财政收入筹集方式。自1933年起,土豪基本被打光,源于富商的捐款也日益减少,取之于敌的收入呈不断下降的趋势;同时,随着反"围剿"战争规模的扩大,红军人数激增,用于战争供给的支出也不断扩大。在这两方面的共同作用下,根据地的财政收支缺口不断增大,财政面临着非常严峻的困难局面。此时,根据地及时调整财政战略方向,积极拓展财政收入渠道,将财政收入的工作重心转移至发展国民经济以增加财政收入上来,即通过取之于民和取之于己的方式实现革命经费的长期稳定供给。取之于民主要在于依靠农民的力量。苏维

---

① 王礼琦、李炳俊:《土地革命时期革命根据地的财政》(上),《中国财政》1980年第11期。

埃政府将土地分发给农民,随着农业的增产丰收,政府颁布了土地税、商业税、山林税、店租、矿产租等条例和细则[①]。取之于己意味着发展国营经济。1933年8月,临时中央政府在中央根据地召开了两个经济建设大会,会议上确定了发展国营经济的主要目标,鼓励各根据地利用战争间隙,不遗余力地发展经济,从而保障革命战争的物资供应。除此之外,仍有小部分收入来自取之于敌的方式。

到了1945—1947年,农业税所筹集的财政收入占总收入的比例高达70%以上,成为主要的财源。其原因是随着解放战争的不断深入,新解放区面积不断扩张,为了进一步合理确定各解放区的税收负担,在新老解放区推行了不同的农业税征收办法。对于实施土地改革的地区而言,根据常年产量的一定比例征收农业税;而对于未实行土地改革的新解放区而言,按照累进税制征收。此外,对于新解放区的地主和富农,除按规定征收农业税外,加征土地税。

解放区的财政政策中,除了征收农业税外,仍继续征收工商业税,如出入货物税、酒税、纸烟税、交易费、工商营业税等。工商业税征收的原则是:不影响工商业的经营和发展,防止过轻或过重;工矿业轻于商业;必需品工业轻于非必需品工业,采取累进率,最低为5%,最高为25%。此项税收在陕甘宁边区、晋冀察边区、晋冀鲁豫边区和晋绥边区等地的财政收入中所占的比重都比较小,一般只占总收入的1%—5%,而在山东区、苏皖区、华南等地区则高一些。随着战争的扩大、大城市的相继解放,工商税有了逐步增长,但在革命政权的总收入中的比重仍不算高。究其原因,主要在于解放战争的规模不断扩大,解放区日益增多,在此种情况下,大批部队调赴前方支援战争,相关工作人员调入新解放的地区,这在一定程度上降低了原先机关部队的生产能力,生产规模随之减少,其所带来的结果是取之于己的收入日益缩减。与此相反,通过取之于敌

---

① 《财政人民委员部训令第六号》,《红色中华》1932年9月13日。

的方法所获取的收入占比不断增加，原因主要在于随着解放战争的节节胜利，国民党反动武装连战连败，所有的战争缴获，除武器、弹药归当地部队，企业、交通、电讯等器材原料由各主管系统进行接管外，其余如粮食、被服、棉花、布匹、油盐、金银等，则作为财政收入。① 此项收入日益增加，对解放战争的最终胜利发挥了重要的作用。当然，此项收入也随着解放战争的胜利最终尘封于历史。

三 从根据地财政走向全国财政

党的十八届三中全会提出财政是国家治理的基础和重要支柱，站在今天回望新中国成立前的革命战争年代，革命根据地财政无论从哪个方面都很难与当今的财政相提并论。不过，革命根据地从小到大，从少到多，形成星星之火可以燎原之势，最终建立了新中国。从这个意义上讲，革命根据地一定程度上是新中国的雏形，是新中国的摇篮；革命根据地财政实践，是新中国财政实践的重要基础，也是新中国财政学发展的重要源泉。

税收是财政收入最重要的形式，也是政权存在的具体体现形式之一。随着税收制度的建立健全和税收规模的扩大，财政由根据地走向全国，从而形成当代意义的财政。中央根据地在 1932 年以前，大部分地区还没有建立税收体制。这反映了在根据地初期，税收在根据地财政收入中并不占据主要地位。直到抗日时期，税收才成为根据地收入的主要来源，主要的征收原则是根据收入多寡规定纳税多少，有钱出钱，钱多多出，钱少少出，无钱不出。依此原则，抗日根据地合理界定了税收负担，为日后稳定筹集资金奠定了基础。具体措施是在抗日民主根据地内，按每户人口依其土地财产的数量分出不同的等级，规定每一等级负担多少分，每分多少钱。这种按土地财产数量多寡划分税收负担的措施，使得贫苦农民的负担大为

---

① 左治生：《新民主主义革命时期革命根据地的财政》（续），《财经科学》1980 年第 3 期。

减轻。

解放战争初期，各根据地经济环境不断遭到破坏，市场萧条，交换不畅，工农业生产停滞，财政收入急剧下降。为了战胜困难，各根据地在面临战争的不利形势下，及时调整税收政策，缩编税收队伍，争取一切收入。但就税收来源而言，仍然是农业税占大头，农民是纳税主体。随着解放战争形势的迅速发展，胜利解放已成定局，客观形势对税收工作提出了新要求。不少根据地税收工作摸索出了好的经验与做法，但基本上都是在农村环境中由实践总结出来的，对新解放区来说不仅不够用，而且不适合。因此，政府决定税收工作必须依据新的经济环境，制定出适合新区与城市经济实情的税收制度，促进新区与城市经济的共同发展。1949年2月27日至3月18日，在大西北解放前夕，召开了西北财经会议，会议研究了新解放区税务工作的相关政策，决定将工作重心转移到新区城市税收管理方面。首先，将开展新区与城市的税收工作作为首要任务。其次，对税收工作进行整顿，调整组织机构。最后，整顿旧税，开辟新税源，健全包括营业税、货物税和预备开征的新税种税制。

从农村走向城市，从以农业税为主到辅以工商税，从整顿旧税到开辟新财源，意味着财政从革命根据地这一区域走向了全国，直至新中国成立，拉开了财政成为国家治理的基础和重要支柱的演进序幕。从这个意义来说，根据地财政为新中国的财政与财政学发展提供了重要的实践基础。

第二节 革命根据地财政实践是新中国财政及财政学发展的重要基础

囿于当时的历史条件，革命根据地时期对财政实践的关注多于对财政学本身的关注。① 财政学是以研究国家为主体的财政分配关系的形成和发展规律的学科，属于认识论的范畴。从辩证唯物主义认识论看，实践是认识的基础、认识的来源、认识发展的动力。无疑，这门学科的发展首先来源于实践，实践提供了财政学发展的动力。

一　紧密联系实际的财政工作方针

新中国成立之前，中国共产党从实际出发，审时度势，灵活地制定符合实际的财政收入和支出措施。依据实际情况决定党的财政工作方针，这是根据地财政工作的一条重要经验。基于实事求是的原则，将不同时期、不同环境以及不同条件纳入考量范围。例如，在财政管理方面，土地革命时期苏维埃政府根据不同情况，采取不同方针。战争初期，红军到处游击、根据地尚不稳固，此时采取自筹自给、分散管理的方针。当红军发展壮大，根据地亦得到扩大和巩固时，则根据客观形势发展的要求，采取统一财政、集中管理的方针。又如，根据地组织财政收入采取了因地制宜且因时制宜的政策。当税源不足时，以取之于敌的方式为主筹集财政收入，并积极培育税源；当人民生活改善、税源相较充足时，转向取之于民和取之于己的方式筹备战争经费；在条件适当时，开征统一的累进税，促进生产，减轻人民负担，等等。再如，制定支出政策时，根据地依照实际情况，确定了革命战争的长期性，为了保障战略物资的长期稳定供给，同时考虑到各根据地财力薄弱等现实因素，苏维埃政府及时采取了诸多特殊的节约措施，对各项支出精打细算，并实行严格的节约制度。经验表明，财政工作应坚持从实际出发的原则，因地制宜、因时制宜地制定相关政策。

---

① 客观而言，在当时的国民党统治区，受西学东渐的影响，通过翻译国外著作、著书立说、报纸杂志、大学教育等途径，财政学得到了一定发展，但这与本书所论及的革命根据地财政属于不同范畴，需另当别论。

二　厉行节约的财政支出实践

艰苦奋斗、勤俭节约，减轻农民税收负担，这也是根据地财政工作的一条重要经验。经历了土地革命、抗日战争和解放战争，根据地的财政建设始终将奋斗和节约置于首位。在组织财政收入的过程中，尽管革命军队和各级苏维埃政府均面临着经费紧缺的财政困难局面，但他们始终站在农民的角度，以减轻农民负担、提高农民生活水平为己任，避免横征暴敛的扰民伤民措施。面临财政收支的巨大缺口，苏维埃政府主要通过从战争缴获资财以及从工商业者征收税款的方式加以弥补。在财政支出方面，根据地严格规定节俭和压缩开支，全体军民共同实行"供给制"，这是战胜困难走向胜利的关键。经验表明，财政收支的合理安排是推动各项发展的前提条件，亦是经济发展、国家安定的重要保障。无论在何种情况下，都应以减轻人民群众的税收负担为首要目标，妥善安排财政收入与支出。

三　集中统一领导的财政管理体制

在很长时间里，各个根据地基本上是"各自为政"，财政也无法做到实现党的集中统一领导。在抗日战争胜利以后，随着国内第三次革命战争的爆发与胜利进展，解放区逐渐连成一大片，过去被敌人分割和封锁的情况开始改观。为了进一步集中力量支援前线完成解放战争一篑之功，无论在军事、政治、财政、金融各个方面，都需要进一步加强领导统一管理而客观条件也具备了。为此，从1946年起，各个边区都先后实行了除村财政以外的以边区为单位的统筹统支，各边区基本上都确定了"大项统一、小项机动"的方针。例如把工商营业税、进出口税、烟酒税等几种主要收入由边区掌握，其他财政收入，则由行署及其下级管理。随着解放战争的胜利进展，适应着这种情况，在一个大区（如华北区、东北区）内，统一了财政管理制度，制定了大区的统一税法、供给标准、会计审计制度、预决算制度等。所有以上财政管理制度上的集中与统一，完全是客观形势的要求所决定的。① 新中国成立后，长期实行集中统一领导的财政管理体制，一定意义上讲与革命根据地财政实践不无渊源。

四 坚持以人民为中心的财政理念

密切联系群众和依靠群众，也是根据地财政工作的一条重要经验。苏维埃财政工作坚持群众路线，将群众生活改善为己任，这是解决根据地财政经济的根本保证。打土豪筹款时，在依靠群众做好调查工作的基础上，激发群众热情，并心系群众，将打土豪的战利品，如衣物和粮食等首先分给贫苦百姓，切实解决他们的生活难题；利用税收筹款时，坚持群众观点，关心群众生活，并非一味地强取豪夺，在充分考虑各阶级、各阶层的纳税能力后，以不同的税率、减免税优惠等方式减轻人民群众的税收负担，杜绝一切强迫命令、官僚主义的做法，在群众自愿纳税的基础上，获取财政收入，即"依靠劳动农民群众的革命热忱去征收适当的土地税，充裕国家财政，这是苏维埃财政政策的根本原则"②；注意工作方法，对生产和生活方面确有困难的群众，政府从财政上给予贷款和救济。经验表明，税收"取之于民，用之于民"，向群众有所取首先必须对群众有所予。这种以人民为中心的财政理念，与当前满足社会公共需要的公共财政理念、与以新发展理念为引领的现代财政制度有异曲同工之处。

五 经济决定财政的财政基本价值观

从革命根据地各个历史时期的财政实践可以看出，财政资金的

---

① 左治生：《新民主主义革命时期革命根据地的财政》（续），《财经科学》1980年第3期。

② 《中央政府关于整顿财政部工作的训令》，1933年8月5日。

充裕程度实质上决定于经济的发展程度。解决财政困难的方式主要有两种,"开源"和"节流"。"节流"的方式仅能在一定程度上缓解财政的困难局面,若要彻底改变财政拮据仍需依赖"开源"的方式。而持续获得财政收入的方法在于鼓励和支持经济发展,只有经济不断发展,财政收入才能得以稳定保障,这是苏维埃财政政策的一个重要原则。同时,经济发展与政府的财政政策相辅相成。战争时期的根据地大多都分散在穷乡僻壤,地理位置、自然条件等严重制约着根据地经济的发展,而且囿限于敌人的残酷"围剿"和经济封锁,根据地经济基本上是长期处于落后的境况;然而,苏维埃政府认清各时期的现实条件,着重长远利益,努力做到"开源"以实现财政收入的稳定增长,在每个根据地及时推行鼓励和支持经济发展的政策。历史经验表明,经济是财政之源,在战争年代如此,在和平年代更是如此。只有大力发展经济,才能为建立强大的财政奠定坚实基础。

总之,从中国共产党成立到新中国成立,历经了土地革命、抗日战争和解放战争三大时期。纵观这三大时期,由于受历史条件所限,革命根据地财政具有明显的战时财政的特点,首先要保障供给,服务于战争需要,这与新中国成立后的财政工作具有重大的区别。不过,虽然是在战争年代,随着革命根据地的扩大,财政工作也在经济建设、发展民生事业、保障政权机构正常运转等方面不断摸索积累经验,逐渐形成了一些基本性认识,进而为新中国成立后财政学发展提供了丰富的实践素材和认知基础。比如,在土地革命时期,各根据地实施"节流"方针,特别是党政机关和群众团体,在保证基本用度的前提下要想尽各种办法节省财政开支,其中就体现了厉行节约的财政工作方针。又如,统一财政收支工作,集中财力和物力,其中体现了财政管理上的集中统一领导。再如,在抗日战争时期,税收依循"取之于民,用之于民"的基本原则,根据收入多寡规定纳税多少,以及"不是百废俱兴不分轻重缓急见事就办",而是有中心、有先后,等等。这些财政工作的思想和原则尽管所处历史条件不同，但与新中国成立后"取之于民，用之于民"的税收工作理念、财政支出要分轻重缓急的分配原则之间，也存在必然的逻辑联结。另外，在解放战争时期，在解放区征收货物税、酒税、纸烟税、交易费、工商营业税、农业税等；以及各个边区都先后实行了以边区为单位的统筹统支（除村财政以外），各边区基本上都确定了"大项统一、小项机动"的方针等，为新中国成立后的税制建设和财政体制建立与完善积累了宝贵经验。此外，无论土地革命时期，还是抗日战争时期和解放战争时期，革命根据地财政实践中体现出的紧密联系实际的财政工作方针、厉行节约的财政管理实践、坚持以人民为中心的财政理念、经济决定财政的财政基本价值观等共性特征，无疑为新中国成立后财政学发展提供了丰富的历史给养，是新中国成立后财政学发展承前启后、继往开来的坚实基础。

第一篇

新中国成立初期至改革开放前的财政学（1949—1978年）

第 三 章
计划经济时期的财政学基础理论

1949—1976 年的中国社会，可以大致分为两个阶段：一是"苏联化"的阶段，时间跨度为 1949—1956 年。其间先是经历了国民经济恢复时期，完成了国民经济的社会主义改造，但尚未实行计划经济体制；在随后的 1953—1957 年，经过新中国的第一个"五年计划"，初步建立了苏联式的计划经济体制。二是"去苏联化"阶段，即 1957—1976 年。经过"一五"时期的实践，苏联体制的弊端有所暴露，加之中苏关系恶化，中国试图寻求符合自身实际的发展道路。然而令人遗憾的是，中国在此后 20 年中所尝试过的有自身特色的发展道路始终未能脱离苏联窠臼。在本章中，为方便起见，我们将这两个阶段统称为计划经济时期，但如上所述，二者事实上是有明显区别的。

第一节 时代背景

和中国整体社会的发展一样，改革开放之前中国财政学及其基础理论的发展，也先后经历了"苏联化"和"去苏联化"两个阶段。

一 社会主义新中国的建立

20世纪中叶国际政治舞台上最为引人注目的事件之一，是1949年10月1日由中国共产党一手缔造的社会主义新中国的成立。

无数先贤在中国共产党之前就探索和实践过通往现代国家的道路，可惜都不得而终，直到马克思列宁主义进入中国，并被中国共产党接受。作为一个马克思列宁主义思想武装的政党，中国共产党的使命是在中国推翻封建阶级、资产阶级和帝国主义的统治，建立工农当家作主的国家，消灭剥削和阶级压迫，最终实现共产主义。带着社会革命的使命而来的中国共产党，在不到30年的时间里取得全国政权，开始了人类历史上一场天翻地覆的社会改造运动。

二 全新的官方意识形态

（一）作为意识形态的社会主义体制

雅诺什·科尔奈[①]曾说，革命胜利后各社会主义国家所奉行的社会主义体制，是社会主义意识形态及其政治结构的复合体。在某种意义上，新中国之"新"，"新"在它以全新的社会主义理念作为立国的根本，这在中国数千年历史上是开天辟地头一回。因此，社会主义之于新中国，不仅是一种全新的政治制度结构，更是这一制度赖以证明自身政治合法性的理论基础，它是官方的意识形态。

作为一种官方意识形态，它宣扬社会主义体制的绝对优越性，包含着各国社会主义革命运动时期的各种思想、憧憬和价值取向，同时也意味着执政后的共产党对人民的种种承诺。

作为一种政治制度结构，它要求执政的共产党对国家及军队的绝对领导权。共产主义政党的使命就是要"剥夺剥夺者"，在财产关

---

① ［匈］雅诺什·科尔奈：《社会主义体制——共产主义政治经济学》，张安译，中央编译出版社2007年版，第342—360页。

系上彻底消灭私有制，建立稳固的社会主义公有产权和社会主义优越性得以发挥的政治基础。

(二) 计划经济体制的历史选择

1. 计划经济是经典社会主义体制的逻辑延伸和组成部分

科尔奈解释了计划经济体制在中国的必然性。他认为，当人们失去了可支配的私有财产，那么，市场以及其他社会协调机制都显得多余，官僚协调将取而代之。而要在官僚体制下维持信息和政令的全面畅通，最好的办法是让社会生活的每个最小单元都纳入计划控制的轨道。因此，经典社会主义体制的运行是环环相扣的，每一个环节都在体制的运行中复制和强化自身，否则就无法适应这一体制下的生存。因此，"正是因为有了经典社会主义体制的官方意识形态和政治结构，才出现了特定的产权形式，这种产权形式又必然使得官僚协调机制处于主导地位，同时也导致了参与者典型的行为方式……"

2. 实行计划经济是当时条件下尽快实现工业化和现代化的现实选择

与革命导师们的设想有所不同的是，社会主义革命不是在生产力高度发达的资本主义国家最先取得胜利，而是在贫穷落后的小农经济国家率先实现的；社会主义革命并非由社会化大生产所导致的资本和贫困的两极积累所引发，而是在民族独立与民主革命的双重压力下产生的。革命前的中国面临经济凋敝、政治独裁、缺乏工业基础、贫富差距巨大的局面，也正是这些社会矛盾的激化，引发了共产党夺权的社会主义革命。然而，革命胜利后，如何建设社会主义，对新生的政权而言成了一个问题。马克思、恩格斯的经典著作里并没有提及。

经历了连年战争，中国经济凋敝，缺乏自行完成工业化和现代化的基础与能力。面对西方世界的封锁，早在20世纪30年代就已经走上工业化道路的苏联自然成为中国模仿和学习的对象。这不仅因为苏联是世界上第一个社会主义国家，本身就有着示范效应，而且因为十月革命之前的俄罗斯和中国一样,是一个落后的小农经济国家,苏联能够依靠高度集中统一的计划经济体制实现向工业化的过渡似乎意味着中国也能够依此做到。

三 学术传统的转换

(一) 英美财政学失势

自明清以来,传统中国与外部世界隔绝了数百年,直到一批觉醒的知识分子开始"睁眼看世界",由此揭开了中国近现代史上的出国留学潮。19 世纪末至 20 世纪中期,中国的留学潮经历了两次目的地的变化。19 世纪末至 20 世纪初以向德国和日本学习为主,20 世纪二三十年代以来,转向英美,特别是以向美国学习为主。

1927 年以来(国民政府时期),英美财政学术传统对中国的影响尤为突出。不仅当时英美作为华人留学目的地的地位更加重要,而且学成回国的学者亦开始著书立说,宣扬英美财政思想,并希望以此改变中国财政现状。从其著作的引文来看,此时财政学者与国际学术界的融合度已经较高,能够紧跟国际学术的前沿,其译介到中国的财政类图书亦较为及时[1]。国民政府后期的财政学著作除了译介和模仿之外,更主要的是针对中国当时的现实情况,提出解决中国财政和社会问题的办法,马寅初的《财政学与中国财政》[2] 即是一例。此时的财政学界还创办了自己的专业刊物,如《财政评论》(1939—1948 年刊行于香港),定期编载《各国杂志重要财政金融论文索引》,跟踪国际学术动态。总之,新中国成立前西方财政学尤其

---

[1] 例如:道尔顿(H. Dalton,当时译作达尔顿)的《财政学原理》(1933)、庇古(Pigou,当时译作披谷)的《财政学研究》(1932)、薛赉时(Shirras)的《财政学新论》(1934)、塞利格曼(Seligman)的《租税转嫁与归宿》(1933)、《累进课税论》(1934)、《租税各论》(1934)等,均是当时国际财政学界的名家典范之作。参见夏国祥《西方财政学在近代中国的传播》,《财政研究》2011 年第 3 期。

[2] 马寅初:《财政学与中国财政》,商务印书馆 1948 年版。

是其中的英美传统在中国的传播已臻成熟[①]。

然而，在当时的主流意识形态中，"中国的旧教育是帝国主义、封建主义和官僚资本主义统治下的产物，是旧政治旧经济的一种反映，和旧政治旧经济借以持续的一种工具"。"代替这种旧教育的应该是作为反映新的政治经济的新教育，作为巩固与发展人民民主专政的一种斗争工具的新教育。"[②] 既然新教育被赋予了巩固与发展新政权的职能，那么改造旧教育、与旧教育依托的旧传统切割就不可避免了。英美财政学被归入旧教育传统而在20世纪50年代初的中国迅速失势。

（二）"一边倒"与"全面向苏联学习"

早在新中国成立前夕，中国共产党就确立了向"苏联东欧社会主义阵营"一边倒的外交方针，随着《中苏友好同盟互助条约》的签订，以美国为首的资本主义世界对新中国实行了全面遏制与封锁。而新中国一穷二白，物资、人才和建设经验均奇缺，因此，在新中国成立后直到1956年，全面向苏联学习，将苏联先进经验与中国具体实际相结合，成为改革中国社会和建设新中国的主旋律。

这一时期，中国向苏联的学习是全方位的。不仅经济发展战略上模仿其依靠国家力量迅速走上工业化道路，整个国家治理体制、社会经济结构、科学文化发展无不以苏联为师。在这种大潮之下，社会科学研究事业急剧转向，苏联财政理论成为中国新财政理论建设的主要借鉴。

第二节　苏联财政理论在中国

苏联的社会主义体制是在一个封建军事帝国的基础上建成的，

[①] 夏国祥：《西方财政学在近代中国的传播》，《财政研究》2011年第3期。

[②] 何东昌主编：《马叙伦部长在第一次全国教育工作会议上的开幕词》（1949年12月23日），载《中华人民共和国重要教育文献（1949—1975）》，海南出版社1998年版，第6页。转引自杨悦《除旧布新：一九四九年北京大学文、法学院的课程改造》，《党史研究与教学》2015年第2期。

此前的俄罗斯帝国是一个科学上落后的国家，和英国、德国、法国、意大利不同，历史上的俄罗斯不曾拥有自己的经济学建树，更遑论财政理论。

苏联建国之初，致力于维护和巩固新生的苏维埃政权，财政工作成为维护和巩固新政权的手段之一。经历了苏联国内和苏共党内的多次斗争与清洗，斯大林终于在 20 世纪 30 年代初巩固了自己的统治。这时，才具备了将苏联社会主义财政工作和财政政策上升到理论高度的条件。此后，又经过二十多年的发展，直到 50 年代苏联财政学理论体系才真正得以确立。

一 以斯大林思想为基础的苏联财政理论

1938 年，在斯大林的亲自主持下，《苏联共产党（布）历史简明教程》（下文简称《联共（布）党史简明教程》）正式出版。它成为此后若干年里联共（布）历史的正本，斯大林还亲自写下了其中的第四章第二节，即《论辩证唯物主义和历史唯物主义》。1954 年由苏联科学院经济研究所编写的《政治经济学教科书》[①] 正式出版，该书同样是在斯大林主持和积极干预下完成的。在此书成稿的过程中，曾就社会主义经济中计划与市场的关系等问题进行讨论，斯大林关于该问题的结论及随后形成的三个相关文件汇编成《苏联社会主义经济问题》一书，该书确立的计划经济体制的原则和模式后来虽经过多次改革，但直到戈尔巴乔夫前期都未被撼动。

以上三本著作，奠定了苏联财政理论的底色，其思想、方法、论断都成为绝对的、不可挑战的权威。在斯大林的政治高压下，所有的学术研究都被设定了框框，在一次又一次的思想改造和政治运动面前，自 20 世纪 30 年代以来苏联理论界已经没有不同声音了。

---

① 其第三版 1959 年由人民出版社出版中文版。

二 苏联财政理论在中国的移植

1953年2月7日，在全国政协一届四次会议上，毛泽东强调，"我们要进行伟大的五年计划建设……经验又不够，因此要学习苏联的先进经验……应该在全国掀起一个学习苏联的高潮，来建设我们的国家"[1]。这就为按苏联的方式调整整个教育系统扫清了道路。

早在1949年刘少奇访苏时，斯大林就承诺援建一所中国大学。新中国成立后，中央决定以华北大学一部为基础，与革命大学、政治大学三校合并，在苏联的帮助下创办一个以苏联高等学校为榜样的、适合中国建设需要的社会主义性质的大学，以便正确而有效地学习苏联先进科学技术与社会主义建设的理论和实际，培养出以科学的社会主义知识武装起来的忠实于党和国家事业的财经、政法及俄文方面的专门人才与高等学校的马克思列宁主义的师资，这就是后来的中国人民大学。

此后，中国人民大学成为中国复制苏联高等教育模式的样板工程之一（另一个是哈尔滨工业大学），也是新中国成立以后中国社会科学各学科新师资的来源地，是此后其他高校社会科学学科的培育基地。为了实现上述目标，中苏双方都付出了大量的努力。苏联在教育体制、学生培养、师资培训和教材建设方面提供全方位的指导，并派相应领域的援华专家来华工作，提供师资培训。

三 苏联财政学的"中国化"

在新政权新建教育体制和改造旧学科的过程中，一时间，新的财政学教材非常稀缺。中国的财政学理论是从翻译苏联财政学著作起步的。笔者查阅国家图书馆藏书，20世纪50年代初至少有下述财政学译著出版。

---

[1] 《毛泽东文集》第6卷，人民出版社1999年版，第263—264页。

博高列波夫：《苏联财政制度》，生活·读书·新知三联书店 1950 年版。

包德列夫：《欧洲各人民民主国家通货与财政的巩固》，徐芝延译，世界知识出版社 1950 年版。

德耶琴科：《苏联财政制度的特点》，庆德苇译，中华书局 1950 年版。

质费列夫：《苏联财政与社会主义建设》，申谷译，国际文化服务社 1950 年版。

吉雅琴科：《新经济政策时期的苏联财政》，何南译，十月出版社 1951 年版。

普劳特尼可夫、罗雯斯基：《苏联财政制度及其组织》，终南译，十月出版社 1951 年版。

阿·恩·包包夫：《关于中华人民共和国在经济和财政方面的成就》，钟元昭、黄坤芳译，中国人民大学研究部编，1951 年。

亚历山大罗夫：《苏联财政和信用》，十月出版社 1952 年版。

阿列克谢夫：《资本主义国家的战时财政：第二次世界大战资金供应的来源与方法》，中国人民大学财政教研室译，中国人民大学出版社 1952 年版。

中国人民大学财政教研室辑译：《资本主义国家财政论文选集》，中国人民大学出版社 1952 年版。

亚历山大洛夫：《苏联财政》，中国人民大学财政教研室译，中国人民大学出版社 1953 年版。

此外，还有国人编著的介绍苏联财政工作的小册子。如：林萍编：《苏联财政问题》，新华书店东北总店 1950 年版；中央人民政府财政部编辑：《苏联财政监察工作》，1953 年。

与此同时，新思想武装起来的新学人，着手探索中国自己的财政学。这一时期的主要财政学教材撰写者有：千家驹[①]、伍丹戈[②]、粟寄沧[③]、丁方、罗毅[④]、尹文敬[⑤]。此外，《中国人民大学第二次科学讨论会财政组报告提纲》[⑥] 也反映了当时在苏联专家指导下中国人民大学财政学科的学术进展。

通观这些著作，我们发现，所谓"新"财政学，其不同于新中国成立前的"旧"财政学的主要方面，表现在以下几点：

（1）声称应用马克思主义的理论与方法，进行财政学研究，是马克思主义理论在中国财政问题上的应用。

（2）声称以马克思主义阶级和国家的理论，作为财政学研究的方法论与出发点。而当时西方财政理论的出发点，是市场失灵理论，中国的旧财政理论也由此而出。

（3）声称以唯物史观的方法、唯物辩证法作为主要的分析工具。而当时西方财政理论的主要分析工具是经济学的分析工具，辅之以历史和制度分析，旧财政理论也沿袭了相应的方法。

（4）在内容安排上，基本上分为资本主义财政理论批判、苏联财政理论及其经验介绍、中国建立新财政理论的必要性及其框架设想等若干方面。后来盛行中国几十年的"收支管平"体系这时还没有形成。

与同期的苏联财政相比较，可见此时的财政学苏联化已经成形了。除了新学人自发的苏联化，再来看一看国家树立的样板工程。到 1954 年，中国人民大学从形式到内容，已经完全复制了苏联高等教育体制。在当年的高教会议上，中国人民大学向全国推广学

---

① 千家驹：《新财政学大纲》，上海三联书店 1949 年版。
② 伍丹戈：《论国家财政》，立信会计图书用品社 1951 年版。
③ 粟寄沧：《新财政学教程》，新潮书店 1951 年版。
④ 丁方、罗毅：《新财政学教程》，十月出版社 1951 年版。
⑤ 尹文敬：《国家财政学》，立信会计图书用品社 1953 年版。
⑥ 《中国人民大学第二次科学讨论会财政组报告提纲》，中国人民大学出版社 1951 年版。

习苏联的先进经验。然而，在这场政治力量推动的学习苏联运动中，由于急于求成，也产生了一些问题。比如，由于苏联的经验与中国的实际相差太远，一时很难做到将苏联先进经验与中国实际相结合，于是就产生很多生搬硬套的现象。翻译过来的苏联教科书，其中所涉及的苏联财政工作的经验，很难直接应用到中国的财政工作中去。在这种情况下，对全面学习苏联运动的反思势必被提出。

第三节　建立与计划经济体制相匹配的中国特色财政学

1953年斯大林逝世。其后苏共二十大成为一个转折点，赫鲁晓夫掀起了重新评价斯大林的运动。中国结合国内出现的一些问题，也开始对过去全面学习苏联过程中出现的教条主义和脱离中国实际的现象进行反思。此后，学习苏联的指导方针逐渐发生了变化。

一　中苏关系生变

苏共二十大结束两个月之后，毛泽东在中央政治局扩大会议发表了《论十大关系》的讲话，讲话的重点是突出"以苏为鉴"。特别强调中国共产党对于苏联方面暴露的缺点、错误和走过的弯路，要"引以为戒"。[①] 1956年1月，周恩来号召大家向世界先进国家学习，而不仅仅限于向苏联学习。同年8月，毛泽东又在《同音乐工作者的谈话》中，提出反对教条主义，他以历史上的白区工作为例，指出，"在政治上我们吃过教条主义的亏，什么都学习俄国，结果是

[①] 沈志华：《苏联专家在中国（1948—1960）》（第三版），社会科学文献出版社2015年版，第210页。

大失败",教条主义者不从实际出发,"没有把马克思列宁主义的基本原理同中国革命实践相结合",不反对教条主义,革命就不可能胜利。由于诸多分歧的存在,此时的赫鲁晓夫也开始考虑撤回援华专家,这就更促使中共高层考虑如何摆脱对苏联的依赖,探索走中国自己的社会主义建设道路,提出了独立自主、自力更生的方针。

从这一年起,中国人民大学一改过去照搬苏联学科体系的做法,几乎所有的系都开始修订其课程大纲。同年6月,根据毛泽东关于财政部要加强财政经济问题研究的指示,财政部财政科学研究所正式成立,以深入开展中国的财政问题研究并培养专门人才。此后,中国人自己写作的、基于中国实际情况的教科书陆续问世。这一过程一直持续到被"文化大革命"打断,"文化大革命"结束后又延续下来,直到20世纪80年代。

二 苏联财政学到底说了什么?

今天,当我们回顾那段历史,当年教科书上那些针对财政工作和财政政策的具体描述大概都已经随着时间的流逝和经济社会环境的改变而不再适用。沉淀下来还能够称得上是财政理论的,大约只剩下诸如"财政本质是什么"这样的基础性问题了。

尽管在苏联国内有不同看法,但苏联专家带到中国来的则是占主流的意见的所谓"货币关系说"。当时苏联财政学家阿·亚历山大洛夫、阿·毕尔曼等都认为"财政学是研究货币关系的理论"。我国财政学界也跟着认为,财政的本质是"货币运动",财政学研究的对象是"货币关系"。

20世纪50年代以后,苏联国内官方和学术界开始承认价值形式和价值法则在社会主义社会仍然发生作用。由此,也改变了对财政科学研究对象及财政学本质的看法。以中国人民大学财政教研室苏联专家阿·毕尔曼《论财政科学及其各学科的对象》一文为例,该文原是作者介绍苏联财政学科研究对象、研究方法、课程设置等方法的演讲,阐述了"货币关系说"的逻辑。

首先，在从资本主义社会向社会主义社会过渡的时期中，存在着各种不同的所有制形式，这就决定了在这两个时期中商品货币关系的存在，决定了价值法则在一定范围内发生作用，同时也决定了要利用价值和货币形式。

其次，商品货币关系的存在，表现为社会再生产过程（生产、分配、消费）是借助货币资金的周转来进行的。货币关系是生产关系的一个方面，是生产关系的有机组成部分。

最后，财政是进行国民收入分配和再分配的工具。财政科学只有一个客观的对象——作为生产关系的一部分而客观存在着的货币关系，也就是形成这种货币关系的规律性、表现、方法、作用范围以及在再生产过程中的作用。

三　中国学者的不同意见

当然，并不是所有的中国学者都认同这一提法。由于当时正处于向苏联全面学习的火红年代，尤其是经过20世纪50年代早期和中期一系列针对知识分子的改造运动，很多知识分子囿于形势和压力，不能发表不同意见。然而，从"以苏为师"到"以苏为鉴"，一字之差意味着苏联权威的消解，这一信号在学术界引起反响。

据四川财经学院（现在西南财经大学的前身）许廷星教授回忆，他本人认为，"货币关系仅是货币职能的表现形式，不容易从货币形式所表现的现象看出问题的内在联系"。带着这个问题及其对苏联专家观点的疑问，他于1955年下半年开始研究财政学研究对象问题，1956年年初已经完稿，但自己不够满意。1956年"百家争鸣"方针提出以后，才"开始大胆地从货币关系的圈子里钻出来并从分配关系来试图研究解决这个问题"，经过1956年暑假的重新研究，完成初稿，再经讨论和修订，于1957年在重庆人民出版社出版，这就是著名的《关于财政学对象问题》一书。

在这本书中，许廷星首次明确提出，"财政学的对象是国家关于社会产品或国民收入分配与再分配过程中的分配关系"，他认为，财政学应深入国家参与社会产品和国民收入的分配过程所形成的分配关系中去研究财政领域的特殊矛盾。根据参与分配过程的不同主体,许廷星将社会再生产中的分配分为两种:一种是经济属性的分配(分配的主体是国家之外的生产资料所有者);另一种是财政属性的分配(分配的主体是国家)。从这里,我们已经看到后来被称为"国家分配论"的诸多要素。许廷星的著作发表之后,得到了国内许多财政学家的支持和回应。其中最著名的当属邓子基和许毅。他们三位后来也被称为"国家分配论"的创始人。

当许廷星1957年首先提出"国家分配论"的基本观点时,自称"后学"的邓子基教授还是厦门大学的年青教师,他"对许教授十分崇敬,彼此感情甚笃"。[①] 他认为,苏联的"货币关系论"仅仅停留在对财政资金运动的表象描述上,不能揭示财政的本质。在后来的研究中[②],他丰富和扩展了许廷星教授的观点,提出财政本质是"国家为实现其职能并以其为主体无偿地参与一部分社会产品或国民收入的分配所形成的一种分配关系",并从财政产生发展的历史、被分配的社会产品的两重性、财政的质的规定性三方面予以了充分论证[③]。他提到:许教授[④]首倡的"国家分配论"基本观点,使我很受启发,也影响着我后来的学术人生。……经过半个多世纪的理论研究和实践考察,我明确提出"财政本质是以国家为主体的分配关系"的命题;在此命题下,提出了"财政要素论""财政职能论""财政平衡论""财政政策论""财政体制论",等等。我为坚持、发展与丰富"国家分配论",从而建立新"国家分配论"(即"国家财政

---

① 邓子基:《学术前辈 首倡有功》,《财政研究》2008年第6期。
② 邓子基:《略论财政本质》,《厦门大学学报》(社会科学版)1962年第3期。
③ 刘晔:《邓子基资深教授育人理念与学术思想述要——庆祝邓子基资深教授荣获首届"财政理论研究终身成就奖"暨从教七十周年》,《中国经济问题》2017年9月第5期。
④ 指许廷星——作者注。

论")方面,做了自己应做的工作。①

许毅则是在革命战争和经济建设的实践中成长起来的理论家。虽然他的最高学历只是立信会计专业肄业,但他在新中国成立后拥有丰富的财政、银行、投资等领域的实际工作经验,加上本人一直保持极大的理论热情,坚持在实践中学习,具有很高的马克思主义理论素养。1963 年,他主动请求去财政部科研所工作,工作重心转向理论、教学和著书立说,在财政理论界享有很高的声誉。

四 国家分配论及其主流地位的确立

(一) 1964 年"旅大②会议"

反对苏联"财政货币论"观点的,除以许廷星、邓子基、许毅为代表的"国家分配论"学者之外,也有其他一些学者。这些观点在 1964 年的"旅大会议"上得到了综合展现。这是中国财政学界第一次全国范围内的理论研讨会。会议主要讨论了三个学术问题:社会主义财政的本质和范围、全民所有制经济中税收的作用、信贷平衡和物资平衡的相互关系。时任财政部副部长的陈如龙主持会议,并致开幕词和闭幕词。参会论文共 38 篇,会后精选了 18 篇,外加一篇观点综述于次年出版,但未公开发行③。

所讨论的三个问题中,第一个问题最为基本,对后世的影响也最大。由于相关文章均是针对苏联的"货币关系论"而提出的,因此,有学者认为这次会议是"中国财政学界最终摆脱了苏联财政理论的束缚,开始独立构建自己的财政学的标志"④。参会各方观点虽

---

① 邓子基:《学术前辈 首倡有功》,《财政研究》2008 年第 6 期。
② 旅大市现为大连市。
③ 财政部财政科学研究所、中央财政金融学院主编:《财政学问题讨论集——1964 年财政学论文讨论会论文选辑》(上、下册),中国财政经济出版社 1965 年版。
④ 张馨、杨志勇、郝联峰、袁东:《当代财政与当代财政学主流》,东北财经大学出版社 2000 年版,第 362 页。

有分歧，但都对国家分配论的部分或全部观点有共识，因此，此次会议也被看作是"是国家分配论在中国财政理论界主流地位最终确立的标志"[1]。

(二) 财政的本质

财政的本质到底是什么，这是此次讨论会最重要的主题。与会学者主要提出了四种观点：

第一种认为，社会主义财政是无产阶级专政的国家为实现其职能而分配社会产品的关系，可简称为"国家分配论"；

第二种认为，社会主义财政是以价值形式进行的社会产品和国民收入的分配关系，可简称为"价值分配论"；

第三种认为，社会主义财政是社会主义国家资金运动所形成的经济关系，可简称为"国家资金运动论"；

第四种认为，社会主义财政是剩余产品价值的生产、分配、使用，即剩余产品价值的运动过程，可简称为"剩余产品价值运动论"[2]。

上述讨论发生在与西方经济学隔绝的背景之下，运用斯大林社会主义政治经济学、苏联化的马克思主义哲学话语体系来论述观点。为了让今天的读者能够理解这些讨论的含义，笔者认为，不妨将上述问题加以提炼，用中西方共同的话语体系来重新梳理。上述观点间的分歧主要表现在以下几个方面：

1. 财政与国家的关系

多数意见认为，国家产生在前，财政产生在后，财政因国家的产生而产生。如"国家分配论"认为，财政同国家有着本质联系，

---

[1] 张馨、杨志勇、郝联峰、袁东：《当代财政与当代财政学主流》，东北财经大学出版社2000年版，第362页。

[2] 财政部财政科学研究所、中央财政金融学院主编：《财政学问题讨论集——1964年财政学论文讨论会论文选辑》（下册），中国财政经济出版社1965年版，第202页。

财政是随着国家的产生而产生的。由于最初产生的是剥削阶级的国家，而剥削阶级的国家是剥削被压迫阶级的工具，剥削阶级为了维持这个工具，就需要捐税和国债，于是产生了凭借国家权力的、以国家为主体的分配关系，这就是财政。财政从来都是专政的工具。离开了国家，离开了专政，就不能认识财政的阶级内容，不能认识财政的本质。可见，在国家分配论看来，财政的本质就是它的阶级内容和政治内容。

《一九六四年财政学讨论会情况报道》提到了持异议的观点。比如：主张"价值分配论"的同志认为财政是个价值范畴，是价值形式的分配关系；财政同商品货币经济有着本质联系，同国家并没有本质联系；社会主义国家的财政分配之所以是财政，不是由于这种分配是国家决定的，是以国家为主体进行的，而是因为国家所进行的这个分配是以货币进行的，没有货币经济，社会主义社会中也就没有国家财政了[①]。

"价值分配论"立论的基础是经济基础和上层建筑的学说。在其看来，国家是上层建筑，财政是经济基础，经济基础决定上层建筑，而不是反过来，所以，国家不能决定财政。

另一种被提及的异议观点是"剩余产品价值运动论"[②]：

主张"剩余产品价值运动论"的同志认为，社会主义财政存在的客观必然性只能从全民所有制内部矛盾中去找，无产阶级专政只是社会主义财政存在的前提，不是它的原因；认为社会主义财政同国家的关系只是国家作为生产资料所有者，财政同它才有本质联系，国家作为政治权力，财政同它就没有本质联系。

"剩余产品价值运动论"的立论基础是马克思主义的历史唯物主

[①] 财政部财政科学研究所、中央财政金融学院主编：《财政学问题讨论集——1964年财政学论文讨论会论文选辑》（下册），中国财政经济出版社1965年版，第203页。

[②] 该观点的提出者是王绍飞，由于在临近会议结束时才形成观点，故未提交论文。

义。认为社会主义财政与作为政治权力的国家之间有本质联系，是陷入了唯意志论。这一观点被认为是"否定社会主义财政与无产阶级专政的本质联系"，"遭到了大多数同志的反对"。

2. 国家与经济的关系

国家应当参与社会经济活动，还是仅仅外在于社会经济活动？如果应当参与，那么，在何种程度上参与？"国家分配论"认为国家应当全程参与社会经济活动，通过财政这只手，在 C、V 和 M 各个部分都参与集中和分配资源，以此控制整个经济的全部运行过程。这一论点与高度集中统一的计划经济体制相吻合，既是对现实的写照，也给现实以合理性阐释。

而"剩余产品价值运动论"则认为"只有剩余劳动创造的剩余产品才能用于社会的共同需要"，"社会主义财政是相对独立的剩余产品价值的运动。同社会主义财政真正有关系的只是 M 部分，C 的部分财政是可管可不管的"。[①] 用今天的观点来看，该理论对计划经济体制下的"大一统"财政提出了否定的意见，因此在当时受到批判是必然的。

3. 财政的范围及职能

这一问题实际是以上两个问题的延伸。如果国家对经济社会的干预是无所不入，那么，财政的范围一定非常广泛；反之则不然。即便如此，在具体的细节问题上，同一观点内部的人也有差异。比如，同样主张"国家分配论"的人，有人认为国营企业财务属于财政范围，有人认为国营企业财务中只有同国家预算上缴下拨有关系的部分属于财政；有人认为银行信贷不属于财政，有人认为银行信贷中的长期借款部分属于财政范围。主张价值分配论的人则认为，社会主义财政除了包括国家预算、国营企业财务全部、银行信贷全

[①] 财政部财政科学研究所、中央财政金融学院主编：《财政学问题讨论集——1964 年财政学论文讨论会论文选辑》（下册），中国财政经济出版社 1965 年版，第 205 页。

部之外，还要加上集体经济财务。用今天的话来说，上述讨论即是在探讨预算的不同口径。

4. 国家与其他社会经济主体的关系

是否承认社会上其他经济单位的主体性，也就是，我们的社会是多主体还是单一主体的？在"国家分配论"看来，由于国家控制了权力，可以强制地、无偿地分配社会产品，因此，国家就成为财政分配关系中当仁不让的"主体"。因而，"财政就是凭借国家权力的、以国家为主体的分配关系"。"在社会主义社会，无产阶级必须凭借政治权力积极干预社会产品和国民收入的分配，由此形成的以无产阶级国家为主体的分配关系，这就是社会主义财政。"①

这种单一的主体观后来受到了其他观点的质疑。"作为分配关系的财政关系不能只有一个经济主体，单个主体不能形成分配关系，分配关系总是几个（至少两个）主体之间的关系……"②

这一问题的讨论其实需要首先明确概念、统一定义，国家（各级政府）与非国家的多元主体的共同存在，是一层意思，国家（各级政府）运用公权力成为实施财政分配的主体，是另一层意思，在后者的语境中，非国家的"主体"（企业、公民、纳税人）便成为"受体"了。总的来看，"文化大革命"前的20世纪60年代，整个国家、包括学术界在内都试图探索出一条不同于苏联的自主之路，中国的财政学界曾以旅大会议为标志出现过学术争鸣的活跃局面。

---

① 财政部财政科学研究所、中央财政金融学院主编：《财政学问题讨论集——1964年财政学论文讨论会论文选辑》（下册），中国财政经济出版社1965年版，第203页。

② 王绍飞：《财政学新论》，中国财政经济出版社1984年版，第9—10页。

第 四 章

计划经济时期的财政收入理论

从1949年新中国成立到1978年可以分为两个历史阶段：第一阶段从1949—1956年，其中1949—1952年是国民经济恢复时期，1953—1956年是社会主义改造时期，建立了社会主义公有制和计划经济体制。第二阶段从1957—1978年，是实行计划经济的时期，其间经历了1966—1976的"文化大革命"。

尽管我国财政学界在20世纪60年代初出现了讨论财政本质问题的高潮，产生了以"国家分配论"等各种流派；但总的来看，对财政本质的研究并未深入，作为财政学分支的财政收入理论，受到当时经济社会制度巨大变革等各种因素的影响，这一时期财政收入理论的发展主要体现了两个特点：一是财政收入方面的研究主要服从和服务于特定历史阶段的中心任务，大量与财政收入有关的思想是以党和国家领导人的政治纲领和政策主张为基础、以解决具体财政问题的政策性文件为载体的；二是财政收入相关理论与公有制和计划经济体制下国民经济的基本分配关系相适应，受到苏联"非税论"和极"左"思潮的影响，忽视乃至否定税收的作用。

第一节　国民经济恢复与社会主义改造时期的财政收入思想

1949—1956年是新中国在恢复国民经济的基础上由新民主主义向社会主义的过渡时期。在这一时期，财政学科与其他社会科学学科一样，都面临着基本研究范式的转变，近代以来由欧美和日本引进的各学科基本理论体系和框架开始被由苏联引进的社会主义理论体系和框架所替代。就财政收入理论而言，其研究的核心命题——国家在国民经济循环中如何获取收入的问题——也相应由以资本主义国家理论、私有制和市场经济体制为前提开始转变为以社会主义国家理论、公有制和计划经济体制为前提。

作为应用经济学一部分的财政学科，财政收入理论同时也要服从和服务于这一时期的中心工作，即主要研究以下三个基本问题：一是如何改造和完善继承自旧中国的财政收入制度以促进国民经济的恢复和发展；二是如何为社会主义工业化建设尤其是为"一五"计划筹集资金；三是如何利用税收制度促进社会主义改造，建立公有制和计划经济体制。

一　国民经济恢复时期的税制建设思想

新中国成立初期，在老解放区和新解放区实行不同的税收制度。老解放区实行的是以比例税制为特征的农业税法，新解放区暂时沿用国民党政府时期的旧税制。各地还根据具体情况陆续颁发了一些单行税法。伴随着新中国成立，为尽快恢复国民经济，争取财政经济状况的根本好转，要求实现全国税制的统一。

这一时期税制建设的指导思想集中体现为1949年9月中国人民政治协商会议第一届全体会议通过的起临时宪法作用的《中国人民政治协商会议共同纲领》（以下简称《共同纲领》）第四十条，即：

"国家的税收政策，应以保障革命战争的供给、照顾生产的恢复和发展及国家建设的需要为原则，简化税制，实行合理负担。"1949年11月20日至12月9日，财政部在北京召开的新中国成立后的首届全国税务会议根据《共同纲领》中规定的国家税收政策的精神，讨论了统一全国税收、建设新税制、加强城市税收工作、制订第一个全国税收计划等问题。时任财政部部长薄一波就如何统一全国的税法、税率、制度提出了原则和对策，指出税收工作要注意国家财政的需要，但又不是单纯地从增加收入出发，"要注意打击哪些、限制哪些、照顾哪些、发展与保护哪些"，提出了"公私兼顾、劳资两利、城乡互助、内外交流"[①]的原则。

上述原则体现了这一时期税收职能和税收负担分配的思想，明确提出税收除了有筹集收入的功能外，还具有"打击、限制、照顾、发展与保护"的调节功能。同时，也明确了公有制与私有制、劳动与资本、城市与农村以及国内与国外税收负担分配和调节的基本原则。

1950年3月22日，《人民日报》发表了薄一波的社论《税收在我们国家工作中的作用》。社论指出"税收是国家经济的重要工具"。它不仅是保证国家财政收入、平衡收支、回笼货币、保证平稳物价的工具，而且还有以下重大作用：一是调节利润，调节收益；二是在生产事业上有鼓励和限制的作用；三是集中国家的分散的财力，用到国家当前有决定意义的方向；四是对国营企业征收所得税和营业税，可以促进企业经济核算制的建立。[②]

在实行全国统一税制、保证国家财政收入的前提下，这一时期的税制建设思想有三个特征：

---

① 谢旭人主编：《中国财政60年》（上卷），经济科学出版社2009年版，第59页。
② 薄一波：《税收在我们国家工作中的作用》，《人民日报》1950年3月22日第1版。

一是减轻农民和工商业税负。简化税制和降低征管成本的同时注重调动农民和私营工商业主的生产积极性以促进经济的恢复和发展。

二是注重发挥税收的调节作用。如在农业税方面,在尚未进行土地改革的新解放区区分不同的阶级成分,在夏粮征收上规定不同的累进税率制度,体现了党在农村的阶级路线。在工商业税收方面,引导资本主义工商业沿着有利于国计民生的方向发展,实行工业税负轻于商业税负、日用品税负轻于奢侈品税负的政策。

三是重视税收征管制度的优化。在完善和简化税制、大力查办偷税漏税行为的同时,对工商业税收区分不同情况,简化纳税办法和手续。根据企业会计制度情况,分别采取自报查账、依率计征,自报公议、民主评定,以及在自报公议、民主评定的基础上定期定额上缴三种办法,大大简化了征税的方法和手续。①

总的来看,这一时期国家比较重视税收的作用,不仅将其视为积累经济建设资金的重要途径,而且注意发挥税收的调节作用②,特别是运用税收杠杆配合社会主义改造、调节各阶级的收入、调整工商业,有力地支持了国民经济的恢复和发展。在财政经济状况好转的同时,国家财政也完成了从战时到平时、从供给财政到建设财政的战略转变。从财政收入结构看,1950—1952年国营企业上缴利润和折旧金超过了农业税收入;工商税占财政收入的比重上升、农业税的比重有所下降,财政收入由以农村为主向以城市为主的方向转变。③

二 "自力更生为主、争取外援为辅"的工业化建设筹资思想

1952年年底,我国恢复国民经济的任务已经完成,党中央提出了过渡时期的总路线,提出了两项相互联系的基本任务:一是逐步

---

① 谢旭人主编:《中国财政60年》(上卷),第68页。
② 高培勇:《共和国财税60年》,人民出版社2009年版,第41页。
③ 谢旭人主编:《中国财政60年》(上卷),第86页。

实现国家的社会主义工业化；二是逐步实现国家对农业、手工业和资本主义工商业的社会主义改造。要使我国从一个落后的农业国变为具有独立完整工业体系的工业国是一项艰巨的任务，从1953年起的第一个"五年计划"的目的是建立比较完整的工业体系，打下工业化的基础。由于旧中国遗留下来的现代工业在产业结构上，重工业基础尤为薄弱，是整个工业发展的瓶颈，因此重工业是"一五"时期发展的重点。

在苏联的帮助下，"一五"时期，我国确定了156个建设项目，这些项目的建设除了需要引进当时先进的技术和建设管理经验外，还需要投入巨额资金。因此，如何为如此大规模的经济建设筹集资金成为这一时期财政收入领域面临的重要任务。世界各国为工业化筹集资金有不同的途径，我国当时确定了"自力更生为主、争取外援为辅"的工业化筹资方针，这一思想建立在独立自主发展道路的基础上，在我国财政收入理论中占有重要的地位，不仅对新中国工业化和经济建设道路选择产生了深远影响，也为其他发展中国家根据本国实际推进工业化建设提供了有益的借鉴和参考。之所以选择"自力更生为主"的工业化筹资和发展思路，主要是由我国"独立自主"的发展思路决定的，如果主要依靠外部的资金、技术和管理推进工业化，在当时复杂的世界政治格局和"冷战"背景下，很容易被纳入特定阵营的经济体系，沦为附庸；此外，对中国这样一个幅员辽阔、人口众多的大国来说，也没有任何外部力量能够满足中国大规模工业化所需的资金。"争取外援为辅"是指在不损害国家独立自主的前提下，借助抗美援朝后有利的国际形势，引进、学习、吸收苏联在技术、管理方面的经验，利用友好国家提供的资金援助加快工业化进程。

在"自力更生为主、争取外援为辅"的工业化筹资方针的指导下，"一五"时期工业化建设所需资金主要有三种筹资方式：一是依靠自力更生，利用财政积累工业化资金；二是依靠人民，发行国内公债；三是在从苏联引进技术、设备和管理经验的同时，充分利用友好国家的经济技术援助,特别是举借外债用于工业化建设。"一五"时期,基本建设支出为506.44亿元,占财政支出的比重高达37.6%①;而1953—1957年国内公债和国库券收入为27.46亿元,向国外借款收入为36.35亿元②。这说明"一五"时期工业化建设资金是以国内积累为主筹集的。

三 促进社会主义改造的税收政策与利润分配办法

国民经济恢复时期结束时,社会主义性质的国营经济虽然有了很大增长,但农业和手工业中的个体经济仍占绝大多数,资本主义经济也还占有相当大的比重。当时的社会经济成分划分为五种:社会主义性质的国营经济、社会主义和半社会主义性质的合作社经济、半社会主义性质的公私合营经济、私人资本主义经济、农业和手工业的个体经济。而对农业、手工业、资本主义工商业进行社会主义改造是过渡时期总路线确定的两项基本任务之一。

1953年8月,周恩来总理在全国财经工作会议上提出财政收入工作应该符合党在过渡时期的总路线和"一五"计划的要求。这个时期,国家税收的任务是:一方面要更多地积累资金以支持国家重点建设;另一方面要调节各阶级的收入以巩固工农联盟,并使税制成为保护和发展社会主义及半社会主义,有步骤、有条件、有区别地利用、限制和改造资本主义工商业的工具。③

这一时期税收政策的制定原则是对公私企业执行"区别对待,繁简不同"的差别性税收制度。伴随着对农业、手工业和资本主义工商业的社会主义改造进程,逐步建立了以对不同所有制和不同区域实施"区别对待"为主要特征的财税制度体系。并且以此为契机,

---

① 中华人民共和国财政部综合计划司编:《中国财政统计1950—1985年》,中国财政经济出版社1987年版,第76页。
② 同上书,第50页。
③ 陈光焱:《中国财政通史第十卷:中华人民共和国财政史》(上),湖南人民出版社2015年版,第155页。

财税政策逐步演化成政府手中发展和壮大国有经济、削弱乃至消灭私有制经济的重要手段。[①]

在促进资本主义工商业改造方面，根据"区别对待，繁简不同"的原则，在货物税和工商业营业税的税率设计上，根据工业轻于商业、生产资料轻于消费资料、生活用品轻于奢侈品的原则，对不同的产品和不同行业实行不同税率。同时，在工商所得税方面，对有利于国计民生的行业给予不同程度的税收优惠，鼓励私营企业从事有利于国计民生的生产和经营，限制其消极因素。按照区别对待的原则，对私营企业征收全额累进的所得税，将1/3左右的利润集中到国家手里，而对国营企业不征所得税。对国营工业，在连续生产过程中应纳商品流通税和货物税的重工业产品给予免税照顾，而私营工业则照章纳税。对私营批发商业征收营业税，对国营则不征税。为促进私营工商业走国家资本主义道路，对国家资本主义高级形式的公司合营企业，在所得税的计算上，如工资、福利、固定资产折旧等都放宽了尺度。在管理和纳税上，逐步同国营企业实行同等待遇。

在个别企业公私合营的阶段，企业的生产资料由资本家独有改变为社会主义国家和资本家共有，国家依靠社会主义经济力量以及工人群众和公方代表的作用掌握企业的领导权。这种生产关系的重大变革，使国家与合营企业之间的财政分配关系也相应发生了重大的变化，国家对合营企业的利润，采取了"四马分肥"的办法，即将企业的利润分为四个部分：一是缴纳给国家的所得税，占34.5%；二是参照国营企业的有关规定和合营企业原来的福利情况提取的企业奖励基金，占15%；三是企业的公积金，占30%；四是股息红利，占20.5%，这部分再按照公司股份的比例，在国家和资本家之间进行分配。"四马分肥"的原则，把股东所取得的股息限制在企业利润的20%左右，在国家对资本主义工商业的社会主义改造中起到

[①] 高培勇主编：《共和国财税60年》，人民出版社2009年版，第3页。

了积极的作用。①

在资本主义工商业社会主义改造进入全行业公司合营阶段后，资本家原来占有的生产资料归国家所有，由国家统一调配和使用，资本家所得股息红利就由"四马分肥"办法改为实行统一分配盈利的定息制度。1956年2月，《国务院关于在公私合营企业中推行定息办法的规定》，指出对公私合营企业的私股实行定息的办法是国家进一步加强社会主义改造的一项重要措施，是向资产阶级特别是大资本家继续进行赎买的重要方式。按照这一指示精神，根据"公平合理、实事求是"的原则，对资本家实行合营的资产和负债进行清理评估，核定私股的股额。在核定私股股额的基础上，不论企业盈亏，统一由国家每年按照5%的年息发给资本家固定的股息。②

在农业和手工业改造方面，为促进农业合作化运动和手工业合作社的发展，这一时期对农业和手工业实行轻税免税，一方面，照顾个体农民和手工业者的正当生产经营；另一方面，积极引导他们逐步走上集体化的社会主义道路。

总的来看，这一时期的财政收入思想强调税收等财政收入工具的调控作用，而随着社会主义经济成分的不断壮大，在工商业领域社会主义国营企业利润和折旧的上缴以及基于农产品统购统销制度建立起来通过工农产品的"剪刀差"获取农业剩余的措施在国家财政收入中的比重不断提高。1956年社会主义改造完成后，各项税收的比重由1952年的53.2%降至49.0%，企业收入的比重则由1952年的31.2%升至46.7%。③ 税收作为筹集财政收入工具的地位不断弱化，而着重发挥限制乃至取消私有制的作用。

---

① 谢旭人主编：《中国财政60年》（上卷），第112页。
② 同上书，第114页。
③ 中华人民共和国财政部综合计划司编：《中国财政统计（1950—1985年）》，中国财政经济出版社1989年版，第24页。

上述变化也意味着，在税收理论的发展方面，赋税原则、赋税理论等问题在由新民主主义社会向社会主义社会过渡时期还未能提出和被深入研究，就被社会主义工商业的改造高潮淹没了。[①]

第二节 公有制与计划经济体制下的财政收入理论

社会主义改造完成后，我国建立了包含全民所有制和集体所有制两种经济成分的社会主义公有制，并以此为基础确立了计划经济体制。这一时期财政收入领域探讨的主要问题有两个：一是社会主义公有制和计划经济体制下税收的地位和作用；二是如何在国家与国营企业以及各级政府之间划分收入以建立有效的激励和约束机制。

一 公有制和计划经济体制下国家筹集财政收入的理论框架

社会主义公有制的建立使国家不仅拥有政治权力，同时也是生产资料的所有者和集体经济的实际控制者。以国家为主体的财政分配关系深入经济社会运行的各个领域并成为整个国民经济从宏观到微观的组织者，国民经济被视为一个大"工厂"组织起来，生产、分配、交换以及消费都由政府的指令性计划进行安排，而计划指导下的财政预算在很大程度上可以视为国民经济预算。

在社会主义政治经济学的分析框架下，建立在计划经济体制基础上的政府财政分配对象不仅包括 M 所代表的剩余劳动产品，同时涵盖了国营企业部分折旧基金。虽然没有个人所得税的调节，但在由计划安排的工资制度下，也可以通过压低工资和控制消费将劳动报酬转化为国营企业的利润上缴财政。

对于农村集体经济，虽然实行低税政策，但国家可以通过农产

[①] 王书瑶：《赋税导论（简本）》，中国税务出版社 2008 年版，第 3 页。

品"统购统销"和对工农业产品定价形成的"剪刀差"将大部分农业利润直接转化为国营企业的利润。同时，较低的农产品计划价格降低了城镇居民的消费支出，这使得低工资制度可以长期维持，从而间接增加了国营企业的利润。

因此，在公有制和计划经济体制下，通过直接掌握全民所有制国营企业的所有权和管理权，国家可以直接获取所有利润和部分折旧基金；而通过对所有工农业产品定价权的控制，国家可以进一步控制包括农村和城镇集体经济的利润水平，将全社会的剩余产品转化为国营企业的利润，间接形成财政收入。

这一时期税收的作用仅仅体现在两个方面：一是对集体经济征税，包括农业税和城镇集体经济税收，以体现全民所有制与集体所有制的差别；二是在全民所有制内部，税收作为指令性计划的辅助手段，是对计划价格机制运行中不同行业、不同国营企业的成本和利润进行进一步调节的工具。由于全部利润上缴，国营企业实际上没有必要缴纳所得税。而对国营企业征收的流转税（周转税）实际上不是税，不过是预先确定的生产者价格和消费者价格之间的差额。[1] 这导致计划经济体制下的流转税要根据产品种类分别设置复杂的多重税率且随着计划价格的变动而不断调整。

由于国家可以直接控制国营企业和通过价格机制间接获取集体经济的利润，计划经济体制下税收组织收入和调节经济的功能大大弱化了，这是当时"非税论""利税合一"以及"税收无用论"兴起的现实基础。

二 "非税论"及其影响

我国计划经济体制的建立受到当时苏联经济体制的深刻影响，与苏联计划经济体制相适应的经济理论也相应成为这一时期的主导

---

[1] 维托·坦齐编：《经济转轨中的财政政策》，中国金融出版社1993年版，第141页。

理论。这一影响体现在财政收入理论方面最突出的是 20 世纪 50 年代由苏联传入的"非税论"。"非税论"是以否定国有经济税收和社会主义税收必要性为主要内容的一种系统理论，是传统计划经济理论的一个组成部分。

从 20 世纪 30—80 年代，苏联理论界对计划经济体制下税收的定义强调的核心内容是：税收是由非全民所有制企业和单位及公民个人向预算缴纳的款项；国营企业缴的税，只具有税的形式，实质上不是税，属于非税收方法——"税收方法，在数量上限制了归国家支配的资金征收数额，非税收方法，为征收数额的变动创造了可能性。"这是按纳税人的经济性质是否属于全民所有制为标准，而不是按税收本身的质的规定性为标准来界定是税或非税。①

从马克思主义经典理论的相关论述来看，马克思通过对资本主义内在矛盾的深刻分析，科学地预见到资本主义制度最终将被社会主义和共产主义制度所代替的历史必然性。但在当时的历史条件下，马克思、恩格斯认为，无产阶级革命将在发达资本主义国家同时取得胜利，而对将要建立的共产主义社会的经济体制的设想则建立在生产力高度发达的基础上，其基本特征是：近乎单一的全民所有制关系；全社会范围的产品生产和直接交换；集中统一的计划经济管理；分阶段实行的按劳分配和按需分配，等等。

斯大林在领导苏联社会主义革命和建设的实践中，由于理论的、经验的、历史的和现实环境等复杂因素的制约，忽略了经典著作的理论模式赖以运行的生产力状况和历史条件，将上述模式照搬、移植到苏联，形成了高度集中的计划经济体制。在这一体制下，税收成为与公有制和社会主义分配关系不相融的"异物"。"非税论"就是这一体制的产物，其主要内容可以概括为：②

---

① 王诚尧主编：《国家税收》，中国财政经济出版社 1997 年版，第 3 页。
② 参见许建国《辉煌与思考——对我国税收理论发展 50 年的简要回顾》，《税务研究》2000 年第 1 期。

(1) 从所有权关系看,"非税论"把财产权差别作为判定税收能否存在的标准。换言之,税收的存在和发展,从来就是与私有制或产权多元化联系在一起的。当政府的某种征收方式改变被分配产品的所有权时,这种征收方式即为税,否则便为"非税"。"在苏联,形式上存在着国有企业上缴预算的税收。但实际上,这些收入就其经济本质来讲并不是税收,因为他们的所有制形式并没有改变。国家不会自己向自己征税。"[1] 集体农庄和合作社企业的义务货币缴款与国有企业的缴款不同,它带有税收的性质。这主要是因为当集体农庄和合作社企业在纳税的时候,它们收入的某些部分在所有制形式上发生了变化。

(2) 从分配制度来看,"非税论"不仅否认国有经济的周转税,也从根本上否认了社会主义制度下的所有税收。当时的苏联财政学者保尔认为,"'周转税'这个不合理的术语是要废除的,但并不是因为周转税不改变所有者,而是因为这笔款项不是税,即不是无偿地征用的一部分收入,不属于再分配的范畴。根据同一理由,我们认为'居民税、所得税、地方税这些术语也需要废除'"。"非税论"认为,"在社会主义经济中,没有国民收入再分配的关系,这也就表示没有像在资本主义经济条件下的捐税那样的再分配工具"。[2]

(3) 从财政收入形式看,"非税论"把国有企业的周转税视为包着税的"外壳"、与利润缴款具有相同性质的财政收入形式。

新中国成立后相当长的时期,我国的财政理论受到"非税论"的深刻影响。新中国成立初期在多种经济成分并存的情况下,税收作为国家筹集财政资金和调节经济的手段,在实践中得到迅速发展,在保证财政收入和配合国家对私改造政策等方面发挥了重要作用。但是对国营企业却不征所得税。当时人们的认识很简单,既然国营

---

[1] 许建国:《辉煌与思考——对我国税收理论发展50年的简要回顾》,《税务研究》2000年第1期。

[2] 同上。

企业的利润要直接上缴国家,那么上缴所得税就是多余的。当时对国营企业和其他经济成分一样虽然也征收流转税,但那不过是出于平衡税收负担的政策考虑,从理论上也认为具有非税性质。随着生产资料私有制的社会主义改造的完成,多种经济成分在工商业中并存的经济结构向单一的全民所有制转化。在这种条件下,"非税论"的传播更加系统和具体。此时国内"非税论"的主要观点是,全民所有制企业向国家纳税不体现财产所有权转移,因而实质上不是"税"。随着全民所有制经济的发展壮大,税收也将逐步消亡,从而否定了社会主义全民所有制内部税收存在的客观必然性。这种"非税论"尽管不同时期表现形式不同,但其影响是广泛的。[①]

在社会主义改造完成后,当时有观点认为:原来配合对私改造的多种类、多次征的税收制度,已不适应基本上是单一的社会主义经济的新情况,不适应企业大力发展生产和加强经济核算的迫切需要。而受"左"的思想影响,这个时期过分强调精神的作用,不按客观规律办事,忽视发展商品生产,忽视运用价值规律,忽视贯彻物质利益原则,不承认社会主义企业在根本利益一致的基础上实际存在着利益的差别。与此相联系,对于以价值形式发挥分配作用的税收,它的经济杠杆作用也被人们所忽视。因此,在生产资料所有制的社会主义改造基本完成以后,税收只剩下积累资金的财政作用了,对国营企业更不存在用税收来适当安排国家、企业、职工个人三者的物质利益问题。如果说税收对企业经济核算还有些作用,也被认为是税收制度越简化越有利于经济核算。1958年年底到1959年年初甚至还提出税收的历史使命已经完成,出现过一种完全否定税收作用、取消税收、搞"无税之国"的思潮。[②]

上述思想体现在实践层面,在"大跃进"时期,"税利合一"

[①] 刘志城主编:《社会主义税收若干问题》,中国财政经济出版社1992年版,第40—41页。

[②] 王诚尧主编:《中国社会主义税收》,黑龙江人民出版社1986年版,第18页。

的主张盛行一时，并在一些城市和企业进行试点。所谓"税利合一"，是指国营企业以利润上缴代替流转税及其他一切税收。"税利合一"的试点是"非税论"从理论到实践对全民所有制内部税收存在的否定。"税利合一"试点的时间很短暂，并以失败而告终。1959年，财政部停止了"利税合一"试点工作，并对社会主义税收的作用进行了讨论，时任财政副部长吴波指出，税收有利于国家有计划地安排生产，有利于企业加强经济核算，有利于调节社会消费，有利于市场物价管理，有利于财政积累，忽视税收的作用是不对的。①

尽管"非税论"影响下的"税利合一"试点的失败证明不能忽视税收的作用，在政策层面对税收在计划经济体制下的作用也有一定的反思；但全民所有制内部税收存在的客观必然性问题在理论上并没有解决，"非税论"的影响依然长期存在。② 不久，便以另外一种形式——过分简化税制——表现出来。税收在财政收入以及国民经济中的地位和作用仍处于下降趋势。③

"文化大革命"时期，"非税论"演变为更为极端的"税收无用论"，甚至把税收说成"无用有害"，是"管、卡、压"，是"破坏社会主义生产和妨碍企业经济核算"，是"眼红、手痒、挖社会主义墙脚"。在实际工作中，也曾研究要对国有企业取消征税，并一度在城市试行取消征税的"税利合一"试点，在农村实行取消征税的农村财政包干。④ 在片面强调简化税制的同时，税务机构被大量撤并，大批税务人员被迫下放、改行。结果是，税种越来越少、税制越来越简单，从而大大地缩小了税收在经济领域中的活动范围及其在社

---

① 陈光焱：《中国财政通史第十卷：中华人民共和国财政史》（上），湖南人民出版社2015年版，第312页。
② 刘志城主编：《社会主义税收若干问题》，中国财政经济出版社1992年版，第41页。
③ 高培勇主编：《共和国财税60年》，人民出版社2009年版，第41页。
④ 王诚尧主编：《国家税收》，中国财政经济出版社1997年版，第38页。

会政治、经济生活中的影响，严重地妨碍了税收职能作用的发挥。①

三　行政性分权下的国家与企业和各级政府的收入划分

在高度集中的计划经济体制下，国家直接从国营企业收取的利润和折旧基金是主要的财政收入来源，由此导致国家与企业的关系以及不同级次政府对企业的管理权限成为影响财政收入体制最重要的因素。如何在国家与国营企业和各级政府之间合理地划分收入以建立有效的激励与约束机制一直是计划经济时期面临的基本问题之一。

社会主义改造完成后，为了解决经济管理体制中集中过多、统得过死的问题，1958年起，对企业实行了利润分成制度，扩大了企业留成比例，改变了以往"一切收入向上交，一切支出向上要"的情况，使企业主管部门和企业单位获得了相当大的机动财力，他们可以根据生产发展的需要，由企业在国家规定的范围内安排使用；同时也扩大了地方政府对地方税的管理权限。

"大跃进"开始后，中央在短期内匆忙将企业下放给地方，极大地扩大了各级地方政府和企业的经济权限。此时，财政理论也产生了极大的混乱。一些同志认为，"对生产有利就要干"，"凡是生产性的投资，财政上必须想尽一切办法予以保证"，并把是否贯彻上述原则提到是否"违背党中央和毛主席所规定的财政工作方针"去看待。一些同志甚至认为财政部门应"帮助企业解决产、供、销以及资金等方面有关生产工作上的困难"。在这种理论及"大跃进"形势的影响下，国家和国营企业间经济核算制度几乎被完全废除，各种财务管理的规章制度也被破坏殆尽，国家和国营企业财政关系处于混乱状态。如果说以前是"统死"，现在却是"放乱"了。②

---

① 刘佐：《新中国税制60年》，中国财政经济出版社2009年版，第63页。
② 孙翊刚主编：《财政五十年——若干财政理论问题研究》，经济科学出版社1999年版，第11页。

国营企业的大量下放和地方税管理权限的扩大也导致税收管理的混乱，出现了地方政府越权任意减免税收、严重违反政策乱征滥罚的现象，许多税务机构被撤销，征收力量被削弱，欠税、漏税相当严重。

1962年，中央提出"调整、巩固、充实、提高"的八字方针。在国家和企业关系方面，认为放权太多，从而再次强调要加强集中。在财政关系上，取消了利润分成，恢复了奖励基金制度。1965年召开的第二次全国财政理论讨论会上，财政理论界也在总结"大跃进"教训的基础上，研究认为国家和国营企业的关系是统一计划和相对独立的经营关系，是全民所有制内部生产关系的重要方面，第一次把国家和国营企业财政关系纳入财政理论的研究范围。[①]

但是，1966年开始的"文革大革命"再次对国民经济运行和各项财政制度产生巨大冲击。受极"左"思潮的影响，财权财力进一步集中，企业基本没有自主权，财经纪律废弛，不仅不讲激励，也不重视效率和效益，国民经济处于崩溃的边缘。

可以说，从新中国成立之初到"文化大革命"结束，在理论和实践上，我们都没有找到适当的方式，解决高度集中计划体制下国家和企业关系以及各级政府间财政关系问题。显然，这是体制问题，而不是具体的方法问题。[②]

---

① 孙翊刚主编：《财政五十年——若干财政理论问题研究》，经济科学出版社1999年版，第11页。

② 同上书，第12页。

第 五 章

计划经济时期的财政支出理论

财政制度的本质和功能定位是财政支出理论的基石和前提。在计划经济体制下,马克思主义的劳动价值论和国家理论是正确处理国家履行职能参与社会产品和分配的基石。在这一时期,"国家分配论"成为财政支出功能定位和支出范围界定的重要理论基础,它充分吸收运用了马克思主义的国家理论,认为财政活动体现的是以国家为主体的分配关系。从这个意义上说,财政的本质是国家为了实现既定国家职能需要,凭借强制权力参与到国民收入分配过程中形成的社会经济分配关系,财政分配的目标是更好地履行国家职能。

第一节 马克思主义国家观下的财政支出功能定位

关于国家的起源,恩格斯曾经在《家庭、私有制和国家的起源》中做了深刻分析。他认为,国家的发展和演进是生产力发展的必然结果,国家的产生、发展和消亡也是一个客观必然过程。恩格斯在《反杜林论》中深入分析了国家从产生到发展,继而到消亡的内在逻辑,国家不是永远存在的,随着生产力水平的不断提高,完全建构了公有制的经济基础,那么阶级会消失,作为阶级统治机器和工具的国家便会消亡。

如何在马克思主义国家理论的基础上赋予财政功能和职能？早在20世纪50年代，我国老一辈财政学家们提出了国家分配论的理论框架。财政本质体现的是以国家为主体的社会产品分配过程和分配形态。在计划经济体制下，国家实行生产资料公有制，生产目的与生产资料私有制下完全不同，不是为了满足私人目标，而是更好地满足国家发展需要及人民群众日益增长的物质文化生活需要。为了更好地避免生产的盲目性，建立了一套计划调节的生产方式，来对生产过程和社会产品进行调节。这种情况下，国家成为社会产品分配的主体，参与社会产品分配的方方面面。可以说这个时期的大而全、大而宽的社会产品分配过程都需要国家和政府来主导，财政承担着整个社会产品分配的功能定位，整个职能格局呈现高度集权的特征，可以说是包办一切、事无巨细。

从社会产品分配的过程来看，社会产品被用于个人消费之前，首先要补偿生产资料的成本耗费，然后用于追加扩大再生产的生产资料补偿，其次建立一系列应对不确定性事件的后备基金，最后还要扣除管理费用、满足共同需要的教育和医疗成本补偿、为弱势群体或者丧失劳动能力人群设立的保护基金以及国防成本费用等七项。经过了这些扣除之后，社会产品的剩余部分才能用于人们的消费支出。这种分配体制下，指令性计划成为体现国家分配社会产品最核心的工具。国家制订指令性计划，以此为依据实施财政分配活动。

在计划经济体制下，国家作为生产资料公有制的人格化代表，必须克服私人生产的盲目性和局限性，从整个国民经济和社会生产的全局出发，各个部类的生产计划进行综合调整和平衡。在安排财政支出时，坚持的核心原则是量入为出，即按照财政收入的数量来安排财政支出，确保财政收支的总体平衡。计划经济体制下的企业只是国家和政府的附属物，没有自主经营权限，只能按照中央统一计划来决定生产什么、如何生产、生产多少，企业生产经营成果都上缴给国家，生产经营资金由财政统一拨付。财政支出的相当比例被用于国有企业的经营之中。正如同张馨指出的那样："整个国家的财力通过财政向国营经济集中。作为国家的财力，当然基本上只投向国家自己所有的企业，即投向国营经济，只被用于发展国营经济。同时打击和禁止非公有制经济，促使集体经济向国营经济转变。而整个经济的国营化，是计划经济得以正常运转的根本保证。"[①] 国家、企业和财政的关系就像高培勇指出的那样："全社会宛如一个大工厂，国家财政便是大工厂的财务部。社会再生产过程的各个环节都由统一的综合财政计划加以控制，企业财务部门和家庭财务部门均在一定程度上失去独立性。"[②]

从财政体制来看，虽然也按照一级政府一级财政的原则来实行分级财政管理体制，但是各个地方的财政管理只是一种形式上的设计，财政管理权限非常有限。财政运行呈现高度集中、统收统支的特征，所有的国家财力都统一交由中央政府来统一安排、支配，财政制度和财政收支计划都由中央来统一制定，财政资金的管理权大部分集中于中央，各个地方的财政支出必须要提请中央政府来审批，方能列入财政支出计划。

在这样的背景下，财政是直接参与到社会产品生产的核心工具，它的核心功能在于有计划地参与社会产品的生产和分配过程，促进社会生产和再生产过程中的有计划、有比例协调发展。同时，财政还要充分发挥调节、管理和监督功能，有效实现对国家财政分配活动的调节、管理和监督。因此，计划经济体制下的财政支出原则强调量入为出、统筹兼顾、有效调节。计划经济体制下，高度统一的财政管理体制是与这种财政支出原则之间有着紧密的

---

① 高培勇、孙国府、张迪恩：《中国财税改革30年：回顾与展望》，中国财政经济出版社2009年版。

② 高培勇：《中国财政困难的由来：从运行机制角度的分析》，《经济科学》1995年第5期。

逻辑关系。财力大部分统一集中于中央政府，通过财政支出对整个国民经济实施计划配置资源，是发挥财政职能的主要方式。对此，中国人民大学财政教研室1964年编著出版的教材《财政学》，明确提出了财政支出的理论基础。此外，财政职能定位决定了财政支出的范围，从这个角度来看，不同时期的认识还有着"大财政""中财政""小财政"的区分：大财政的主张者是李成瑞，他认为社会主义财政的范围包括国家预算、银行信贷、国营经济各部门和国营企业财务；中财政的主张者是邓子基，他认为财政的范围主要包括国家预算与国营企业财务；小财政的主张者是陈共。他认为，财政仅包括国家预算和预算外资金。

从现实来看，在新中国成立之后，计划经济体制下财政职能通过财政支出的行使，在巩固和强化恢复国民经济方面发挥了非常重要作用，尤其是在保证基本建设方面发挥了重要作用。此后，随着社会主义市场经济体制的建立、完善，马克思主义国家理论仍然为在新的体制下更好地认识财政分配功能提供了最基本的理论依据。陈共指出："研究财政问题面临的是经济体制的转换。我国的经济体制改革，是在坚持社会主义经济制度的前提下资源配置方式的转变，这是更新财政理论的基本立足点，因而要从资源配置方式的转变来重新认识'分配'的概念。"[①] 这也是对社会主义市场经济体制下财政基础理论的发展。

第二节　生产建设财政

在社会主义过渡时期，我们面临着建立社会主义制度的基本任务，同时面临着经历长期战争之后经济建设被严重破坏的现实，

[①] 资料来源于陈共《关于财政学基本理论的几点意见》，《财政研究》1999年第4期。

人民群众生活亟待恢复，为了更好地集中力量恢复经济社会发展，财政功能开始转向了生产建设财政，财政支出以支持生产建设为主。

新中国成立后，我国开始向苏联的财政管理模式学习，特别是学习苏联的计划经济体制。在计划经济体制下，政府在社会产品的配置中居于绝对主体地位，财政不仅要承担诸如军事国防、行政运转、公共安全、教育文化、科学研究、医疗卫生、环境保护等领域的支出需要，而且要承担全国道路交通、能源通信、农田水利等基础设施领域的建设投资，以及公有制企业实施简单生产和扩大再生产经营资金的支出拨付，甚至包括公有制企业所承担的各种集体福利的支出，形成了以国民经济生产建设支出为主要内容的财政支出格局。"生产建设财政"的特点是财政支出的范围大而广、大而宽，是适应于计划经济体制的财政制度类型。

在传统计划经济体制下，国家通过财政提供大量的基本建设拨款，政府成为社会投资的唯一主体，财政将大量财力投入到生产建设之中，而用于消费部门的资金投入严重不足，所以，财政需要综合平衡好积累和消费的关系，制订综合财政计划，有计划地采用财政分配方式来处理社会产品中的积累和消费比例。可以说，在整个计划经济时期，生产建设支出始终在财政支出中占据主体地位。

在生产建设财政下，财政支出的扩张或收缩主要是通过生产建设支出的调节来实现的，生产建设支出的调节成为计划经济时期国家调节社会产品总量和结构、调节经济波动的主要工具。与此同时，财政支出要在财政平衡的约束下进行安排，坚持生产建设财政收支平衡的原则，不列财政赤字。《关于1956年国家决算和1957年国家预算草案的报告》指出："国家预算不仅要保证经济建设和各方面事业开支的需要，同时还要保证银行发放必要的工商业贷款、农业贷款和其他各种贷款的需要。如果只考虑国家预算收支的平衡，不考虑银行增加信贷资金的需要，那么，尽管预算收支平衡了，但从国家整个资金的收支来看,仍然会是不平衡的。"① 基于这种理念,在党的八大上形成了国民经济各部门按比例发展的要求,对基本建设投资中农业与工业的比例关系进行论述,并在对新中国成立后到 1956 年国民经济运行的历史结构数据进行深刻思考和分析的基础上,进一步形成"二三四"比例理论。即国民收入中用于积累的比重应不低于 20%,在国民收入中用于国家预算的收入比重不低于 30%,在国家预算支出的基本建设支出比重不低于 40%。在此之后,陈云以"国力论"为载体,对生产建设财政的支出结构进行了更为明确的阐述:要坚持"一要吃饭、二要建设"的原则,在吃饭和建设之间相互平衡、不可偏废,国民经济计划安排要保证人民群众的民生需要,然后才能确保再生产和基本建设的需要,人民群众的消费能力要与消费资料的生产保持适度匹配,国民经济建设的规模和结构要以农业发展水平为基本和前提。②

关于计划经济体制下的财政支出分类,中国人民大学财政教研室 1964 年编著出版的《财政学(初稿)》基本上反映了当时财政支出领域的主要理论成果。书中强调财政支出要"厉行节约,经济核算,财务管理",将财政支出分成流动资金支出、基本建设支出、其他经济建设支出、社会文教卫生支出、行政管理支出和国防支出等③。从财政支出科目来看,主要包括经济建设费、社会文教科学卫生费、行政管理费、国防费、其他支出等。其中,经济建设费占据了主要地位,而且在经济建设支出中工业领域的生产建设又占据了主要方面。相关研究给出了新中国成立之后到改革开放之前,基本建设支出占财政支出的比重(见表 5—1)。从中可以看出,在经历了 1963—1965 年国民经济三年调整时期之后,基本建设拨款占财政

---

① 《关于 1956 年国家决算和 1957 年国家预算草案的报告》,http://www.gov.cn/test/2008-03/07/content_912306.htm。

② 《陈云文选》第三卷,人民出版社 1995 年版,第 211 页。

③ 张馨、杨志勇、郝联峰、袁东:《当代财政与财政学主流》,东北财经大学出版社 2000 年版。

支出的比重陡然增加，到了1969年达到39.2%，而到了1970年则达到45.9%。一直到"文化大革命"结束，这一比重仍然接近40%。

表5—1　　　国家预算内基本建设拨款占财政支出的比重　　　单位:%

时间	预算内基本建设拨款占财政支出的比重
"一五"计划时期	37.6
三年调整时期	30.1
1969 年	39.2
1970 年	45.9
1971 年	42.3
1972 年	40.3
1973 年	39.2
1974 年	39.6
1975 年	39.8
1976 年	38.6

资料来源：《当代中国》丛书编辑部：《当代中国财政》（上），中国社会科学出版社1988年版，第261页，转引自高培勇主编《中国财税体制发展道路》，经济管理出版社2013年版。

地方政府的运行亦是如此。广东花县（今广州市花都区）1950—1988年财政支出结构数据，一定程度上能够反映当时地方政府生产建设财政的支出结构状况（见表5—2）。从中可以看出，1958年之后一直到1978年改革开放之前，经济建设支出占全部财政支出的比重始终接近或高于40%。而1979—1988年，经济建设支出比重迅速降至18%。

表5—2　　　　1950—1988年广东花县财政支出结构情况　　　　单位:%

时间	各类支出比重			
	经济建设	文教科卫	行政	其他
1950—1952年	24.9	38.6	33.6	2.9
1953—1957年	14.4	57.5	27.5	0.6
1958—1962年	45.5	35.8	14.9	3.8
1963—1965年	40.1	44.8	12.4	2.7
1966—1976年	39.6	46.7	11.1	2.6
1977—1978年	49	40	9.9	1.1
1979—1988年	18	44	11	27

资料来源:《花县志》[1]。

第三节　其他理论流派对财政支出的观点

除了国家分配论之外,还有一些理论在计划经济时期产生了较大影响。1964年第一次全国财政理论讨论会上,除了会议确定了国家分配论的主流地位之外,还有其他若干理论流派,对于财政支出的本质等理论问题作了深入的分析探讨。其中比较有代表性的包括:从价值分配论来看,财政支出就是在价值分配过程中的一种补偿,这种补偿能够一定程度上激发社会创造价值的活力。从资金运动论来看,社会主义国家为了更好地调动经济发展的积极性,以国家为主体来全面掌握资金运动的规模、流向和结构,通过资金运动的循环和周转来极大地带动社会生产力的发展。财政支出是资金运动中

---

[1] 详细请参见广东省情网,http://www.gd-info.gov.cn/books/dtree/showSJBookContent.jsp?bookId=20486&partId=266&artId=144154。

一个非常重要的环节，是确保国民经济不同部类、不同部门之间的收支平衡关系的一个重要杠杆。从剩余价值分配论来看，财政是对社会主义经济体制下剩余产品的生产、分配和使用。从社会共同需要论来看，财政支出是满足社会共同需要的物质基础。

第 六 章

新中国成立初期的政府间财政关系理论

体制变迁对国民经济恢复时期和计划经济时期的财政学发展有着决定性的影响。这一时期财政学理论研究的重点是以建立适应社会主义制度发展的财政学体系为目标,在对资本主义制度进行批判的基础上,重新认识财政的本质。所以,政府间财政关系并未从一开始就被纳入这一时期财政学研究重点关注的范围,只是有一些零散观点形成。直到1956年毛泽东同志在《论十大关系》的报告中提出"在中央和地方的关系问题上,要在巩固中央统一领导的前提下,扩大地方的权力,让地方办更多的事情,发挥中央和地方两个积极性",中央与地方的财政关系才被纳入财政学的研究对象。这一时期,包含政府间财政关系内容的论著和教材,以千家驹的《新财政学大纲》、丁方和罗毅的《新财政学教程》、尹文敬的《国家财政学》、中国人民大学财政教研室编著的《财政学(初稿)》的影响力较大。

第一节 对中央与地方财政收支划分的研究

千家驹(1949)在《新财政学大纲》中用一整章的篇幅来论述

中央与地方的收支划分问题。他认为，中央与地方政府间的关系，在政治学上表现为中央与地方权限的分配，在财政学上表现为中央财政收支与地方财政收支的划分。在综合各方研究的基础上，千家驹明确提出有关中央与地方财政收支划分的理论主张，其主要观点包括：首先，以纳税人和收支范围两个维度划分收入，以职能范围、复杂程度和具体需要三个维度划分支出。其次，在收入划分方面，中央收入应是那些受益和支出范围具有开放性、数额巨大、纳税人的成本收益难以匹配的税种，可以根据纳税人能力大小来课税，如所得税、财产税、关税以及其他消费税；地方收入应是那些受益范围具有闭合性、数额较小、纳税人的成本收益能够匹配的税种，可以根据纳税人获得的利益多少来课税，如房屋税、土地税、牌照税、使用税。最后，在支出划分方面，凡是财政职能面向全国、需要较高技能智力和全国统一行动的由中央支出，如国防费、外交费、司法费、高等教育费；凡是财政职能面向局部地方、需要随时监督和因地制宜的由地方支出，如救济费、工务费。[①]

丁方、罗毅（1951）在《新财政学教程》一书中，将当时中央与地方财政收支划分的标准归纳为受益范围、便利程度、政权制度、效率、适宜度和财力等，并加以评判。该书认为千家驹的"利益说"和"经营便利说"不够全面，主要因其没有考虑到效率和经济的问题。丁方、罗毅两位学者强调，需要以效率、适宜与财力充裕等标准作为补充。更为关键的是，两位学者考虑到各级政府职能与其收入未必能成正比，"需要以职能调适收入，或者以收入调适职能"，即今天所谓的"以支定收"或"以收定支"，认为两者的制度安排不同，前者先划分职能和支出责任，再划分收入；后者则通过"税源划分和款项转移的办法来适应职能的履行，采取的办法有划分税源制度、附加税制度、比例分配制度和补助金制度四种"，即今天所

[①] 千家驹：《新财政学大纲》，生活·读书·新知三联书店1949年版，第141—143页。

谓的分税制、附加税、税收分成和转移支付制度。在此基础上，他们提出自己的主张：凡归属地方的事情由地方来办，但地方财力不足时，中央应设法补助，地方无此财力时，中央可代为办理，而对地方故意忽视不办的，中央应加强指导与督促，使之办理。①

第二节　对政府间财政关系历史发展与国际经验的考察

有观点认为，政府间财政关系产生于资本主义社会。其中最具代表性的是尹文敬，他将财政权利划分与政治权利分割紧密联系在一起，并将其纳入人类社会的历史演进中分析。他认为，奴隶制社会的强制摊派贡赋和封建社会的国家财政、采邑财政还不是中央财政和地方财政的建立，理由是取得收入的根据均为统治权力，收入来源均为农民的劳动生产品，两者很难有明确的界限，就谈不上收支划分。但进入资本主义社会，地方政权单位有了固定职能，为了保证职能实现，就需要有固定的财政收支，从而才产生了政府间划分财政收支的需要。由于各国分别发展为集权或分权不同的类型，财政收支的划分也随之具有集权或分权的特点，集权制国家财政收支向中央集中，分权制国家财政收支相对分散。由于中央与地方收支之间存在此消彼长的关系，因此中央和地方间的财政关系是对立的、竞争的。②

在国际经验方面，千家驹认为，央地财政收支划分因各国的政治制度、历史条件、社会环境不同而不同，不存在统一的划分标准。一般来说，中央集权制国家的重要财源多集中于中央，而地方分权

---

①　丁方、罗毅：《新财政学教程》，十月出版社1951年版，第260—261、307—311页。

②　尹文敬：《国家财政学》，立信会计图书用品社1953年版，第57—58页。

制国家的重要财源多分散于地方。① 尹文敬广泛考察了以法国为代表的集权制、以美国为代表的分权制和以英国为代表的折中制，发现政治、历史、经济、行政因素均影响一国的财政收支划分，但他发现，资本主义国家财政收支存在集中趋势。各国为了加强各级财政联系，主要借助于共有税制度、附加税制度、补助金制度调节央地收支。同时，考察了苏联在社会主义建成后改变政府间财政关系的一系列财政改革，发现苏联财政收支分配均由联盟中央所决定，地方财政主要是执行和广泛参与。②

此外，这一时期，学者开始引进国外经济学家对于政府间财政收支划分的原则。丁方、罗毅（1951）一方面介绍了美国经济学家艾德温·赛里格曼（Edwin Robert Anderson Seligman）提出的税收划分三原则——效率、适合、恰当原则，以及在三原则基础上衍生的划分标准——征税效率高低、税基宽窄、税收负担公平与否；另一方面介绍了印度学者赉锛士提出的税收划分三原则——充足、适合以及管理有效原则，即税收要充足、税源划分要适合于各级政府职能的划分、税种划分要易于各级政府管理。尹文敬（1953）着重介绍了国外学者提出的划分三标准——性质、技术和规模、制度，即全国性以及技术高、规模大、制度上需要全国一致的收支归中央，其他收支归地方。

第三节　基于当时国情的政府间财政关系研究

在实践层面，与计划经济的体制特征相符，这一时期我国财政

---

① 千家驹：《新财政学大纲》，生活·读书·新知三联书店1949年版，第141—143页。

② 尹文敬：《国家财政学》，立信会计图书用品社1953年版，第141—143、217—221页。

权力大部分集中于中央,同时兼顾地方政府的积极性,分级管理的财政体制开始形成。理论研究主要是基于当时国情和实践经验,以中央与地方政府间财政收支划分为主展开。

根据新中国的现实情况,千家驹认为,将财政体制划分为中央、省、县三级比较合理,在收入划分上主张实行比例分配方法,还建议中央将税源充足但相对分散的农业税交由省与县征收,并与地方五五分成,赞成沿用补助金制度,借以实现中央地方互助,即对财政收入不足或经济特别落后的省份,由中央予以补助,而财源富庶的省份则应该补助中央。[①]丁方、罗毅在对新民主主义下我国中央与地方财政关系的把握方面,提出要从宏观上把握央地关系和财政与国民经济的关系,将中央与地方作为一个整体来看待,国家经济建设要以地方经济建设为基础,地方经济发展要与国家整体建设方针相配合,而财政是国民经济的一部分和保障国民经济建设的一个重要环节,这是央地财政关系建立的基础。具体到财政领域,在中央、大行政区和省三级财政体制之下,财政收支划分的具体工作由中央统一领导和管理,地方经济政治文化各项事业要有独立的财政经费支持,在充分考虑各地区经济情况与工作条件后斟酌情况,由中央给予地方补助扶植。[②]尹文敬的研究也关注了新中国的财政体制。他主张,在收入方面,主要收入归中央,余下的收入划给地方各级财政,同时以调节分成收入保证各级财政平衡;在支出方面,以行政职能、隶属关系、区域范围等因素在中央、省(市)、县(市)三级政府间进行划分。[③]

1956年,毛泽东同志在中央政治局扩大会议上的讲话提出要正确处理"十大关系",中央与地方的关系问题开始在财政研究领域得

[①] 千家驹:《新财政学大纲》,生活·读书·新知三联书店1949年版,第163—167页。

[②] 丁方、罗毅:《新财政学教程》,十月出版社1951年版,第260—261页。

[③] 尹文敬:《国家财政学》,立信会计图书用品社1953年版,第369—376页。

到关注。中国人民大学财政教研室编著的《财政学（初稿）》（1964）就是在《论十大关系》产生广泛影响的背景下，从预算管理体制的角度分析政府间财政关系。该书在"国家预算管理体制"一章中分别介绍了"统一领导、分级管理"的预算管理方针和我国预算管理体制的发展。具体包含：(1) 央地关系的本质是集权与分权问题；(2) 国家预算管理体制的根本任务是"处理中央同地方在资金使用和预算管理上集权与分权的关系"；(3) "统一领导、分级管理"的内涵是在保证中央的统一领导和全面规划的前提下，把适当的权力下放给地方，既不致妨害国家统一计划性，又能充分发挥地方组织收入和节约支出的积极性；(4) 提出收支划分遵循的原则——以政府职能和隶属关系为标准，保证各级预算都有经常的、稳定的收入，做到收支结合、便于监督。[①]

由于这一时期，我国先后实施了"高度集中、统收统支""划分收支、分类分成""划分收支、总额分成"等与计划经济发展需要相适应的财政体制，《财政学（初稿）》从理论的角度，分析了新中国成立初期到 1959 年十年间的财政体制调整过程，为实践提供了理论支撑。[②]

综上所述，从我国历史和现实来看，上述经典财政学论著和教材中关于政府间财政关系的论述对我国今天的财政改革实践仍具有深远影响。

以千家驹的主张为例，目前我国在进行财政支出权责划分时考虑的仍主要是受益范围、信息处理的复杂程度等原则，转移支付制度是在补助金制度的基础上演化而来，以至于今天有些学者仍主张财政体制的扁平化，建议将财政层级从五级简化为三级。又如，丁方和罗毅发展了千家驹的观点，相对全面地考虑了财政支出和收入

[①] 中国人民大学财政教研室编著：《财政学（初稿）》，中国财政经济出版社 1964 年版，第 268—270 页。

[②] 同上书，第 278—283 页。

的划分原则，统筹考虑了以收定支和以支定收不同情形下的央地财政收支划分问题，这一思想至今仍具有较强的指导意义。再如，尹文敬对资本主义社会、社会主义社会的政府间财政关系的系统论述对认识今天的政府间财政关系依然提供着具有重要借鉴意义的历史视角。

随着《论十大关系》的发表，中央与地方间财政关系的重要性凸显，《财政学（初稿）》开始基于预算管理体制的视角对此问题进行专题性研究，考察了新中国成立后十年我国政府间财政关系在"统一领导、分级管理"的方针下如何发展，对今天政府间财政关系的专题研究具有基础性的指导意义。

除此之外，政府间财政关系作为建立社会主义财政学的隐含线索，使当时财政学研究中形成的"国家分配论""价值分配论""国家资金运动论""剩余产品价值运动论"等几大社会主义财政学理论流派也对此予以关注，但在当时的历史条件下，解决"财政是什么"似乎远比解决政府间财政关系问题更重要。

第 七 章

计划经济时期的国家预算与财政平衡理论

计划经济时期的预算理论研究带有鲜明的时代特色，既有积极学习其他社会主义国家预算理论与实践经验的努力，也有对构建中国国家预算理论的不懈追求。总体来看，这个时期的预算研究可以分为初建期与停滞期两个阶段。20世纪60年代初期之前是中国国家预算研究的初建期，在学习苏联和其他社会主义国家理论与实践的基础上，结合中国实践与现实问题，不断探索中国国家预算理论的发展。1966—1976年"文化大革命"期间，不仅国家预算理论研究与学科建设处于停滞阶段，而且国家预算实践也受到影响，无法为理论研究提供有力支撑。

第一节　国家财政平衡理论与国家预算实践

新中国成立伊始，百废待兴，国家预算工作实践急需理论指导，学习和借鉴苏联的理论和实践经验成为重要内容。这一时期，国家预算理论研究不仅被实践所需要，也被实践推动发展。随着国家建设与发展,加上国际关系的风云变幻,20世纪60年代初期开始,中国理论研究者和实践者开始转向思考建立中国自己的国家预算理论体系,包括国家预算本质、职能与任务、原则与内容,国家预算收支的性质、结构以及预算管理制度等。初建期的理论研究始终以党中央的指示精神为基本标准,以解决实际问题为出发点,采用批判性学习借鉴苏联理论的国际比较研究方法,并始终未放弃将理论发展与中国实践相结合的初衷。

一 国家预算理论初探之概况

在初建期,国家预算研究主要分为两类:

第一类是国际经验研究,即通过翻译和出版苏联以及其他社会主义国家[1]的预算理论和实践类书籍,介绍和学习社会主义国家预算的相关理论与方法。主要有《国家预算》[2]《苏联国家预算》[3]《苏联国家预算出纳业务》[4]《社会主义国家预算》[5]等著作。参与这些研究的单位主要包括以财政部预算司等为代表的实践部门,以中国人民大学、厦门大学等高校为主的学术机构。

第二类是基础理论研究,即围绕中国国家预算本质、职能与任务、原则与内容等展开讨论。这个时期出版的基础理论研究的代表

---

[1] 具体内容可参见财政科学研究所《社会主义兄弟国家1960年国家预算》,中国财政经济出版社1961年版。

[2] [苏]季亚琴科:《国家预算》,转引自《国家大百科全书选译》,人民出版社1953年版。作者注:1953年人民出版社出版了一套"苏联大百科全书选译",主要从《苏联大百科全书》中选取重要章节进行翻译并形成包括经济、文化等多领域的小册子,其中《国家预算》选自《苏联大百科全书》第六卷中的第一条。

[3] [苏]普洛特尼科(К. Н. Плотников):《苏联国家预算》,邓子基译,财政经济出版社1954年版。

[4] [苏]葛雷辛(С. С. Глезин):《苏联国家预算出纳业务》,中国人民大学银行业务教研室译,中国人民大学出版社1954年版。

[5] [苏]普洛特尼柯夫(К. Н. Плотников):《社会主义国家预算》,闻松龄、邓应生译,生活·读书·新知三联书店1953年版。

著作包括《谈我们的国家预算》①《苏联与中国国家预算讲义》② 等，邓子基（1954）、③ 吴兆莘（1955）、④ 葛致达（1956）⑤ 等撰文阐述并讨论国家预算相关问题。在这个时期，财政部财政科学研究所、中国人民大学、厦门大学等高校和学术机构承担着推动理论创新的重要任务。《经济研究》⑥《财政》⑦《厦门大学学报》等成为发表理论研究成果的重要期刊。

二 国家预算概念及其特征

毛泽东在 1949 年 12 月中央人民政府委员会第四次会议上指出："国家的预算是一个重大的问题，里面反映着整个国家的政策，因为它规定政府活动的范围和方向。"⑧在毛泽东给出的国家预算基本概念与定位基础上，理论研究者从不同侧面对国家预算内涵及其任务与作用展开阐述。

（一）国家预算的经济特质

国家预算具有显著的经济特质，是国家财政体系中的一个中心环节，占有主导地位，新中国作为社会主义国家，国家预算应该能

---

① 王文靖编著：《谈我们的国家预算》，中国青年出版社 1953 年版。

② 中国人民大学财政教研室编：《苏联与中国国家预算讲义》，中国人民大学出版社 1951 年版。

③ 邓子基：《过渡时期国家预算的任务》，《厦门大学学报》（财经版）1954 年第 5 期。

④ 吴兆莘：《国家预算底本质和职能》，《厦门大学学报》（社会科学版）1955 年第 5 期。

⑤ 葛致达：《我国国家预算的本质和它在过渡时期的作用》，《经济研究》1956 年第 3 期。

⑥ 作者注：《经济研究》现由中国社会科学院经济所主办。1977 年 5 月中国社会科学院建立之前，《经济研究》由现在经济所的前身中国科学院哲学社会科学学部经济研究所主办。

⑦ 作者注：为《中国财政》杂志的前身。

⑧《毛泽东主席一九四九年十二月在中央人民政府委员会第四次会议上的讲话》，转引自《人民日报》1949 年 12 月 4 日。

够相应地反映出国民经济有计划按比例发展的要求,必须服务于社会主义基本经济法则的要求,是确保生产计划与财政计划之间保持相互协调的必要条件。①中国国家预算的任务就是积累与分配资金,并使之得到合理运用,国家预算既要反映增产数据或资金积累数据,又要反映用于国民经济建设、社会文教建设、保证国防以及其他管理类需要的支出数据,国家预算的分配过程与结果还体现出社会资金再分配的重要问题。② 由此可见,国家预算具有明显的经济特质,应该能够反映全部国民经济活动,也能反映国民经济有计划按比例发展的要求,并且国家预算还需要服务于社会不同阶段的发展总目标。在计划经济时期,尤其在社会主义过渡时期,国家经济的重点是工业化、加强基础设施建设,因此,国家预算的主要任务就是为社会主义工业化服务,是逐步实现社会主义工业化的工具。对于国家预算经济特质的理论化研究,不仅是对现实需求的理论升华,而且也为计划经济时期的国家预算实践提供理论支撑。1960 年,《关于 1959 年国家决算和 1960 年国家预算草案的报告》指出,国家预算是一项重大的经济工作,1960 年国家预算力争收支平衡,支出重点仍然放在经济建设费、社会文教和科学费等领域。具体来看,1960 年,国家预算总收入为 700 多亿元人民币,其中 93.4% 的预算收入来源于全民所有制的国营企业利润和税收缴款;预算总支出与总收入持平,其中经济建设费支出占总额的 61.3%,社会文教和科学费占 12.3%。③

(二) 国家预算的政治特质

计划经济时期的国家预算研究基础之一是社会主义国家性质论。国家预算是国家的基本财政计划,与国家性质密切相关,可以分为

---

① 吴兆莘:《国家预算底本质和职能》,《厦门大学学报》(社会科学版) 1955 年第 5 期。

② 邓子基:《过渡时期国家预算的任务》,《厦门大学学报》(财经版) 1954 年第 5 期。

③ 《关于 1959 年国家决算和 1960 年国家预算草案的报告》,二届全国人大二次会议,1960 年 3 月 30 日。

社会主义国家预算和资本主义国家预算,两者有着明显区别。社会主义国家预算与资本主义国家预算存在着根本上的不同,这是国家性质所决定的,具体反映在预算收入、预算支出方面,也体现在预算编制、执行与决算等过程中。[①] 社会主义国家预算是为人民服务的,是由社会主义国家制度和经济制度决定的[②],资本主义国家预算是阶级剥削和压迫的工具[③],是资本家掠夺人民的手段。[④] 这个时期的理论研究,是以资本主义国家预算为"靶子",在彻底否定和批判资本主义国家预算的基础上,建构社会主义国家预算理论框架,阐述国家预算本质、预算收入和支出性质和基本内容、预算过程与管理等。我国的国家预算是社会主义国家预算,是无产阶级专政的社会主义国家为实现其职能,有计划地筹集和分配由国家集中掌握的财政资金的一个工具,是国家有计划地组织社会主义经济活动的重要手段。[⑤] 具体来看,国家预算研究的政治特质体现在两个方面:一方面,国家预算收入的主要来源与资本主义国家不同,主要依赖于全民所有制国营企业的利润和税收,占90%以上;另一方面,国家预算支出的重点是服务于国家经济发展、增进人民福利和巩固国防力量,最终服务于全国人民的根本利益。[⑥]

(三) 国家预算的职能

国家预算是国家的基本财政计划,与国家综合财政计划既有区别又有联系,前者是后者重要组成部分,后者包括前者又比前者涵

---

① 王文靖编著:《谈我们的国家预算》,中国青年出版社1953年版,第2页。
② 同上书,第1页。
③ [苏]季亚琴科:《国家预算》,转引自《国家大百科全书选译》,人民出版社1953年版,第1页。
④ 王文靖编著:《谈我们的国家预算》,中国青年出版社1953年版,第2页。
⑤ 国家预算教材编写组编著:《国家预算》,中国财政经济出版社1964年版,第5—7页。
⑥ 吴兆莘:《国家预算底本质和职能》,《厦门大学学报》(社会科学版)1955年第5期。

盖更广泛。计划经济时期，综合财政计划的范围包括国家预算收支、预算外收支、企业部门财务收支、银行信贷收支、现金收支等，其中大约 3/4 的资金主要是通过国家预算来集中和分配的。国家预算作为国家综合财政计划的重要组成部分，其编制与执行又对企业财务收支和银行信贷收支、现金收支等产生重大影响。[①]总体来看，国家预算的主要职能被概括为两个方面：一是根据国家计划经济时期的总任务，对国民收入进行有计划的分配和再分配；二是对国家资金的分配和使用实行监督。[②]

三　国家预算平衡原则及其影响

新中国成立之后，由于国家经济底子薄弱、社会百废待兴，计划经济时期，尤其是国民经济恢复时期，国家财政困难凸显，主要表现在财政收入增长无法满足财政支出快速增长的需要。一方面，财政收入的增长主要依赖于全民所有制的国营企业上缴的税收和利润的不断增长，国营企业能否为国家财政收入贡献更多又依赖于外部宏观环境以及国营企业自身的经营与发展状况，所以，财政收入规模及其增速的影响因素复杂导致收入预算压力增大；另一方面，随着国民经济恢复时期对基本建设、农资和工资实际需求的不断增加，财政支出的规模逐年增长。于是，财政赤字问题、物资供需不平衡、信贷不平衡的问题逐步显现。

（一）国家财政"三大平衡"理论背景与内容

面对国家预算收支压力，加上新中国刚刚成立，中央政府及其财政部门所掌握的相关理论储备和实践经验不足，迫切需要恰当的理论指导国家预算实践稳步发展。换句话说，中国国家预算实践的

---

① 具体阐述参见国家预算教材编写组编著《国家预算》，中国财政经济出版社 1964 年版，第 7 页。

② 葛致达：《我国国家预算的本质和它在过渡时期的作用》，《经济研究》1956 年第 3 期。

迫切需要，甚至是实践中遭遇到的现实困难，更激发中国理论研究者去思考引进国际研究成果与他国经验对中国实践产生的现实指导意义，同时，推动理论者加紧思考适合中国国情的国家预算理论与方法。于是，经济学界普遍所讲的国家财政"三大平衡"理论[①]应然而生，并且对国家预算理论与实践有重要影响。

由于新中国在国家预算管理方面缺少足够的经验，加上基本建设的刚性需求，年度预算收支编制与管理工作不断面临困难。1953年，因当年将上年财政结余的20多亿资金全部用于基本建设支出，而这些资金已经在上年安排给了相应领域，预算编制失误造成当年财政管理实际工作出现困难；1956年，由于财政和信贷不平衡、投资消费增长过快、生产资料和生活资料供不应求等问题，导致财政赤字和市场紧张；1958年，在国家预算编制过程中，没有结合国家信贷计划，反而把上年结余全部列为预算收入，结果导致国家预算同国家信贷计划脱节，造成国家预算收支和现金调度之间一度出现紧张的局面。[②]

基于现实问题，1957年1月，时任国务院副总理和财政经济委员会主任的陈云发表了《建设规模要和国力相适应》的报告，提出"综合平衡"理论体系，强调国民经济的比例关系，其中"三大平衡"理论（财政平衡、物资平衡、信贷平衡）是核心。[③] 该理论不

[①] 根据既有研究，关于这个时期平衡理论及其核心概念存在多种表述，包括"综合平衡"理论、"三大平衡"理论、"四大平衡理论"。本章选择财政学界普遍使用的"三大平衡"理论概念，重点包括财政平衡、物资平衡、信贷平衡，并将其作为陈云"综合平衡"理论的核心内容。

[②] 相关论述可参见葛致达《谈谈财政平衡与不平衡的认识——学习唯物辩证法的一点体会》，《财政研究》1980年第12期；汪春凤《陈云"三大平衡"理论研究——以1949—1956年为例》，《经济研究导刊》2013年第31期。

[③] 李成瑞：《社会主义市场经济条件下"四大平衡"理论的再认识》，《经济研究》1996年第1期；汪春凤：《陈云"三大平衡"理论研究——以1949—1956年为例》，《经济研究导刊》2013年第31期；吴易风：《陈云的综合平衡理论及其现实意义》，《马克思主义研究》2005年第3期。

仅是马克思主义与中国计划经济时期的经济建设实践相结合的思想产物，而且对计划经济时期的国家预算理论研究和实践工作起到重要影响。"三大平衡"理论非常重视社会主义国家对全国发展的计划职能和按比例发展的重要性，计划是宏观调控的主要依据，"计划指标必须可靠，而且必须留有余地"①，"一个国家，应根据自己当时的经济状况，来规定计划中应有的比例。究竟几比几才是对的，很难说。唯一的办法只有看是否平衡。合比例就是平衡的；平衡了，大体上也会是合比例的"②，理论认为财政收支的规模要与国家财力物力相适应和相平衡、资金分配要与所需物资相平衡。

财政收支平衡是"三大平衡"理论中的重要内容，被视为经济平衡发展的关键，平衡与否的主要标准是财政赤字是否合理。财政收支平衡理论强调增产节约，一方面，通过合理筹措财政收入促进经济正常运转，经济正常发展又是财政增收的基础和源泉；另一方面，强调财政支出要量力而行，不能过于"冒进"，为了促进经济发展、加大基础建设而忽视国家实际的财政能力，也不能过于"保守"，单纯害怕出现赤字而不敢支出。③

（二）国家预算收支平衡原则的形成及其影响

计划经济时期，在"三大平衡"理论的框架下，国家预算综合平衡理论应运而生并逐渐被广泛接受。预算综合平衡是一个动态的过程，要贯穿在预算编制到执行的全过程；是一个不断解决矛盾的过程，这个根本矛盾就是预算资金需要与可能之间的矛盾，表现为国家预算收入的可能与国家预算支出需求的矛盾，这对矛盾长期存在。④ 为此，国家预算需要根据综合平衡的基本要求，坚

---

① 《陈云文选》第三卷，人民出版社1995年版，第212页。
② 《陈云文选》第二卷，人民出版社1995年版，第242页。
③ 汪春凤：《陈云"三大平衡"理论研究——以1949—1956年为例》，《经济研究导刊》2013年第31期。
④ 国家预算教材编写组编著：《国家预算》，中国财政经济出版社1980年版，第266页。

持"统筹兼顾、全年安排、保证重点、兼顾一般"的原则,尽量合理地解决长期存在的收支矛盾,实现预算综合平衡的目标。处理好预算收支矛盾,尽量实现预算综合平衡,又为国民经济综合平衡提供保障。[①]

理论对实践的实际影响效果往往受制于多种因素,或者因为理论自身的缺陷或不足而难以对实践起到引导作用,或者因受到众多制度性因素的影响而显得无力。计划经济时期,中国国家预算实践出现过两次重大的失衡,并且在这两次重大失衡期间,国家预算综合平衡理论不再受到重视,甚至被否定和放弃,第一次是1958—1960年"大跃进"期间,第二次是"文化大革命"期间。[②]每次重大失衡时期,国民经济发展就遭受严重打击甚至一度达到崩溃的边缘,百姓的生活也受到极大影响,往往失衡之后需要经历多年的持续调整才能将国家经济发展和社会发展逐步引向正轨。

第二节　适应计划经济的国家预算管理

计划经济时期,国家预算必须服从计划经济的特点,加强预算管理不仅是正确发挥国家预算在国民收入分配与再分配中作用的保证,而且是社会主义计划经济的客观要求。这个时期,广泛研究和使用的预算管理是国家预算管理的狭义概念,即指财政部门的一项经常性工作,是贯穿国家预算编制到执行的全部过程的工作。预算管理的主体是各级财政部门以及各机构的财务部门,这些部门必须遵循"收入按政策、支出按预算、追加按程序"的要求进行国家资

---

① 国家预算教材编写组编著:《国家预算》,中国财政经济出版社1980年版,第267页。

② 葛致达:《谈谈财政平衡与不平衡的认识——学习唯物辩证法的一点体会》,《财政研究》1980年第12期。

金的集中、分配与管理,并且必须坚持收支平衡,同步加强财政监督,严肃财经纪律。①这个时期,有关预算管理的研究更像财政部门的业务规范或工作指引,重点集中在财政部门、财务部门的业务指导。

计划经济时期,国民经济的各个方面都必然会反映到国家预算上来,国家预算管理需要遵循"按照政策、按照计划"开展工作的核心原则和要求。国家预算管理理论研究在总结实践的基础上,总结出四点主要内容:② 一是依赖于政策和计划,根据政策和计划组织预算收入、分配预算到各类支出、确保收支平衡;二是依赖于详细的各层级预算计划的协调配合,即各级财政部门编制的总预算、各企业单位和主管部门的财务收支计划、各行政机关和事业单位的单位预算计划三大预算计划之间必须有效衔接;三是保预算平衡、略有结余,尤其是预算支出安排必须遵从按照计划合理安排、节约使用的原则,不得"宽打窄用",也不能刻意留下"缺口"事后要求追加;四是实行资金分口管理,强调资金专款专用,按照国家政策和财政计划,基本建设资金、流动资金、大修理基金、四项费用以及优抚救济费等必须专款专用,不得被挤占挪作。

计划经济时期的预算管理研究还强调预算报告制度和监督制度。预算报告是为了更好地、及时地反映预算管理情况,通过按月、按旬、按年进行报告的频率有助于及时发现问题和展开监督。预算监督研究强调对预算编制、执行过程的监督,不只是监督狭义上的财政部门或单位财务部门的预算管理业务工作,还涉及所有使用财政资金、纳入预算编制和执行流程的所有机构或单位。③

---

① 国家预算教材编写组编著:《国家预算》,中国财政经济出版社1964年版,第195页。

② 同上书,第200页。

③ 同上书,第204—205页。

第二篇

改革开放起步时期的财政学（1978—1992年）

第八章

改革开放起步时期财政学基础理论的演进与发展

1978年,随着改革开放的启动,一个新的时代开始了。然而,那些盛行于过去时代的旧思想却不会轻易离去。观念的交锋是20世纪80年代的主题词,学术界的景象生动地诠释了这个新旧交替的时代。正是在这一大背景下,财政学基础理论在艰难地向前摸索中走向新的活跃局面。

第一节 时代背景

20世纪80年代财政学理论的发展是小心谨慎的,因为它刚从一个不堪回首的年代中走出来,在那个年代中,知识和知识分子都被打上资产阶级的标签,成为革命的对象,遭遇灭顶之灾。80年代的财政学界有一个突出的特点,那就是,一群活跃在五六十年代的学人,带着过去的记忆,讨论今天的事情。十年的教育断档使我们民族的学术失去了一代传承者,以至于在历史的车轮向前行进时,缺少思想上的新鲜血液来补充。因此,在很大程度上,80年代财政理论的进展是依靠老一代学者的自我革命来实现的,受制于这一代学人的阅历和知识背景，财政基础理论的更新只能是边际的和渐进的。

一 "失去的十年"（1966—1976年）

新中国成立后直至1956年，新政权尽管面临不小的困难，也难免经历一些波折，但中国的经济社会发展总体是卓有成效的。一方面，提前完成了社会主义改造任务，进行了与之相适应的政治和社会改革；另一方面，在苏联和其他国家的援助下，迅速恢复了被战争破坏的国民经济，初步建立了优先发展重工业的经济基础，开始了有计划的经济建设。外交方面，由最初的"一边倒"转向独立自主方针，1956年4月毛泽东在《论十大关系》的讲话中，提出"探索适合我国国情的社会主义建设道路"的任务。

可惜的是，由于种种原因，这一良好的开局未能持续下去。在此后的若干年里，国家经受了各种政治运动的冲击，经济和社会发展都受到重大影响。1957年年末开始反右运动，1958—1959年发动"大跃进"和农村"人民公社运动"，加上当时三年自然灾害和中苏关系破裂的影响，导致国民经济面临严重困难。1960—1962年，虽然进行了短暂的国民经济调整和恢复工作，但由于党内高层的"左"倾错误越来越严重，终于发生了1966—1976年史无前例的"文化大革命"。

"文化大革命"使党、国家和人民遭受新中国成立以来最严重的挫折和损失。除了经济困顿、社会失序，更重要的是思想文化遭到毁灭性打击。这十年是文化倒退的十年，是不思考的十年，导致一代知识人的断档并影响了此后的几代人，从学术和文化发展上来讲，损失是不可估量的。就连曾经是全国高校社科类教师培训基地的中国人民大学也难逃厄运，全部教学、科研工作在"文化大革命"一开始就陷入瘫痪，直至1973年被彻底解散。中国人民大学尚且如此，其他高校就更可想而知了。

笔者以"财政学"为关键词，按全部字段检索国家图书馆收藏的 1966—1978 年的相关著作，除了数得过来的几本译著和港澳台地区的作品之外，几乎一无所获。而在电子期刊数据库里以"财政学"为关键词进行全文检索，1966—1977 年没出现一条中文文献。可见，"文化大革命"十年中的财政学研究近于荒芜。

二 改革开放

（一）走出旧思维

总的来说，改革开放之前的 30 年之所以遭遇如此之多的挫折，最主要的原因还是执政党受限于革命时期形成的"斗争"思维，20 世纪 60 年代以后这一思维逐渐走向极端，演化为泛阶级斗争论，导致阶级斗争扩大化，最终酿成了"文化大革命"的悲剧。从经济方面来看，"斗争"思维指导下的高度集权的计划经济体制由于其内在的无效率，也日渐走到了非改革不可的地步。

然而，破旧容易，立新难。"文化大革命"结束后，国家往哪里走、怎么走，成为事关民族生死存亡的抉择。华国锋被推举为中国共产党中央委员会主席和中国共产党中央军事委员会主席，并继续担任国务院总理，但他仍然坚持以阶级斗争为纲，意图延续毛泽东时代的方针路线，提出"两个凡是"，即"凡是毛主席作出的决策，我们都坚决维护，凡是毛主席的指示，我们都始终不渝地遵循"。

"两个凡是"论调的泛起，成为中国走出旧思维的拦路虎。这引起了时任南京大学政治系老师胡福明的思考，知识分子的责任感促使他在整个民族徘徊不前的历史关头，提笔写下了注定会名留青史的雄文，并投书《光明日报》。几经修改之后，1978 年 5 月 11 日《光明日报》以特约评论员名义发表了这篇文章——《实践是检验真理的唯一标准》，新华社、《人民日报》、《解放军报》等相继转发，文章引发全国范围的真理标准大讨论。

这场讨论冲破了"两个凡是"的严重束缚，成为党和国家实现历史性伟大转折的思想先导，影响和推动了中国改革的整个进程。

此后,《解放思想,实事求是,团结一致向前看》①,成为激励和引领广大中国人民放下包袱、走向改革开放新征程的无穷动力。1978年12月,党的十一届三中全会《决议》提出,将全党工作的重点从阶级斗争转移到社会主义现代化建设上来,从此启动了改革开放的历史进程。

(二) 新中国成立以来第二次留学潮:转向欧美

早在中苏关系交恶期间,中国就提出了由向一国学习转向向多国学习的方针。但迫于当时的阶级斗争形势,向多国学习尤其是向以"美帝"为代表的西方资本主义国家学习谈何容易。即使在这种情况下,周恩来总理在1972年尼克松访华之后,也着力推动此事,不过由于当时和绝大多数发达资本主义国家尚未建交,推动中国学者学生赴美留学终未成功。②改革开放之后,邓小平在1978年7月会见美国总统卡特的科学顾问弗兰克·普雷斯博士时,再次谈到向美国派遣留学生的问题。邓小平认为,中国要实现现代化,必须学习先进国家的长处,特别是学习人家的先进科学技术,因此,要"成千成万地"派遣留学生,而"不是只派十个八个"③。同年12月,"文化大革命"后首批50名公派留美学者启程赴美,揭开了新中国成立以来向非苏东国家大规模派遣留学生的序幕。这表明新中国开始以开放的心态、务实的精神,主动接纳西方文明。

(三) 经济体制变革:朝向社会主义市场经济的探索

1. 渐进改革

尽管计划经济体制遭到了否定,但未来的目标尚不清晰。20世

---

① 《解放思想,实事求是,团结一致向前看》是邓小平同志在1978年12月13日的中共中央工作会议闭幕会上的讲话。这次中央工作会议为随即召开的党的十一届三中全会作了充分准备。

② 王作跃:《学好数理化:1978年以后大陆留美科学家研究》,载国务院侨务办公室政研司编《北美华侨华人新视角——华侨华人研究上海论坛文集》,中国华侨出版社2008年版,第139—148页。

③ 参见《邓小平文选》第二卷,人民出版社1994年版,第85—100页。

纪 80 年代的改革是一个"干中学"的过程，是"摸着石头过河"的过程，是新中国成立以来理论界和政策界互信、互动最顺畅的一段时间。虽然传统的政治经济学仍然占据话语主流，但并未妨碍双轨制理论、过渡经济学、商品经济等讨论如火如荼，后者直接影响了改革的方向和进程，在朝向市场经济的摸索阶段选择了"渐进"而非"激进"的改革。

经济领域的改革是改革开放的重头戏。计划经济体制一时间难以打破，改革就从"增量改革"和"放权让利"开始。所谓"增量改革"，就是在不触动既得利益格局的基础上，开辟改革的新空间。比如，城市改革难度大，就先进行农村改革；国有经济改革困难多，就先进行非国有经济改革；先易后难，使改革形成从外围向中心推进之势。旧的刚性价格制度改不了，就创造新的自由价格市场，一旦后者力量壮大，便可以逐渐取代前者。所谓"放权让利"，即通过向地方和微观经济主体放权，调动后者发展经济的活力和积极性。

农村实施家庭联产承包责任制的成功启发了城市改革的思路。前者是在不改变城乡二元结构、户籍和土地所有权的前提下，通过土地的家庭承包经营，唤醒农民的经营积极性，提高农产品产量。在接下来的城市经济体制改革中，基于"两步利改税"等前期改革，也引入了承包制理念，以此调整经济体制转轨中国家与企业、中央与地方的关系。

2. 企业承包制

1984 年以后，中国经济体制改革的重心由农村和非国家经济，向城市和国有经济转移。同年，党的十二届三中全会《中共中央关于经济体制改革的决定》，提出建立有计划的商品经济改革目标，要以企业改革为中心。在计划经济体制下，国有企业是国家的预算单位。企业没有任何经济自主权，生产计划由国家统一下达，需要的生产资料由国家统一调拨，生产的产品由国家统购包销，财务由国家统收统支①。企业就是一个大社会，除日常生产经营之外，其业务范围无所不包，从幼儿园、学校，到食堂、养老院，职工生老病死都在企业掌管之中。正是因为这样，企业也无须对盈亏负责。

国家与企业分配关系的调整，是从减税让利、扩大自主权开始的。在这个过程中，一度尝试以税收作为调节国家与企业关系的主要手段，但是由于计划经济体制的框架没有根本打破，税收运行缺乏法治化的基础，尽管先后实施了两步"利改税"，并曾试图推出更为规范的"价税财联动"改革，但由于种种主客观原因，从1987年开始，国家与企业的分配关系还是一度走到了企业经营承包制。"国家和企业承包，即每个企业跟政府签订承包合同，在承包合同上规定交多少税。"②

3. 财政包干制

同样地，在改革开放之前，为了集中全国人力、物力、财力进行工业化建设，中国也形成了一套统收统支、高度集中统一的财政管理体制。在这一体制下，地方没有什么收入和支出的自主权。地方组织的收入越多，上交中央的也越多，存在"鞭打快牛"的现象，导致平均主义盛行。在支出方面，向中央要求的越多，得到的也越多，即"会哭的孩子有奶吃"。地方既没有收支权限，也不对经济发展的失误负责。这种一锅吃饭、一口决策的体制，极大地遏制了地方发展经济和自我负责的积极性。经过在江苏等地的试点，财政包干制（"划分收支，分级包干"，亦称"分灶吃饭"）从1980年开始在全国实施。地方财政包干的办法是一一谈判的结果，因此在各省之间并不完全相同。

前文已述，社会主义公有制在中国是以计划经济形式体现的，

---

① 时任第二汽车制造厂厂长陈清泰语，转引自刘克崮、贾康主编《中国财税改革三十年：亲历与回顾》，经济科学出版社2008年版，第51页。

② 许善达：《许善达谈财税改革30年：从财政包干到分税制》，《第一财经日报》2008年8月18日，转引自刘克崮、贾康主编《中国财税改革三十年：亲历与回顾》，经济科学出版社2008年版，第36页。

计划经济的特征即以行政力量作为配置资源的主要手段。在旧体制下，国家是通过财政把各种资源"统"起来的，而一旦放权让利，最先触动的就是"财政"。放权让利的改革实施一段时间之后，虽然在调动地方和企业的积极性上起到重要作用，但也导致财政收入，特别是中央财政收入的剧减。20世纪80年代中期之后，财政赤字上升很快，债务压力增大，中央政府的宏观调控能力越来越弱。中央意识到，改革不能止于放权让利，应当寻求新的方向。

第二节 财政本质问题的再讨论

20世纪80年代的改革举措，其实质是尝试寻找国家、企业、市场各自的合理边界。此时的财政改革还处在"放权让利"阶段，真正的财政制度转型还没有到来，牵动财政基础理论最核心的问题，仍然是"财政本质"问题。学术界透过对这一课题的讨论，回应经济体制改革实践中提出来的理论问题。

一 市场经济改革取向逐渐明朗

计划经济不承认市场和商品经济的作用。导致在中国人的观念中逐渐形成了市场、商品经济就是和资本主义联系在一起的认识。1981年党的十一届六中全会《关于建国以来党的若干历史问题的决议》确认了社会主义社会存在着商品生产和商品交换，因而要考虑价值规律，等于是解放了思想，取缔了研究禁区。自此，经济学家们开始对"商品经济"概念展开认真的研究。大体上看，学术界对市场和商品经济的"脱敏"经过了几个阶段：

一是1982年党的十二大报告提出"计划经济为主，市场调节为辅"。这时虽然认可了市场的调节作用，但市场经济作为一种经济运行机制，并没有得到承认。1984年10月党的十二届三中全会《中共中央关于经济体制改革的决定》指出，"社会主义计划经济必须自觉依据和运用价值规律，是在公有制基础上的有计划的商品经济"。这就回答了社会主义能否利用价值规律、利用市场的问题，承认了商品经济与社会主义计划的相容性。虽然尚未完全突破计划经济时代形成的话语局限，但说出了"老祖宗没有说过的新话"，对于推进市场取向改革，形成了权威性文件的指导。

二是1987年党的十三大系统地阐述了社会主义初级阶段理论。提出要"发展有计划的商品经济，建立市场体系"，"国家调控市场，市场引导企业"，把改革推向新的阶段。党的十三大报告指出，社会主义初级阶段包括两层含义：第一，我国社会已经是社会主义社会；第二，我国的社会主义还处在初级阶段。社会主义初级阶段的主要矛盾是人民群众日益增长的物质文化需要同落后的社会生产之间的矛盾。要解决该阶段的主要矛盾，必须大力发展商品经济，提高劳动生产率，逐步实现工业、农业、国防和科学技术现代化；必须以经济建设为中心，坚持四项基本原则，坚持改革开放，把中国建设成为富强、民主、文明的社会主义现代化国家。至此，才为承认社会主义与市场机制的相容性，扫清了道路。

三是1992年小平同志"南方谈话"，一锤定音，明确了市场经济的改革方向。在此之前，虽然市场化改革逐步深化，但改革总体上是"摸着石头过河"。整体经济改革的市场经济取向尚不明朗，无论是国家与企业的关系，还是中央与地方的关系都局限在旧的体制框架里做文章，没有突破旧的体制框架。到底国家在经济中的角色应该是什么，这些困惑也反映到同一时期的财政基础理论的讨论之中。

这一时期财政理论界最重要的争论是，在新的时代背景下，与计划经济体制相适应的国家分配论还成立吗？整个20世纪80年代的重大理论探讨看上去仍然是20世纪五六十年代财政本质理论争论的延续，只不过是在新的历史条件下的新的对话。相比之下，自觉的、前瞻性的财政理论建设显得相对滞后。

二 "国家分配论"遭遇挑战

"文化大革命"以后，随着国家政治经济生活走上正轨，中断了多年的财政理论研究终于得以延续。继1964年、1965年的两次全国财政理论讨论会之后，1979年12月27日至1980年1月1日，财政部组织的第三次全国财政理论讨论会在广东省佛山市召开[①]。在这次会议提交的论文中，出现了"社会共同需要论"和"再生产决定论"，作为财政学基础的政治经济学思想，再次聚集于对财政本质问题的探讨。

回过头来看，当时经济体制改革的重心是处理好社会主义的国家（或政府）与市场的关系。在当时的历史背景下，人们对于国家（或政府）与市场关系的不同意见，是通过挑战"国家分配论"所蕴含的全能政府观来实现的。

（一）"厦门会议"

1982年8月，由中国社会科学院财贸物资经济研究所发起的财政基础理论讨论会在厦门召开。这次会议上，全国各地到会的老中青三代财政学者达80余人。

在1964年的旅大市会议上，成为众矢之的的是"剩余产品（价值）决定论"等与主流"国家分配论"不同的论点；而这一次，从前非主流的理论以及新生的理论一起质疑"国家分配论"。尽管是在厦门这一"国家分配论"者邓子基的"地盘"上，但他还是感受到了巨大的压力[②]。特别是，社科院的专家何振一提出的"社会共同需要论"，王绍飞提出的"剩余产品价值决定论"，以及中国人民大学侯梦蟾提出的"再生产决定论"等观点，成为挑战"国家分配论"的主力军。

---

① 佛山会议上，中国财政学会和中国会计学会于1980年1月1日成立。
② 钟岷源：《教授邓子基的两件礼物》，《人物》2008年第1期。

当然，争论归争论，想要扭转"国家分配论"的主流地位并不容易。经过这次讨论，尽管竞争性的思想得到了更多欢迎，但"国家分配论"在主流话语系统和学术体系中的位置并未被撼动。

就在这次会议之后，由主张或支持国家分配论的学者（邓子基、刘明远等）共同编写的财政部统编试用教材《社会主义财政学》①出版，这是"文化大革命"后我国第一本社会主义财政学教科书。"其后该书又进行了几次修订再版，印刷11次，累计发行达32万多册，成为我国广大高校使用的主要的社会主义财政学教材。它奠定了财政学教科书的基本框架，对其后不同版本的社会主义财政学教科书，产生了较大影响，因而该书对于社会主义财政学教材建设是起了开创性作用，由此而获得了1987年国家教委颁发的'全国优秀教材奖'。"②

1984年，由许毅、陈宝森主编，多位财政学者参与撰写的《财政学》由中国财政经济出版社出版，成为在学理上坚持和寻求系统性展开"国家分配论"的有代表性的力作。

（二）财政理论学术流派的观点

1. 社会共同需要论

简单地说，"社会共同需要论"所回答的还是财政与国家的关系问题。何振一③曾说过，最初他也是"国家分配论"的信奉者，但是在思考过程中，他发现，如果财政的产生取决于国家，那么就等于说上层建筑决定经济基础，与马克思主义唯物史观是不相符合的。基于此，他开始注重考古学、人类学等学科的相关研究，他发现在国家产生以前的原始社会，"从社会总体的观点来看，社会劳动已分

---

① 《社会主义财政学》编写组：《社会主义财政学》，中国财政经济出版社1980年版。

② 张馨：《邓子基教授与我国财政学》，《福建学刊》1988年第4期。

③ 李成刚：《何振一：财政学社会共同需要论学派的创立》，《中国经济时报》2014年11月26日第9版。

为两个部分，一部分用来满足氏族成员个人消费需要，一部分用来满足社会共同需要，或社会一般需要"，这就是萌芽形态的财政。国家产生之后，原始形态的财政才转变为国家财政形态。因此，国家分配论认为，财政只与国家的分配行为有关这一论断是无法令人信服的。此后，他一直在不断完善这一想法，直到其观点成熟，通过《理论财政学》[①]一书得以全面展现。

何振一认为，财政就其一般性质而言，是由于人类社会生产的发展出现了剩余产品和剩余劳动之后，发生了社会共同需要而产生的。它的实质是人们为了满足共同需要而对社会剩余产品进行分配所发生的分配关系。"社会共同需要论"在财政的起源、财政与国家之间的关系、财政的本质等方面，都与"国家分配论"的主张完全不同。由这些根本性的差异，进一步产生了在财政职能、财政范围等问题上与"国家分配论"的分歧。

在改革开放前多年的传统中，人们已经习惯了将"国家""强制""剥削"等词语与财政相联系，"社会共同需要论"的提出令人耳目一新，也与当时弱化国家权力的时代背景相吻合，故一时间拥趸甚众，获得了不少支持。

2. 剩余产品价值决定论

20世纪60年代以及"文化大革命"期间，"剩余产品价值决定论"的提出者王绍飞，曾受到不公正的对待。获得平反之后，他在健康受损的情况下，依然争分夺秒地投入到《财政学新论》[②]的创作中，终于完成了他自50年代以来就主张的剩余产品价值决定论的总结和改进。

"剩余产品价值决定论"在很多方面与"社会共同需要论"有相似之处。首先，他们都认为财政分配的只能是社会剩余产品的一部分。其次，他们都认为财政的起源不必和国家直接有关。不同的

[①] 何振一：《理论财政学》，中国财政经济出版社1987年版。
[②] 王绍飞：《财政学新论》，中国财政经济出版社1984年版。

是，"剩余产品价值决定论"认为，随着人类社会生产力的发展，出现了剩余产品，剩余产品是社会共同需要的起源，财政关系则起源于靠剩余产品来满足的社会需要的经济内容和分配形式。而"社会共同需要论"直接将社会的共同需要作为财政的起源。

《财政学新论》明确提出了"剩余产品在国民收入结构中的比重是规定财政收入数量的客观界限"的论断（第97页），并进而提出要在 M 总量这个界限内，通过正确处理国家、集体和个人三方面的关系，来确定一定时期的财政收入。至于财政支出，《财政学新论》不仅指出其数量界限是由从 M 总量中可能集中的财政收入总量决定的，而且根据马克思社会再生产原理，分层次地阐述了各种财政支出，诸如积累性支出和消费性支出的数量界限（第 123—154 页）。此外，《财政学新论》还全面系统地论述财政效果问题。剩余产品决定论的直接现实意义，是对与计划经济相适应的高度集权财政的否定。

3. 再生产决定论

再生产决定论的提出者是中国人民大学的侯梦蟾教授。其后在陈共教授的著述中也有阐释。这一观点是强调以社会再生产为前提认识财政本质，把握分配环节与社会再生产的总体联系。感兴趣的读者可参考侯梦蟾《关于社会主义财政以再生产为前提的几个问题》一文[①]。

第三节　转轨前期的财政学

在从计划经济向市场经济的过渡期，财政理论明显地已经突破了旧意识形态的束缚，但由于新的体制改革方向仍不明朗，当时的财政理论讨论无论是研究主题还是研究方式，都有很强烈的 20 世纪

[①] 侯梦蟾：《关于社会主义财政以再生产为前提的几个问题》，《财贸经济》1983年第5期。

50—60年代的痕迹。新的社会主义财政学的理论框架，也仍然沿袭旧的传统。

一 西方财政理论的引入

改革开放以来中国向国外学习其实经历了两个阶段，第一阶段是向东欧国家学习。由于中国与这些国家曾有一些相似的经历和背景，特别是如南斯拉夫、匈牙利等国家，曾经不满于苏联的控制而寻求自主的发展道路，因而，改革开放之初中国试图从东欧国家"取经"是很正常的心理。但事实表明，原苏东国家的经验并不适合于中国。于是，向英美先进国家学习时代成为一股新的潮流。

埃克斯坦[1]的《公共财政学》是改革开放后较早被介绍过来的教科书。邓子基在20世纪80年代初期也着手美国财政学家马斯格雷夫夫妇《美国财政理论与实践》[2]一书的翻译工作，该书后于1987年出版。此外，还有陈秉良所译《日本现代财政学》[3]。同时，也有少量的介绍西方财政理论的著作问世[4]。邓子基等主编的《比较财政学》[5]，则对中国、苏东和英、美、法、（西）德、日等主要资本主义国家进行了对比。

总的来说，20世纪80年代到90年代初，关于西方财政理论的介绍总量上并不算丰富。但学界对待西方财政理论的态度相比此前

---

[1] ［美］阿图·埃克斯坦：《公共财政学》，张愚山译，中国财政经济出版社1983年版。

[2] ［美］马斯格雷夫等：《美国财政理论与实践》，邓子基等编译，中国财政经济出版社1987年版。

[3] ［日］井手文雄：《日本现代财政学》，陈秉良译，中国财政经济出版社1990年版。

[4] 薛天栋：《现代西方财政学》，上海人民出版社1983年版；刘永桢主编：《资本主义财政学》，东北财经大学出版社1988年版。

[5] 邓子基等主编：《比较财政学》，中国财政经济出版社1987年版。

大为友好了。在计划经济年代,罕见的关于西方财政的介绍之作都是用来供内部参阅和学术批判使用的。而80年代以来对西方财政理论的引入,则是出于立足世界、洋为中用的目的,不再是拒斥的态度。不过,整个国内财政学界尚未完全接纳西方财政理论。

二 转轨前期的中国财政学

如果以1992年为界,将中国向市场经济转轨的过程分为两大阶段,那么,转轨前期(改革开放以来至1992年)中国的财政学界仍然是相当传统的。计划经济时代的特色还十分浓厚。

阅读当时主要的财政学教科书[①],可以发现,财政学虽然整体性地挣脱了苏联社会主义政治经济学的束缚,但是财政研讨仍然主要在旧的话语体系下进行。学术术语、分析起点、学术话题、分析逻辑与改革开放之前相比都没有太大的变化,所有变化几乎都来源于且紧紧追随党和政府的各种决议或决定中的新提法。

例如,这个时期在财政学前面冠以"社会主义"还是非常普遍的现象,表明"资本主义—社会主义"这种政治话语系统里的常用词汇在学术领域仍然非常盛行。类似的情况还有,几乎所有的著作仍然以马列主义毛泽东思想作为"帽子"以开篇。

当时的财政理论整体上还不能满足现实的需求。湖北财经学院的梁尚敏[②],如下这样批评当时社会主义财政学研究中存在的问题:

---

① 《社会主义财政学》编写组:《社会主义财政学》,中国财政经济出版社1980年版;王绍飞:《财政学新论》,中国财政经济出版社1984年版;陈共:《财政学教程》,中国财政经济出版社1985年版;许廷星等:《财政学原论》,重庆大学出版社1986年版;王亘坚主编:《财政学概论》,湖南科学技术出版社1986年版;何振一:《理论财政学》,中国财政经济出版社1987年版;姜维壮主编:《当代财政学若干论点比较研究》,中国财政经济出版社1987年版;许廷星、陈显昭主编:《社会主义财政学》,四川教育出版社1987年版;王绍飞:《改革财政学》,中国财政经济出版社1989年版;朱耀庭等主编:《社会主义财政学》,复旦大学出版社1992年版。

② 梁尚敏:《社会主义财政学研究中的若干问题》,《财政研究》1982年第5期。

现在的财政学研究中，一本十几万字的社会主义财政分配学，还只停留在原则、意义、作用的考察上，而没有相应必要的财政分配数量关系的分析，关于社会主义财政的特殊规律性，也只是提出问题，却没有明确地回答问题。财政资金的效益，本来是一个不可回避的核心问题，但在财政学中没有得到充分反映。所以不少同志对财政学的内容有一种"空洞""陈旧""贫乏"的感觉，这是完全可以理解的。因为社会主义财政学作为一门社会科学，如果只注意定性，不过问定量，或者是只满足于解释、复述现行的财政政策和制度，自然不能给人们以完整的知识，也很难谈得上指导财政实践的发展。

他认为，要改变这种状态，"一方面应克服科学研究上的某些主观片面性，肃清'左'的流毒和影响；另一方面则要针对存在的问题和薄弱环节，在现有基础上进行内容和体系上的充实及更新。不如此，财政学的研究是不能真正改观的"[1]。

然而，10年之后再来观察，仅仅克服"左"的影响和在原有基础上充实和更新，对于财政学理论创新似乎是不够的。上文所批评的问题在其后的若干年里，并未完全改观。正如梁尚敏指出的那样，此时，"符合我国国情的社会主义财政学的建设任务，已经历史地提到了我们的面前"。直到1994年，建设社会主义市场经济的目标被明确提出之后，梁尚敏意识到，"依据计划经济理论构建的传统财政学，从框架到内容都已遇到前所未有的挑战，非改革不可"。要使财政理论适应新的经济体制，必须抽掉它的基础，并提出"以改革开放和建立社会主义市场经济新体制为主线"建立有中国特色的当代财政学的构想。[2]

---

[1] 梁尚敏：《社会主义财政学研究中的若干问题》，《财政研究》1982年第5期。
[2] 梁尚敏：《建立有中国特色的当代财政学》，《中南财经大学学报》1994年第4期。

第 九 章

改革开放起步时期的财政收入理论

从新中国成立到改革开放前，我国逐步建立了高度集中统一的计划经济体制，财政作为国家筹集和运用资金、实现国民经济和社会发展计划的主要工具，也要服从和服务于通过行政命令和计划指标配置社会资源的计划经济体制。在财政收入方面，以工农业"剪刀差"和低工资制度为基础和以国营企业利润上缴为主要收入来源的收入体制使国家财政几乎集中了物质生产部门创造的所有纯收入。

党的十一届三中全会召开后，我国开始了经济管理体制改革，进入了有计划的商品经济时代。在农村，以家庭联产承包责任制为特征的农村经济体制改革改变了"公社化"的经济组织形式。在城市，经济体制改革的突破口是财税体制改革，以"利改税"作为国营企业"简政放权""减税让利"指导思想的实施措施，改变了国家与国营企业的纯收入的分配方式，形成了新的国家、企业、个人三者之间的收入分配关系。

这一时期的财政收入思想主要集中于三个领域：一是为适应改革开放之后多种所有制并存的格局和吸引外资的需要，财政学界开始关注市场经济国家的税收理论和实践，并研究建立涉外税收体系和改革国内税制的问题；二是在对企业放权让利和推进国营企业改革、完善社会主义公有制实现形式的背景下，着重研究了国家与国营企业分配制度的改革；三是研究农村家庭联产承包责任制和对地方和部门放权的背景下出现的农民税费负担、预算外收入及其管理的问题。

第一节 与有计划商品经济相适应的税收理论

改革开放的实施是以商品经济理论的突破口为基础的。在总结新中国成立以来经济发展的经验教训的基础上，理论界提出了价值规律、物质利益规律在社会主义社会普遍存在的必然性及其表现形式问题，并由此得出我国目前尚处在商品经济阶段，要实行有计划的商品经济，大力发展社会主义商品和交换的结论。而在以有计划商品经济理论为指导推进经济体制改革的进程中，对外开放使得境内外国资本、农村家庭联产承包责任制改革、国营企业承包制改革等形成多种所有制并存的格局，从而引发了对税制建设理论与实践的深入研究。

一 改革开放初期税收理论发展的背景

1978年以前，我国长期被迫实行封闭的计划经济，与外国经济交流与合作很少，涉外税制基本上是一片空白。改革开放后，我国采取了一系列措施促进对外开放，其中包括通过吸收国际多边金融组织贷款、外国政府贷款和外国金融机构贷款，积极开展对外融资；通过举办三资企业、开展补偿贸易、合作开发资源等方式，积极吸引外商直接投资、引进先进技术和管理经验。但当时，中国还没有相应的涉外税法，无法有效维护国家税收权益，也不利于中外合资经营企业的发展和对外开放政策的进一步落实。①

1978—1992年,经过十多年的努力,从所得税到流转税、财产税,从税法到细则,一套比较完整的涉外税收制度初步建立。截至1992年年底,我国先后同日本、美国、英国、法国、德国等三十多个国家正式签署了避免双重征税协定。在涉外税制体系逐步建立与完善的过程中,财政理论界和政策部门也开始引进、消化西方发达市场经济国家的相关税收理论和税制建设思想,开始从以苏联传统社会主义政治经济学范式为基础的财政收入理论研究转向在商品经济和市场交换条件下相关理论和现实问题的研究。

对社会主义商品经济和价值规律的研究在理论上论证了商品经济条件下多种经济成分并存的必然性,除外商和外资企业外,城乡集体所有制经济、个体经济也得到了发展,建立在"非税论"基础上的计划经济财政收入体制从理论到实践都需要向有计划的商品经济转变。同时,对商品经济条件下国营企业的研究也相应突破了传统理论的束缚,国有企业是相对独立的商品生产者的观点也开始得到普遍认同。在有计划商品经济体制下,以公有制为主体、多种所有制并存的所有制格局的形成在实践上要求税收制度进行根本性的调整,而在理论层面则需要重新审视税收在财政收入中的地位和作用。

二 有计划商品经济时期的税制改革思想

改革开放开始后,税制建设的首要任务是解决对外征税,建立涉外税制。而随着商品经济的发展和所有制格局的变化,国内税制也迫切需要进行重大调整。这一时期的税收理论主要围绕两个问题

---

① 谢旭人主编:《中国财政60年》(上卷),经济科学出版社2009年版,第239页。

展开：一是如何处理国营企业上缴利润与税收的关系[①]；二是如何建立与商品经济相适应、符合价值规律的税制体系问题。

1979年5月，财政部在成都市召开的全国税务工作会议，对新中国成立30年以来税制改革的经验教训和新时期税制改革的问题作了比较充分的研究。时任财政部税务总局局长刘志城在会上对税制同经济发展不相适应的问题总结为以下五个方面：第一，经济的发展要求税收发挥更大的作用，但是当时税种很少，不适应复杂的经济情况。税收同企业经济活动的许多方面都没有直接挂钩，影响税收作用的发挥。第二，今后要扩大企业的自主权，收入分配将发生一系列变化。由于企业的技术、设备和资源等条件不同，企业利润悬殊，而现行税制不能更好地调节企业利润，不利于正确处理国家、地方、企业和生产者个人的经济关系。第三，现行的工商税、工商所得税两个主要税种都还是试行条例，没有正式立法。还有几种税是20世纪50年代的老税种，有些规定已经不适应当前的情况，不利于加强税收法制和税收管理。第四，随着经济改革，工业专业化协作生产的发展，农工联合企业的试办，现行的征税办法不能适应这些新的经济形式。第五，随着对外经济往来的发展，为了维护国家主权和经济利益，需要建立一套完整的涉外税收章法[②]。

关于税制改革的原则，刘志城提出，总的指导原则是：必须服从于社会主义现代化建设的需要，符合经济规律和中国的实际情况，扩大税收在财政收入中的比重，充分发挥税收的经济杠杆作用。具体地说，有下列五条：一是坚持按照经济规律办事，更好地调节企业收入，有利于用经济手段管理经济，促进生产发展；二是在收入分配上，要正确处理中央、地方、企业和个人的经济关系，有利于

[①] 国营企业上缴利润有税收的关系参见本章第二节。

[②] 刘佐：《社会主义市场经济中的中国税制改革（1992—2013）》，中国税务出版社2014年版，第32—33页。

调动各方面的积极性；三是随着企业自主权的扩大，有利于运用税收手段参与企业管理，促进企业加强经济核算，讲究经济效果，更好地发挥财政监督作用；四是要扩大税收的渠道，使税收成为积累财政资金的主要手段，确保国家财政收入的及时、稳妥和可靠；五是有利于在平等互利、维护国家主权和经济利益的原则下，促进对外经济往来的思想。[①]

随着改革开放的逐步深入，到 20 世纪 80 年代中期，对税制改革的理论研究也逐步深化。当时税制改革的指导思想强调三点：一是要切实地把税制建立在有计划商品经济的基础上；二是充分发挥税收作为经济杠杆对社会经济生活运行的调节作用；三是税制改革要同价格、工资、信贷等制度的改革相互配套和协调。

（1）要把税制建立在商品经济的基础上，首先必须在承认和尊重企业是自主经营、自负盈亏的商品生产者的前提下构建税收制度。其次，税制的构建必须明确在有计划的商品经济条件下，国家再也不是整个社会经济生活的直接组织者了。最后，税制的构建必须正确认识和处理国家与企业的相互关系。可以把企业与国家的关系看成是独立经营、自负盈亏的商品生产者同社会公共权力机关的法律关系。

（2）通过税制改革充分发挥税收作为经济杠杆的调节作用，首先要通过税收杠杆促进搞活企业。同传统的税制相比较，企业的经济负担应适当减轻，使税收真正起到对企业的刺激作用。

（3）要通过税收杠杆促进社会主义市场体系的完善。为此，税收要做到三点：一是要促进维持市场体系的协调运转，特别是保持各商品生产者之间竞争的正常进行，限制垄断，实现商品生产者在价格、资源等各方面的机会平等；二是使税收有利于排除来自各方面对市场运行的扰动，保持市场运行的相对平稳和协调；三是使税

---

① 刘佐：《社会主义市场经济中的中国税制改革（1992—2013）》，中国税务出版社 2014 年版，第 32—33 页。

收成为国家手中掌握的一个有效的间接控制手段，能够对企业行为施以有效的约束，从而保证企业的经济行为不脱离宏观经济运行的轨道，同时使税收也能对间接控制的主体——国家形成一定反馈式的约束。①

应当指出的是，在批判"非税论""税收无用论"的过程中，由于对有计划商品经济在理论和实践上存在着认识的过程，这一时期在重视税收对发展商品经济作用的同时也出现了片面夸大税收调控作用的倾向，由此导致税种越来越多、税制越来越复杂。

三 对重复征税问题的研究与增值税的引进

1978 年以前的工商税是在计划经济条件下，经过多次简并后形成的流转税，具有按销售额"全值""多环节、阶梯式"征税的特征，这导致了严重的重复征税问题，不利于专业化分工的发展。如果说在高度集中的计划经济体制下，企业没有自主权，税收只是计划价格体系的辅助工具，因此重复征税对计划经济体制运行的影响还不突出的话，那么在有计划的商品经济阶段，企业作为相对独立的商品生产者，需要在经营中"自负盈亏"，多环节、全值征收的流转税重复征税的弊端就日益严重。这一时期对重复征税问题的深入研究与对国外增值税制度的介绍和引进对我国流转税制的优化起到了非常重要的作用。

从 1980 年开始，时任财政部税政司司长韩绍初等陆续在《经济管理》《财贸报》《财政及财政研究资料》等报纸杂志上发表研究性文章，介绍国外增值税及其实施情况，研究"工商税"存在的重复征税因素和如何消除重复征税的途径，探索运用增值税的经验，部分排除我国重复征税的可行性。这些研究受到企业界和社会舆论的

---

① 参见杜萌昆《对"七五"期间税制改革若干问题的争论》，《税务研究增刊》1986 年第 21 期。

重视并直接推动了增值税的试点。① 此后，国内学术界对国外增值税的介绍和借鉴不断深入，增值税改革试点的行业范围也在逐步扩大，这为 1994 年的增值税改革奠定了理论基础。

四 对税制模式和主体税种的讨论

随着税制改革的逐步推进，我国初步形成了复合税制体系，这一时期理论界开始重视对税制模式和主体税种这一重大问题的研究。当时提出的模式主要有五种：以产品税为主体的税制模式；以所得税为主体的税制模式；流转税和所得税并重的"双主体"的税制模式；以资源税费为主体的税制模式；资源税、流转税和所得税"三主体"并重的税制模式。② 在围绕上述模式的讨论中，形成了以下比较重要或有特色的学术成果：

一是对产品税是否能作为未来主体税种的研究揭示了产品税率复杂、重复征税的弊端，也对当时产品税、增值税、营业税三个流转税并立造成的在税法解释、征收范围划分、征收管理、出口退税等方面的问题进行了比较深入的分析。以此为基础，通过对比分析和借鉴国际经验，逐步形成并深化了对流转税运行规律和特征的认识，为 1994 年税制改革中增值税的推广奠定了理论基础。

二是注重总结世界各国税制发展的趋势，研究了税制模式和主体税种在世界范围内的演变趋势，指出从以间接税为主体向以直接税为主体转化是税制模式演变的一般规律。

三是从中国具体国情出发，强调税制要与经济发展阶段相适应，指出西方国家以所得税为主体的税制模式对企业管理、经济核算水平和税收征管能力的依赖，提出税制应逐步完善，现阶段应采取

---

① 刘克崮、贾康主编：《中国财税改革三十年亲历与回顾》，经济科学出版社 2008 年版，第 123 页。

② 杜萌昆：《对"七五"期间税制改革若干问题的争论》，《税务研究增刊》1986 年第 21 期。

"双主体"的税制模式。

四是以资源税费为主体税种的学术观点具有比较鲜明的特色。建立以资源税费为主、所得税为辅的生产领域直接税制，初步实现生产领域无流转税的主张尽管存在着诸多可行性问题，但考虑到我国土地、矿产资源的国有性质和市场经济条件下税收"中性"的要求，对资源税费的重视和生产领域无流转税的思想具有一定的创新性和启发性。

第二节 国营企业改革与利税关系

1978年党的十一届三中全会提出，"现在我国经济管理体制的一个严重缺点是权力过于集中，应该有领导地大胆下放，让地方和工农业企业在国家统一计划的指导下有更多的经营管理自主权"[①]。在这一精神指导下开始进行国营企业放权让利改革，而随着有计划商品经济理论的发展，确立了国营企业相对独立的商品生产者的地位，以此为基础，国家与国营企业财政关系的研究在这一时期财政收入理论中占有特别重要的地位。

一 国家与国营企业的财政关系

有计划的商品经济要求国营企业作为商品生产者具有相对的独立性，而这涉及社会主义公有制的具体实现形式问题。国营企业的自主权建立在对生产资料所有权、支配权和使用权（经营权）分离的基础上，即国家掌握所有权，并在国家统一领导下，可以将一定的经营权下放给企业，使企业成为相对独立的经济实体。

企业作为相对独立的商品生产者就要具有参与市场竞争的自主

---

① 《中国共产党第十一届中央委员会第三次全体会议公报》，http://cpc.people.com.cn/GB/64162/64168/64563/65371/4441902.html。

权,承担"自负盈亏"的责任。在商品定价机制逐步放开后,计划经济时期"行政性分权"框架下以利润留成为主要手段,以激励国营企业积极性为目标的国家和国营企业财政关系调整,再也无法适应有计划商品经济的要求。因此,以相对统一和稳定的所得税替代利润上缴,从而建立公平竞争的市场环境就成为这一时期国家与国营企业财政关系调整的重点。

改变统收统支,逐步使企业独立自主、自负盈亏——也就是打破企业吃国家的"大锅饭",成为当时国营企业改革的重点。在这方面,企业希望上缴给国家的利润能有一个限度,有一个固定的章法,以保护企业的利益和积极性。经过数年的酝酿与探索,终于形成"利改税"的概念。这个概念就是由企业向国家上缴利润改为向国家上缴税金。"上税"就要有一个固定的"率",即税率,用税率来约束政府与企业的行为,固定上缴的比例,这就形成1983年、1984年两步"利改税"的税制改革。[①]

二 利税关系对"两步利改税"和承包经营责任制的影响

1983年和1984年分两步实施的利改税,是在有计划的商品经济背景下规范国家与国营企业之间财政关系的重要改革,将国营企业上缴利润改为按照规定的税率和税额缴纳税收,税后利润归企业支配。这项改革把国家与国营企业的分配关系通过税收的形式相对固定下来,税后利润则归企业支配,而这为企业"自负盈亏"、成为相对独立商品生产者奠定了财政制度基础。

通过利改税建立起来的新税制初步形成了以流转税和所得税为主体的复合税制体系,税收成为财政收入的主要形式,也成为调节经济运行的有力工具,为后续的税制建设和改革奠定了坚实的基础。

从财政收入理论发展的角度看,利改税的一大贡献在于突破了社会主义公有制"非税论"的束缚,突破了长期以来对国营企业不

[①] 王书瑶:《赋税导论(简本)》,中国税务出版社2008年版,第5页。

应征收所得税的理论禁区。

但是，在当时的历史条件下，受到价格改革等其他领域配套改革不到位的约束以及对市场经济理论认识的局限，从税收理论来看，利改税无疑混淆了政府的所有者身份和税收管理者的身份，进而混淆了所有者权力和政治权力，从而模糊了利润和税收的边界，这就导致了第二步利改税的完全以税代利。[①]

由于忽视了税、利之间这种性质界限，而只是从上缴形式的固定不固定来区别税收和利润上缴；因此，当时就出现一种国家和国营企业的关系只应是一元化的税收固定关系的论调。利改税试图以税收全部取代利润上缴，但是在实践中除推行高税率的所得税外，由于统一的所得税不能全部集中企业应上缴的利润，又设立了名实不符的"国营企业利润调节税"，即税收是名，利润上缴是实。

这种新的税、利不分，形式上似乎是强调了税收，实质上却隐藏着"非税论"重新抬头的契机。正是由于在理论上利税关系认识的混乱，到1987年在企业推行承包经营责任制后，把所得税也当作利润上缴包括在承包基数范围之内，实际上又把税转化为非税。尽管税务部门可以按税法规定征收所得税，但从国家和国营企业的分配关系看，最后界限是承包基数，所得税徒有其名，并不起真正的税收作用。税收作为强制性征收形式，本来对企业的预算约束和监督是刚性的，但是在税前承包的情况下，税收的这种作用被大大削弱甚至是消失了。从这个意义上说，税前承包实质上也可以说是对利改税的否定，是"非税论"在新形势下的回归[②]。

三　政企职责分开、两权分离与"税利分流"

通过对"利改税"和承包经营责任制实践的总结研究，理论界

[①] 陈光焱：《中国财政通史第十卷：中华人民共和国财政史》（下），湖南人民出版社2015年版，第123页。

[②] 刘志城：《社会主义税收理论若干问题》，中国财政经济出版社1992年版，第42页。

对国家与国营企业关系的认识也逐步深化,在国企改革领域明确提出了政企职责分开、所有权和经营权适当分离的改革主张,而在财政收入理论方面,相应提出了税利分流的改革思路。

"税利分流"改革的理论基础是对政府的社会管理者职能和国有资产所有者职能的明确区分,认为国家税收是政府作为社会管理者获取财政收入和参与国民收入分配的实现形式,利润则是政府作为国有资产所有者权利的实现形式。"税利分流"的主要特征是:国家先以社会管理者的身份依法对企业利润征收所得税,然后依据所有者的身份参与企业税后利润分配。而国家作为社会管理者,要对所有企业一视同仁,实行统一的所得税制度,国营企业和其他类型企业一样承担缴纳所得税的义务。这有利于为不同类型企业平等竞争创造良好的税制环境,从而有力地推动了以明晰产权、规范竞争为目标的市场取向的改革。

在实践中,1987年财政部结合承包经营责任制的推行,提出了实施税利分流改革的设想,把国家和国营企业的利润分配关系概括为"税利分流、税后还贷、税后承包",即把国营企业上缴给国家的利润分解为两个层次:第一个层次是,国营企业实现的利润,先以所得税的形式上缴国家;第二个层次是,企业税后利润的一部分以利润形式上缴国家,税后利润的其余部分留归企业自主使用。固定资产投资借款改为由企业用税后留用利润、固定资产折旧及其他可以用于生产发展的、企业自主使用的资金归还。在适当降低国营企业所得税税率的基础上,将当时大中型企业55%的比例税率和小型企业的八级超额累进税率统一改为35%的比例税率,取消了调节税。①

建立在对国家作为社会管理者和国有资产所有者职能区分基础上提出的"税利分流"理论是我国经济体制改革进程中财政收入理论的重大进展。这一理论比较彻底地摆脱了计划经济体制下"非税

---

① 谢旭人主编:《中国财政60年》(上卷),第287—288页。

论"的束缚，不仅有利于理顺政企关系，推动"国营企业"转变为"国有企业"，同时也为社会主义市场经济条件下财政收入理论的发展奠定了基础，这主要体现在两个方面：一是"税利分流"后的税制建设的方向逐步明确为要为不同所有制企业公平竞争奠定税制基础。二是在理论上达成了国有企业应当在履行纳税义务后向国家上缴利润的共识。这为2007年我国最终建立国有资本经营预算制度在理论认识上创造了先决条件。

第三节 农民税费负担与预算外收入的理论探讨

党的十一届三中全会后，随着经济体制改革的推进和有计划商品经济的逐步确立，我国的经济体制和经济运行发生了重大变化。这一时期，除国营企业改革和相应的财政收入分配制度改革外，对财政收入影响最大的改革还有两个领域：一是随着农村家庭联产承包责任制和价格改革的推进，传统计划经济体制下政府与农民的分配体制发生了根本性的变革；二是从分配领域入手的经济体制改革是"放权让利"为主要措施的，通过"放权让利"激发各方面的改革积极性，提高被传统经济体制窒息的国民经济活力。[①]

同时，在改革开放的初期，由于理论和实践中对政府与企业、政府与市场关系的认识并不清晰，单纯以"放权让利"为指导的改革思路一方面造成了在国家与企业和个人分配关系上，国民收入过多向单位和个人倾斜，财税体制的收入功能逐渐减弱；另一方面，在财力紧张的背景下，各政府部门、机构被允许采用各种方式创收，由此直接助长了部门利益的膨胀，导致各种预算外收入和非税收入泛滥。

[①] 高培勇主编：《共和国财税60年》，人民出版社2009年版，第4页。

一 对农民税费负担成因的研究

在计划经济时期，农村税费是由集体经济组织缴纳的，即以生产队为单位缴纳农业税及其附加和"管理费"。在实行家庭联产承包责任制后，原来由集体缴纳的税费变为按户缴纳，农民的直接负担包括农业税及其附加、集体收取的"三提五统"、"两工"（劳动积累工和义务工），还有以"三乱"（各种摊派、集资、罚款和捐献等）形式存在的各种不规范收费。

随着农村家庭联产承包责任制的实行和人民公社的逐步解体，为筹集县乡政府履行职能和提供农村公共服务的资金，农村收费日益增加。尽管中央三令五申要减轻农民负担，但农民的负担却与日俱增，社会各界对农民负担加重达成了基本共识。

这一时期关于农民税费负担加重原因的研究归纳起来，主要是以下几种观点：一是"搭车收费说"，认为农民负担加重的主要原因是地方政府和农村干部的权力缺乏约束。在集体缺乏相应的收入来源时，地方干部通过设立各种收费名目攫取财富，来完成上级任务和养活自己。二是"收入来源说"，认为中西部地区由于没有乡镇企业的发展，集体经济日益衰落，其结果就是地方干部将各种支出转嫁到农民头上。三是"机构臃肿说"，这种观点认为农民负担加重的主要原因在于县、乡、村三级的冗员太多，机构臃肿而且效率低下，使地方财政陷入"吃饭财政"的困境；冗员太多形成人多收钱多、收钱养人的恶性循环。四是农民负担加重的根本原因在于县乡财政体制不能适应地区经济发展形势和经济结构的变化，在 1994 年实行分税制之后，县乡财政收支结构的僵化成为农民负担加重的根本原因[①]。其中，主导性的观点是将税费泛滥和农民负担增加的原因归咎于财政体制和行政管理体制的改革滞后。这一观点涵盖了除"搭车

---

① 参见陈锡文主编《中国农村公共财政制度》，中国发展出版社 2005 年版；陈锡文主编《中国县乡财政与农民增收问题研究》，山西经济出版社 2003 年版。

收费说"之外的所有观点。

在农村税费负担加重成因认识上的分歧源自税费负担增长的复杂性。随着对这一问题讨论的深入，越来越多的研究开始围绕城乡关系、基本公共服务支出中各级政府之间的事权和财力划分、农民和社会对基层政府的监督约束机制等问题展开。这些研究不仅直接推动了以减轻农民负担为直接目标的农村税费改革，也推进了城乡公共服务均等化、中央与地方关系等相关研究的深化。

二　对预算外收入的研究

随着"放权让利""分级包干"等改革政策的实施，地方政府和国有企业的自主财权得到扩大，原有的财政筹集收入的能力被削弱，各级政府纷纷采取筹集预算外资金的方式弥补自身财力的不足。1980 年，《中共中央、国务院关于节约非生产性开支、反对浪费的通知》规定："一切有条件组织收入的事业单位，都要积极挖掘潜力，从扩大服务项目中合理地组织收入，以解决经费不足的问题。"这一规定使得行政事业单位收费大大增加，导致了预算外收入的快速膨胀。此外，农村家庭联产承包责任制的实行和人民公社解体后，农村收费的日益增加形成了预算外资金膨胀的另一个重要来源[①]。

1986 年国务院发布了《关于加强预算外资金管理的通知》，明确规定预算外资金的范围和管理体制。其中规定，预算外资金在所有权不变、资金使用权不变、资金收支渠道不变的前提下，实行同级财政专户存、计划管理、财政审批和银行监督的管理办法。这一时期，财政研究工作者基于调研，已提出和讨论"常州经验""广州经验"为代表的预算外资金管理模式，并形成不少研究成果，如贾康在 1984 年总结"常州经验"的基础上，于 1986 年和徐亚平合作提出了"预算外资金的宏观管理思路"，成为 20 世纪 90 年代之后"三而二，二而一"推进思路的初期框架。

[①] 谢旭人主编：《中国财政 60 年》（上卷），第 332 页。

进入 20 世纪 90 年代，各种预算外、制度外资金，已经形成了政府收支三分天下的格局，预算内、预算外和制度外收支大致相当。政府收入的多元化和非规范化成为体制改革的障碍。政府开始重视收费问题，并开展了大规模的治理行动。1990 年，中共中央和国务院发布《关于坚决制止乱收费、乱罚款和各种乱摊派的决定》，在全国范围内开展了治理"三乱"的工作。1990—1993 年，政府关于治理"三乱"工作的文件密集出台，全国掀起了治理"三乱"的热潮。1991 年，国务院调整了收费管理权限，将收费审批权集中到中央和省两级，由财政部门和物价部门联合审批。尽管政府部门每次治理都会有大量的收费、基金、罚没等项目被取消，符合政策的项目纳入预算管理或者专户管理，但每次清理整顿之后，"三乱"又会产生，从而形成"治理—乱—治理"的恶性循环。[①]

这一时期，对预算外收入的膨胀及其导致的税费关系混乱的研究主要有以下三种具有代表性的观点。一是认为转轨时期国民收入分配机制不规范形成了非规范的政府收入的膨胀，导致税收的缺位和非税收入的越位；二是认为转轨时期政府收入多元化格局的原因在于改革以来公共需要的增长（历史欠账需要还），分权化改革带来了事权的财权化和各级政府相互博弈的体制，以及正税流失迫使政府收费和本位利益驱动部门收费；三是认为转轨时期市场、技术和体系的转变较大，模糊了公共品和私人品的边界，导致了费的扩张。四是认为地方政府的正式收入不足迫使地方政府在制度外寻找出路，产生非规范的收费行为[②]。

对预算外收入和税费关系的研究一直延续到 1992 年后相当长的时期。在建立社会主义市场经济目标确立后，这一领域的研究逐步

---

① 陈光焱：《中国财政通史第十卷：中华人民共和国财政史》（下），湖南人民出版社 2015 年版，第 184—185 页。

② 高培勇主编：《"费改税"：经济学界如是说》经济科学出版社 1999 年版；贾康主编：《税费改革研究文集》，经济科学出版社 2001 年版；高培勇主编：《中国税费改革问题研究》，经济科学出版社 2004 年版。

深入到对各级政府及各政府部门利用权力获取收入的方式及其预算控制和监督的层面，这些研究直接推动了日后市场经济条件下税收法治和全口径预算管理从理论到实践的发展。[①]

---

① 1992年后对税费关系的相关研究进展参见本书第十五章的相关内容。

第 十 章

改革开放起步时期的财政支出理论

党的十一届三中全会作出了改革开放的决定，中国开启了从传统计划经济体制向社会主义市场经济体制转型的伟大征程。市场经济体制改革的过程就是不断发挥市场在资源配置中功能和作用的过程，不断明晰政府和市场关系的过程。在此过程中，指令性计划在资源配置中的功能和作用不断弱化，要求建立一套与市场经济体制相适应的财政支出制度体系。然而，市场经济体制转型不是一蹴而就的，它必然会经历一个从无到有、从不完善到完善的过程。改革开放起步后，在建立社会主义市场经济体制过程中，财政支出的功能和作用也在不断变化。如果以1992年10月党的十四大提出"建立和完善社会主义市场经济体制"目标为分界线，改革开放至党的十四大可以称为改革开放的起步时期。改革开放的起步时期的财政支出具有过渡性特征，但是尚未形成成型的制度体系。随着社会主义市场经济体制的不断完善，财政支出制度也在不断走向成熟。

第一节　财政职能变化决定财政支出范围收缩调整

在这个时期的不同阶段，党提出了市场经济体制改革的不同目标：1982年9月召开的党的十二大提出"计划经济为主，市场调节为辅"原则，1984年10月召开的党的十二届三中全会提出"有计划的商品经济"的改革目标，1987年10月召开的党的十三大提出"必须以公有制为主体，大力发展有计划的商品经济"。在市场经济体制改革不同时期，财政职能的范围和结构也在作不断调整，财政支出范围和边界随着财政职能的变化而发生改变，中央和地方政府间，传统计划经济体制下"统支"的财政支出格局逐渐发生变化。改革开放启动之后，财政职能进一步调整、优化，出现了"三职能论"和"四职能论"。相应地，财政支出从"生产建设型"财政逐渐转型，财政支出的逻辑遵循着"社会主义市场经济体制—财政职能—财政支出"这个基本线索不断变革。

1980年，叶振鹏和邓子基分别提出了财政职能的"三职能论"[①]和"四职能论"[②]。其中，"三职能"为分配、调节、监督，"四职能"为筹集资金、供应资金、调节经济和反映监督。分别来看，在"三职能论"中：分配职能表现为国家通过财政对部分社会产品和国民收入进行分配和再分配，将部分国民收入集中起来，有计划地分配财政资金，满足国家建设和人民生活需要。调节职能表现为财政收支可以对国民收入分配进行综合调节，改变不同社会成员在分配

[①] 详细分析参见叶振鹏《社会主义财政在社会再生产中的地位和职能作用》，《财政研究》1980年第Z1期。

[②] 张馨、杨志勇、郝联峰、袁东：《当代财政与财政学主流》，东北财经大学出版社2000年版，第349页。

中的份额,调解社会主义分配关系,更加促进生产关系和分配关系的不断完善。监督职能表现为国家对社会产品的生产和消费实施全面计算和监督,监督范围涵盖社会生产、固定资产的再生产、国民经济发展的规模速度和各种比例关系等。在"四职能论"中,区分了职能和作用两个概念,前者是事物的固有功能,后者是事物在实际生活中的表现或效果。

财政职能的变化引发了对一些基本问题的争论,比如财政是否具有生产建设职能等。当然,财政支出在促进生产建设领域仍然发挥着重要的功能和作用,但是这种功能和作用是建立在社会主义市场经济体制基础之上,而不是建立在传统计划经济体制下政府和企业不分、财政支出大包大揽的局面之上。财政职能的变化引发了财政支出范围的变化,政府开始大规模退出"直接生产"领域,原来由财政支出全面负担的社会生产建设资金,不断转变为企业、银行等市场主体承担。这是一个根本性变化,财政支出范围从包揽一切,逐渐被划定在提供公共产品和公共服务、弥补市场失灵的范围内。

首先,在改变基本建设投资的方式上作了改革,实行"拨改贷"。自新中国成立以来到改革开放之前接近三十年的时间内,在基本建设支出方面,对建设单位一直采取财政拨款的方式,建设单位无偿使用财政资金。然而,这种无偿使用资金的方式不符合市场经济体制自主经营、自负盈亏的基本原则,也助长了各个地区、各个部门、各个建设单位盲目争投资、争项目,不利于从根本上优化财政支出在支持基本建设领域方面的效率原则。改革开放后,国家重新确立了基本建设规模必须同国家的财力、物力相适应的原则,通过加强基本建设投资管理,适当控制和压缩规模。王丙乾(2009)指出,整个"六五"期间,国家预算内的基本建设投资年增长速度,基本控制在 10%—25%,未出现大起大落,投资效益也比较好[①]。

---

① 王丙乾:《中国财政 60 年:回顾与思考》,中国财政经济出版社 2009 年版。

从 1985 年起，凡是由国家预算安排的基本建设投资全部由财政拨款改为银行贷款，与之配套，中央政府又探索和改革预算内财政投资管理体制。1988 年 7 月 16 日，国家计委发布《国家基本建设基金管理办法》，随后建立了中央基本建设基金，国务院批准设立了能源、交通、原材料、机电轻纺、农业、林业六个专业投资公司，分别经营本领域的基本建设投资项目。

其次，财政支出更好地服务于党和国家的中心工作，更好地促进国民经济健康发展，对改革形成基础支撑作用。党的十一届三中全会之后，财政支出的重点全面转向支持"以经济建设为中心"这个基本路线。为了更好地激发建立市场经济体制、激发微观主体的积极性，财政支出对不同时期的改革形成支持作用。正如高培勇（2018）指出："在与其他领域改革的配合上，给予'财力保障'。以大量和各种类型的财政支出铺路，配合并支撑了价格、工资、科技、教育等相关领域的改革举措的出台。"[①] 比如，为了更好地促进国有企业改革、有力保障价格改革顺利实施，这个时期加大了针对国有企业的亏损补贴力度，加强了对国有企业的挖潜改造的支持，等等。这些财政支出措施均在当时发挥了重要作用。同时，这个时期的财政支出也开始被运用于调节宏观经济运行，无论是改革开放之初提出的"调整、改革、整顿、提高"的方针，还是在之后多次出现的经济过热的情况下，财政支出在促进宏观经济稳定方面发挥的作用越来越重要。财政支出事实上已经成为调控经济的重要手段，积极财政政策的"雏形"在不断形成。

虽然这个时期开始了向社会主义市场经济体制转型的改革尝试，财政职能的变化开始有了向市场经济体制转型的趋势和倾向，但是改革仍然处于起步时期，各项财政职能和财政支出安排仍然带有一

[①] 高培勇：《中国财税改革 40 年：基本轨迹、基本经验和基本规律》，《经济研究》2018 年第 3 期。

定程度的计划经济色彩。即使财政支出的范围和边界正在按照市场经济体制来进行调整，但这些调整也还没有从根本上进入制度化、规范化的轨道。

第二节 财政支出原则逐渐对接市场经济体制

传统计划经济体制条件下，财政支出的基本原则是以收定支、财政平衡。社会产品生产的全过程被国家所控制，财政收支的规模取决于社会剩余产品的规模，一旦出现财政赤字，意味着政府和居民部门之外又增加了部分产品的分配，形成超分配（戴园晨，2002）。而改革开放之后，随着市场经济体制改革的启动和不断深化，理论和实践层面对财政赤字的看法也发生了变化，作为满足公共需要的物质手段的财政支出开始引领财政收入，其原则也转变为以支定收。与此同时，财政支出开始发挥宏观调控的功能和作用，为后来我国应对区域性或全球性金融危机奠定了良好的基础。

1979年4月，中共中央召开工作会议，通过了《关于国民经济调整问题》的报告，决定从1979年起用三年时间对国民经济进行"调整、改革、整顿、提高"；同时也要求财政支出既要更好地促进经济结构的调整和发展，又要确保财政平衡。1984年10月，党的十二届三中全会通过《中共中央关于经济体制改革的决定》，指出：越是搞活经济，越要重视宏观调节，越要善于在及时掌握经济动态的基础上综合运用价格、税收、信贷等经济杠杆，以利于调节社会供应总量和需求总量、积累和消费等重大比例关系，调节财力、物力和人力的流向，调节产业结构和生产力的布局，调节市场供求，调节对外经济往来，等等。这些都是改革开放初期，财政支出理论研究何处去的现实起点。

理论研究的现实起点还有当时的财政支出状况。由于这一阶段国家用于调整价格、增加工资、扩大就业等提高人民生活方面的开支增加较多，而国内基本建设开支尽管做了压缩，但不可能一下子调整过来，战线仍然过长，决算比预算超出了53亿元[①]。这个财政支出缺口最终是以发行国债弥补的。1981年1月，国务院常务会议通过《中华人民共和国国库券条例》，明确提出"国库券筹集的资金，由国务院根据国民经济发展和综合平衡的需要，统一安排使用"。这是对传统财政平衡原则的重要突破，表明当时决策者对财政平衡的理解开始发生变化，更加注重发挥财政支出在国民经济结构中的调控作用。至此，政府债务便成为财政支出领域的重要制度安排。与此同时，理论界对财政赤字也有了全新的认识，从不接受、不认可到全面研究、充分利用。这与市场经济体制改革进程直接相关，随着有计划的商品经济改革进程不断深入，财政的调节职能得到强化，财政支出作为调节国民经济平衡的手段，客观上需要借助于赤字和债务发挥作用。正如张馨指出，当政府既要干预经济，又不能直接而只能间接干预经济之时，财政赤字是有其用武之地的。[②]

与传统计划经济体制相比，虽然这个时期的财政支出原则发生了根本性变化，财政支出从直接进行社会产品生产的手段转向了调节经济结构、进行资源配置的工具；但是由于处于经济体制转轨的特殊阶段，决定了财政支出制度离市场经济意义上的公共化仍然有着距离，尚未建立起规范化、制度化的调控机制。财政支出如何兼顾分配功能和调控功能仍然是一个重要问题。

[①] 时任财政部长王丙乾1980年8月30日在第五届全国人民代表大会第三次会议上所作《关于1979年国家决算、1980年国家预算草案和1981年国家概算的报告》，人民网，http://www.people.com.cn/item/lianghui/zlhb/rd/5jie/newfiles/c1200.html。

[②] 张馨：《财政·计划·市场——中西财政比较与借鉴》，中国财政经济出版社1993年版。

第三节　财政支出结构的调整

这一时期，理论界力求在如何优化财政支出结构问题上给出答案。一方面压缩、优化基本建设投资，一方面加大对基础产业的支持力度，支持社会经济转型，一方面，健全财政支出的调控功能，使之制度化、规范化。

改革开放之后，各级政府针对经济体制改革的各个重点领域分别加力，形成了具有这个时期特色的财政支出结构。比如，在"三农"领域，农村联产承包责任制的先行先试和推广成为改革的重要突破点，彻底释放了生产力，相应的，财政加大了对农田水利基础设施的投入。再比如，改革开放之后，扶贫和社会保障事业也成为财政着重加强的领域。与此同时，财政还要支持国有企业改革，支持教育、科学、文化、体育等领域的改革，等等。这正是随着经济体制改革的不断深入，政府职能不断转换的必然结果。

财政支出结构是建立在对财政支出分类基础上的，通过对财政支出项目进行类别划分，可以全面、准确、清晰地反映政府职能的范围和结构，还能够反映出政府职能的重点，并根据社会经济运行的实际需要来进行调整，这也是财政预算支出管理的一项基本工作，与政府预算的科学化、规范化紧密相关。财政支出在类别上有用于基础设施建设和财政投资性支出，用于满足人民群众物质文化需要的相关支出，用于保障人民群众的基本生存权利，用于支持重点领域的改革和发展的补贴性支出。

这一时期，我国的财政支出分类科目体系的划分仍然沿用改革开放之前的划分标准，带有浓重的计划经济体制色彩。例如，基本建设支出、企业挖潜改造支出、科技三项费用、流动资金这些科目仍然带有传统计划经济体制下政府包揽企业支出的职能定位，严格意义上来说无法反映政府在提供公共服务和公共产品方面的职能。

总体来看，这一时期是按照政府支出的性质来分成类、款、项三级支出科目，包括基本建设支出、企业挖潜改造资金、地质勘探费、科技三项费用、流动资金、农林水等事业支出、文教科学卫生事业费、国防费、行政管理费、政策性补贴支出等。在三级科目之下还设置了"目级"科目，比如办公费、基本工资、福利费等，用于反映每一项财政支出的具体支出方向。这种分类方式能够让财政部门更好地区分不同支出性质，并将财政支出区分为生产性支出和非生产性支出两种类型，分析社会产品用于积累和消费的比例。随着经济体制改革的不断深入，财政支出科目和支出结构也在不断调整，换句话说，财政支出结构的变化始终与经济体制改革的进程相适应。从整个财政支出结构的演变趋势来看，财政在基本建设投资领域的比重不断下降，比如基本建设拨款，与此同时，财政公共服务的职能更加强化，比如自20世纪80年代以后，我们相继完善了教育、医疗卫生、社会保障、扶贫等领域的职能体系，财政支出在全面支持这些事业发展方面发挥了重要的保障作用。

在理论研究中，学者们发现，当时的财政支出结构有以下特征：一是财政支出的分类具有较强的过渡性色彩。这是由于经济体制转轨这一特殊的经济社会发展阶段决定的，改革的渐进性决定了政府职能和财政支出的范围也会有较强的过渡性，支出分类也不可能一步到位。直到后来社会主义市场经济体制完善之后，整个财政支出范围才有了质的改变。二是仍然无法清晰地反映各级政府职能活动的具体情况。当时财政支出分类往往按照支出性质来分类，但是无法清晰地看出政府支出在不同公共服务领域的资源配置情况，比如教育、医疗卫生、科技、农业等重点公共服务领域的支出都散见于不同支出类别下，无法形成统一的财政支出口径，造成"外行看不懂，内行说不清"的局面。三是当时的财政支出分类仍然不是"全口径"的。转移支付、债务、非税收收入形成的财政支出未包含在其中，难以形成一个全口径的财政支出体系。这也和当时的财政支出管理水平有着很大相关性。四是当时的财政支出分类口径难以与国际通行口径对接，对经济核算体系的国际比较带来了一定困难。由于发展阶段限制，财政支出分类与国际通行口径存在非常大的区别，导致在进行国际比较时，还需要做大量的口径转换工作，影响了工作效率。五是这个时期的支出口径仍然有进一步改革的空间和可能性。这些问题，也成为 2007 年政府收支分类改革的重要动因。

第四节 "分灶吃饭"下的财政支出体制：中国财政分权的理论探索

理论界还关注到，这一时期的财政支出结构随体制变革和政府间财政关系的调整而变。1978 年 12 月，邓小平在中共中央工作会议上作了题为《解放思想，实事求是，团结一致向前看》的报告。他在报告明确提出了"先富"和"共同富裕"的理论构想，指出："在经济政策上，我认为要允许一部分地区、一部分企业、一部分工人农民，由于辛勤努力成绩大而收入先多一些，生活先好起来。一部分人生活先好起来，就必然产生极大的示范力量，影响左邻右舍，带动其他地区、其他单位的人们向他们学习。这样，就会使整个国民经济不断地波浪式地向前发展，使全国各族人民都能比较快地富裕起来。"[①] 在"先富"和"共同富裕"理论的指导下，中国实施了"梯度发展战略"，改革自东向西依次展开，首先在东南沿海地区划定了特区、开放城市等若干特殊区域，实行先行先试的优惠政策，作为推动市场取向改革的重要载体和平台。这样一来，中央财政对经济特区、沿海开放城市和经济技术开发区等特殊区域给予基础设施支出等方面的支持、照顾。理论界也更为注重从财政支出的角度分析政府间财政关系。

计划经济时期的财政支出权力高度集中统一在中央政府，地方

---

① 《邓小平文选》第二卷，人民出版社 1994 年版，第 152 页。

政府只是中央制订的国民经济计划的执行者,地方财政收入与财政支出之间关联性弱,中央、地方政府分吃"大锅饭",难以发挥地方的积极性。改革开放以后,为了激发地方政府的积极性,中央开始向地方放权。从财政支出的角度看,放权的过程也是"分工"的过程,而分工是人类社会发展进程中经济效率改进的重要来源。事实上,很多党的理论家早就注意到这一问题。例如,毛泽东同志在《论十大关系》中明确提出:"中央和地方的关系也是一个矛盾。……应当在巩固中央统一领导的前提下,扩大一点地方的权力,给地方更多的独立性,让地方办更多的事情。……有中央和地方两个积极性,比只有一个积极性好得多。"① 改革开放初期,邓小平同志提出"杀出一条血路来",这条血路在宏观层面率先从财政体制领域实现突破。

于是,打破"大锅饭",实施"分灶吃饭",成为财政体制领域的重大突破。自 1980 年开始,我国开始中央和地方政府之间财政分配体制的重大改革。从此,中央政府和地方政府开始明晰各自的财政支出责任。1980 年 2 月 1 日,国务院出台《关于实行"划分收支、分级包干"的财政管理体制的规定》(国发〔1980〕33 号),文件决定:按照经济管理体制规定的隶属关系,明确划分中央和地方财政的收支范围。"分灶吃饭"分三种情况:一是对广东、福建两省实行"划分收支、定额上交,五年不变"的办法;二是对四川、陕西等 15 个地区实行"划分收支、分级包干,五年不变"的办法;三是对内蒙古等 8 个多民族省级行政区,继续实行 1963 年国务院制定的民族自治地区的财政体制。

建立"分灶吃饭"的财政支出体制为财政分权提供了丰富的理论素材和实践经验,为激发地方政府发展经济的积极性提供动力机制,也为未来建立分税制财政体制作了分权取向上先行先试的探索。之后,中央政府又不断完善"分灶吃饭"的财政体制。1985 年 3

---

① 《毛泽东著作选读》(下册),人民出版社 1986 年版,第 729 页。

月，国务院颁布《关于实行"划分税种、核定收支、分级包干"财政管理体制的规定的通知》，目标是进一步明确各级财政的权责关系，让中央政府和地方政府发挥积极性进入一个更加规范化、制度化的轨道。1988年又开始实施财政大包干体制。1988—1990年，中央政府对包干办法作了修正和补充，对不同省级行政区，分别实行收入递增包干、总额分成、总额分成加增长分成、上解递增包干、定额上解、定额补助六种类型的包干办法。

"分灶吃饭"让地方政府成为一个独立主体，拥有自身的收支权限，特别是明确划分各级政府支出范围，有利于各地方因地制宜来发展生产、做大经济总量。它改变了社会产品的分配方式。正如王丙乾同志指出，财力的分配由"条条"为主改为"块块"为主，并增强了体制的稳定性、透明度。[①]

财政学界评价财政体制的"分灶吃饭"改革，一个重要的积极效果就是极大地激发了地方政府积极发展经济、做大经济总量、促进社会经济发展可持续性的积极性，让各级地方政府积极作为。另外，分权化改革成为推动传统农业社会向现代工业社会转型的重要动力机制，在此过程中，地方政府为了更好地发展经济，在支出结构上更加向经济建设领域倾斜，特别是在经济发展初期，向基础设施建设倾斜。正是在财政支出的引导作用下，较为成功地培育和发展了区域经济，充分利用了劳动力成本低的比较优势。比如，财政支出支持做大本地乡镇企业、吸引外资，推动了区域工业化进程，成功地增加了就业，让梯度发展战略成为可能。

财政学界还特别分析了"分灶吃饭"中包含的委托—代理关系，原来的由中央集中统筹的财政支出格局被分级政府支出替代。中央政府确定了现代化转型目标，并作为委托者来委托地方政府具体执行；同时中央政府建立了针对地方政府的政绩考核体系。可以说，

[①] 王丙乾：《中国财政60年：回顾与思考》，中国财政经济出版社2009年版，第245页。

"分灶吃饭"财政体制的"放权让利"既让地方政府有了独立的发展目标，又让地方政府有了实现发展目标的财政支出能力。正确发挥地方政府积极性，成为有效发挥政府职能的重要方面。反过来说，如果地方政府行为出现激励不相容的问题，那么会影响中央政府调控的有效性。

当然，这种"分灶吃饭"财政体制也有强烈的过渡色彩，尚未形成一套制度化的体系。由于改革是"摸着石头过河"，缺乏经验，实施的过程中出现的一些问题又涉及财政收入领域。学者们在研究中发现有两个问题尤为突出：一是地方保护主义问题。部分地方政府官员盲目追求所谓的政绩，同时带来了市场分割和地方保护主义的问题，比如各个地区都在重复建设小烟厂、小酒厂等。二是地方政府倾向于支持藏匿"税基"，从而能更好地将财政能力留在了本区域，导致"两个比重"不断下降。

第十一章

改革开放起步时期的政府间财政关系理论

改革开放初期关于政府间财政关系的研究大多是针对中央财政困难而寻求体制原因,对当时频繁调整的"分灶吃饭"财政管理体制进行评价、分析和建议,并开始将"分级财政"作为财政体制改革理顺央地财政关系的目标模式进行系统阐释,以及从学理上探讨中央对地方财政的干预及不同干预方式的效应。

第一节 适应有计划的商品经济发展需要的政府间财政关系理论

发展有计划的商品经济是这一时期经济体制改革的主线索。其他相关改革均沿着这一线索进行,政府间财政关系领域的改革也一样。在理论上,王绍飞提出实行分级财政是商品经济客观发展的需要,也是解决当时财政困难的唯一出路,而此前的财政体制改革对商品经济中财政运行机制的特点缺乏认识[①]。这也为当时政府间财政

---

① 王绍飞:《中央和地方财政关系的目标模式》,《财贸经济》1988年第6期。

关系理论发展确定了方向。

一 对财政困难形势的判断

经过改革开放初期财政体制的改革，我国财政走了一条放权、减税、让利、分散的路子，其副作用是造成财政压力过大、中央财政过紧等，集中表现在财政收入占国民收入比重和中央财政收入占国家财政收入比重双下降。

不过，在"两个比重"降低的同时，地方财政也并不宽松。刘溶沧对"中央财政紧张，地方财政宽松"的结论进行了纠错，提出中央与地方财政呈现"双紧"态势的观点[①]。马大强（1991）和阎彬（1991）总结了这一时期我国中央与地方财政分配格局存在的主要问题：一是中央与地方财政困难同时存在，1988年全国2000多个县中有一半以上出现财政赤字；二是中央与地方的利益摩擦日益加剧，中央频频从地方"抽调"资金，陆续出台"中央请客，地方拿钱"的减收增支措施，造成包干制不稳定，严重挫伤地方积极性，地方政府为应对中央"借款"，纷纷变预算内收入为预算外收入，藏富于企业，最终导致中央收入流失。

二 对财政困难原因的分析

殷晓（1991）从体制上探寻这一时期造成财政困难的原因，认为财政包干制的思路仍是行政性分权，把中央与地方的财政关系看成是上下级财政关系，而不是各司其职的分级财政关系。他指出：打破大锅饭体制不仅仅是指打破利益分配上的大锅饭，也包括搞清政府职权行使上的糊涂账，而后者对宏观管理体制的改革更为重要。财政包干制虽然打破了中央和地方分配上的大锅饭，却未能合理划分中央和地方的事权范围，这就导致中央与地方财政关系的调整尚

---

① 刘溶沧：《简论中央与地方财政的"双紧"态势》，《财经理论与实践》1987年第3期。

不存在科学的基础。

此外,学者们认识到,这一时期的财政体制改革只顾"低头赶路",没有"抬头望天",即多半是从财政自身出发,没有认真研究商品经济发展需要怎样的财政体制。在没有明确的财政体制改革目标模式的情况下,必然不会主动去触动既得利益,仅为应付经济和财政运行形势而被动改革。造成的结果,一方面减税让利下放财权,另一方面采取各种措施集中财力,前后矛盾;一方面旧体制被冲得千疮百孔,另一方面新体制未能塑造成型。[①]

马大强(1991)认为,理顺中央与地方的财政关系、走出财政困境的必然出路,是建立中央与地方相对独立的分级财政。我国早在宪法和党的十三大报告中就提出了"分级管理"的办法,但一直停留在口头上,未能真正具体化和科学化。其原因是担心削弱中央政府的宏观调控主体地位。在马大强(1991)看来,我国幅员辽阔、人口众多,中央向地方扩权、坚持经济分级管理的改革方向是正确的;但关键是如何把加强中央对地方的有效控制与调动地方的积极性有机结合起来?实行分税制是这一问题的答案。因为分税制是运用商品经济原则处理中央与地方之间收支权限的划分,把中央与地方的预算严格分开,实行自收自支、自求平衡,能够真正做到"一级政权,一级事权,一级财政,一级预算",符合我国当时的政治经济体制、经济发展水平、市场发育程度以及其他配套条件。

三 对频繁调整的财政管理体制的理论研究

这一时期财政体制的一大特征是仍有频繁调整:1980—1984年"划分收支、分级包干";1985—1987年"划分税种、核定收支、分级包干";1988—1992年"地方包干"体制,其又具有很多不同的形式,如"收入递增包干""总额分成""总额分成加增长分成"

---

① 王绍飞:《中央和地方财政关系的目标模式》,《财贸经济》1988年第6期。

"上交额递增包干""定额上交""定额补助"。

许多学者围绕包干制财政体制展开了探讨,有赞成,有中立,但更多的是批评。赞成者认为,财政包干制提高了中央与地方财政分配关系的透明度,硬化了预算约束,扩大了地方财政的自主性。中立者认为,包干制仅从分配角度进行利益调整,并未从根本上理顺中央与地方之间的财政关系。批评者认为,财政包干制存在体制性缺陷,缺乏以法律形式保护和稳定中央与地方财政的分配关系,财力划分的数量界限缺乏客观的科学依据,主观随意性大,争基数、争比例、讨价还价现象普遍存在,削弱了宏观调控的物质基础,使中央与地方财政矛盾和利益摩擦日益突出,同时,加剧了产业结构恶化和地区封锁,无法形成全国统一的市场。

戴园晨、徐亚平分析了财政包干制的优缺点。优点体现在:调动了地方发展经济、组织收入的积极性,为分税制的实现创造了准备条件。缺点体现在:中央财政日益困难,按隶属关系对收入的划分不利于政企分开,按基数对地方财政收入的划分不公平且易造成地方短期增支行为,忽视税收、价格领域的改革,影响国家与企业关系的理顺,产生"诸侯经济"现象。相比之下,"划分收支、分级包干"的财政体制则有明显改进。首先,按税种在中央和地方间划分财政收入克服了以隶属关系划分收入的弊端;坚持"统一领导、分级管理"的原则,理顺了中央与地方的分配关系,兼顾了双方利益,缓解了中央财政困难。但是,因为税制改革不到位,"划分税种"的条件不足,只能采取"总额分成"的过渡办法。在此基础上,提出实施彻底的分税制,而这需要全面的税制改革:一是进一步提高"两个比重";二是增加地方税种,逐步扩大地方固定收入的范围;三是改变"包税"局面,用所得税调节国家与企业间的分配关系;四是全面推开分税制和企业税利分流试点;此外,还需要完善国有资产管理体系和职能,明确企业产权关系,推进价格、投资体制与财政体制等相关配套改革。①

四 对财政体制改革的建议

理顺中央与地方的财政关系，重新塑造适应商品经济发展的财政运行机制，是要实行各级政府独立管理的、以分级预算为基本特征的分级财政？还是要实行各级政府被动执行的、"一元化"基础上的分级管理？理论界在对二者进行充分比较分析后，纷纷赞成前者，并提出改革建议。

在财政体制比较方面，王绍飞在对分级财政给出明确定义的基础上，分析了分级财政与"分灶吃饭"体制的区别。他认为"分灶吃饭"的财政体制与此前的财政体制相比，基本原则没有变，统收统支的格局没有变，还不能叫分级财政。真正的分级财政是在划分中央和地方政府职权范围基础上划分财权，使地方具有宪法规定的财政立法权，具有独立财源和独立预算。他还逐一分析了二者在性质、运行机制、预算界限、条块关系四个方面的区别。②贾康从四个主要方面分析指出"分灶吃饭"体制的弊端之后，明确提出，必须"创造条件突破行政性分权局面，使财政体制向更为纵深的经济性分权方向发展，向彻底的中央、地方分税制和分级财政过渡"③。袁东认为，建立中国特色分级财政体制是理顺我国中央和地方财政关系的根本出路。④

具体到财政体制改革建议上，贾康提出认清分税制长期目标，以划分事权、划分税种、淡化"条块分割"和实行企业自负盈亏与宏观间接调控为现实条件，把握"多样性"过渡原则和空间、时间

---

① 戴园晨、徐亚平：《财政体制改革与中央地方财政关系变化》，《经济学家》1992年第4期。
② 王绍飞：《中央和地方财政关系的目标模式》，《财贸经济》1988年第6期。
③ 贾康：《深入进行财政体制改革的设想》，《中国经济体制改革》1986年第10期。
④ 袁东：《中央和地方财政关系中存在的问题和解决途径》，《中国经济问题》1992年第1期。

两个序列，由包干体制向分税制过渡。① 李力认为，"分灶吃饭"只是停留在统收统支的轨道上修修补补，限制了商品经济的发展，需以适应有计划的商品经济为原则重新塑造。② 殷晓认为，财政体制改革必须跳出行政性分权的框框，继续沿着经济性分权即分级预算的路子走下去，逐步革除财政包干制的弊端，改革的重心要由收入分配的调整转到在合理划分事权的基础上重塑财政收入分配格局，建立中央集中与地方自主相结合的分级财政体制。③ 戴园晨、徐亚平认为如何处理中央与地方的关系是下一步财政体制改革的重点，建议厘清我国各级政府的职能，合理界定各级政府的事权和财权，同时，实现政企分开，为向彻底的分税制过渡创造条件。他们还建议中央政府强化大中型盈利生产项目投资职能，地方政府则须退出此项职能，集中力量进行地方基础设施建设。④

郭代模对20世纪90年代的央地财政关系进行了展望，提出90年代的财政改革，要在总结80年代的经验教训的基础上，在划清中央与地方事权范围的条件下，坚持分税制的改革方向，实行以分税制为目标、包干制为过渡、责任制为核心的管理体制，或者叫"收入分税制＋支出责任制"的管理体制。⑤

第二节　纳入财政体制改革框架的政府间财政关系研究

"七五"计划的报告中指出，要进一步完善财政税收制度，按照

---

① 贾康：《近中期财政体制改革思路的探讨》，《中国经济体制改革》1988年第4期。
② 李力：《关于重新塑造中央与地方财政关系的几个问题》，《吉林财贸学院学报》1992年第1期。
③ 殷晓：《关于中央与地方财政关系调整的思考》，《浙江学刊》1991年第5期。
④ 戴园晨、徐亚平：《财政体制改革与中央地方财政关系变化》，《经济学家》1992年第4期。
⑤ 郭代模：《中央与地方财政分配关系的现状与展望》，《财政研究》1991年第7期。

税种划分中央、地方的财政收入，明确中央、地方的财政支出范围。因此，这一时期的理论研究开始提出财政体制改革的方向和思路设想，为实现分税制作理论准备，同时重视国有企业对财政体制改革的影响。此外，中国财政体制改革受到国际关注，世界银行专门发布了题为《中国：改革政府间的财政关系》的报告。

一　为分税制改革所作的理论准备

当时，大部分观点认为建立分税制是财政体制改革的中心内容，但分税制有很多具体形式，如按税种、税率或其他标准分税。选择合理的形式，确定中央与地方各自的预算收入，是下一步财政体制改革的主要环节。由于当时的财政体制是一种将税额分成与不完全划分税种办法互相结合的混合型分税制形式，无法满足有计划的商品经济发展需求，故需要进行改革。

（一）对分税制目标模式的探讨

当时的理论界对分税制目标模式的探讨，主要有以下六种主张：

一是有差别的分税制。根据各个地区经济发展水平的差异，分税形式多样化，既有全国统一的办法，又有各地的区别对待；既有按税制划分，也有按税源分享，对少数地区还可设立财政补助金制度或上缴比例调节的办法。

二是分成分税制。其特征是既保留分成制的某些长处，也能发挥分税制的优点，将两种办法有机结合起来。

三是分税包干制。所谓分税包干制有两层含义：一方面，在全国大部分地区实行分税制的情况下，部分地区仍实行财政包干制，另一方面，在实行分税制的省区，在基本实行分税制的方法中，也保留财政包干制的某些成分。

四是有弹性的分税制。这种模式的特征，就是不设共享税，而是设立有弹性的待定税。待定税从全国看是待定的，但就某一地区讲，这一税种不是属于中央税就是属于地方税，两者必居其一。

五是分产分税制。主要指在中央与地方实行分税制的同时，对国有资产产权也进行相应分割。

六是彻底的分税制。在当时，很多人提出要实行"彻底的分税制"的改革想法。"彻底的分税制"基本框架大体由三部分构成：（1）税种基本分开，税种分为中央税和地方税两种形式。（2）立法基本分开，中央、地方将依照法律而分别拥有对各自税种的设置权、税率的规定权和调整权。（3）管理基本分开，中央税中央管理，地方税地方管理，互不干扰，并分别设立隶属中央管理的国税局和隶属地方管理的地方税务局。例如，谢国满认为分税制不是把既有税种简单划分为中央税、地方税和中央地方共享税，而是要根据各级政府的职能划分，分别建立中央和地方两套税收体系。[①] 但实行"彻底的分税制"是有条件的，孙开提出三个方面前提条件：其一，各级政府职能范围得以科学地、明确地界定，并在此基础上合理地划分财权；其二，税收制度较为健全且稳定，主体税种和辅助税种完备，税收负担水平相对合理；其三，全国范围内各个地区之间的社会经济发展程度相对均衡，起码不应存在悬殊。[②]

（二）对过渡期分税制具体实现形式的探讨

在一系列讨论后，将"彻底的分税制"确立为分税制的目标模式在财政学理论界基本达成共识。但同时，财政学界也一致认为，当时尚没有条件一步到位，只能设置一个过渡期，在"分灶吃饭"和"彻底的分税制"之间做好衔接，平稳过渡。于是，紧接着又掀起了关于过渡时期分税制具体实现形式的讨论。在讨论中形成多种思路，其中也存在与目标模式讨论相重合的部分，例如认为分成分税制虽然不适合作为分税制的目标模式，但适合作为过渡期分税制的具体实现形式。

[①] 谢国满：《中央与地方新型财政关系——分级财政目标模式和运行条件初探》，《暨南学报》（哲学社会科学版）1992年第1期。

[②] 孙开：《关于理顺中央与地方财政关系的若干思考》，《财经问题研究》1990年第7期。

1. 税率分享

由于我国实行"彻底的分税制"尚有困难，综合考虑政府职责问题、可行性问题和与其他改革的配套问题，可将"税率分享"作为过渡期分税制的实现形式。具体分两个层次实行：一是在中央和地方之间划分部分税种，把事关国家主权的关税留给中央，把一些有利于发挥地方征收管理优势的小税种留给地方；二是其余税种在中央和地方之间实现税率分享，即根据基数确定产品税、增值税、营业税、所得税、资源税及资金税（当时拟开征）的中央税率与地方税率，基数按照3—5年内实际收入的加权平均数确定，以剔除各种特殊的不可比因素。待"彻底的分税制"实施条件准备充分之后，过渡期结束，税率分享方式的使命完成。①

2. 分成分税制

在"彻底的分税制"全面实施之前一个相当长的时期内，以分类分成制作为分税制的过渡形式，即将分成分税制作为中期的改革目标，先从包干制过渡到分成分税制，再到"彻底的分税制"。具体分三个层次实行：一是分地区确定各地实现形式，充分考虑当时不同地区的经济发展水平及财政体制改革的基础和条件，确定哪些地区实行分税制，哪些地区继续实行包干分成的办法；二是分税和分成的执行，实行分税制的地区在中央和地方之间进行划分税种，实行包干分成的地区根据确定的基数在中央和地方之间进行分享税源；三是在中央和地方之间划分税收管理权和立法权，中央税和共享税的管理权和立法权划归中央；地方税的管理权和立法权，在中央与地方之间适当划分，由中央决定。②

---

① 王国民：《关于进一步理顺国家与企业中央与地方财政分配关系的思考》，《财政研究》1987年第3期。
② 马大强：《关于理顺中央与地方财政关系的思考》，《经济纵横》1991年第2期。

3. 有差别的分税制

在过渡期应首先划分好中央与地方的事权、财权、税权,其次根据各地经济发展程度不同的情况,实行有地区差别的分税制试点,适时推行分税制加补贴的财政体制。①

4. 突出分级财政的分税制

这种实现形式包含三方面要点:一是以"大中央,小地方"的格局划分中央和地方财源,以此提高中央宏观调控的能力;二是以"小中央,大地方"的格局划分中央和地方事权,根据事权范围确定中央和地方财政支出规模,让中央以宏观调控为主,地方以做事为主;三是通过建立中央向地方拨款补助制度实现收入再分配,以此化解事权划分和财权划分中的矛盾。这种实现形式具有过渡性质,但与"彻底的分税制"已经很接近了,由于当时因中央和地方的事权范围在短期内难以划清、价格关系还没有理顺、各种财经法规还不健全等,所以很难落到实处。② 我国 1994 年的分税制改革基本沿袭这一思路,而现行分税制是在 1994 年改革的基础上不断完善的结果,因此仍具有不彻底性,分税制的目标模式尚未实现。

此外,理论界还形成了一些思路,虽然不构成明确的实现形式,但对改革路径的探索具有重要价值。其中有代表性的如下:

1. 关于分税制与财政包干制如何衔接

有学者认为,如果不考虑事权划分,二者衔接的焦点是财政收入在中央和地方之间应怎样分配,分税制是按税种性质从源头分配税种,财政包干制是按基数确定的分成比例分配税收收入。过渡期的任务是衔接好这两种分配方式。③

---

① 袁东:《中央和地方财政关系中存在的问题和解决途径》,《中国经济问题》1992 年第 1 期。
② 吴厚德:《如何改革中央与地方的财政分配关系》,《商学论坛》1990 年第 1—2 期。
③ 殷晓:《关于中央与地方财政关系调整的思考》,《浙江学刊》1991 年第 5 期。

2. 关于实行"彻底的分税制"的时机

存在两种观点：一种观点认为越早实行越好。主张尽快将主要税种划归中央，以此增加中央财权和财力，而将中央集中的财力部分转化为对地方的补贴，并让大部分省都能获得补贴，最终在提高中央财政收入的比重的同时，提高中央的宏观调控能力。另一种观点则认为不宜过早实行，具体又可分为两类主张：一是认为应该把改革重点放在完善"分灶吃饭"体制上，在既有体制内做好增加中央财政收入的比重和调控能力的体制性安排。二是认为综合各方面情况来看，"彻底的分税制"还不能成为当时我国财政管理体制的现实选择，需要考虑一种向分税制过渡的积极稳妥的办法。①

3. 关于过渡方案的选择

有观点认为，过渡方案应考虑地区间不平衡特点，突出"多样性"。也有观点认为，过渡方案应是创造条件分步实行分税制，通过不断改革和完善当时实行的财政体制，为实施分税制准备条件，待条件具备后分两步实施分税制：第一步是从国情出发实行同分成制相结合的分税制，第二步是在第一步的基础上实行"彻底的分税制"②。

事实上，这一时期的相关研究之间也有观点上的"交锋"。例如，反对分成分税制的声音认为：对不同地区实行分税制和分成制，会带来横向攀比，地方财政预算无法统一规范，在仍实行"分成包干制"的地区依然深受财政包干制的弊端影响。尽管各种观点有很大的不同，但要解决的核心问题仍是统一领导下的分级管理的程度问题。谢国满从财政收入模式、支出模式和补助金制度三个方面对分级财政做了系统性的论述，提出了要满足中央与地方事权明确界定、各项经济体制改革配套进行、打破按行政隶属关系划分财政收

---

① 孙开：《关于理顺中央与地方财政关系的若干思考》，《财经问题研究》1990年第7期。

② 吴厚德：《如何改革中央与地方的财政分配关系》，《商学论坛》1990年第1—2期。

入三个前提条件。①

二 国有企业与财政关系问题研究

在计划经济体制下，国有企业财务被认为是国家财政体系的重要组成部分，是国家财政的一个基础环节。国家对企业投资，企业实现的利税全部上交国家财政，然后通过再分配又以流动资金、财政投资等形式流回企业，国有企业资金运行的重要环节都由国家财政"包揽"。改革开放以后，国有企业的资金供给体制发生了根本性变化，财政资金所占的比重已越来越少；而国家除了向国有企业收税外，还作为国有资产所有者取得国有资产收益。因此，国有企业对财政体制改革的影响必然成为财政学界重点研究的问题之一。

有研究表明，当时的税利分流改革目标是规范和理顺国家与企业的分配关系，建立动力和压力相结合的企业经营机制，同时，承认和明确了产权关系，让国家和企业风险共担、利益共享，不同所有制企业实行同一税率，符合商品经济的基本要求，有助于实现企业之间平等竞争。②

也有学者提出，在实施分税制的同时要实行产权分级所有，一级财政一级资产所有权；③ 改革财政直接管理国有企业财务、财政资金与国企资金"连裆裤"式的混合营运体制，建立财政与国企财务分离、财政资金与国企资金相对分流营运的新体制。④ 事实上，王国民提出的"税率分享"可以解决政企不分这一难题，因为这个办法让企业和政府之间的关系更为简单，纳税人与政府之间不再以隶属

---

① 谢国满：《中央与地方新型财政关系——分级财政目标模式和运行条件初探》，《暨南学报》（哲学社会科学版）1992 年第 1 期。
② 邓子基：《转换国有企业经营机制的财政对策》，《财贸经济》1992 年第 10 期。
③ 谢国满：《中央与地方新型财政关系——分级财政目标模式和运行条件初探》，《暨南学报》（哲学社会科学版）1992 年第 1 期。
④ 齐守印：《国有企业财务与国家财政关系新论——兼谈建立国企资金与财政资金分流营运体制的设想》，《经济与管理研究》1988 年第 4 期。

关系论亲疏，促进政企分开。①

此外，中央企业与地方财政关系复杂，一是地方财政与中央企业的生产经营等活动无任何关联，二是国企所在地形成"大政府"与"小财政"的格局加重了地方财政的负担，三是企业办社会致使财政分配的总体效益下降，这必然对我国财政体制改革产生影响。②

三 对我国政府间财政关系改革的国际评价

这一时期我国的财政体制改革还受到了国际机构和外国专家的关注。1991年11月，世界银行亚洲地区问题考察团以《中国：改革政府间的财政关系》为题，对我国财政体制改革状况进行了评估，并对我国财政收支划分提出了建议：在财政收入方面，主要税种应由中央征收，使中央财政收入占较大比重（最初以60%为宜）；在财政支出方面，考虑到离受益者越近则越有利于提高效益，应在相当程度上下放权力，让地方支出占较大比重，由中央以某种形式对地方进行补贴。③ 从我国改革发展的实践来看，这一建议具有较强的前瞻性，成为后来我国政府间财政关系的缩影。

1993年10月，财政部、国际货币基金组织和世界银行在上海联合举办了中国政府间财政关系国际研讨会，与会专家对中国财政体制改革中政府间财政关系、收入划分、转移支付、税制改革等方面都进行了探讨。④ 主要观点有：第一，中国政府间财政关系迫切需要理顺；第二，改革需按科学程序进行；第三，支出责任划分的核心是科学制定划分标准；第四，收入划分需依据公平与效率标准，但

---

① 王国民：《关于进一步理顺国家与企业中央与地方财政分配关系的思考》，《财政研究》1987年第3期。

② 陈逢书：《浅谈中央企业与地方财政关系》，《财政研究》1991年第11期。

③ 张力炜：《世界银行对我国中央与地方财政关系的评估简介》，《计划经济研究》1992年第2期。

④ 《基金、世行专家对中国财税改革的看法和建议》，《财政研究》1994年第3期。

税权下放须有度；第五，转移支付是解决纵向不平衡的重要途径。当然，也存在不同看法。例如，关于改革的程序，有观点认为改革应先确定政府财政支出总规模；有观点则认为，应先改税制后分税。无论如何，这些来自国外的评价和观点为我国处理政府间财政关系和推进财政体制改革提供了重要参考。

第三节　基于历史视角和比较视角的政府间财政关系研究

这一时期出现了对央地财政关系的历史进行的专门研究，包括对明清时期的研究和对新中国成立之后"一五"时期的回顾。另外，国际比较研究突破了对资本主义整体性和对苏联单一性的比较研究，相对系统地介绍具体国家的政府间财政关系，其中以对日本的比较研究居多。

一　基于历史视角的政府间财政关系研究

如果说尹文敬（1953）是从奴隶制社会开始研究人类历史长河中的政府间财政关系的话，那么，何振一则将历史视角向前追溯至原始社会。对应到财政的本质，前者依据"国家分配论"，后者依据"社会共同需要论"。国家是从奴隶制社会开始的，而社会共同需要则从原始社会就存在。由于政府间财政关系是在国家产生后才产生，因此何振一对原始社会的财政学研究并未涉及政府间财政关系。但值得一提的是，何振一对央地财政的数量关系进行了深入研究，其观点和研究范式沿用至今。例如，将央地财政关系圈定在责、权、利的关系框架中，基于社会共同需要的层次性和央地财政责任的大小分别研究财政集中与分散的度与量。[①]

---

① 何振一：《理论财政学》，中国财政经济出版社1987年版，第135—144页。

明清两代以法律形式将央地收支范围明确固定，为学者提供了研究央地财政关系的历史视角。韩曙对明清两代协调中央与地方财政关系的若干措施进行了系统性梳理，并将明清两代中央与地方的收入分配办法确定为总额分成法。同时，韩曙也关注到当时由立法程序固定的央地收支范围的约束力并非绝对，存在地方政府讨价还价以及为了应付过重的税赋负担故意错报、漏报赋税税额等问题，中央政府实行严格的"考满"制度来约束地方政府行为，保证中央财政具有稳定的收入来源。同时也兼顾了地方利益，将征税权下放地方，将所收税款也多用作地方经费，调动了地方的积极性。①

赵梦涵在财政管理体制改革的框架内，对"一五"时期我国中央与地方财政关系的调整历程进行了回顾，并将当时我国财政体制的特点归纳为两方面：一方面，在中央统一领导、统一计划下，集权与分权相结合；另一方面，实行分级管理，以职责分明、上下协调、强化管理为目标。②

二 基于比较视角的政府间财政关系研究

在社会主义制度框架下，这一时期我国学者在继续对苏联政府间财政关系进行系统研究的基础上，还将研究范围扩展到日本等其他国家。

（一）对苏联政府间财政关系的研究

自20世纪50年代开始，苏联东欧国家进行了财政体制改革，不断调整中央与地方政府间财政关系。郭连成梳理了苏联财政体制由高度集权向地方分权、再到集权与分权相结合的历史沿革，提出了当时苏联央地财政关系存在的问题，包括对地方财政的限制仍过

---

① 韩曙：《略论明清两朝协调中央与地方财政关系的若干措施》，《财经研究》1987年第9期。

② 赵梦涵：《"一五"时期中央与地方财政关系调整的回顾》，《经济纵横》1992年第1期。

多，地方财政固定收入呈下降趋势，解决当时苏联央地财政关系存在的问题，需增强灵活性，发挥地方财政在国家经济建设中的重要作用。[1] 陆南泉注意到苏联的联盟预算所占比重的变化，进而从历史视角研究了苏联中央财政与地方财政关系的问题。[2] 汪学谦对苏联东欧国家中央与地方间的财政体制进行了总结和对比，发现各国基本实行三级财政体制，央地财政关系均存在不少问题。例如，苏联的财政体制高度集中，地方和企业积极性较低。他提出我国财政体制改革，要让中央财政收入比例保持在50%—60%，同时通过划分地方固定收入，因地制宜地安排调剂收入，实施中央补助调来动地方积极性。[3]

（二）对资本主义国家政府间财政关系的研究

这一时期我国对资本主义国家政府间财政关系的研究，已经从侧重批判转向相对理性、客观的纯学术研究。

一是拓宽了研究视角。研究不同体制下（"单一制""联邦制"）各国财政关系的差异，发现财政的中央集中化程度具有趋同之势，且在收入划分上，联邦制国家多采用税源划分法，单一制国家多采用附加法和分成法，而支出则相对简单，分别划分为中央支出、地方支出和共同支出。

二是具体的国别研究开始大量出现。李金早[4]、刘崇武[5]、杨之刚[6]

---

[1] 郭连成：《苏联对中央财政与地方财政关系的调整》，《财经问题研究》1985年第3期。

[2] 陆南泉：《苏联中央财政与地方财政的关系问题分析》，《财贸经济》1983年第2期。

[3] 汪学谦：《苏联东欧国家中央与地方间的财政体制问题初探》，《财政研究》1982年第2期。

[4] 李金早：《美国加拿大中央与地方财政关系及其比较分析》，《世界经济》1987年第8期。

[5] 刘崇武：《美国中央财政与地方财政关系》，《财政研究》1986年第10期。

[6] 杨之刚：《财政体制中央集权与地方分权的比较研究》，《赣江经济》1987年第2期。

研究了这一时期美国的央地财政关系，分别得出结论："美国的财政体制比较集中"，"地方财政具有相对独立性但仍从属于中央"，"联邦补助金可帮助地方解决自有资金盲目投资、重复建设问题"。张力炜[1]、王朝才[2]、杨之刚[3]研究了这一时期日本的央地财政关系，分别得出结论："日本财政体制存在纵向不平衡的问题但财政调剂制度完善"，"转移支付在日本占有重要的地位"，"日本财政具有财权与事权相背离的特点"。杨光斌[4]、王海军[5]研究了这一时期英国的央地财政关系，得出"英国中央政府对地方政府的财政控制日益严格"的结论。徐瑞娥研究了这一时期法国和加拿大的央地财政关系，得出"法国地方财政对中央财政依赖性较大"的结论。[6] 此外，李金早[7]和华碧云[8]分别研究了这一时期加拿大和印度的央地财政关系。国家计委赴澳大利亚财金代表团实地考察了澳大利亚的央地财政关系。[9]

三是在国际比较研究的基础上对改革实践提出建议。例如，借鉴日本的经验，在我国建立一种中央与地方责任明确的、由中央补贴地方的财政体制；[10] 我国作为一个实行计划经济的社会主义国家，

---

[1] 张力炜：《日本中央与地方的财政金融体制》，《计划经济研究》1992 年第 6 期。

[2] 王朝才：《日本中央与地方财政分配关系及其借鉴意义》，《财政研究》1992年第 2 期。

[3] 杨之刚：《财政体制中央集权与地方分权的比较研究》，《赣江经济》1987 年第 2 期。

[4] 杨光斌：《80 年代英国中央与地方的财政关系》，《经济社会体制比较》1992年第 5 期。

[5] 王海军：《英国中央政府对地方政府财政的控制》，《财政》1990 年第 4 期。

[6] 徐瑞娥：《法国中央与地方的财政关系》，《外国经济与管理》1991 年第4 期。

[7] 李金早：《美国加拿大中央与地方财政关系及其比较分析》，《世界经济》1987年第 8 期。

[8] 华碧云：《印度中央与地方的财政关系》，《南亚研究》1990 年第 3 期。

[9] 国家计委赴澳大利亚财金代表团：《澳大利亚中央与地方财政关系的主要特点》，《中国计划管理》1991 年第 7 期。

[10] 王朝才：《日本中央与地方财政分配关系及其借鉴意义》，《财政研究》1992年第 2 期。

应重视统筹兼顾，必须像美国联邦财政一样集中财力①；我国可借鉴美国的补助金制度，解决地方自有资金盲目投资、重复建设的问题。②

第四节　政府间财政关系对经济发展影响的研究

这一时期，理论界开始研究政府间财政关系与经济发展之间的关系，认识到"要提高经济效益需改善央地财政关系"，将做"经济蛋糕"与切"经济蛋糕"联系起来。

政府间财政关系与经济发展之间有着密不可分的关系，这一时期相关学者对财政关系与经济发展之间的关系有不同的认知。郭深分析了统收统支和"分灶吃饭"财政体制下不完善的中央和地方财政关系对经济发展的不利影响。一是将财政与"经济蛋糕"相割裂。脱离生产发展的经济基础来调整中央和地方财政收入比例，地区保护主义兴起导致市场分割，阻碍商品经济的发展。二是财政体制妨碍"经济蛋糕"做大。从统收统支向"分灶吃饭"发展，导致中央财力集中度大大降低，中央宏观调控弱化进而影响经济增长；以基数为依据对央地财政关系进行调整，容易产生逆向选择和道德风险，即在地方层面出现"鞭打快牛"和增收不入库的现象；在地方层面还会产生以消费基金侵蚀国家财政收入的问题，对经济增长造成不利影响。在此基础上，提出基于做大"经济蛋糕"改善央地财政关系的建议，涉及生产方式转变，充分发挥税收对经济的调节作用，改革总额分成比例直至实施分税制，划分中央和地方财政收入要与

---

① 刘崇武：《美国中央财政与地方财政关系》，《财政研究》1986年第10期。
② 杨之刚：《财政体制中央集权与地方分权的比较研究》，《赣江经济》1987年第2期。

经济效益挂钩，充分发挥地方财政的积极性等方面。①

黄明从"做蛋糕"与"切蛋糕"的角度对我国财政体制改革进行了评述。调整中央与地方之间财力分配是"切蛋糕"的范畴，前提条件是国家财力总量既定。所以，要切好蛋糕需不断做大蛋糕，即通过发展生产开辟财源，提高财政收入占国民收入的比重，在做大财政"蛋糕"的基础上探讨如何在中央和地方间切好财政"蛋糕"。在"切蛋糕"时，提高中央的集中度，同时保证地方"吃饭"，尽可能从收入增量上做文章；划分税种时，相对减少中央财政和地方财政固定收入的份额，相对增加中央与地方财政共享收入的份额；确定基数时，体现公平与效率原则，合理划分共享收入。②

---

① 郭深：《按照提高经济效益的方向改善中央和地方的财政关系》，《中央财政金融学院学报》1987年第3期。

② 黄明：《也谈财政"蛋糕"在中央与地方之间的做与切》，《经济问题探索》1991年第4期。

第十二章

改革开放起步时期的国家预算管理理论

党的十一届三中全会之后,国民经济发展思路和财政体制都随之发生变化,以放权让利、调动地方和基层积极性为主线的改革发展思路影响到社会发展的方方面面,国家预算理论与实践同样受到影响。改革开放之后的头几年,部分理论研究者在不断总结和反思过去几十年国家预算实践的经验和教训的同时,明确提出必须重新认识到国家预算综合平衡理论在新时期的重要性,并要在此理论指导下推动实践发展。[①]随着改革开放的不断深化,针对国家预算核心概念、本质及其职能的讨论也开始增加甚至出现差异化研究。[②]与此同时,国家预算管理及其制度安排逐步成为一个显性的研究范畴。尽管,从原则上来讲,我国国家预算管理按照民主集中制原则采用"统一领导,分级管理"的方式,但随着改革开放程度加深和范围扩大,国家预算管理实践却逐步显现出与原则初衷不完全一致的发展趋势。这种不一致集中反映在两个方面:一是中央在统一领导中的能力与效果越来越弱,二是分级管理造成地方预算管理权限的极度扩张,中央能够实际管理的国家预算收支实际规模在不断缩减,而

[①] 田一农:《加强国家预算的综合平衡工作》,《财务与会计》1979年第5期。
[②] 张辛已:《国家预算刍议》,《山西财经学院学报》1983年第3期。

且实际管理权力也被逐步削弱。[1]国家预算管理实践与理论的不一致性，逐步引发社会反思，而这种矛盾性的不断凸显也逐步演变成重要的理论研究问题。这些问题包括如何在国家预算框架下协调中央预算和地方预算的关系，这与中央与地方政府间财政关系的产生和发展变化紧密相连；如何处理国家预算内收支与预算外收支的关系，这与当时调动地方积极性发展经济的财政体制设计思路密切相关。理论研究者逐步关注到国家预算管理制度的重要性，包括中央预算和地方预算之间的协调和统一问题，以及国家预算内收支与预算外收支之间的关系问题。

第一节 国家预算概念、范畴与原则

这个时期，国家预算仍属于经济学范畴，是财政学研究的重要内容之一，深受财政学科体系及其发展的影响。与此同时，国家预算理论研究希望寻找自身特质的研究努力初现端倪，围绕国家预算的概念、范畴（包含收入预算、支出预算）、编制的方法或者预算管理制度设计的探讨与争论逐步增多，出现探讨国家预算与国家财政、国家预算管理与国家财政管理之间异同的研究成果，另外还有将管理学理论运用于国家预算管理的研究成果。[2]这个时期的国家预算研究，不仅有对中国现实问题的关注与发展经验总结，而且逐步重视通过对外学习市场经济国家的理论与实践经验以扩展研究视野。

一 国家预算理论研究恢复与发展

改革开放以后，随着社会主义市场经济的不断发展，国家预算

---

[1] 田一农：《加强国家预算的综合平衡工作》，《财务与会计》1979年第5期。
[2] 财政部预算司：《国家预算管理学》，中国财政经济出版社1986年版。

研究重新受到重视并逐步发展出三类范式：第一类是国际比较研究，通过介绍西方现代国家预算基本理论和西方国家预算实践来扩展国内研究视野。与改革开放前的比较研究不同的是，这个时期被纳入研究视野的国家包括西方主要的市场经济国家，甚至还有东南亚的一些市场经济国家。第二类仍是基础理论研究，也是主要研究范式，基本围绕国家预算的概念、内容（包含预算收入、预算支出、预算编制、预算执行、预算监督等）、方法、管理体制等领域的问题展开讨论。理论研究逐步淡化国家预算"姓社姓资"色彩，转而关注理论对现实问题的实际解释力和指导作用。第三类是历史研究，通过对中国自古至今的预算思想进行挖掘和整理，发现中华文明发展史上各类国家预算思想及其产生、发展的来龙去脉、原因、条件和时代背景等，以期对改革开放后的国家预算实践提供历史经验或借鉴。

随着国家预算研究的重要性增加、研究视野的拓展和范式的多元化，改革开放后，支撑国家预算研究的各类期刊数量也出现增长趋势，为国家预算理论研究提供了良好的学术交流平台。除传统的经济学和财政学期刊之外——比如《经济研究》《财政研究》《财经研究》《财政》《厦门大学学报》等，中国社会科学院财贸经济研究所[1]主办的《财贸经济》（1980年创刊）和欧洲研究所主办的《西欧研究》、[2] 财政部主管《财务与会计》以及中央财政金融学院主办的《中央财政金融学院学报》（1981年创刊）[3] 等一大批财经类院校的校刊或院刊创立，这些期刊都开始关注并刊发有关国家预算领域的研究成果。

财政学科人才培养和学科建设工作也在这个时期迅速开展起来，

---

[1] 中国社会科学院财贸经济研究所于2012年更名为中国社会科学院财经战略研究院。

[2] 《西欧研究》是现在中国社会科学院欧洲研究所主办杂志《欧洲研究》的前身。

[3] 《中央财政金融学院学报》是现在中央财经大学主办杂志《中央财经大学学报》的前身，于1981年创刊。

为国家预算理论研究和实践工作提供人才储备。20世纪80年代开始，财政部将现在的中央财经大学、江西财经大学、东北财经大学等几所重点财经类院校收归部署。直至21世纪初教育体制改革，中央财经大学划归教育部，其他几所重点财经类院校归为财政部、教育部和属地省人民政府共建。从20世纪80年代至21世纪初的二十多年时间内，财经类院校与财政部门的互动，为国家预算理论发展创造了较好的外部环境，也为理论研究服务国家预算实践创造了便利条件。一方面，中央和财政部门的实际需求转化成专业院校理论研究、学科建设、人才培养的源动力；另一方面，国内自主培养的专业院校师资力量不断增强，相关领域专业科研能力不断提升，在校专业学生人数逐年增多，这些都为中国预算实践源源不断地输送智力资源和人力资源。除了财经院校，综合类院校和科研院所的财政学科也得到恢复与快速发展，包括中国社会科学院、财政部财政科学研究所、中国人民大学、厦门大学等。理论与实践的良好互动，吸引越来越多的学者加入到国家预算研究行列，为该领域的发展创造了良好的理论争鸣氛围。

二　国家预算概念的发展与争鸣

20世纪80年代开始，在党的十一届三中全会精神鼓舞下，财政学理论研究者积极工作，通过召开国内财政学科会议、编撰财政学教材等方式，努力恢复财政学及其专业的理论研究和教学工作，其中包括国家预算研究。1980年，由厦门大学、河北大学、辽宁财经学院、湖北财经学院、天津财经学院和山西财经学院组成的编写组编写了《社会主义财政学》，作为高等财经院校财政专业使用的专业基础理论教材。此教材仍按照"基本理论加收支管平"的传统格局撰写，特别强调财政学"三大平衡"理论的重要性和指导意义。值得关注的是，此教材特意将"国家预算"与"财政学"做了明确的区分，将"国家预算"界定为"以介绍财政业务为主的专业课程"，而"财政学"主要讲授财政基础理论。不过，编写组也特别指出，尽管将"国家预算"与"财政学"做了区分，但是两者仍不易在"学科体系上"做科学分工，① 国家预算仍归属于财政学研究领域的范畴。

关于国家预算的基本概念、性质与特征，这个时期很多研究者都展开阐述。《中央财经金融学院学报》在 1984 年和 1985 年刊登多篇系列文章，以问答形式阐述和讲解国家预算的概念、性质、作用，预算管理体制，国家预算收支及其内容，国家预算编制、执行、决算、管理和监督，等等。② 系列文章指出，我国国家预算是整个国民经济的预算，是社会主义公有制基础上的预算，是生产建设的预算，也是全面参与社会产品和国民收入分配的国家预算，更是确保国家实现其职能的重要的分配工具。③

围绕国家预算是否应该被界定为国家筹集和分配财政资金的工具，当时出现不同的观点。有学者认为，不能混淆国家预算与国家财政两个概念，"国家财政才是筹集和分配资金的工具，而国家预算只是反映这种财政分配活动情况的"，国家预算更侧重于"计划"功能，而"计划本身并不能筹集和分配财政资金"。④ 持此种观点的学者认为，国家预算主要作用是其"计划"功能，可以通过为国家财政进行计划安排，确保国民经济按计划按比例发展；国家预算作为国家综合财务计划中最主要的计划，不仅受国民经济计划的影响，而且还反作用于国民经济计划、全国信贷收支计划、国有企业财务

---

① 邓子基：《〈社会主义财政学〉教材简介》，《财政》1980 年第 6 期。
② 此部分可具体参考麦履康《〈国家预算〉问答（一）》，《中央财政金融学院学报》1984 年第 3 期；门惠英《〈国家预算〉问答（二）》，《中央财政金融学院学报》1984 年第 4 期；麦履康《〈国家预算〉问答（三）》，《中央财政金融学院学报》1984 年第 6 期；杜一平《〈国家预算〉问答（四）》，《中央财政金融学院学报》1985 年第 1 期；李燕《〈国家预算〉问答（五）》，《中央财政金融学院学报》1985 年第 4 期；白俊文《〈国家预算〉问答（完）》，《中央财政金融学院学报》1985 年第 5 期。
③ 麦履康：《国家预算问答（一）》，《中央财政金融学院学报》1984 年第 3 期。
④ 张辛巳：《国家预算刍议》，《山西财经学院学报》1983 年第 3 期。

收支计划、国家预算外收支计划等众多方面。①持有此观点的学者还认为，实际上国家财政是国家预算之本，国家预算只是国家财政的计划表现，所以过于强调国家预算在国家资源分配中的作用是不恰当的。

20世纪80年代开始，围绕国家预算概念、内容和作用的阐述与争辩不绝于耳，且积极地推动了国家预算理论的不断完善与发展，引发了财政学科对国家预算究竟如何定位的深度思考。这些问题包括，国家预算究竟是国家财政的附属，还是另有其自洽的运行逻辑？对于国家财政和国民经济发展来讲，国家预算究竟是如何作用于前者，又该通过何种方式完善且使其更好地为前者服务？从20世纪80年代中后期开始直至21世纪初期，以"国家预算"或"国家预算管理学"为标题的专著、教材、知识手册等集中且大量出版，围绕此主题展开的博士论文研究成果也逐渐增多，这些理论著作对于推动国内理论研究和实践工作起到了重要的作用。

三 国家预算平衡理论及其面临的新挑战

进入20世纪80年代，人们对刚刚过去的"文化大革命"的阵痛还记忆犹新，为了确保社会经济平稳发展，国家预算平衡理论重新得到重视。然而，随着改革开放步伐加快，加上放权让利、财政包干制等财政体制改革的推行，国家预算平衡理论在20世纪80年代末期开始遭遇新的挑战。

（一）挑战一：预算内外资金发展不平衡

新挑战主要表现在国家预算内外收支不平衡问题上，而这个不平衡的发展态势逐渐影响国家财力在中央与地方之前的分配格局，进而影响国民经济发展的方向和动力。理论研究总结和归纳了不平衡的两个方面表现：② 一方面，在国民收入分配中，国家即中央政

---

① 张辛巳：《国家预算刍议》，《山西财经学院学报》1983年第3期。
② 具体内容可参见蔡寅《改革国家预算管理体制的设想》，《财贸经济》1988年第3期；杨志勇《我国预算管理制度的演进轨迹：1979—2014》，《改革》2014年第10期。

府在与企业、个人、地方的比例关系中越来越处于劣势，能够掌握的财政资金规模越来越小。造成预算内收入萎缩的主要原因是游离于国家预算管理体制之外的资金规模越来越大，这部分收支被称作"预算外资金"。预算外资金在新中国成立之初就已经存在，但是规模不大，在一定时期内为调动地方、部门、企事业单位的积极性起到了积极作用。改革开放之后，随着放权让利的财税改革的推开，预算外资金的规模越来越大，甚至直接影响宏观调控、信贷资金综合平衡。另一方面，改革开放起步时期的财税体制改革，在加强放权让利制度建设的同时，却没有打破统支格局，国家预算依然负担全国主要的基本建设投资、更新改造资金及其他支出，在国家财政增收不足的情况下，支出压力更大。如何解决越来越不平衡的国家预算管理问题，逐渐成为当时理论界讨论的热点之一。老一辈理论研究者如王绍飞、乔先久、蔡寅等，在20世纪80年代末期均有论著，剑指国家预算外收支规模不断扩大是造成国家预算内收支出现不平衡的主要原因，这种现象也反映出财政管理和预算管理制度的深层次问题，建议必须尽快推进国家预算管理体制的改革。①

（二）挑战二：宏观经济发展需求对预算平衡理论的挑战

国家预算平衡理论中关于财政赤字的观念也逐步发生变化。计划经济时期的财政"三大平衡"理论几乎将财政赤字视作"洪水猛兽"，即预算收支之间出现赤字就被视为违背了平衡理论，财政赤字是不利于宏观经济发展的，是不被支持或不被认可的。但是，改革开放之后，经济建设任务很重，资金缺口很大，急需积极财政政策发力，在此背景下，理论研究者和实践者开始重新思考和探讨财政预算赤字对宏观经济发展与稳定的关系。随着实践的发展，预算平

---

① 具体论述可参见王绍飞《国家预算萎缩的原因和对策分析》，《财贸经济》1989年第7期；乔先久《改革国家预算管理体制的综合设想》，《财政研究》1988年第2期；蔡寅《改革国家预算管理体制的设想》，《财贸经济》1988年第3期。

衡理论也逐渐有了新的阐述。比如，王绍飞在1989年的文章中指出：只要确保财政结余或财政赤字的规模保持在财政收入的3%，那么这个规模的财政结余或者赤字都是可以被认可的，即这种情况下的财政状况应该被视为符合预算平衡原则。①

随着国家预算管理实践的发展，传统国家预算平衡理论遭遇了以上新的挑战。新挑战同时也给理论研究提出新的课题，推进了理论研究创新。这个时期的研究突破了计划经济时期预算管理研究的藩篱，不仅探讨国家预算管理的概念、内涵，而且涉及国家或中央政府与个人、企业、地方政府之间的财政收支分配制度安排、不同参与者应有的责权利关系、预算的法治化等问题。

第二节 国家预算管理理论与制度创新研究

改革开放初期，国家预算理论研究较之计划经济时期有很大的发展，尤其体现在研究视野和研究方法上。

一 国家预算管理研究与国家预算管理学

20世纪80年代初期，国家预算理论研究主要延续计划经济时期的基本框架和传统研究格局。②这个时期的研究指出，做好国家预算工作，必须坚持三个观点，即马克思主义的政治观点、生产观点和群众观点，具体包括以下内容：③坚持党的领导和正确政治方向；坚持生产观点，即国家预算必须面向生产、支持生产、为生产服务；

---

① 杨志勇：《我国预算管理制度的演进轨迹：1979—2014》，《改革》2014年第10期。

② 邓子基：《〈社会主义财政学〉教材简介》，《财政》1980年第6期。

③ 国家预算教材编写组编著：《国家预算》，中国财政经济出版社1980年版，第283—285页。

坚持群众观点，预算工作必须依靠群众，依靠群众参加预算管理工作，实行民主理财，这也是一个原则性的问题，必须始终坚持，不能动摇。总之，预算管理要支持和服务企业提高生产，降低成本，改善经营管理；要监督行政事业单位厉行节约，精打细算，防止浪费，提高资金使用效果；要严防腐败，恪守财经纪律和法律法规。

20世纪80年代中后期，随着中国改革开放步伐加快，国家预算管理理论研究在财政学科下出现了自我反思与发展的内生动力，开始重视并尝试利用管理科学理论推动研究工作。这个时期，有研究指出：国家预算不仅限于社会再生产过程的一般资金分配，还是实现国家职能的重要分配工具[1]和物质基础。[2]作为国家财政经济管理的重要组成部分，国家预算管理也应该按照马克思主义理论和党的精神指引，重视管理在国家预算工作中的重要作用，充分利用好管理学理论在提高国民经济的计划管理水平和企业事业的经营管理水平上的作用。财政部预算司在其研究成果中直接提出"国家预算管理学"概念和构建中国特色国家预算管理学思路，认为国家预算管理领域的研究，还应该借助管理科学理论，处理好财政资金筹集、分配、执行与管理的各项工作，处理和协调好各环节相关参与者的关系，充分调动各方积极性，确保社会经济的稳定发展。[3]认同并推动国家预算管理学研究的学者指出，国家预算管理学是系统地研究、探讨国家预算管理活动基本规律及其方法的科学。其基本框架或研究内容包括：[4] 一是预算资金的收入与分配关系研究，涉及国家预算

---

[1] 麦履康：《〈国家预算〉问答（三）》，《中央财政金融学院学报》1984年第6期。

[2] 财政部预算司：《国家预算管理学》，中国财政经济出版社1986年版，第3—7页。

[3] 具体参考财政部预算司编著《国家预算管理学》，中国财政经济出版社1986年版，第7页；胡耀邦同志在党的十二大报告中指出："必须加强经济科学和管理科学的研究和应用，不断提高国民经济的计划、管理水平和企业事业的经营管理水平。"

[4] 财政部综合计划司编著：《财政只是问答，国家预算分册》，中国财政经济出版社1980年版，第5—7页。

与国民经济计划的关系、国家预算与不同产业的综合平衡发展的关系、国家各级政府的预算管理权力与责任关系等;二是预算资金分配的成本与效益关系,根据计划安排收支,追求"有多少钱,办多少事儿,少花钱,多办事";三是预算收支平衡,确保国民经济协调发展;四是管理体制与规范研究,提升管理水平;五是加强预算监督研究。

二 国家预算管理体制及其改革研究

如前所述,改革开放之后,传统国家预算管理体制的一些缺陷逐步暴露出来,备受理论研究者的关注。20世纪80年代中后期至90年代初,理论研究者通过对国家预算管理实践的长期关注与深入研究,在准确指出当时体制固有缺陷的同时,也为下一步改革出谋划策。

第一,这个时期的研究普遍指出,20世纪80年代以来,财政体制的不稳定性是造成预算管理体制缺陷的最直接原因。改革开放初期,财政体制改革在打破了计划经济时期统收统支模式的同时,却未能及时建立起以划分税种为基础的中央与地方财政体制,故而采用了"总额分成"的过渡性体制。这种过渡性体制,在调动地方、部门和企业发展积极性的同时,也造成资金过于分散,尤其是国家预算外资金规模侵蚀预算内资金的情况愈演愈烈,中央财政收入被削弱而支出压力却未减少,国家预算收支平衡压力增大。在传统财政体制下,中央、地方、企事业单位等在预算管理上的责权利关系并不清晰,责权利边界也非常模糊,"中央'明拿',地方'暗挖'"的现象非常普遍,[①] 放权让利的同时却忽视了综合配套发展的重要性。

第二,除了财政体制的影响之外,国家预算管理实践中长期存在信息不对称的问题。国家预算管理部门即各级财政部门,他们能够准确掌握的预算收支数据与信息非常有限,可以有效开展预算管

[①] 乔先久:《改革国家预算管理体制的综合设想》,《财政研究》1988年第2期。

理的手段非常少。余秉坚明确指出:"从长期财政工作的实践中感受到,国家财政机关对于预算支出的安排,除了总额控制,即把住不出现过大的赤字这一关外,没有更多的发言权。其根本原因是财政机关提不出有说服力的数据。"①受当时财政体制影响,正是由于名义上的国家预算管理部门不掌握所有的财政预算资金,所以国家预算追求的收支平衡就只能是"部分"平衡。

第三,单一预算形式有缺陷,提出向复式预算形式转变的改革思路。20世纪80年代末期,理论界和实践界围绕我国国家预算管理形式是否适合采用复式预算的问题,展开激烈的讨论。讨论过程中逐步形成两派观点,即支持方和反对方,其中支持将我国国家预算形式由单一预算转变为复式预算的观点逐步占上风。比如,1987年的《财政研究》杂志,分别在第8期和第12期刊登了观点相反的理论文章,一篇是解学智和赵白羽的文章《我国目前不宜实行复式预算》,另一篇是张复英和李松森的文章《我国应实行复式预算》。②认同复式预算形式的研究成果均表示,我国自新中国成立以来一直实行单一预算形式,即将所有的财政收支都汇集编入一个统一的总预算中,便于一目了然地掌握所有财政收支信息情况,但是缺陷也非常明显,比如无法准确反映预算赤字规模、无法明确记录不同经济性质收支的变化情况、无法为宏观经济调控和决策提供准确的预算信息等。③复式预算形式是改革开放之后向西方市场经济国家学习的成果之一,即将国家预算按照性质划分为经常性收支预算和资本性收支预算,

---

① 具体参见余秉坚《关于国家预算收入科目的改革设想》,《财贸经济》1984年第7期。

② 具体参见解学智、赵白羽《我国目前不宜实行复式预算》,《财政研究》1987年第8期;张复英、李松森《我国应实行复式预算》,《财政研究》1987年第12期。

③ 具体论述参见张馨、王开国《复式预算是否适应于我国?》,《财政》1989年第4期;王延杰、李书霞《从现行预算管理体制看复式预算在我国的可行性》,《河北学刊》1989年第3期;董大胜《改革预算编制形式 实行复式预算》,《财政》1987年第3期;马蔡琛《我国复式预算管理模式的改革取向》,《中国财政》2005年第5期。

必要时还可以建立特别预算。当时持反对观点的研究者指出，复式预算形式不符合我国经济和社会发展的现状，由于我国仍处于社会主义初级阶段，底子薄、资金短缺、效率较低，若在这个阶段采用复式预算形式，势必会给预算管理工作造成诸多困难。①理论争鸣往往引发深度思考，对实践发展和明确改革方向大有裨益。这个时期，理论界和实践界围绕国家预算形式是否应该采用复式预算的讨论，为后期制度建设和改革等提供了理论支持。1991 年复式预算被正式写进《国家预算管理条例》，可以看作是复式预算理论讨论的成果之一。

另外，值得注意的是，在这个时期，国家预算管理与国家财政管理的概念一度出现混用的情况。阐述推进国家预算管理改革的文章中，也包含了我国适用于完全的分税制还是适用于改善的包干制的讨论，② 改革税制、完善税法的政策建议，③ 财权与财源关系的讨论，等等。从这些研究可以看出，改革开放初期的国家预算理论研究仍处于自我探索与发展的阶段，研究范式和研究方法也未完全清晰。不过，主要围绕预算过程而形成的分析框架基本统一，研究逐步向预算编制制度与方法、预算收支科目的规范与优化、预算报告信息的公开与透明、预算管理法治化等领域拓展。围绕国家预算管理实践，理论研究主要针对国家预算编制、执行、报告、监督展开分析的研究框架已被普遍接受。

第三节　国家预算研究的法律视野

20 世纪 80 年代中后期，国家预算立法问题受到理论研究者的关注，一批学者围绕预算法制定的必要性与紧迫性、预算法涵盖的主

---

① 解学智、赵白羽：《我国目前不宜实行复式预算》，《财政研究》1987 年第 8 期。
② 乔先久：《改革国家预算管理体制的综合设想》，《财政研究》1988 年第 2 期。
③ 王绍飞：《国家预算萎缩的原因和对策分析》，《财贸经济》1989 年第 7 期。

要内容等展开研究与讨论。为借鉴国际经验，财政部于1988年在北京组织国际会议，邀请美国等多个国家政府官员以及国际组织专家参会研讨。[1]部分理论研究者也通过国际比较研究的方法，论证我国设立预算法的必要性、重要性和基本内容等。[2] 1990年，李鹏总理在七届全国人大三次会议上的政府工作报告中提出，要抓紧制定《预算法》并提请全国人民代表大会审议，这也为理论研究的不断深化提出了新的要求。实践需求带动理论发展，而理论研究也为推动预算法立法工作起到了积极的作用，主要成果集中于以下三个主要方面。

一 提出立法机关应加强对国家预算和政府预算行为的立法监督

国家预算作为国家年度财政收支计划，国家预算管理作为政府履职的一项重要内容，与国家经济发展、国民经济再分配、社会稳定发展密切相关。为了确保国家预算和政府预算行为得到更广泛的、有效的、持续性的监督，立法机关按照宪法有权力、有义务、有责任加强对国家预算及其相关主体行为的法律监督。立法机关针对国家预算的监督就围绕国家预算管理过程展开，针对预算的编制、审议、批准、执行和调节等环节设立严格的法律规定。立法机关尤其需要对预算决策活动进行监督，确保政府在法律规定的范围内进行决策和活动。[3]

二 提出明确各类预算权力运行范围及其实施主体

这个时期的研究指出，1951年由前政务院颁布的《预算决算暂行条例》实行到当下，已经无法满足越来越复杂的国家预算管理活

---

[1] 刘中华：《一些国家加强预算立法和预算管理的做法——预算法国际研讨会综述》，《财政》1988年第6期。

[2] 宋新中、余小平：《关于制定预算法的几点意见》，《财政研究》1989年第3期。

[3] 祁群：《国家预算法：经济增长的法律保障》，《法学》1989年第6期。

动,尤其是对各类预算主体的权责利规定不清晰,导致中央与地方、政府与企业、企业与个人在国家预算管理中的关系变得复杂且边界模糊不清。这个时期普遍存在的预算软约束、[1] 预算编制标准不清或过于随意、长官个人意志极大地影响预算分配方向和规模、地方政府拥有较大减免税收和增加支出的权限等问题,都跟预算权力及其范围的立法规定不够清晰有关。[2] 从法律视角研究国家预算改革的学者均积极地倡议,尽快建立预算法立法,为规范主体行为、约束预算权力提供立法依据。

三 提出预算法应涵盖的基本内容

研究认为预算法应该包含以下基本内容:[3] 一是明确一个基本原则,即财政收支平衡、略有结余;二是明确预算编制形式,借鉴西方的复式预算,探索中国特色的复式预算形式,对一般性预算收支和基本建设资金进行分开记录,并对债务收支预算管理进行明确规定;三是明确预备费的设置比例,并对预备费的使用设置严格的条件;四是调整和明确预算编制程序。

然而,在这个时期,尽管学术界基本上在预算法立法必要性方面已经达成了共识,但是在是否已经具备了成熟的条件去推行预算法的问题上却存在很大分歧,有不少观点认为条件尚未成熟。这些不支持马上推进制定预算法的观点包括以下四类:[4] 一是改革时期

---

[1] 曹凤岐、顾志杰:《关于制定预算法的几个问题》,《北京大学学报》(哲学社会科学版)1990年第1期。

[2] 刘新国:《预算法是强化国家宏观调控的重要法律手段》,《中南政法学院学报》1991年第12期;宋新中、余小平:《关于制定预算法的几点意见》,《财政研究》1989年第3期。

[3] 具体可参见刘新国《预算法是强化国家宏观调控的重要法律手段》,《中南政法学院学报》1991年第12期;宋新中、余小平《关于制定预算法的几点意见》,《财政研究》1989年第3期。

[4] 曹凤岐、顾志杰:《关于制定预算法的几个问题》,《北京大学学报》(哲学社会科学版)1990年第1期。

论，改革时期各类变化难以预测，预算软约束虽不合理却很合情，若推行预算法则势必影响改革进程；二是财政体制论，改革开放初期的财政体制是暂时性的、过渡性的，这个时期若制定预算法，在未来也无法真正落实；三是有效监督论，我国立法机关的预算监督实际能力有限，无法有限监督，预算法立法也是空谈；四是立法操作论，立法应该能够改变行为，如果不能则不如不去制定。

第十三章

改革开放起步时期的财政政策理论

改革开放伊始,财政的活跃度明显上升,财政赤字逐步增加,财政与经济和金融之间的关系日益复杂,财政学界开始打破计划经济理论框架下的若干理论束缚,以解决当时热点问题为导向,摸索和建立与商品经济相适应的财政政策体系与管理模式,这是这一时期财政学界关注的重点。

第一节 改革开放起步时期的财政政策源起

本节对改革开放起步阶段财政与经济的情况加以简要回顾;从保持经济平稳运行、打破计划经济束缚和建立与商品经济相适应的财政体制等角度,探寻我国财政政策的起源。

一 时代背景

新中国成立之初,中国借鉴苏联和东欧各国的发展经验,实行了计划经济制度。计划经济体制为新中国成立初期的经济恢复和发展做出了贡献，解决了中国经济和社会中的部分问题。但由于计划经济模糊了私人部门和公共部门的界限，同时在计划经济体制下市场交易行为极少，市场的调节作用几乎无法奏效。随着时间的推移，计划经济体制的弊端逐渐暴露出来，不再适用于中国经济的发展[1]。1978年，党的十一届三中全会召开，此次会议标志着中国正式走上改革开放的道路。党的工作重心从此转移到经济建设上来，全社会的建设热情高涨。随着改革开放各项政策的实施，原有的计划指令被放开，市场机制也逐步被引入到中国的经济发展体制中来[2]，商品经济逐步确立。财政体制与商品经济的结合成为当时的重要课题[3]。

二 改革开放初期的财政政策发展过程

改革开放初期，为了刺激以国有企业为主的微观主体的生产和消费积极性，政府采取了扩张性财政政策和宽松的货币政策。1978年2月，在全国计划工作会议上，中央政治局批准了国家计委提出的《关于经济计划的汇报要点》，提出于1980年在全国建成独立的比较完整的工业体系和国民经济体系，并于2000年前全面实现农业、工业、国防和科学技术的现代化。这一部署使得投资规模猛增，财政支出加大，进口扩大，经济增长率不断攀升。但由于缺乏建设社会主义市场经济的经验，中国开始出现经济过热的状况。总需求大于总供给，导致物价飞涨。政府财政赤字严重，货币供给面临巨大压力。商品零售价格指数从1978年的0.7%上升到1979年的1.9%，1978年国家预算结余10.1亿元，1979年财政赤字增加到170.6亿元。

面对经济过热，政府采取了紧缩银根等政策进行调控。治理通

---

[1] 张卓元：《新中国经济学史纲》，中国社会科学出版社2012年版。
[2] 吴敬琏：《当代中国经济改革教程》，上海远东出版社2015年版。
[3] 王绍飞：《改革财政学》，中国财政经济出版社1989年版。

货膨胀问题成为紧要工作。1979年中共中央提出国民经济"调整、改革、整顿、提高"八字方针，并调整了当时的国民经济计划。很快，经济形势从过热转为低迷。1982年，为了帮助经济走出低谷，中央提出于20世纪末将国民生产总值翻两番的目标并开始实施宽松的货币政策。1985年，"拨改贷"全面推行，政府将基本建设投资拨款改为贷款。由于经验不足和体制混乱，盲目放贷开始出现。为了控制局面，中央开始控制固定资产投资规模并加强信贷检查和物价管理。经过一系列宏观调控（管控措施），GDP增速在1985年达到改革开放以来的峰值[1]。

在改革之初的一段时期，经济发展始终处于"一抓就冷，一放就热"的循环。1985年上半年，在财政政策和货币政策"双紧"的背景下，工业生产继续超高速增长。为了给经济降温，政府加强信贷紧缩力度，努力控制固定资产投资规模和信贷失控。当年，GDP增长再次陷入停滞。1987年年初，政府又出台一系列扩张性经济政策来刺激固定资产投资。随着总需求超过总供给，投资需求和消费需求膨胀，政府再次出台紧缩政策来解决经济过热和通货膨胀问题。

1989年，通过了《中共中央关于进一步治理整顿和深化改革的决定》，指出要利用三年或更长的时间基本完成治理整顿的任务。目标包括：降低通货膨胀率，使全国零售物价上涨幅度逐步下降到10%以下；扭转货币超经济发行的状况；实现财政收支平衡，逐步消灭财政赤字；逐步建立符合计划经济与市场调节相结合原则、经济、行政、法律手段综合运用的宏观调控体系。在治理整顿阶段，政府严格实行紧缩的财政政策和信贷政策，压缩社会总需求[2]。1992年邓小平"南方谈话"之后，随着社会主义市场经济体制的建立和不断发展，微观经济主体开始内生地对扩大再生产保持谨慎态度，

---

[1] 杨仲伟、张曙光、王诚、韩制能：《我国通货膨胀的治理》，《经济研究》1988年第6期。

[2] 易纲：《中国的货币供求与通货膨胀》，《经济研究》1995年第5期。

市场经营主体的自我约束意识得到了不断提高。

三 改革开放初期财政学界关于财政政策的主要观点

由于经济活跃和政府市场参与度提高，财政出现收不抵支的情况，赤字问题凸显。为了解决政策变化中的困境，梁文森[①]和郑良芳指出改革开放之后，财政统收统支局面亟待打破。这样不仅有利于降低财政负担，特别是降低赤字水平而且可以发挥信贷、物资等工具的平衡作用。当时提出要解决信贷膨胀过快的问题，不能让金融机构为财政信用背书[②]。经济活动对财政影响的方式开始转变，财政与经济发展的关系开始拓展。

为了扩展财政的经济调控功能，许毅[③]回顾了前30年财政实践与理论的发展，强调财政在国民经济中的地位和作用，展望了党的十一届三中全会之后国家发展新局面下，财政要为"多快好省"建设社会主义贡献应有的力量。综合平衡的思想指导了20世纪80年代初的财政工作。王丙乾[④]提出了将财政收支基本平衡作为财政工作的主要目标。同时，财政收支平衡与货币流通、物资平衡之间的关系日趋复杂[⑤]（邓子基和徐日清，1982；黄达，1982；赵春新，1985），宏观层面的财政功能、货币、金融等交织在一起。频繁的政策调整也令新的制度建设势在必行。

一些学者建议，财政政策应被纳入制度建设框架[⑥]。王绍飞将国

[①] 梁文森：《关于财政、信贷、物资平衡问题的研究》，《经济学动态》1980年第2期。

[②] 郑良芳：《打破财政统支局面就能解决财政、信贷、物资的平衡吗?》，《金融研究》1981年第2期。

[③] 许毅：《三十年来财政实践与理论的发展》，《财政研究》1980年第Z1期。

[④] 王丙乾：《确保今年财政收支的基本平衡》，《财贸经济》1982年第5期。

[⑤] 邓子基、徐日清：《再论财政收支矛盾与财政收支平衡》，《经济研究》1982年第1期。

[⑥] 袁振宇：《社会主义初级阶段财政政策思考》，《财贸经济》1987年第7期。

债定位为国民经济综合平衡的重要工具。[①] 同时，各方面开始认识到体制改革的重要性。王绍飞指出财政体制改革是根本化解财政困难和平抑经济波动的办法[②]。刘溶沧提出了改革开放起步阶段加快和深化财政体制改革的思路。[③] 肖捷提供了德国联邦制财政体制的基本模式及主要经验。[④]

近年来，学者们对财政政策的总结开始增多。很多当时没有看清楚的问题，得到了更进一步的认识。肖炎舜（2017）认为，从改革开放至1991年，财政政策的关键以及重点在于处理"吃饭"和"建设"的关系。由于改革开放初期，中国经济发展水平较低，国民的温饱问题尚未解决，再加上"供给约束"制约宏观经济的运行和进步，经济呈现明显的"短缺经济"特征。因此，这一阶段的财政政策调控以"一要吃饭，二要建设"为原则，体现为集中资金进行重点建设。政府通过财政政策调节积累和消费的比例，保持一定的投资增长水平，同时从供给侧促进生产与消费相适应。这一时间段的财政政策属于"拉闸门"式的调控，财政政策和货币政策通常呈现"同松同紧"的状态，"一抓就死，一放就乱"成为经济发展的特点。这导致在改革开放之后，GDP增速一度在1985年达到历史新高，但之后又跌至较低水平。

第二节 改革开放起步时期的财政政策演化

本节从理论演化的角度分析起步时期财政政策理论发展的

---

① 王绍飞：《重新认识国家信用的性质、作用及国债的承受力》，《财政研究》1989年第4期。

② 王绍飞：《关于明后年财政体制改革的建议》，《财政研究》1986年第11期。

③ 刘溶沧：《加快和深化财政体制改革的基本思路》，《福建论坛》（经济社会版）1988年第1期。

④ 肖捷：《联邦德国财政体制的基本模式及其启示》，《管理世界》1991年第2期。

过程，将政策演进和学理进展相互融合。研究梳理了财政平衡论是如何在新形势下转化为服务经济发展的财政政策。以此为线索，本节进一步整理了财政与货币、财政与金融之间的政策联系。

一 从"财政平衡"向财政服务经济发展的拓展

计划经济时期，财政政策在宏观经济调控中发挥着极为重要的作用。财政在国民经济中占据支配地位，是国家分配资源的基础。社会各项事业等都严重依赖于财政支持。20世纪50年代中期提出的"三平理论"指出要保障财政收支平衡、信贷收支平衡和物资供求平衡。其中，财政收支平衡是综合平衡的关键。

财政学界把改革开放起步时期的财政政策演进大致划分为两个阶段：

1. 第一个阶段主要沿袭综合平衡的理念。改革开放初期，在宏观经济和财政能力的约束下，我国财政调控主要遵循"财政平衡"的理念，较少主动运用财政政策对宏观经济进行调控[①]。1979—1983年，针对经济过热现象，中央提出了国民经济"调整、改革、整顿、提高"八字方针，通过改革财政体制、压缩各项开支、压缩基建规模等财政政策基本实现了财政收支平衡、信贷平衡和物价稳定目标[②]。

2. 第二阶段主要是探索财政作用经济的方式——丰富财政职能、促进经济发展。随着改革开放推进，我国财政政策理论进入第二个阶段，即在20世纪90年代，社会主义市场经济制度被提出并着手建立，政府开始主动地运用一些财政政策和税收制度来影响经济运行。这也被认为是财政与经济发展关系增强、打破财政平衡的

[①] 于学军：《1998年货币政策效用解析》，《经济研究》1999年第3期。
[②] 财政部综合司：《充分发挥财政政策在宏观调控中的重要作用 助力我国经济行稳致远》，《中国财政》2018年第24期。

一种尝试。学界关于"两个比重"问题与宏观经济发展的讨论①，以及对财政在完善社会主义市场经济中的作用讨论②和发挥财政在宏观经济中职能的讨论③，更进一步关注了我国财政政策运行状况及前景④。

总而言之，财政政策在新形势下发生了重大转变。这些转变源于商品经济的发展。改革开放之初，中国经济开始逐步脱离计划经济的框架。1981年6月，党的十一届六中全会通过的《关于建国以来党的若干历史问题的决议》提出"必须在公有制基础上实行计划经济，同时发挥市场调节的辅助作用"。1984年10月，党的十二届三中全会通过的《中共中央关于经济体制改革的决定》提出"有计划的商品经济"，进一步深化了对市场机制的认识。随着社会主义商品经济地位的确立，政府开始在农村经济体制改革中推行家庭承包制，用以激发农户的生产积极性；而在企业实施了"包干制和放权让利"，扩大了企业经营管理的自主权。但"放权让利"和"综合平衡"很难同时实现。如果采用行政手段强行干预经济，就难以实现真正的放权（张琦，2019）。但当时也有学者认为在"放权让利"和价格双轨制情况下，政府宏观调控作用应该更好发挥。即政府就应当为维护平等竞争的市场秩序而有所作为。要知道，在现代商品经济条件下，政府具有不可低估的宏观经济管理职能⑤。

---

① 王陆进：《我国财政宏观调控中值得商榷的问题》，《中央财政金融学院学报》1993年第5期。

② 徐日清：《论财政在完善社会主义市场经济中的作用》，《社会科学》1993年第1期。

③ 巫建国：《试论市场经济体制下的财政职能》，《财政研究》1994年第5期。

④ 巫建国：《对我国财政政策运行状况及前景的分析》，《中央财政金融学院学报》1995年第8期。

⑤ 赵履宽：《评放权让利和双轨制的改革思路》，《改革》1989年第2期。

二 应对经济过热的财政政策与体制改革

从改革开放到1992年,中国出现了三次经济过热。在第三次经济过热中,政府采取紧缩政策为经济降温。经济过热的主要原因在于改革和建设急于求成,同时宏观调控机制尚未健全[①]。1992年10月,党的十四大强调"要建立的社会主义市场经济体制,就是要使市场在社会主义国家宏观调控下对资源配置起基础性作用"。至此,中国的宏观经济思想从综合平衡过渡到国家宏观调控。1993年,为了解决经济过热问题,中共中央、国务院下发《关于当前经济情况和加强宏观调控的意见》,提出了包括货币、金融、财政、投资等方面的十六条宏观调控措施,进一步确定了宏观调控在中国经济中的地位。1994年开始的分税制财税体制改革加强了中央政府宏观调控能力,为中国政府运用财税工具管理国民经济奠定了基础[②]。张道根把上述过程总结为20世纪80年代权力下放、90年代建立市场经济体制和规范市场秩序的过程。[③] 财政政策在这中间起到牵引作用。

至于当时财政政策如何发挥作用,也有一些总结和归纳。计划经济时期,财政政策调控主要由财政配合计划等行政性手段直接对经济运行进行管理。地方政府财权有限,财政政策调控基本属于中央财政的职能。王国刚(1990)认为改革开放过后"放权让利"是主要方向,中央政府开始放松对企业等微观主体的直接管理,赋予企业更多经营上的自主权[④]。何振一(1987)指出宏观经济管理也

[①] 戴根有:《1988年通货膨胀成因及治理建议》,《中国金融》1989年第5期。

[②] 张卓元:《新中国经济学史纲(1949—2011)》,中国社会科学出版社2012年版。

[③] 张道根:《经济体制改革:80年代的评估与90年代的基本趋向》,《财经研究》1991年第5期。

[④] 王国刚:《论企业组织制度的整顿与改革——兼评"放权让利"的改革思路》,《中国经济问题》1990年第6期。

开始从直接管理向以间接管理为主的经济调节体系过渡。① 政府开始运用生产性投资以外的多种财政工具，如国债、税收等来调控经济运行状况。"放权让利"让政府的财利分散到地方和企业，促进市场化金融体系的构建。同时，财政与国有企业的关系也被反复讨论②。财政政策如何作用于企业以及如何在市场中发挥应有的作用，成为那个时期很重要的议题③。

第三节　改革开放起步时期的财政政策理论与实践

本节展示了改革开放起步时期财政政策理论研究与政策实践的相互融合。应该讲，这段时期所研究的问题非常有针对性，现实感极强。这不仅很好地推动了改革事业向前发展，也把中国财政学研究乃至经济学研究范式推向了一个实事求是的高度。

一　"放权让利"背景下的财政政策探索

1978—1993 年，政府为了激发各利益相关主体的改革积极性，促进经济增长，实行了一场"放权让利"式的制度改革。沈立人（1987）将其总结为中央让渡了更多的利益给个人和企业等市场微观经营主体，同时下放更多的决策权给地方政府和国有企业，以提高地方、企业和个人的积极性。1980 年，政府以财政体制改革作为经济体制改革的突破口，以扩大地方政府和企业的财权为起点，实行了以"划分收支、分级包干"为主要内容的财政体制改革。此次改

---

① 何振一：《财政改革基本思路的若干思考》，《财贸经济》1987 年第 8 期。
② 何振一：《财政改革中急需解决的几个理论认识问题》，《财贸经济》1993 年第 11 期。
③ 樊纲：《发展市场经济与当前改革战略重点的调整》，《江淮论坛》1993 年第 1 期。

革使财政体制由原来中央政府"一灶吃饭"转变为中央政府和地方的"分灶吃饭"①。各级政府明确划分收支范围和权限，充分发挥了地方政府发展经济的积极性。

但与之对应的是中央政府自身财力被削弱，导致中央政府财政赤字严重。以"利改税"为中心内容的税收制度改革使中央、地方、部分和企业的分配关系发生了变化。从 1985 年起，我国开始实行"划分税种、核定收支、分级包干"的新的预算管理体制。1986 年后，中国还采取了多种形式的地方财政包干体制②。这一时期的各项财政制度改革在一定程度上对经济发展起到了积极的作用，但相关制度存在一定的局限和不规范性。权力分散的同时中央政府的宏观调控能力被削弱，政府间的财政分配关系也不稳定。根据崔建军的看法，在国家财政的财权不足时，财政政策难以对经济运行发挥调控作用③。

二 政策组合防范风险：财政政策与货币政策之间的沟通

自改革开放起，政府不断通过财政政策和货币政策对经济运行进行调节，财政政策的作用开始得到体现。1989 年，政府开始对过热的经济进行"治理整顿"后，财政政策的力量开始显现。但收缩性财政政策的作用又部分导致了国内生产总值增长率在 1990 年下降到 3.8%。1991 年转变为扩张性的财政政策，国内生产总值实现了高速增长。

1978—1992 年，财政政策和货币政策都倾向于采取"一刀切"的方式。为了实现财政平衡，解决时常出现的经济过热或紧缩问题，两者要么同松，要么同紧，且力度都比较大④。从 1992 年起，财政

---

① 沈立人：《"分灶吃饭"和分税制评议》，《财贸经济》1987 年第 11 期。
② 贾康：《深入进行财政体制改革的设想》，《中国经济体制改革》1986 年第 10 期。
③ 崔建军：《财政、货币政策作用空间的历史变迁及其启示——基于中国财政、货币政策实践》，《经济学家》2008 年第 3 期。
④ 夏海舟：《我国财政与通货膨胀关系的实证研究》，《经济学家》1990 年第 2 期。

政策和货币政策力度开始变得比较缓和。更多的时候是选择由积极的财政政策和稳健的货币政策搭配起来的松紧有度的政策组合。即使在经济过热的时候,也是采取"适度从紧"的财政政策和货币政策,而不同于以往紧缩的财政政策[1]。财政政策力度的缓和、政策松紧关系调整的灵活化,有效地避免了因财政政策力度过大而造成经济"硬着陆"。可以说,自20世纪90年代初起,财政政策和货币政策的调整周期趋缓。中国经济增长不再像曾经那样大起大落,经济波动变得日趋平缓,实现了多年期盼的经济"软着陆"[2]。

20世纪七八十年代,社会主义市场经济体制尚未建立。虽然部分学者开始引进西方国家宏观调控理念,[3][4] 但财政政策和货币政策的概念也未正式形成。此时,国民经济呈现明显的"短缺"特征,经济发展的重点在于解决"吃饭"的问题。因此,这一阶段中国宏观经济管理的主要目标是促进经济增长。在实际操作的过程中,中国政府采取增加财政支出、扩大信贷规模等方式来推动投资规模增长和促进生产,但因经验不足导致供过于求、经济过热、政府财政赤字严重等一系列问题[5]。而后中国又采取了控制公共财政投资、收紧银根等紧缩性的措施来控制经济过热,解决当下严重的通货膨胀问题。整体而言,中国自改革开放到20世纪90年代初期的财政政策和货币政策都有明显的相机抉择特征[6]。决策层根据市场的实际情

---

[1] 贾康:《概论财政政策与货币政策的协调配合》,《中央财政金融学院学报》1992年第2期。

[2] 周绍朋、王健、汪海波:《宏观调控政策协调在经济"软着陆"中的作用》,《经济研究》1998年第2期。

[3] 陶继侃:《西方宏观经济调节对财政政策的运用——理论和实际的分析》,《南开经济研究》1985年第6期。

[4] 刘国光:《经济体制改革与宏观经济管理——"宏观经济管理国际讨论会"评述》,《经济研究》1985年第12期。

[5] 贝多广:《论社会资金流动的综合平衡》,《经济研究》1989年第7期。

[6] 席克正、丛树海:《宏观经济中财政政策与货币政策的选择》,《财经研究》1993年第5期。

况，结合各项调节措施的特点，机动地决定和选择政策措施来解决已经出现的经济问题。在经济增幅放缓时就采取大规模的刺激政策，在经济过热就采取大力度的抑制政策，从而导致经济增长容易大起大落。

三 财政政策规范化与体制改革跟进

在20世纪90年代中期，中国基本实现了供求平衡。宏观经济管理的主要目标由原来的促进经济增长转换为保持经济平稳增长，并有效防止经济过热。随着改革开放进程的推进以及社会主义市场机制的建立和发展，中国的宏观经济思想已经从改革开放前的"综合平衡"转变为了"宏观调控"[1]。

宏观调控体系的基本框架也已经逐步奠定。在这一新的阶段，财政政策和货币政策的力度趋小，调控手段也逐渐由直接转变为间接。中国政府灵活运用财政政策、货币政策等经济调控手段，对经济运行中的周期性波动进行了有效的宏观调控。虽然财政政策仍然以相机调控模式为主，但相较之前有了更多年度之间和年度内的相机调控。政府会依据上一年度的宏观经济形势和本年度的宏观经济发展目标来确定本年度的财政政策与货币政策取向，并在宏观经济遭到较大冲击时，依据实际情况调整政策取向。[2]

同时，学者们对宏观调控与体制改革的关系有更加清晰的理解，也推动了决策层的思维变化。樊纲发现，宏观经济运行中的中微观问题大多源自政策调控不力和体制变革滞后于现实。[3] 于是，通过"体制双轨"逐步创造条件实现向市场经济过渡的思想被提出。具体地说，一是用"价格双轨制"来冲破和逐步取代旧的计划价格体制；

---

[1] 郭树清：《当前经济形势和加强宏观调控问题》，《经济研究》1995年第6期。

[2] 吴世农：《论现阶段我国宏观经济的内外部双重平衡及其调控政策》，《中国经济问题》1993年第1期。

[3] 樊纲：《"软约束竞争"与中国近年的通货膨胀》，《金融研究》1994年第9期。

二是通过发展非国有经济改变整个经济的产权结构,形成更多市场行为主体。而在此之前,李晓西和白景明已经提出了社会主义市场经济条件下财政体制的一些构想[1]。同时政府债务与财政赤字,作为政策工具前沿,开始被重新理解。那时,虽然还没有大规模举借债务,但国债参与宏观调控的呼声已经很高[2]。与此同时,借鉴发达市场经济国家政府如何处理和运用财政赤字成为一些学者的研究重点[3]。

---

[1] 李晓西、白景明:《社会主义市场经济条件下的财政体制初探》,《财政研究》1993年第1期。

[2] 高培勇:《国债管理与宏观经济调控》,《经济理论与经济管理》1993年第4期。

[3] 郭庆旺、三好慎一郎、赵志耘:《财政赤字学说述评》,《经济学动态》1993年第8期。

第十四章

改革开放起步时期的政府债务与投融资理论

历史上，传统帝制时期的中国政府没有举债融资的传统，也很少进行其他投融资活动；直到19世纪中期，晚清政府才开始举借债务。早期的债务融资多用于支付对列强的不平等条约赔款，用于经济建设的较少，加之国民党政府时期政府过度举债又一度造成了货币超发和严重通货膨胀，因而直到1949年新中国成立之前，人们对政府举债问题的认识始终较为负面。在新中国成立之初的国民经济恢复时期，政府债务融资创新的集中体现是"实物本位"思想，以及在此基础上进行的折实公债发行实践。从新中国成立之初一直到"一五计划"结束，财政学界和官方主流认识中都将发债作为政府融资、支持经济建设的重要手段。不过从1959年开始，随着中苏关系的破裂，财政学主流思想中对政府债务问题的认识发生了重大转变，"既无内债，又无外债"一度被当作社会主义财政优越性的一种表现。1978年改革开放之后，邓小平在外债问题上的思想解放成为政府债务和政府投融资理论突破的先导。紧接着，财政学界围绕恢复国内公债发行、赤字有害无害等问题展开了一轮学术大讨论。讨论的结果是人们对财政赤字和国债的负面认识和传统观念开始有所转变，国债逐渐成为一种筹集财政资金的常规性工具,而不仅仅是权宜之计,其附带的金融功能也开始受到重视。与此同时,以"拨改贷"为代表的政府投融资体制取得了积极进展,计划经济时期高度集中统一的政府投融资模式被打破,市场化转型开始生根发芽。

第一节 改革开放之前政府债务与投融资理论和实践的发展

一 1949 年之前的政府债务与投融资

1949 年新中国成立之前,国内学术界对政府投融资尤其是政府债务融资的认识,是新中国政府债务与政府投融资理论的发展基础。

在晚清以前的传统帝制时期,政府财政基本上是消费型的,支出主要用于供养皇室和官僚系统以及提供国防、司法等公共产品。除了修筑堤坝、漕运、军事设施等少数活动之外,政府很少进行投资活动。超过百分之九十的人口生活在农村,而乡村道路、农田水利设施、祠堂、寺庙等基础设施投资主要是由以宗族主导的民间力量自发进行的,虽然属公共投资,但不是政府投资。直到晚清的"洋务运动"时期,政府才开始比较大规模地开展投资活动。从"洋务运动"开始到中华民国的一百年时间里,政府投资活动在铁路、军工等少数领域开始活跃,成为中国经济早期工业化的重要力量之一;但是客观而言,直到 1949 年新中国成立之前,政府投资活动相对于超大规模的中国经济而言始终是微不足道的。

同样,传统帝制时期的中国政府也几乎不举债融资,更未形成现代意义上的国债市场。政府通过发行国债来融资是近代以后才传入中国的"舶来品"。梁启超在 1904 年撰写的《中国国债史》一书中，开篇即言"中国自古无国债"①。在世界的西方，欧洲早在15世纪就出现了公共债务和政府债务融资的雏形。中国直到19世纪中叶才开始出现大规模的政府债务融资活动，相比西方而言晚了大约四个世纪之久。最早的一笔政府债务融资发生于何时尚存争议，一般认为发生于1842年至1861年②。晚清政府债务融资多用于军费支出或偿还不平等条约欠下的战争赔款支出，举债的对象主要是在华经营的外国银行，而且债权债务关系的背后往往直接或间接存在英、法、俄、日等列强政府的身影。其中规模最大、牵扯面最广、影响最为深远的政府举债融资行为有二：一是清政府为筹措"甲午战争"军费及其之后对日战败赔款而进行的一系列债务融资；二是清政府为筹措对列强"庚子赔款"而进行的一系列债务融资。在这种情况下，政府债务融资从一开始就蒙上了"政府无能""丧权辱国""列强欺压"的色彩，在广大国民心目中造成了阴影。晚清政府也曾采取过发行内债融资的尝试，如1884年的"息借商款"和1898年的"昭信股票"等，但均不成功。及至北洋政府时期和南京国民政府时期，虽然政府债务融资开始被部分用于经济建设，但仍然始终与军阀混战、列强欺压等因素密切关联。抗日战争时期和解放战争时期，国民党政府的政府赤字率居高不下，严重依赖于向中央银行等所谓的"四大银行"举借债务进行融资，实质上是财政赤字货币化，从而引发了恶性通货膨胀，导致民不聊生，成为国民党政府失去民心、最终倒台的重要原因之一。

以上便是1949年新中国成立之时政府债务和政府投融资的历史起点，也是新中国财政学界关于财政赤字和政府债务问题理论认识发展的逻辑起点。可以简要地概括为如下两方面：

其一，从晚清至民国，最先学习和引进西方公债思想的有识之

---

① 详见梁启超《中国国债史》，1904年。
② 详见刘秉麟《近代中国外债史稿》，武汉大学出版社2007年版。

士充分认识到了政府债务融资之于现代政府和现代经济的重要作用[①]。在此作用下，政府也开始有意识地借鉴西方经验，设计制定中国自己的政府债务融资制度框架。一方面，举债融资强化了政府在短期内组织收入的能力，尤其是在抗日战争这一关系民族存亡的关键时刻发挥了积极作用，值得肯定；但另一方面，过度举债和规范管理机制的缺失也造成了恶性通货膨胀、货币贬值、政府信用丧失等负面影响，留下了极为惨痛的教训。

其二，政府与民众之间、社会精英与普通大众之间对政府债务融资问题形成了不尽相同的认识，态度存在较大分歧。一方面，社会精英更倾向于从工具理性的角度肯定政府债务融资的积极作用[②]，当时政府自然也乐于迎合这种认识；另一方面，普通民众则把政府债务融资视作政府盘剥百姓的另外一种手段，而早期政府债务多用于赔偿列强不平等条约欠款或军阀混战或与国民党官僚政府腐败堕落相联系的事实，也在很大程度上加剧了人们对政府债务的负面认识。

二 国民经济恢复时期对政府发债问题的再认识："实物本位"思想

在新中国成立之初的国民经济恢复时期，受当时特定历史阶段和政治经济社会环境的影响，政府债务和投融资理论的发展以党和国家领导人的财经工作思想、政策主张为主，实践针对性很强，而财政学理论的发展相对有限。

面对着国民党政府留下的恶性通货膨胀和公众对政府债券普遍的负面情绪，要想让公众接受和认可新中国政府发行的债券，政府债券发行和管理工作就必须转换思路，建立在新的理论基础上。这一时期，以陈云为代表的领导人和财经工作者围绕公债发行进行了

[①] 马寅初：《财政学与中国财政：理论与实践》，商务印书馆1948年版。
[②] 孔祥熙：《抗战以来的财政》，胜利出版社1942年版。

丰富的思想探索和理论创新，并在此基础上推进新中国最早的政府债务融资尝试。

政府债务融资创新的集中体现是"实物本位"思想①，以及在此基础上设计完成的折实公债发行实践。1949年12月2日中央人民政府委员会第四次会议通过《关于发行人民胜利折实公债的决定》，计划在1950年发行两期，每期1亿分（份）。"人民胜利折实公债"不同于一般政府债券的独特之处在于其背后的"实物本位"思想，即公债的购买和偿还均以"分（份）"为单位，每分（份）折合为一定量组合实物价值——上海、天津、武汉、广州、重庆、西安6个大城市大米（天津为小米）6市斤、面粉1.5市斤、白细布4尺、煤炭16市斤的平均批发价总和②。由于公债偿还均折合成实物，因而购买者不用担心通货膨胀对债券价值的侵蚀，公债相对于货币有了保值的功能。这使得"人民胜利折实公债"相对于国民党政府发行的债券而言，更受公众的信赖。"实物本位"的理论创新在实践中取得了成功："人民胜利折实公债"第一期被大幅超额认购，实际发行额达到原定两期发行总额的70.4%。后来由于财政经济状况好转，第二期未再发行。

"实物本位"思想和折实公债发行既受现实所迫，是对国民党政府不负责任的泛滥举债行为的反思；同时也是一次重要的理论创新和实践创新。尽管其背后蕴含的道理很朴素、并不复杂，但在财政学学术史上的意义却是不容忽视的：一方面，"实物本位"思想在传统的金银贵金属本位和政府信用本位之外，为政府债券和货币提供了另外一种信用基础和价值基础；另一方面，在通货膨胀高发、政府信用受破坏的情况下，"实物本位"的公债发行是政府通过市场经

---

① 详见金冲及、陈群主编《陈云传》，中央文献出版社2005年版，第652—655页。

② 详见项怀诚主编《中国财政50年》，中国财政经济出版社1999年版，第71—72页。

济活动重建政府信用的重要途径。在实践层面,"实物本位"思想也值得其他处于经济起步期的后发国家政府借鉴。

三 计划经济时期的政府债务与政府投融资思想的大转变

从新中国成立之初的国民经济恢复时期直到第一个"五年计划"结束,财政学界和官方主流认识中都将发债作为政府融资、支持经济建设的重要手段。在内债方面,政府从1953年到1958年先后分5次发行"国家经济建设公债",累计发行额达到35.44亿元。[1] 在外债方面,新中国成立之后由于一度受到美国等资本主义国家的封锁,因而实行自力更生为主、争取外援为辅的方针,外援主要来自苏联。新中国的第一笔外债是1950年2月《关于苏联贷款给中华人民共和国的协定》中由苏联向中国提供的12亿旧卢布贷款(折合3亿美元)。[2] 根据1953年5月签订的中苏贷款协定,1950—1959年苏联共向中国贷款51.62亿元[3],这些贷款主要以苏联援建中国的156项重点工程为载体。"一五"计划期间,外国借款总额为36.35亿元,占同期财政收入总额的2.8%[4]。这些内债和外债融资为第一个"五年计划"的实施和新中国基础工业体系的奠基发挥了重要作用。

自1959年开始,财政学界主流思想中对政府债务的认识和态度发生了重大转变。在外债方面,1959年6月,中苏关系破裂,苏联停止对中国贷款。中国政府在国内经济困难、财政压力较大的情况

---

[1] 数据引自项怀诚主编《中国财政50年》,中国财政经济出版社1999年版,第126页。另据王丙乾《中国财政60年回顾与思考》,中国财政经济出版社2009年版,第453页,累计发行34.45亿元,实际发行35.39亿元。

[2] 详见王丙乾《中国财政60年回顾与思考》,中国财政经济出版社2009年版,第447页。

[3] 详见项怀诚主编《中国财政50年》,中国财政经济出版社1999年版,第125页。

[4] 同上。

下，仍然在1964年时提前偿还完对苏联的全部外债。[①] 与此同时，政府对内债的态度也发生了转向，决定尽快偿还内债，并不再发行新债。"到一九六八年底，我们全部还清了公债。我国已经成为一个既无内债，又无外债的社会主义国家。"[②]

自此之后直至改革开放的十年间，国内主流财政学界对国债持否定态度，财政实践中也不再发行内债和外债。"既无内债，又无外债"在该时期被认为是社会主义财政优越性的一种表现。[③]

应当说，造成这种思想认识的原因是多方面的：第一，客观上，在美国等资本主义国家封锁孤立、中苏关系破裂的外部环境下，举借外债无门。第二，在美苏两强争霸、两大阵营对峙的国际关系格局下，我国奉行独立自主的外交政策，要求不能轻易向两大阵营举借外债。第三，当时国内经济发展水平较低、人们的储蓄和财富积累不足的现实使得发行内债的空间有限。

更主要的是，在开始实行严格的计划经济体制之后，发行内债的必要性从制度上被消除了。在高度统一的计划经济体制下，物资、财政、信贷三大平衡关系相互交错，财政与金融的界限被打破，财政部与中国人民银行甚至在1969年7月到1978年1月一度出现合署办公的情形。因而，在这段时期，尽管实际上频繁出现财政向央行透支的情况，货币发行量也常常受到财政收支差额的影响，但名义上不存在政府债务。事实上，在财政与金融统一于中央计划、界限模糊的情况下，理论上也不可能出现规范的政府债务融资体制机制。

[①] 偿还数额为14.06亿新卢布，折合人民币57.42亿元。详见王丙乾《中国财政60年回顾与思考》，中国财政经济出版社2009年版，第447页。

[②] 详见《中共九大政治报告》，1969年4月1日报告，4月14日通过。

[③] 例如《周恩来在中国共产党第十次全国代表大会上的报告》（1973年8月24日报告，8月28日通过），《人民日报》社论"乘胜前进"（1964年1月1日第一版），等等。

第二节　改革开放初期对国债的再认识与国债市场重建

1978年改革开放之后，随着经济管理理念由计划经济向有计划的商品经济、再向社会主义市场经济的过渡，财政学界对于政府债务问题的认识也在发生转向。

转向的首要标志是财政与货币金融关系的再认识。在财政金融学界的不断呼吁下，中央开始着手理顺财政与金融的关系，其核心目标是要明确财政工作与金融工作的边界，建立独立运行的财政体系和金融体系。1978年1月，财政部与中国人民银行结束了长达九年的合署办公，开始各自独立运行。1983年9月，国务院决定由中国人民银行专门行使中央银行职能。1995年3月，《中华人民共和国中国人民银行法》颁布，以法律的形式明确规定"中国人民银行不得对政府财政透支，不得直接认购、包销国债和其他政府债券"。当向中央银行透支的"后门"（即财政赤字货币化）被关上之后，政府债务融资的"正门"才开始真正被打开，政府债务融资机制步入正规化发展阶段。自此，财政与金融实践的界限逐渐清晰，政府成为金融市场上的一个参与主体，通过贷款、发债等市场化手段形式举借债务，而不是直接通过向中央银行透支来弥补赤字。尽管政府相比于个人、企业等完全市场化主体仍存在一定的特殊性，但在债权债务契约关系上，政府与其他市场化主体的地位是平等的。

改革开放之后政府债务和政府投融资理论的发展首先是从解放思想开始的。客观而言，邓小平在外债问题上的思想解放是这一时期政府债务和政府投融资理论突破的先导。例如，邓小平早在1978年5月就指出，"西方资本主义国家……借钱给我们，我们又不干，非常蠢"①；在 1980 年 5 月又强调，"利用外资要及早动手，不要再犹豫拖延了。法国、美国、世界银行、国际货币基金组织、日本都准备给我们一些贷款……应该抓紧同他们谈判"②。在这一思想突破的推动下，我国政府于 1979 年 12 月接受了日本政府 500 亿日元（折合 2.2 亿美元）的援助开发贷款，成为改革开放以来的第一笔外债。此后，又与德国、法国等二十多个国家建立了贷款关系，同时开始从国际农业发展基金会、世界银行、亚洲开发银行等国际组织获得贷款。这一时期举借外债主要是为交通、能源、工业等基础产业项目筹集资金，并常常与引进国外先进技术相结合。在重启外债的同时，财政学和金融学理论界也在重新审视和反思内债对于财政和经济发展的作用（睢国余，1980；王志，1981；周泽民，1982；刘春鹏，1983；喻雷，1984）。1979 年和 1980 年两年，中央财政连续出现了 170 亿元和 172 亿元的较大规模的赤字③。考虑到当时货币发行量已经偏大，不适合继续增发货币来弥补赤字，中央决定重启国债工具。1981 年 1 月，国务院颁布《中华人民共和国国库券条例》，并在该年发行了 48.66 亿元国库券，发行的主要对象是企事业单位。1982 年国库券扩大到对个人发行。到 1987 年，国库券含息余额为 475.85 亿元④。除此之外，1987 年由中国人民银行代财政部发行重点建设债券 55 亿元。

改革开放之初，财政学界就是否恢复国内公债发行进行了一轮大讨论。讨论主要围绕如下几个议题展开：赤字有害无害？是否应当通过发债来弥补赤字？恢复发债是一次性的临时行为，还是将成为常规举措？对于这些问题，财政学界以及政策界进行了深入探讨和反复论证（邓子基，1981；刘永祯，1985；董大胜，1987）。这次

---

① 《邓小平思想年谱（1975—1997）》，中央文献出版社 1998 年版，第 67 页。
② 同上书，第 158 页。
③ 王丙乾：《中国财政 60 年回顾与思考》，中国财政经济出版社 2009 年版，第 453 页。
④ 同上。

大讨论的结果是，人们对财政赤字和国债的认识开始有所转变，传统上对赤字和国债的负面观念有所突破。起初，多数人认为恢复发债尝试只是一个临时性行为，以后经济形势好了就不再发行了；但不久之后，认为发行国债是"权宜之计"的观念也被打破，国债开始被认为是一种筹集财政资金的常规性工具，其附带的金融功能也开始受到重视。例如，时任财政部部长王丙乾在1983年指出：今后发行国库券的主要目的不再是为了弥补赤字，而是为了加快重点建设。[①] 1981年之后直到1987年，连续7年发行了国库券，国债发行开始常规化。1988年财政部成立国债司，专门负责内外债管理工作。

在理论与实践创新的共同作用下，这一时期我国国债发行体制机制日趋成熟。同时，国债与金融之间的关系也得到了发展和优化。根据1981年《中华人民共和国国库券条例》的规定，"国库券自发行后第六年起，一次抽签，按发行额分五年作五次偿还本金，每次偿还总额的20%"，"国库券不得当作货币流通，不得自由买卖"。由于偿还周期较长，且缺乏流通性，国库券在后来的发行中一度遇到困难。为了解决国债发行难问题，当时财政学界的一项主要工作是研究和引进发达国家的国债发行管理机制，并在此基础上批判性地借鉴吸收，从而助力国内刚刚起步的国债市场建设。代表性的研究有周茂荣（1982）、高培勇（1984、1985、1992a、1992b）、毕志恒（1984）、刘昌黎（1985、1986、1989）、甘培根和夏斌（1986）、吴念鲁和杨洪（1988）等。这些研究为相关部门改进国债发行机制和管理办法提供了参考和启示。高培勇还提出了专门建立"国债管理学"学科的建议[②]，指出应从适度规模、品种结构、发行推销、应债来源、流通转让、还本付息等维度对社会主义市场经济条件下的国债运行和管理机制进行系统性的研究。在学界、政策部门和实务部门

[①] 详见《全国国库券工作会议在京召开，王丙乾部长到会讲话》，《中国财政》1983年第4期。

[②] 高培勇：《应当建立一门〈国债管理学〉》，《财政研究》1993年第4期。

的共同推动下,我国国债发行管理体系和国债市场在20世纪80年代和90年代得到了较快的发展和升级:第一是允许国库券转让,逐步建立国债流通市场。从1988年4月开始在7个城市试点,1990年扩大到全国地级以上中等城市,并于同年开始在上海证券交易所集中交易国债。第二是改革了发行方式,1988年试行不分配任务、直接在银行柜台销售;1991年试点"承购包销";1995年开始通过招标方式发行;1998年开始实施国债承销团制度。第三是在国债与货币金融之间建立联系。从1985年开始,允许中国人民银行对未到期国库券进行贴现,既提高了国债的流动性和吸引力,也丰富了货币创造机制。在此期间,关于国债适度规模的理论研究,贾康首次给出表达国债净正面效应的直向坐标系曲线[1]后又进一步扩大了这一认识成果的影响[2]。

第三节 改革开放初期政府投融资理论的探索与突破

财政学界在改革开放起步时期对政府投融资理论也进行了积极探索,而理论的发展又指导和助推了该时期政府投融资体制的改革。在高度统一的计划经济体制下,投融资管理体制也是高度统一的,所有国有单位的投资建设均纳入国家计划,项目所需资金也由国家按计划拨付。财政基本建设资金按照财政拨款、无偿使用的原则进行管理,这与当时集中统一计划的经济体制和统收统支的财政体制是一脉相承的。在这种模式下,国有企业投资也就是政府投资,且占到全社会总投资的绝大部分。

客观而言,这种投资体制有利有弊:利在于为保障重点项目建

---

[1] 贾康:《关于我国国债适度规模的认识》,《财政研究》1996年第10期。
[2] 贾康、赵全厚:《国债适度规模与我国国债的现实规模》,《经济研究》2000年第10期。

设的资金来源起到了积极作用；弊在于，投资主体不独立，缺乏权责利相统一的约束机制，部门之间、地方之间、企业之间容易陷入低水平竞争，导致投资规模超标和重复建设，造成资金浪费、投资效益不高的局面。

改革开放之后，财政学界和相关部门对此进行了认真研究，得出原有的基本建设投资机制不适应经济发展要求的结论，并逐渐明确了"拨改贷"的改革方向。以1979年8月颁布的《基本建设贷款试行条例》为标志，基本建设投资机制由计划经济时期的财政拨款、无偿使用转为银行贷款。"拨改贷"从1979年年底开始试点，到1985年全面推行（经营性项目实行"拨改贷"，限定范围内的10类无经济效益的投资项目仍实行拨款），这是我国政府投融资机制改革历史上的一个关键步骤。在由计划经济向市场经济转轨的过程中，"拨改贷"投融资体制改革与扩大企业自主权的国有企业经营体制改革是密切联系、同时进行的。

到1988年，国务院原则同意国家计划委员会提出的《关于投资管理体制的近期改革方案》，较为系统的投资体制改革方案开始形成。同年，根据《国家基本建设基金管理办法》建立了中央基本建设基金，并配套设立了能源、交通、原材料、机电轻纺、农业、林业六家专业投资公司[①]，使用中央基本建设基金进行各自行业的基本建设投资和技术改造投资。基本建设基金列入财政预算，由财政部按期拨给中国建设银行，并由中国建设银行会同各专业投资公司向财政部报预决算及年度、月度执行情况；其中经营性投资部分由各专业投资公司和其他建设单位向中国建设银行贷款[②]。与此同时，工程招标承包制度、第三方可行性研究、监理制度等现代管理制度也在这一时期被借鉴和引进到政府投资项目管理中来。

---

① 详见《国务院关于印发投资管理体制近期改革方案的通知》（国发〔1988〕45号）。

② 详见《国家基本建设基金管理办法》，1988年起施行。

总体而言，政府投融资体制在改革开放初期的十多年时间里经历了较为深刻的转型，到1991年已经基本形成了与当时有计划的商品经济体制相适应的体制机制；尽管在政府投融资体制中仍然存在主体责任不明确、预算软约束、低水平重复建设、资金使用效率不高等问题。不过，政府投融资体制市场化转型的方向已经在财政学界深深扎根，成为思想主流，这也为下一阶段深化投融资体制改革积累了共识和动力。

第三篇

建立社会主义市场经济体制时期的财政学(1992—2012年)

第十五章

建立社会主义市场经济体制时期财政学基础理论的引进与创新

在计划与市场的关系问题上,自新中国成立以来经过了40多年的艰难探索,到20世纪90年代早中期终于迎来了一个认识上的飞跃。一方面,从思想上破除了长期萦绕在这一理论探索之上的意识形态束缚,将"市场"与"资本主义"分开来看。另一方面,在实践中明确了社会主义市场经济体制的改革目标和内涵。以上两方面的变化带来了国家观念、个体权利、政府职能、中央与地方关系等相应的观念更新,为引入适应这一整体性变迁的新的财政学理论提供了条件。

第一节 时代背景

众所周知,20世纪70年代末期以来的经济体制改革是通过国家财政的"放权让利"来推动的,这意味着与此同时计划经济体制下的财政模式也经历着一场变革。旧的财政模式以"国家分配论"为理论支点。财政模式的变化必然引起理论上的分歧。早在20世纪70年代末80年代初,居主流地位的"国家分配论"者就受到来自"社会共同需要论"等竞争性理论的挑战。然而,一方面由于体制惯性,旧的学术话语体系依然在沿用;另一方面,新的理论大多"破旧"有余,然而"立新"不足,因此,尚无法全面取代旧理论在政治和学术话语系统中的主导地位。

然而,这一新旧思想相持不下的局面,最终还是被改革大潮所打破,并大踏步地向前推进。党的十四届三中全会以后,构建社会主义市场经济体制框架的改革全面铺开。围绕如何使"市场在资源配置中发挥基础性作用",建立符合社会主义市场经济要求的财政体制的工作,也进入了紧锣密鼓的实施阶段。

一 由"放权让利"引发的"财政危机"

在改革向前推进的同时,随着"大一统"的财政体制的逐渐淡出,符合社会主义市场经济体制要求的新型公共财政模式并未及时建立,这便是问题的症结所在。改革是从放权让利起步的,故收入增长受到很大制约。而在支出方面,政府并不能立即从旧体制所界定的职责中退步抽身,还要承担市场经济体制所要求的新职能,随着改革的深化,各方面的支出压力不断加大。

企业承包和财政包干制在调动企业和地方的积极性方面,发挥了重要作用,增强了微观经济主体的活力。但是这种不规范的利益分配方式,使得政府、特别是中央政府在新增资源的分配上,处于劣势地位。从财政向个人、企业和地方让利的改革之初,"两个比重"就开始呈下降之势。这是改革方式导致的财政汲取能力的下降。债务和赤字则相反,总体上呈上升趋势,最后发展到中央不得不向地方借钱周转。"1988—1990 年,财政部连续三年向地方政府借钱。到了 1991 年,财政部囊中羞涩,时任财政部部长刘仲藜对国务院副总理朱镕基说,他切身体会到旧小说常说的'国库空虚'。国家财力不足，行政能力减弱，财税改革迫在眉睫。"① 旧的财政体制到了非改不可的地步。

王绍光、胡鞍钢的《中国国家能力报告》②风靡一时，与此大有关系。报告认为，中国自20世纪80年代以来先后实行的不同形式的财政包干制，导致财力极度分散、中央宏观调控弱化，中国政府财政收入和中央政府财政收入占GDP的比重大大低于发展中国家的平均水平，在财政上中国政府已成为世界上最弱的政府，中国的中央政府已成为世界上最弱的中央政府。该报告呼吁尽快提升中国的国家能力，特别是国家汲取财政收入的能力。报告建议通过实施规范的中央与地方分税制，对中央与地方之间的利益格局作出调整。

二 "建立社会主义市场经济体制"目标的确立

在改革开放以来十余年的理论拉锯和各种政策面尝试中，"双轨制"既给国民经济带来了活力，也由于容忍在市场和计划两大体系之间存在"灰色地带"而成为系统性腐败的"温床"，进而引起收入差距扩大、阶层的分化和社会秩序的混乱，激起民间普遍的不满情绪。为了消除"双轨制"滋生的腐败现象，1988年中央高层决定实行"价格闯关"，即在短时间内迅速理顺价格关系，使经济运行趋于正常。然而，此举引发居民恐慌，发生了抢购风潮，导致物价膨胀，促使民间对官僚主义和腐败现象的愤怒升级，部分地酿成了1989年春夏之交的政治风波。此后，各项改革一度陷入停滞，中国的前途命运一时间陷入迷茫。

在这一历史紧要关头，1992年年初邓小平同志发表了重要

---

① 《财经》专题制作团队：《分税制：挽救财政危机的改革》，2018年12月7日，https://news.caijingmobile.com/article/detail/373618？source_id=40。

② 王绍光、胡鞍钢：《中国国家能力报告》，辽宁人民出版社1993年版。

的"南方谈话"。中共中央政治局为此召开全体会议以后，中共中央、国务院作出了关于加快改革开放和经济发展的一系列重要决定。1992年10月，党的十四大报告中提出了"建立社会主义市场经济体制的战略目标"和政治体制改革目标，确立了"邓小平建设有中国特色社会主义理论"在全党全国的指导地位。邓小平同志的"南方谈话"和党的十四大终结了长期以来的"计划"与"市场"之争，引发了新一轮思想解放，将改革开放推向了新阶段[①]。

继党的十四大提出建立社会主义市场经济体制的战略目标后，1993年党的十四届三中全会通过《中共中央关于建立社会主义市场经济体制若干问题的决定》，提出了社会主义市场经济的框架，成为改革的纲领性文件，为下一步改革指明了方向。此后，中国的经济体制改革走出"放权让利"思维，进入了真正的"制度创新"阶段。

三 财政体制改革踏上新征程

（一）建立现代企业制度

20世纪80年代以来至1994年，对体制内国有经济的改革经历了十余年的探索期，采用过的具体方法包括基金和利润留成、两步"利改税"、企业承包制和税利分流等。然而，这些做法都未能使国有企业的效率有明显的提高。究其原因，最主要的是人们对于社会主义国家在经济社会生活中的双重身份和双重管理职能认识不清，即国家既以社会管理者的身份行使社会管理职能，同时又以国有企业资产所有者身份行使国有资产管理职能[②]。

社会主义市场经济要求市场对资源配置发挥基础性作用，企业

[①] 高尚全：《我国社会主义市场经济改革历程》，《中国金融》2018年第8期。
[②] 刘克崮、贾康主编：《中国财税改革三十年亲历与回顾》，经济科学出版社2008年版，第230—231页。

作为独立的市场主体自主经营，国家负责制定和维护公平有序的市场规则。若国家身兼二任，既当裁判，又当运动员，难免对不同性质的企业区别对待，甚至混淆身份，破坏市场规则，有害于社会主义市场经济的健康和规范发展。为此，党的十四届三中全会决定在国有企业中建立以"产权清晰、权责明确、政企分开、管理科学"为特征的现代企业制度。

（二）以规范的"分税制"重建中央—地方政府关系

随着经济体制改革目标明确化，为建立中央与地方之间合理的分配机制，增强中央的宏观调控能力，促进社会主义市场经济体制的建立和国民经济的持续、快速、健康发展，在税制改革的基础上，国务院决定从1994年1月1日起实行"分税制"。鉴于严峻的财政形势，国务院决定财税改革要"一步到位"。改革的主要内容有三个方面：

一是重新划分中央和地方的事权，明确各级政府的支出责任。根据现行中央政府与地方政府事权的划分，中央财政主要承担国家安全、外交和中央国家机关运转所需经费，调整国民经济结构、协调地区发展、实施宏观调控所必需的支出以及由中央直接管理的事业发展支出。地方财政主要承担本地区政权机关运转所需支出以及本地区经济、事业发展所需支出。

二是在合理划分事权的基础上，按税种划分中央和地方的收入。根据事权与财权相结合的原则，按税种划分中央与地方的收入。将维护国家权益、实施宏观调控所必需的税种划为中央税；将同经济发展直接相关的主要税种划为中央与地方共享税；将适合地方征管的税种划为地方税，并充实地方税税种，增加地方税收收入。

三是为保证中央财政收入能够及时足额上缴，分设国家和地方税务局。中央税和共享税由国家税务局征收，避免了地方税务机构代理中央政府征税过程中侵蚀中央政府收入的风险。

第二节　建立与社会主义市场经济体制相适应的财政理论

理论来源于实践，是实践的总结和升华。理论既负责解释实践，对现实存在加以说明；同时也负责引领实践，对未来的可能性提出预测。不同的理论指向不同的可能性，人们在各自的价值观下加以取舍。在中国财政改革过程中，1949—1978年的大多数时候，财政实践走在财政理论的前面，而在改革开放之后，财政理论与财政实践更多的时候则是并肩而行。

一　财政基础理论因应改革实践而变迁

市场化改革目标的确立和1994年的经济体制改革，初步建立了社会主义市场经济体制的基本框架，向财政学界提出了建立与社会主义市场经济相适应的财政理论的任务。它首先引起了财政学界再次关于"财政本质与职能"问题的讨论，贾康把"财政本质"层面的基础理论研究，推展至打通"大历史"视野、兼收并蓄各流派的"社会集中分配论"[①]；许毅、张馨等的颇有影响的"广义财政论""双元财政论"等，也是在这一背景下提出的。同时，人们开始探讨诸如公共产品、市场失效、公共财政的定义、公共财政的建立、公共财政姓"资"姓"社"、公共财政论与国家分配论的关系等基本理论问题。在激烈的论战中，促成了我国公共财政理论的形成与发展。

（一）国家财务独立论

随着改革向前推进，传统的政府角色发生改变。在有关财政的一些基本理论上，也引发了争议。改革初期的"两权分离""政企分开"等做法，撬动了对国家角色的传统认知。一些学者意识到，传统财政

---

① 贾康：《财政本质与财政调控》，经济科学出版社1998年版。

理论不区分国家在经济社会中的两种身份是有问题的。主张将作为社会行政管理者的国家发生的资金收支活动，与作为生产资料所有者的国家发生的投入和产出活动分开。前者属于国家财政的范围，而后者是企业财务活动，不应包含在国家财政范围之中，即"国家财务独立论"[①]。可以看出，"国家财务独立论"的提出和完善，与国有企业改革的进程是十分吻合的，是对改革实践的理论回应。

（二）双元财政论

继"国家财务独立论"以后，叶振鹏和张馨明确提出"双元财政论"。这一观点同样来自财政改革的实践，认为社会主义市场经济下的财政是由相对独立的公共财政和国有资产财政两部分组成。这是因为，在市场经济条件下，国家作为社会管理者，要在非市场领域行使职能；作为资本所有者，也要在市场领域活动，从而导致了公共财政和国有资本财政共存的二元结构，形成社会主义市场经济下的"双元财政"模式[②]。党的十四届三中全会以后，叶振鹏、张馨又于1995年合作出版了《双元结构财政——中国财政模式研究》[③]一书，全面阐述了双元财政模式的思想。由于党的十四届三中全会《决定》提出要"改进和规范复式预算制度，建立政府公共预算和国有资产经营预算，并可以根据需要建立社会保障预算和其他预算"，实际上肯定了公共财政和国有资产财政的提法，双元财政论得到的赞同也越来越多[④]。

[①] 郭复初于1986—1995年提出并完善了这一观点。参见张馨、杨志勇、郝联峰、袁东《当代财政与当代财政学主流》，东北财经大学出版社2000年版，第362页。

[②] 叶振鹏、张馨：《论双元财政》，"全国第七届财政基础理论讨论会"上的发言，厦门大学，1993年。叶振鹏、张馨：《双元结构财政——中国财政的新模式》，《光明日报》1993年11月9日。

[③] 叶振鹏、张馨：《双元结构财政——中国财政模式研究》，经济科学出版社1999年版。

[④] 张馨、杨志勇、郝联峰、袁东：《当代财政与财政学主流》，东北财经大学出版社2000年版，第458—463页。

(三) 公共财政论

虽然1993年《中共中央关于建立社会主义市场经济体制若干问题的决定》确定中国经济改革的方向为社会主义市场经济，但在很长的时间里，对社会主义市场经济及其财政如何理解，社会上有很大的分歧，争论相当多。"国家财务独立论"和"双元财政论"都强调了社会主义国家作为国有资产所有者，使得社会主义财政与一般市场经济下财政有所不同，都强调了如何在国家财政中体现国家作为国有资产管理者身份的独立性。

这个问题的另一面则是，在市场经济下，国家作为一般的社会管理者的职能，在财政上如何体现呢？到20世纪90年代中期，西方经济学已经在中国有了相当广泛的传播。市场失灵、公共产品等概念，对传统的财政学术界来说已经不再陌生。自1991年起，张馨通过一系列文章系统介绍西方经济学的公共产品理论[1]，分析了其在价值理论方面与中国财政理论的本质不同[2]，并阐述其对中国的借鉴意义[3]。正是基于这些准备，张馨得以从理论上将国家的两种角色区分开来，奠定了双元财政论的基础，同时，也引发其对市场经济条件下财政模式的思考。

在回应对双元财政论的批评时，张馨谈到了公共财政和双元财政的关系。他认为，中国的公共财政是双元财政的一个组成部分，但是其最为关键和核心的部分。在2002年7月于湖北黄石召开的"全国财政基础理论座谈会"上，张馨提出，"在目前政府尚未退出一般竞争性和盈利性领域的背景下，财政应分为公共财政和国有资本财政两大块。这种双元财政最终应过渡到公共财政，至于何时过渡，需要多长时间完成过渡，这又是与市场经济的发展密切联系的。

---

[1] 张馨：《公共产品论之发展沿革》，《财政研究》1995年第3期。

[2] 张馨：《西方财政学的一个重要转变——析边际效用学说对西方财政理论的影响》，《财政研究》1993年第11期。

[3] 张馨：《西方的公共产品理论及其借鉴意义》，《财政研究》1991年第11期。

财政活动本身就是政府活动,政府行为应遵循市场经济规律,财政活动也应体现这一要求"①。

然而,关于什么是"公共财政",在当时的国内财政理论界还是一个不甚清晰的概念。只有为数甚少的学者对其进行了界定,包括张耀伦和周少云②、安体富和高培勇③、刘迎秋④等。直到1997年张馨发表《论公共财政》⑤一文,引起了较为广泛的关注,赞同者甚众,但引发了激烈的争论和批评。

随着实践中财政改革进程的推进,1998年年底召开的全国财政工作会议明确提出了"初步建立公共财政基本框架"的改革目标;1999年3月九届全国人大二次会议上时任财政部部长项怀诚在《关于1998年中央和地方预算执行情况及1999年中央和地方预算草案的报告》中,将"转变财政职能,优化支出结构,建立公共财政的基本框架"作为完成1999年预算任务必须做好的工作之一提出来,大大激发了理论界的热情,一时间可谓"百花齐放,百家争鸣"。此后,直至进入21世纪的头几年里,关于"公共财政"的论争,成为中国财政理论界一个独特的学术景观,一时间热闹非凡。

二 关于公共财政的论争

(一) 公共财政论

厦门大学的张馨教授,长期以来为在中国建立公共财政模式而

---

① 陈志勇、毛晖:《财政理论研究要与时俱进——"全国财政基础理论座谈会"综述》,《财政研究》2002年第10期。
② 张耀伦、周少云:《社会主义公共财政的几点思考》,《中央财政金融学院学报》1993年第5期。张耀伦、周少云:《发展社会主义公共财政的思考》,《财贸经济》1993年第8期。
③ 安体富、高培勇:《社会主义市场经济体制与公共财政的构建》,《财贸经济》1993年第5期。
④ 刘迎秋:《我国财政制度改革的更高目标——建立公共财政》,《改革》1994年第4期。
⑤ 张馨:《论公共财政》,《经济学家》1997年第1期。

不遗余力，是公认的公共财政的呼求者。正是他与他的合作者——财政部财政科学研究所叶振鹏研究员一起，在向国内大量引介西方财政理论的基础上，系统提出与市场经济相适应的公共财政模式，由此而引发这一轮论争。张馨的观点受到一些持传统"国家分配论"观点的同行们的严厉批评。双方各执一词，引起了广泛的社会反响。

在20世纪90年代，财政经济理论界对"公共财政"下的定义并不多，张馨关于"公共财政是指国家或政府为市场提供公共服务的分配活动或经济活动，是与市场经济相适应的一种财政类型和模式"的定义，是当时比较有代表性的对公共财政的定义。而面对占据主流地位的国家分配论的质疑，公共财政论回答的基本问题有：(1) 有无公共财政？(2) 如有，什么是公共财政？(3) 公共财政制度是如何构建的？等等。

由于这些问题在西方财政理论界是不成"问题"的，因而对这些问题的解答，就形成了我国公共财政理论的特有内容，构成了我国公共财政论的基本框架。

(二) 批评与回应

1. 来自"国家分配论"者的批评

正如前文所述，论争主要在"国家分配论"与"公共财政论"之间展开。

张馨认为，"公共财政"指的是（作为政权组织而不是资本所有者的）国家或政府为市场提供公共服务的分配活动或经济活动，它是与市场经济相适应的一种财政类型和模式。虽然不同的经济体制有着不同的运行机制和活动特点，决定着不同体制下财政的根本性差异，从而形成不同的财政类型，但从财政即"国家（政府）收支（经济）"活动这一所有类型的财政共性来看，财政即"国家财政"。张馨之所以强调"公共"财政，其原因在于，市场经济要求并决定着财政具有"公共性"，"公共性"是市场型财政的根本特征,因此,"公共"财政就成为市场经济下特有的财政类型。①

他认为公共财政所具备的四大特征与内涵是:(1)公共财政是弥补市场失效的财政。政府通过自身收支活动而满足共同消费需要,直接弥补着市场失效。(2)公共财政必须为市场活动提供一视同仁的服务,为各市场主体的充分公平竞争创造良好的环境。(3)公共财政具有非市场赢利的性质,这是政府参与市场失效领域到何种程度的具体标准。(4)公共财政是法治化的财政。这意味着社会公众通过议会和相应的法律程序,其中,具体地通过政府预算的法律权威,而根本地决定、约束、规范和监督着政府的财政行为,从而使得此时的财政鲜明地体现出是社会公众的财政。以上四大基本特征分别从不同的侧面,共同地表现了"公共财政"的"公共性",因此,市场型财政就是公共财政。我国要建立社会主义市场经济,很自然也要建立与之相适应的公共财政。②

由于在具体展开分析、阐述观点的过程中,公共财政论者不仅所使用的基本分析工具多由西方经济学借鉴而来,且其主要论点也围绕建立在边际效用价值论基础上的公共产品论展开,这些都与传统国家分配论者的立场相去甚远,也因此引致许多批评。其中以许毅③对张馨观点的批评较具代表性:(1)公共产品论代表着哪一个阶级的利益?(2)边际效用论引入公共产品论是荒谬的。(3)许多公共产品模型并没有解决问题,是没有经过实践证明的谎言。(4)通过政治程序实现公共产品的最佳供应的政治程序到底指的是什么?张馨④对此撰文作了回答与反驳。叶子荣发表于1998年第4期《财

---

① 张馨:《公共财政论纲》,经济科学出版社1999年版,第8—9页。
② 同上书,第9—12页。
③ 许毅:《对国家、国家职能与财政职能的再认识》,《财政研究》1997年第5期。
④ 张馨:《"公共财政"与"国家财政"关系析辨》,《财政研究》1997年第11期。

政研究》上的《"公共财政"辨析——与张馨同志商榷》一文,是另一篇旨在批判公共财政而引起张馨回应的文章,叶子荣认为,"无论讨论财政的本质还是财政的类型,都不可能回避财政活动与市场经济同国家这一阶级压迫工具的本质是相联系的,讲财政本质和类型,更不应当把国家和财政说成是超阶级的。否则,财政理论就失去了根基"而"公共财政"是建立在"社会契约论"的国家学说基础之上的,无论其是财政的本质还是类型的理论,都存在根本性的错误,绝不应该成为我国市场经济下财政改革的指导。对于类似的批评张馨有针对性地回应的同时,在另一篇名为《财政的公共性与阶级性关系析疑》[①]的文章中,他指出,从根本上看,对"公共财政"概念及公共财政论的否定都集中在一点上,即公共财政论不讲阶级、不讲剥削,是资产阶级美化资本主义社会的财政理论,是反马克思主义的财政学说,张文并对此给予说明。

2. 其他方面的批评

此外,公共财政论所受到的质疑还来自以下几方面:

(1) 将"public finance"译作"公共财政"合适吗?

反对者有吴俊培[②]、王陆进[③]、孙树明[④]、赵志耘、郭庆旺[⑤]等,他们认为"public finance"只能译为"财政"或"财政学";安体富指出,所谓"公共财政"即"财政",前者属同义反复,杨之刚也持同样看法。杨志勇认为,将"public finance"译为"财政(学)"或"公共财政(学)",都是合理的,都能够自圆其说,也能够适应我国改革的现实。更多的学者没有参与所谓译法的争论,他们认为,西方传统中的财政与中国今天提出的公共财政有很多共性,它们都是与市场经济相适应的财政类型,在中国之所以要强调公共财政,

---

① 张馨:《财政的公共性与阶级性关系析疑》,《经济学动态》1999年第5期。
② 吴俊培:《论"公共财政"的误区》,《中南财经大学学报》1998年第4期。
③ 王陆进:《走出财政理论研究的误区》,《财经理论与实践》1994年第6期。
④ 孙树明:《关于公共财政的一些基本问题》,《中国财经报》1996年3月19日。
⑤ 赵志耘、郭庆旺:《"公共财政论"质疑》,《财政研究》1998年第10期。

主要是为了与计划经济下的财政模式相区别[1]。

（2）虽认可"公共财政"这一提法，但把它等同于自由资本主义时期的财政理念，因此公共财政模式在实践中不可取。持这种观点的主要有陈共、赵志耘、郭庆旺等。

陈共[2]认为："如果说'公共财政'一词还有什么可取之处，那就是它倒可以表示亚当·斯密时代的财政的内涵。然而作为财政学目前已被公共经济学所代替，作为财政类型早已是过时的概念了。"在这一认知前提下，陈共认为，"改行'公共财政'，不仅是使财政退出竞争性投资领域，同时也否定了实施积极财政政策的必要性"。联系到当时全球市场生产过剩及国内通货紧缩、需求不振的经济形势，陈共呼吁"公共财政"再议缓行。

郭庆旺、赵志耘[3]与陈共所持观点相似，在他们看来，"'公共财政论'更倾向于西方国家在资本主义初期阶段的财政观，不能适用于我国20世纪末期以至21世纪的社会主义市场经济"，因此，由"公共财政论"不能推导出"公共财政论"者所赞同的财政的"三大"职能（即资源配置职能、收入分配职能和经济稳定职能），这反映了理论与财政实践之间的差距。另外，现代西方财政学的发展都已过渡到公共经济学，其研究内容已非"pubilc finance"所能涵盖，鉴于西方财政的理论与实践都已走向"公共经济学"，倡导"公共财政"无疑意味着一种倒退。

需要说明的是，关于公共财政的基本看法，国内财政理论界并未依"国家分配论"和"公共财政论"两种观点而划分界限，大多数学者的主张都存在许多共通之处。上文之所以择其要点而列出了双方的主要观点，仅只是因为这两种观点的分野较大，争论比较激

---

[1] 叶振鹏：《建立公共财政基本框架的几个问题》，《中国财政》1999年第10期。刘尚希：《公共财政：我的一点看法》，《经济活页文选》（理论版）2000年第1期。

[2] 陈共：《关于"公共财政"的商榷》，《财贸经济》1999年第3期。

[3] 郭庆旺、赵志耘：《"公共财政论"的再质疑》，《财政研究》1999年第12期。

烈、比较具有典型性而已。

贾康则认为,在学术界尚不能对公共财政的定义和内涵形成一致认识的情况下,以政府职能和财政职能调整为背景,公共财政是经济社会转轨中财政转型的必然方向,可以最好地适应建立社会主义市场经济体制战略目标的要求。他提出了公共财政演进过程中的四大基本特征:(1)强调财政的公共性,以满足社会公共需要作为财政分配的主要目标和财政工作的重心;(2)以提供公共产品和公共服务作为"以财行政"的基本方式;(3)以公民权利平等、政治权力制衡为前提的规范的公共选择作为决策机制;(4)以现代意义的公开、透明、完整、事前决定、严格执行、可有效问责的预算作为基本的管理运行制度。基于此,他进而提出了今后一个时期构建和发展公共财政框架中应该抓住的收缩生产建设职能等六大方面的主导因素。①

除基本观点外,关于中国"公共财政"的目标模式,国内一些学者如叶振鹏、邓子基、安体富、刘玲玲、冯健身、方淑芬等也都提出了各自的看法。这方面的分歧并不大,此处不再一一列举。

第三节 对争论的反思

随着社会主义市场经济体制的日益完善、公共财政体制的建设已经走过二十年,当年的热门话题如今已热度不再,胜负已见分晓,无论是当年的事中人,还是今天的后来者,历史留给我们一个共同的话题,那就是关于争论本身的反思。

一 争论的理由

尽管关于公共财政的论争,涉及多个角度和层面。可是,一旦

---

① 参见贾康《论公共财政导向下的预算改革》,《财政与发展》2001年第10期。

触及具体的体制运作层面,相互交锋的各方又往往表现出惊人的一致性,在财政部提出初步建立公共财政的基本框架之后,几乎每种观点的秉持者都为这个目标出谋划策,而且观点大同小异,观念上的分歧似乎消失了,表面上的交锋与事实上的一致合作形成反差,又令人很难不对这场论争的意义产生疑惑:贾康[①]表示公共财政论值得借鉴与吸收,何盛明的《"政府应该做的,就是财政要干的"——关于市场经济条件下国家财政职能的几点思考》一文[②]丝毫看不出任何国家分配论的影子,连张馨[③]也不无感慨地写道"争论了半天,到头来才发现争论双方的观点原来是一致的"。

那么,曾经发生过的那场异常激烈的争论,在今天的读者眼中,意义在哪里呢?导致(主要的)争论双方观点的差异的原因又何在?笔者认为,当时理论界的分歧主要有以下两方面:

其一,研究范式与研究工具上的差异。"国家分配论"者沿袭经济学研究中的"苏联范式",运用生产力和生产关系、经济基础和上层建筑等抽象工具,倚重国家的阶级性,在此基础上将国家财政作为生产关系中以国家为主体的分配关系进行分析。而"苏联范式"的预设前提则是社会主义制度的完美性,故国家分配论除深入探讨财政本质问题以从财政的角度证明社会主义制度的优越性之外,对财政运行方面的贡献并不大[④]。公共财政论者则不然,它从一开始就直接切入财政运行的具体环境,关注的是如何使财政制度运转良好,以增进国民福祉。它把与社会主义市场经济体制下的财政运行关系不大的所谓财政本质问题,排除在探讨的范围之外,同时,它运用一套与国家分配论迥然不同的学术语言来完成自己的分析框架。在

[①] 贾康:《财政本质与财政调控》,经济科学出版社1998年版。

[②] 何盛明:《"政府应该做的,就是财政要干的"——关于市场经济条件下国家财政职能的几点思考》,《财政研究》1998年第8期。

[③] 张馨:《应从市场经济的角度把握公共财政问题——答赵志耘、郭庆旺同志》,《财政研究》1999年第1期。

[④] 杨志勇:《财政理论发展纲要》,1999年,打印稿。

两套话语体系之下，就两个不同层面的问题所展开的争论，要想实现有效的对话的确是困难的。

其二，研究范式与研究工具差异的背后反映的是双方立场观念上的差异。坚持其意识形态追求的国家分配论者，大都是新中国成立以来即在财政理论和实践业务中一路走来的老一辈学人及其追随者，说服他们放弃坚持了一辈子的立场，并不是那么容易的。

二 争论的意义

客观地说，"国家分配论"是位于"财政本质"这一基础理论层面的认识框架，而"公共财政论"是着眼于财政转轨变型这一改革创新层面的代表性概念，关于二者的争论并不具有学术上严谨的对应性。但这场争论推动了中国本土财政学者深化对社会主义市场经济下财政学的认识。争论促进了双方的自我反思，这对财政学的发展是有益的。相信很多人都已经意识到了，与其他经济学门类相比，财政学在中国的进步是最缓慢的，其原因就在于财政学在中国的发展受到较多思想观念方面的制约。

经此争论之后，一方面，国家分配论者不断修正其观点，在回应"公共财政论"的过程中，也推动其理论自身与时俱进。例如：邓子基[1]采取一分为二的辩证方法，从一般与特殊的关系、中西差异的角度对此予以了评析，在坚持马克思主义国家观和"国家分配论"核心内容的基础上，借鉴公共财政论中与市场经济契合的合理因素，赋予了"国家分配论"以新的时代内涵。他的社会主义财政"一体五重"模式就是吸纳公共财政论合理因素、发展国家分配论的理论成果[2]。

---

[1] 邓子基：《坚持与发展"国家分配论"》，《东南学术》1999年第1期。邓子基：《借鉴公共财政论，发展国家分配论》，《财政研究》2000年第1期。邓子基：《在整合中发展国家分配论》，《厦门大学学报》（哲学社会科学版）2003年第1期。

[2] 刘晔：《邓子基资深教授育人理念与学术思想述要——庆祝邓子基资深教授荣获首届"财政理论研究终身成就奖"暨从教七十周年》，《中国经济问题》2017年第9期。

陈共则转变为公共财政论的支持者。

另一方面，争论也促使支持公共财政论的学者反思自身的问题。鉴于公共财政对中国的学者来说是一种舶来的观念，中国又正处于改革开放的社会转型时期，因此很难避免一些公共财政的支持者，并未对西方的公共财政理论进行严肃的理论梳理和认真的分析与批判，也未对中国的社会经验加以分析，就视西方财政模式的现有形态为中国财政改革的目标，这种武断的态度无疑也成为产生歧见的原因。越来越多的学者意识到，西方国家的公共财政是其国家现代化进程的一部分，是一顺时自发的演化过程。这一经验是中国所缺乏的，更多的学者由最初单纯依据与中国经验无关的西方财政理论与实践的变迁，来探讨中国建立新的财政框架的可行性，转向注重结合中国自身的情境，来探讨建立新的财政框架的可行性。

争论使学界认识到，在对"公共财政"这一研究对象尚未取得起码共识的前提下，仅仅依据个人的见解，以及某些经济学流派及个别经济学家的观点不可能对公共财政在中国的实践进行富有意义的争论。此后，对公共财政相关理论的研究持续深入，不再拘泥于意识形态的牵绊，逐渐形成作为学术讨论基础的共识性话语系统。

三 争论以来中国财政学界的变化

20世纪90年代末至21世纪初关于公共财政的这场争论，在中国财政学术发展史上起到了分水岭的作用，财政学术研究方面一些根本性的分歧在这场争论之中已经透露了线索，在这之后则越来越明显。

（一）改革开放前后中国本土两代财政学人的分野

这场争论展示了成长于改革开放前的老一辈财政学人与成长于改革开放后的新财政学人之间复杂的学术联系和情感联系。总体上来说，前者是后者的师长辈，有了这层师承关系，情感联系就不可能断开。但很明显地，经济和社会形势的变化，以及受新的知识结构和思维方式的影响，使后者在思想上和学术追求上有了挣脱前者的欲望，这又造成了两代学者学术联系之间的某种紧张关系。这种紧张是必然会产生的，它在根本上是两代学人各自代表的不同学术传统和学术规范的冲突，而不仅仅是个人性质的。因此，对于这一关系演变，绝大多数的学者都能够理解和接受，甚至主动调适。

（二）新一代政策型学者的崛起

回过头来看，这场争论中所有关于公共财政的知识，都是相当基础、甚至是常识性的。与其说它是一场学术论争，毋宁说它像一场思想启蒙。

市场型财政理论的引入，正好切合国家经济体制改革和财政制度建设的需要。21世纪的最初10年里，理论上的争论少了，新一代学者都致力于为建设和完善现实中的财政制度而出谋划策。从此以后，一大批财政学者深度参与国家财税政策的制定和实施过程，在中国社会转型的大背景下，发挥了政策型学者的重要作用，对于沟通民间和官方的相互理解，促进社会共识形成，功不可没。也正是因为如此，他们能够投入财政学科建设的精力在一定程度上被分散了，因此，本土财政学科的发展与其他经济学科相比，未免显得相对落后。

（三）改革开放以来两类财政学人的分野

改革开放后，一批走在时代前列的年轻人（包括中年人）得以走出去，接受西方经济学教育。到20世纪末21世纪初，其中一些学者陆续回国。他们没有上述两类学者那么切肤的现实感和政策参与意识，其更主要的兴趣在于传播新知识，以新的知识来改造学界。

在他们眼中，并不存在独立的财政研究，财政研究是西方经济学框架中的财政问题研究。他们开始按照国际主流标准，在中国重塑学术和学科体系。随着这些学者的影响力逐渐增大，当其中一些人陆续执掌管理岗位，很自然的，在某些综合性研究型大学，财政学系作为传统财政学的组织载体被撤销了。这在传统财政学者圈内引发"恐慌"，财政学向何处去，成为他们不停追问的一个新问题。

第十六章

建立社会主义市场经济体制时期的财政收入理论

1992年10月，党的十四大明确提出，我国经济体制改革的目标是建立社会主义市场经济体制。1994年实施的税制改革和分税制财政体制改革初步奠定了与社会主义市场经济体制相适应的财税体制，我国财政进入了一个新的历史时期。在大量引进、借鉴、吸收西方市场经济体制下公共经济学的理论范式的基础上，这一时期财政收入理论的发展围绕政府与市场财政分配关系和具有公共财政特征的财政运行模式展开。除此之外，与经济学其他分支学科一样，这一时期财政收入领域涌现了大量采用实证研究方法对财政收入与政府行为及其经济效应进行量化研究的成果，大大提升了相关研究领域定量研究的水平。

立足于中国现实国情、财政运行及财税改革的实践，具有中国特色的财政收入领域的研究主要围绕以下三个问题展开：一是对与社会主义市场经济体制相适应的财政收入理论的探讨；二是在社会主义市场经济条件下税制改革以及税收征管相关问题的研究；三是对政府收入体系的规范化、法治化以及政府收入预算管理的研究。

第一节 与社会主义市场经济体制相适应的财政收入理论

随着建立社会主义市场经济体制改革目标的确立，迫切需要建立与这一体制相适应的财政体制。长期以来"生产建设型"财政模式以及与之相适应的传统财政理论需要理论创新，应运而生的"公共财政论"为生产建设型财政向公共财政转型提供了理论基础。在市场经济条件下，税收在财政收入中占据了主导地位，税收理论的发展是这一时期财政收入理论研究的重点内容。

一 建设公共财政背景下的财政收入理论

公共财政论的基础是"公共产品"理论和"市场失灵"理论。"公共财政论"认为计划经济体制下的财政可以称为"生产建设财政"，而在市场经济条件下，由于社会资源的主要配置者是市场而不是政府，财政的职能范围相对于计划经济条件的财政职能范围来说是小而窄的，此时的财政可称为"公共财政"。[1] 市场经济要求的是公共财政，只有公共财政才能适应于、服务于、有利于市场经济的存在和发展，这是数百年来市场经济在西方的发展历程所鲜明昭示的。我国要建立社会主义市场经济很自然也要建立与之相适应的公共财政。[2]

在社会主义公有制为主体的基础上建立市场经济体制，还要回答国家作为国有资产所有者与国有企业分配关系的问题，这是"双元财政论"提出的背景。"双元财政论"认为：社会主义国家的双

---

[1] 安体富、高培勇：《社会主义市场经济体制与公共财政构建》，《财贸经济》1993年第4期。

[2] 张馨：《论公共财政》，《经济学家》1997年第1期。

重身份和双重职能，决定了国家财政由两个部分即公共财政和国有资产财政组成，它们各自具有不同的具体职能和任务，国家财政预算应区别为公共财政的政府经费预算与国有资产财政的国有资产经营预算两部分，分别采取不同的政策。① 国有资产又包括营利性和非营利性两部分，随着国有企业改革的深入，对国有资产财政的研究进一步深化，认为非营利性国有资产属于公共财政，只有具有资本性质的营利性国有资产才属于国有资产财政。因此，"国有资产财政"应更正为"国有资本财政"。②

尽管当时围绕"公共财政论"和"双元财政论"有许多学术争论，但财政学界关于与社会主义市场经济相适应的财政理论为主题的研究彻底打破了传统财政理论的束缚，并为在实践层面确立以"建设公共财政"为目标的财税体制改革提供了理论支撑。

在"公共财政"视角下，国家参与国民收入分配的方式发生了根本性变革，相应的，财政收入理论在这一时期也彻底摆脱了计划经济体制下"非税论"的束缚，以政府与市场的关系为基础的财政收入相关领域研究得到了充分发展。具体来说，主要有以下几个方面：

首先，明确区分了国家作为社会管理者凭借政治权力获取的收入与国家作为国有资本所有者凭借财产权力获取的收入。而且，国家作为国有资本所有者，其权力的行使也要遵循现代企业制度和相关法律法规的要求，国有企业作为市场主体应与其他所有制企业公平竞争。

其次，国家凭借政治权力建立起来的政府与市场的财政分配关系要对不同所有制企业一视同仁，为所有市场主体奠定公平竞争的市场环境是建立和完善社会主义市场经济体制对财政收入制度的基

---

① 叶振鹏：《适应社会主义市场经济的要求重构财政职能》，《财政研究》1993年第3期。

② 张馨：《双元财政论述评》，《中国经济问题》1999年第1期。

本要求。

再次，在市场经济条件下，政府作为社会管理者的基本职能是为满足社会公共需要提供公共物品和服务。财政收入的取得，要建立在为满足社会公共需要而筹集资金的基础上，特定时期社会公共需要的总量和结构决定了财政收入的总量和结构，政府收支行为不能以营利为目的。

最后，政府向市场主体获取收入的制度要规范化、法治化。政府的所有收支活动必须全部置于各级立法机关和全体社会成员的监督之下，要按照税收法定原则由立法机关制定税法。全部政府收支在行政层面归口财税部门管理的同时，要将全部政府收支纳入预算管理，不允许存在游离于预算之外的政府收支活动。

二 与社会主义市场经济体制相适应的税收理论

市场经济体制决定了税收在政府财政收入中的主体地位。以1992年党的十四大召开和2001年我国加入世界贸易组织（WTO）为契机，建立与社会主义市场经济体制和对外开放新形势相适应的税制体系的客观要求促进了税收理论研究的深入。这一时期，学术界对税收理论研究主要有以下五个方面：

第一，对市场经济条件下税收性质的研究。按照公共财政理论，市场经济条件下政府的主要职能是为社会提供公共物品和服务，而税收应视为公共物品和服务的成本或"对价"。因此，从政府与社会的总体关系上看，政府为社会提供公共物品和服务与税收之间是等价交换的关系。税收"交换说"并不否定在具体的税收征纳关系中税收的"强制性"和"无偿性"特征，而是强调市场经济条件下税收与公共物品和服务供给之间的内在联系。此外，这一时期学术界在对纯公共物品和准公共物品、税收原则中"负担能力说"和"受益说"进行研究的基础上，对税收与政府各种形式非税收入的性质和特点进行了理论上的区分，围绕社会保险基金缴费、专项收入和政府性基金的性质、资源租税费关系等问题的研究为全口径预算管理和税费改革的推进奠定了理论基础。

第二，对市场经济条件下税收的功能与作用的研究。公共财政理论认为，市场经济条件下，财政承担着弥补"市场失灵"的作用，因此具有资源配置、收入分配和经济稳定三大职能，税收也应在上述三个领域发挥作用。这一时期，学术界研究的重点问题是税收"中性"与税收"调控"的关系。"税收中性论"认为，在市场经济条件下，税收应保持中性，以最大限度减少对市场配置资源机制的扭曲，尽可能缩小税收导致的"超额负担"。而税收的"调控"功能主要在两个领域发挥作用，一是基于凯恩斯主义需求管理框架，通过阶段性的减税和增税政策发挥稳定总需求、保持经济稳定的作用；二是在资源配置中外部性导致的"市场失灵"领域发挥对微观市场主体的调控作用，如税收对烟、酒等"有害商品"消费的调节；作为区域和产业政策工具通过对特定区域和行业实施税收优惠；对资源产品和污染排放征收资源税和环境保护税纠正负外部性，等等。尽管学术界普遍认为，完全的税收中性无论在理论还是实践上都是不可能成立的，但对税收调控的有效性，尤其是选择性产业政策框架下税收优惠政策的有效性等问题仍存在着持续的学术争论。

第三，对税制优化理论和税收公平与效率关系的研究。税收公平与效率的关系是税收基础理论研究中的重要话题，1996年詹姆斯·莫里斯和威廉·维克里获得诺贝尔经济学奖后，我国学术界开始重视信息经济学和最优税制理论的介绍和研究，公平与效率权衡和信息不对称条件下的税制优化理论对我国税收理论的发展产生了重要影响。最优商品税、最优所得税、信息不对称条件下次优税制等理论不仅为我国税制设计和税制改革提供了理论支撑，还深化了对间接税、直接税及其经济效应的认识，信息不对称导致的名义税制与实际税制的扭曲也对税制与税收征管关系的研究提供了理论分析框架。

第四，开放经济条件下的国际税收关系与税收竞争的研究。随着我国改革开放的不断深入，尤其是在2001年加入世界贸易组织后，经济全球化和区域一体化趋势下的国际税收协调和税收竞争成为税收理论研究的重要领域。这一时期，除了适应对外开放发展所开展的对避免双重征税、国际避税与反避税等国际税收问题的研究外，学术界也高度关注发达市场经济国家税制改革趋势、资本流动全球化背景下世界税制趋同和国际税收竞争及其对国内税制改革的影响等问题的研究。

第五，实证研究方法在税收研究中的应用。随着西方经济学实证研究方法的引进，这一时期税收理论研究中也涌现了大量运用实证研究方法研究税收与宏观、微观经济变量关系的研究成果。这些研究大大深化了学术界对税收作用机制和经济效应的认识，对进一步提高税收政策的针对性、有效性奠定了较好的理论基础。

第二节 与社会主义市场经济体制相适应的税制改革研究

"公共财政论"的提出和对成熟市场经济国家税收理论的借鉴为我国从有计划的商品经济向社会主义市场经济体制转轨时期的税制改革奠定了理论基础。如何推进与社会主义市场经济体制相适应的税制改革是这一时期学术界关注的核心命题，相关的研究主要集中于以下三个领域：一是对与税制改革总体设计有关的研究，包括税制改革的指导思想、推进路径与策略，宏观税负以及税收超GDP增长问题，税制模式与税制结构问题，税收优惠政策体系优化，等等。二是对具体税种改革的研究，主要集中在增值税及增值税与营业税的关系，企业所得税改革，个人所得税改革，消费税、资源税与环境保护税费改革，房地产税改革等方面。三是税收征管改革，包括税务机构的设置、税收征管模式、税收征管理念与流程优化等方面。

一 对税制改革总体设计相关问题的研究

这一时期,学术界从不同角度讨论税制改革的基础理论和基本原则问题,包括对税制改革成功与否的评价标准,税制改革的条件,以及税制改革的路径;进而探讨税制改革的具体历史背景、改革指导思想、基本原则和着力点、改革的方式方法、步骤乃至具体操作程序等问题,为我国税制改革的基本目标和基本原则达成共识打下基础。[1]

总的来看,1994年工商税制改革以及其后持续推进的税制改革最突出的指导思想是建立统一的、有利于公平竞争的税制体系。这一指导思想不仅包括内外资企业税制统一、不同所有制性质的内资企业税制统一,也包括取消农业税和农业特产税,推进城乡税制的统一。[2] 1994年税制改革后,学术界通过对最优税制理论以及国际税制改革趋势和税收竞争的深入研究,进一步提出了倾向于"中性"和"效率"的税制改革思想,这些思想集中体现为2003年党的十六届三中全会通过的《中共中央关于完善社会主义市场经济体制若干

---

[1] 许建国、李波:《改革开放30年来税收理论发展的历程》,《税务研究》2008年第10期。

[2] 1994年税制改革前,为吸引外资的需要,对外资和外商投资企业给予各种优惠,逐步形成了国内税制和涉外税制两个不同的税制体系;同时,国内税制保留了计划经济体制下的痕迹,流转税税率差别过大,重复征税问题严重;企业所得税按不同所有制企业分别设置税种且税率差别较大。个人所得税也不统一,存在个人所得税、个人收入调节税和城乡个体工商户所得税多个税种。此外,在简政放权、减税让利的情况下,各地自行出台减免税政策,违背统一税制的情况比较普遍。在这种情况下,1994年按照统一税政、公平税负、简化税制、合理分权、理顺分配关系、保证财政收入的指导思想对税制进行了全面改革。此轮税制改革特别强调了统一税制和公平税负的要求,通过统一内外资企业流转税制度、内资企业所得税制度、统一个人所得税制度和统一规范税收优惠政策等措施,使各类企业之间的税负大致公平,进而为企业平等竞争创造条件。2007年、2008年又进一步统一了内外资企业所得税制度、车船税、内外资企业和房产税制度,实现了内外资税制的并轨。参见谢旭人主编《中国财政60年》,经济科学出版社2009年版,第400—404、611、617页。

问题的决定》中提出的"简税制、宽税基、低税率、严征管"的税制改革原则。①在今天看来，上述税制改革原则仍具有前瞻性和指导性。

1994年工商税制改革后，学术界对新一轮税制改革的路径和策略问题提出了不同的看法，争议的核心在于是采取分阶段、分税种地推进方式，还是更强调税制改革的规范性、协调性和整体性。有学者认为新一轮税制改革应该追求更加严谨的总体设计、瞻前顾后的全面规划，分步实施计划，税制结构的优化与完善、税种的分工与协作必须能够形成合力，主体税种的税制要素配置要协调，避免和减少相关政策和制度之间的冲突，发挥税收制度的整体运行功能。还有的学者认为多年来税制改革的单科独进导致了税制实施效果与理论设计初衷的背离，强调税制改革要与其他相关改革配套开展②。

这一时期，随着以税收收入为主的政府收入持续高速增长，宏观税负水平不断提高，引发了学术界对宏观税负和税收超GDP增长问题的关注。这两个问题是进一步推进税制改革的前置性问题，具有重要的理论和实践价值。

对于宏观税负问题，在国际比较的基础上，学术界对中国宏观税负的口径进行了明确界定：小口径的宏观税负是指以"税"命名的政府收入占GDP的比重，在国际比较中，还要加上社会保险基金缴费；中口径的宏观税负是指财政收入占GDP的比重；大口径的宏观税负是指所有政府收入，包括政府性基金、国有土地出让收入和国有资本经营预算，2011年前的还包括了各类预算外资金。对于国有土地出让收入是否应计入政府收入，如果计入，应按照毛收入还是按照净收入计入，学术界有不同的观点。对宏观税负结构及其合

---

① http://www.china.com.cn/zhuanti2005/txt/2005-06/27/content_5426675.htm。

② 许建国、李波：《改革开放30年来税收理论发展的历程》，《税务研究》2008年第10期。

理性的研究为厘清税费关系和加强政府收入的预算管理奠定了理论基础,而对有关国际组织税负"痛苦指数"排名与实际宏观税负比较的相关研究则进一步深化了对名义税负与实际税负关系、税制结构导致的税负分配公平度等问题的认识。

对税收收入超 GDP 增长的研究加深了我国税制运行影响因素及其与宏观经济变量之间关系的认识,在经济增长导致的税基扩大、税制变化、实际征收率升高三种因素分析的基础上,相关研究进一步延伸到产业结构变动、进出口结构、税制结构、名义税制设计与征管能力的关系等问题上。

由主体税种决定的税制模式及税制结构优化的研究是影响税制总体设计的另一个重要问题。这一时期,尽管仍然存在着流转税与所得税并重的"双主体"税制模式、以所得税为主的直接税为主体的"单主体"税制模式和以流转税为主体的"单主体"税制模式等观点的学术争论,也存在着关于"直接税"与"间接税"界定及中国现存税制在不同口径下直接税与间接税结构的争论;但在总体上看,对间接税比重过大导致的税制整体的"累退性"及其弊端的认识已在学术界基本达成了共识。逐步提高直接税比重,以缓解税制的累退性,降低企业税负以及更加重视发挥税收在调节收入分配、促进社会公平方面的作用成为进一步推进税制改革、优化税制结构的基本取向。

这一时期对税收优惠政策的研究主要集中于以下三方面:一是在市场经济条件下应慎重采用税收优惠政策,在充分发挥税收优惠政策促进小微企业发展、鼓励企业研发投入等方面作用的同时,要关注税收优惠政策的执行及其实际效果,避免对市场配置资源的机制产生过多扭曲;二是认为应尽可能减少区域性税收优惠政策,以避免政策洼地效应,行业性税收优惠要注重具体税收优惠政策工具的优化;三是对地方政府以招商引资为目的实施的地方税收竞争导致的变相税收优惠的研究,认为地方之间的 GDP 竞争是促进我国经济增长的重要动力,但不规范、不透明的变相税收优惠也干扰了市场机制的正常运行。

二 对具体税种改革的研究

这一时期,在1994年税制改革的基础上,对具体税种改革的研究主要集中于以下五个方面:

第一,对增值税"转型"与"扩围"改革的研究。1994年税制改革后,学术界以充分发挥增值税的"中性"特征为理论依据,对增值税改革的研究主要集中于两个领域:一是研究增值税由"生产型"向"消费型"的转型问题,以消除对固定资产投资的重复征税;二是研究增值税"扩围"问题,即将增值税的征税范围扩大至所有服务业,取消"营业税"以实现增值税的全行业覆盖,消除对服务业的重复征税问题。在"营改增"的相关研究中,在营业税采用"差额征税"等方式可以部分消除重复征税的情况下,考虑到不同类型服务业的差异,学术界围绕是否应彻底取消营业税、金融业是否应该征收增值税、小规模纳税人制度存废等问题展开了深入的讨论。

第二,对企业所得税改革的研究。2007年内外资企业所得税并轨前,学术界围绕"两法"合并的必要性和可行性进行了深入研究,为推动内外资企业税制的彻底并轨提供了理论支撑。此后,围绕企业所得税费用扣除标准的优化、高新技术及鼓励创新的所得税优惠政策及其实施效果、企业所得税改革的国际趋势与税收竞争、企业所得税与个人所得税的衔接以及股息重复征税等问题涌现了许多研究成果。

第三,对个人所得税改革的研究。为提高个人所得税税负分配的公平性和提高个人所得税在税收收入中的比重,这一时期个人所得税的研究主要包括三个方面:一是如何推进个人所得税由"分类税制"向"综合与分类相结合税制"转变。在转型必要性研究的基础上,个人所得税制的国际经验借鉴、初始阶段纳入综合范围所得项目的确定及其扩展的条件与步骤、分类征收与综合征收税率的衔接、差别性费用扣除项目、是否以家庭为单位征收、综合征收的法律与征管措施的配套改革等方面的深入研究和系统解决方案的提出为相关改革提供了有力的理论支撑。[①] 二是个人所得税税制要素的优化研究。包括对费用扣除标准、税率级距与档次、所得项目分类的优化、个人所得税优惠政策等问题的研究。三是对我国现行个人所得税对收入分配影响的实证研究。

第四，对消费税、资源税与环境税费改革的研究。这一时期，如何发挥消费税、资源税与环境保护税费调节功能等问题，也是学术界关注的重要领域。对消费税的研究主要包括对烟酒等有害商品征税，将高档消费品和资源类产品纳入消费税调节，以及消费税征收环节等问题。对资源税的研究主要集中在扩大资源税征收范围，理顺资源租税费关系以及将资源税征收方式由"从量计征"改为"从价计征"。随着环境污染和气候变化等问题的凸显，在利用"双重红利"理论阐述环境保护税费的作用、推动环境保护税费改革以构建"绿色税收体系"等方面也涌现了大量研究成果。

第五，对房地产租、税、费制度改革的研究。对房地产税改革的研究主要集中在以下几个方面：一是对房地产开发、销售、流通、保有环节税费体系优化的研究，包括耕地占有税、契税、土地增值税、房产税、城镇土地使用税以及国有土地出让金、城市基础设施配套费和相关的多种行政事业性收费的统筹优化问题。二是在现行房地产税和城镇土地使用税征收范围不变的前提下，将两个税种合并，同时按评估值征收的问题。三是在房地产价格持续上涨的背景下，是否应将居民自用住宅纳入房地产税征收范围，以及如何征税的问题。其中，学术界围绕房地产税的征收依据、在中国现行住房制度下征收的可行性、房地产税的政策目标（调节房地产价格、调节居民财富分配、完善地方税体系与为地方公共服务筹资、促进土

[①] 参见高培勇主编、张斌副主编《个人所得税：迈出走向"综合与分类相结合"的脚步》，中国财政经济出版社2011年版。

地资源的合理利用等)、房地产税的免税范围和免税标准、房地产税制的国外经验等问题进行了大量讨论。

三　对税收征管的研究

税收征管能力是制约税制改革的重要因素,在发展中国家甚至可能是决定性因素。我国的税制改革也必须考虑与税收征管相协调。这一时期,对税收征管的研究主要集中在以下几个方面:

第一,对税收征管机构设置和征收范围的研究。为确保分税制财政体制改革的有效实施和确保中央财政的收入,1994年财税体制改革的一个重要措施是在税制改革的同时分别设置的国家税务局和地方税务局。在当时的历史背景下,税务征收机构的分设有其必要性。但随着市场经济体制的完善和税收法治建设的进展,两套机构分设导致的纳税人遵从成本和税务行政成本高等问题日益突出。另外,随着以社会保险缴费为主体的各类非税收入的增长,财政收入征收机制的优化问题也日益突出。学术界对征收机构设置的研究集中于国税、地税合并、地税与地方财政部门合并等改革方案的比较研究;以及是否应发挥税务机关作为专业化征收机构的优势,将征收范围扩大至社会保险基金及各类非税收入和政府性基金等问题。

第二,对征管模式的研究。随着市场经济的发展,各种所有制成分的纳税人数量迅猛增加,传统的以"专管员"为载体、以对国有企业征税为主、"一员进厂,各税统管,征管查合一"的征管模式越来越难以持续。这一时期,学术界开始关注税收征管模式优化问题,在理论上提出了征收、管理、稽查等职能分离,以现代信息技术实现征管模式改革的思想。这些理论研究最终在实践中体现为"以纳税申报和优化服务为基础,以计算机网络为依托,集中征管,重点稽查"的税收征管30字方针。

第三,对税收征管理念和流程优化的研究。在借鉴成熟市场经济国家税收征管经验的基础上,学术界在重构纳税人与税务机关基本权责关系的基础上系统研究了现代税收征管理念及其指导下的流程优化问题。其中，以"促进纳税人主动遵从"作为税收征管改革的出发点，将信息不对称视角下的"风险管理"作为税收流程优化的理论基础，将"纳税服务"提升为税务部门核心职能，利用技术变革推进能力与效率提升等思想为我国税收征管现代化提供了坚实的理论支撑。

第四，对税收征管的影响和纳税人遵从行为的实证研究。税收征管力度是政府获取财政收入的重要影响因素，运用实证研究方法对政府税收努力以及由此导致的不同区域、不同行业税负差异的研究受到学术界的重视。此外，这一时期也出现了利用实证研究方法对纳税人遵从行为的相关研究。

第三节 税费关系、税收法治与政府收入预算管理的研究

政府收入的规范性是市场经济条件下建设"公共财政"的基本要求。而长期以来各地方、各部门多种形式的"预算外收入"屡禁不止的现象导致了税费关系的混乱，甚至形成了"费大于税"的政府收入格局。因此，这一时期，对税费关系、税收法治建设与政府收入预算管理的研究受到学术界的高度关注。

一 对税费关系的研究

税费关系混乱以及由此产生的税费改革问题自改革之初就存在，进入20世纪90年代后这一问题越来越严重，干扰了国民收入分配秩序和财税制度的运行，成为建立和完善社会主义市场经济体制必须解决的重大问题。这一时期，学术界以市场经济条件下的公共财政理论为基础，围绕政府征税与收费的理论依据、政府收费规模膨胀和管理混乱的原因、规范税费关系和推进税费制度改革等问题展

开了深入研究。①

税费关系混乱的根源在于政府的权力没有得到有效监督和制约，从而表现为政府在收入领域"缺位"与"越位"并存。一方面，在政府收入体系中，存在着长时期、多层次、大范围的税收"缺位"。这一问题本来应通过增加税收和调整财政支出来解决，但迫于企业改革的压力，每次税收改革都遵循"保持原税负"的原则，税收无法增加。而另一方面，政府机构改革的滞后导致财政供养的单位和人员越来越多，对资金的需要越来越大，为解决这一矛盾，就必然要以收费的形式代替税收发挥作用，从而造成收费"越位"。受自身利益的驱动，各部门、地方及其所属单位纷纷想方设法增加收费项目，扩大收费范围，提高收费标准，由此造成了收费失控。②

通过对导致税费关系混乱的体制、机制和管理原因的分析，学术界提出了规范税费关系、清理整顿收费、税费分流和实施"费改税"以及按照公共财政规范化、法治化的要求实施全口径预算管理等改革建议，对这一时期的财税改革产生了重大影响。

二 对税收法治的研究

推进税收法治建设是在社会主义市场经济条件下财政收入规范化的内在要求，也是社会主义民主政治和依法治国的必然要求。这一时期，税法学和财政学领域的诸多学者都以税收法定主义原则为基本依据，对税收法治领域的诸多问题展开了深入研究，主要包括以下几个方面：

第一，关于税与法的关系、税收法定主义的产生与发展、税收

---

① 参见高培勇主编《"费改税"：经济学界如是说》，经济科学出版社1999年版；贾康主编《税费改革研究文集》，经济科学出版社2001年版；高培勇主编《中国税费改革问题研究》，经济科学出版社2004年版。

② 马国强：《论税收与政府收费的合理定位》，《财政研究》1999年第5期。

作为"公法之债"以及由此决定的税收法律关系、税收法在法学体系中的定位与属性、税法中"实质征税"原则等税法历史演变和税法学基础理论等方面的研究。

第二，对税收基本法和税法通则的研究。1994—2004年，学术界掀起了关于税收基本法问题研究的高潮，学者们对税收基本法的价值定位、制定意义、结构和主要内容等若干问题进行了深入探讨。学者们认为我国应根据改革开放时期税制变动相对频繁的现实，采取制定税收基本法，而不是编纂税法典的立法形式[①]。也有学者主张我国暂时不必制定税收基本法，而应先制定税法通则，实现税收法典化。[②] 有学者[③]对税收基本法的体系和结构安排作了具体设计，全面阐述了税收基本法立法的指导思想、基本原则、立法权、征纳税双方当事人的权利义务、执法权、税收管理体系、税收司法保障体系、税务行政处罚和刑事处罚等内容，形成了对我国税收基本法的系统研究成果[④]。

第三，关于税收立法权的横向配置与纵向配置问题。税收立法权的横向配置是指立法机关、行政机关和司法机关在税收立法中的作用，从当时全国人大对国务院"授权立法"体制的研究出发，学术界提出了按照税收法定原则将以暂行条例方式存在的行政法规上升为法律的建议。税收立法权的纵向配置则是研究中央政府与地方政府税收立法权的配置问题，学术界比较了联邦制国家和单一制国家地方税收立法权的差异，提出了适度扩大地方政府税收立法权的主张。

第四，对税收征管相关法律问题的研究。主要包括税务机关与

---

① 刘剑文、熊伟：《也谈税收基本法的制定》，《税务研究》1997年第5期。
② 施正文、徐孟洲：《税法通则立法基本问题探讨》，《税务研究》2005年第4期。
③ 参见涂龙力、王鸿貌《税收基本法研究》，东北财经大学出版社1998年版。
④ 杨大春：《中国四十年来税收法治史述论稿》，法律出版社2018年版，第60、87页。

纳税人的权利义务关系、推定课税、涉税违法犯罪、税务救济与税收司法制度等问题。

三 对政府收入全部纳入预算管理的研究

1994年的财政体制改革在很大程度上与国家财力困境有关。当时财政体制改革的直接目标就是为了提高"两个比重"（即财政收入占GDP比重和中央财政收入占全国财政总收入比重）。因此，这一阶段的预算管理就特别注重收入管理。除税收收入管理外，1998年开始推动的"费改税"（后称"税费改革"）同样是收入管理的重要内容。一段时期以来，由于预算内资金不足，乱收费、乱罚款、乱摊派（"三乱"）盛行，财政活动严重干扰市场秩序的正常运行。清理"三乱"，启动农村税费改革试点，建立规范的政府收入分配秩序，成为预算管理工作的重要内容。[①]

针对预算外收支领域的问题，学术界集中研究了将全部政府收入纳入预算管理的问题，"全口径预算"管理改革有两个层面的含义：一是财政部门在行政层面实现对政府收支的"全口径"管理。二是立法机构，即各级人大的"全口径"预算控制，即各级人大对同级政府所有收支行为的立法控制和监督。由政府财政部门统一行使预算编制权，实现对政府收支的统一管理和监督，可以称为行政层面的"全口径预算管理"；行政层面的"全口径预算管理"既是实现立法层面"全口径预算管理"的基础，同时也需要相关立法的支持。[②]

在明确"全口径"预算管理目标的基础上，学术界系统研究了推进"费改税"和"税费改革"的路径、步骤和具体措施，同时对

[①] 杨志勇：《中国财政体制改革与变迁（1978—2018）》，社会科学文献出版社2019年版，第91—92页。

[②] 对"全口径预算管理"的系统研究参见高培勇主编《实行"全口径"预算管理》，中国财政经济出版社2009年版。

各种非税收入，尤其是国有土地出让收入、国有资本经营预算收入、专项收入与政府性基金的性质及其特征等问题进行了深入研究，为建立由一般公共预算、社会保险基金预算、政府性基金预算、国有资本经营预算构成的全口径预算管理模式提供了理论支撑。

第十七章

建立社会主义市场经济体制时期的财政支出理论

1992年邓小平同志"南方谈话"明确指出:"计划多一点还是市场多一点,不是社会主义与资本主义的本质区别。计划经济不等于社会主义,资本主义也有计划;市场经济不等于资本主义,社会主义也有市场。计划和市场都是手段。"这次讲话让全国人民从传统观念的束缚中得以全面解放。之后,党的十四大明确提出:经济体制改革的目标,是在坚持公有制和按劳分配为主体、其他经济成分和分配方式为补充的基础上,建立和完善社会主义市场经济体制。自此,社会主义市场经济体制进入了新的阶段,与之相对应的是公共财政理论的提出和公共财政制度框架的构建,这给财政支出理论发展带来了契机。

第一节 公共财政理论框架下的财政职能和财政支出范围

计划经济体制下,财政支出严格按照"生产建设财政"来设计模式。建立并完善社会主义市场经济体制必然要求构建新的财政支出模式。政府主要在市场失灵领域活动,由政府干预来帮助克服市场失灵带来的各种公共风险,政府以提供公共产品和公共服务、促进宏观经济增长和稳定、调节收入分配为主要职能范围。这种以弥补市场失灵为主要职能范围的财政运行模式被称为"公共财政"。1998年全国财政工作会议提出"转变财政职能,优化支出结构,初步建立公共财政的基本框架",在此之后,中国财政支出制度的优化几乎都是在公共财政基本框架内进行的。

从整个经济学发展的历程来看,政府和市场关系是一个非常核心的内容。如何维持政府的适度干预是正确处理政府和市场关系的关键。从政府和市场关系的角度来认识财政职能,显然是正确处理财政支出范围和规模的重要前提和基础。我国财政学界普遍赞成马斯格雷夫关于政府职能的主张。马斯格雷夫赞成政府适当干预,他在1959年出版的著作《财政学原理》仍然有着深远影响。他认为,政府通过制定适当的宏观经济政策,有利于更好地促进社会资源配置,并提出了财政职能理论,即财政应该发挥资源配置、调节收入分配和宏观经济稳定的三职能论,由此财政支出应该紧紧围绕这三个职能定位来确定范围。

在我国社会主义市场经济体制改革过程中,政府和市场关系的处理不能照搬传统理论的思路和建议,因为中国现代化转型过程比传统路径更加复杂。改革开放之后市场经济体制的建立、完善是一个逐渐成熟的过程,内在要求不断增强市场在资源配置中的作用,不断明晰政府和市场的关系。在这样的背景下,国内众多学者对公共财政理论如何向着社会主义市场经济发展进行了争鸣和探讨,由于财政支出是财政职能的实现载体,因此在这些争鸣和探讨中蕴含着财政支出的线索。比较典型的观点有:张馨1997年在《经济科学》发表题为《论公共财政》的论文中明确提出,"公共财政是为市场提供'公共'服务并弥补市场失效的国家财政,它受'公共'的规范、决定和制约。市场经济要求和呼唤着公共财政,只有公共财政才能适应于、服务于并有利于市场经济的存在和发展","只是在我国逐步向社会主义市场经济转变过程中,才使得非市场性的政府和财政活动逐步与市场性的企业和个人活动区分开来,这是我国财政将要并且也必须转向公共财政的经济基础和根本条件"。高培勇认为,公共财政是指为满足社会公共需要而进行的政府财政收支活动模式。与计划经济体制下的"生产建设财政"模式相比,公共财政具有着眼于满足社会公共需要、立足于非营利性、收支行为规范化三方面特征。[①]

在争鸣和探讨之后,学者们一致认为,在公共财政框架下,政府职能和财政支出的范围、规模、结构必须要纳入满足社会公共需要限定的范围,财政支出要逐步退出生产性、竞争性行业或领域,特别是对于生产建设领域、企业挖潜改造等应该由市场主要参与资源配置的领域要降低财政支出,同时建立一套针对民生领域的财政支出体系。并从公共财政的运行来分析财政支出应具有的特征:

一是公共财政下的财政支出主要着眼于满足市场经济体制运行中的社会公共需要。公共财政是与社会主义市场经济体制相适应的财政制度体系,社会公共需要的首要内容就是提供市场主体运行所必需的公共产品和公共服务。随着社会主义市场经济体制的不断完善、成熟,市场主体呈现多元化的趋势,除了公有制经济外,各类所有制经济不断丰富、完善,在社会资源配置中发挥了越来越重要的功能作用。财政支出应该主要放在市场经济体制运行中的公共产品和公共服务的供给上。当然,在市场经济的不同发展阶段,财政支出的范围和重点也是不同的。比如,从市场在资源配置中发挥基础性作用到发挥决定性作用,政府职能的重点也是有巨大差异的。特别是中国在转向市场经济体制的过程中,大量的国有企业通过改革建立现代国有企业制度,理顺了国家和国有企业的分配关系,彻底转变了传统国有企业作为政府附属组织的功能和角色,成为市场

[①] 高培勇:《市场经济体制与公共财政框架》,《人民日报》2000年9月28日第11版。

主体。所以说,公共财政制度下的财政支出的范围也是动态发展的过程,显著受到市场经济体制的完善及成熟度的影响。建立公共财政体制之后,财政支出的方向发生了非常显著的改变,从生产建设性领域转向了社会公共需要领域,特别是大量的财政支出用于社会保障、医疗卫生、教育文化等民生性支出领域。

二是公共财政体制内在要求转变财政支出的方式方法,彻底转变政府在经济管理方面的功能角色,建立一套以间接手段为主的财政支出调控体系,推动建立一套规范的财政政策框架,确保国民经济的健康稳定运行。这一观点的理论依据始于凯恩斯主义。凯恩斯主义认为,之所以会出现大危机,是因为有效需求不足,政府必须通过扩大政府投资等方式来拉动有效需求,由此带动经济数倍增长。凯恩斯主义为经济稳定提供了一剂"良药",美国通过以增加政府投资支出为主要手段的需求政策,摆脱了危机影响。在社会主义市场经济不断完善的过程中,财政支出在调节社会总供给和总需求方面的调控方式也发生了变化。公共财政体制内在要求摆脱传统以行政计划为主的调控方式,取而代之的是间接作用于市场主体的财政政策体系。事实上,在应对1997年亚洲金融危机和2008年国际金融危机时,财政支出政策发挥了重要作用,我国运用财政政策体系来应对外部冲击的经验已经日臻成熟。

三是财政支出具有公共性、非营利性和规范性。财政支出的性质必然要体现公共财政的性质。高培勇认为公共财政具有三个特性[①]:其一是公共性。公共财政制度着眼于满足社会公共需要,它是克服市场经济体制运行的自身缺陷而安排财政支出。其二是非营利性。财政支出应立足于公共性,以追求社会公共利益为主要目标,不能以营利作为主要目标,一旦超越了这个界限,财政就违背了公共性。其三是规范性。应该建立一套规范的财政支出机制,特别是

---

① 高培勇:《公共财政:概念界说与演变脉络——兼论中国财政改革30年的基本轨迹》,《经济研究》2008年第12期。

确立一套法定程序，以满足社会公共利益最大化为目标，不能由少数人说了算。财政支出领域的规范性很大程度上体现于预算管理体制制度的不断完善。财政支出方式和手段适应社会主义市场经济体制的要求，逐步由微观转向宏观，由直接转向间接，并不断提高财政支出法治化程度。

四是公共财政要求摒弃传统以收定支的支出原则，取而代之的是以支定收的基本原则。在社会主义市场经济体制下，财政支出的功能在于更好地进行宏观调控，突破过去那种以计划经济体制直接调控、不重视价值规律作用的行政调控方式和手段，运用预算、债务、财政补贴、基本建设等支出手段，积极参与宏观调控，既要坚持经济总量的平衡，又要追求经济结构的不断优化。政府职能的范围决定了财政支出范围和规模，由此确定组织财政收入和债务收入的规模。所以，市场经济体制下，政府的职能是决定财政支出的重要尺度和标准。这种情况下，需要转变传统以收定支的理念和原则，用以支定收予以替代。对此，高培勇指出，"在市场经济体制的环境中，应当首先按照社会公共需要把政府的职能界定好。政府的职能界定清楚了，作为政府活动成本的财政支出规模也就相应界定下来。以此为基础，便可随之界定弥补财政支出之需的财政收入规模。这一处理财政收支关系的基本思路，可以简单地概括为'以支定收'"[①]。

第二节　公共财政框架下的财政支出分类

建立和完善社会主义市场经济体制时期，财政职能和财政支出

---

① 高培勇：《"量入为出"与"以支定收"——结合当前财政收入增长态势的讨论》，《财贸经济》2001年第3期。

范围发生了巨大变化。从表象上来看，各类财政支出都是直接表现为财政资金从政府中流出，但是不同用途的财政支出的经济效果是有所不同的。比如"大萧条"之后，美国通过修建公共工程来摆脱危机的影响，这种支出主要是通过购买性支出来体现的；而通过设立各类社会保障项目让失业人口摆脱生存危机，这种支出主要是转移性支出。为了更好地衡量不同财政支出在公共财政体制中发挥的功能，需要更好地厘清财政支出分类，使其更加接近国际标准。按照社会主义市场经济体制原则来实施财政支出分类，能够更好地让政府在资源配置、宏观调节和再分配功能之间进行平衡。随着财政政策调控体制机制的不断成熟，财政支出作为财政政策的核心工具，财政支出分类事实上已经成为政府更好地履行各项职能，根据国民经济发展的实际需要实施全面调控的重要抓手。

财政学界根据财政支出功能和目标的不同，从不同维度和口径提出财政支出分类的标准：

一是按照支出的经济性质分类，可将财政支出分成购买性支出和转移性支出两类。购买性支出是指政府以购买者的角色按照等价交换原则在市场上采购所需要的商品或劳务，用于提供公共产品或公共服务。政府需要建立一套完善的政府采购制度来保障支出效率。购买性支出是政府调控市场运行的重要手段之一，购买性支出的规模和结构对宏观经济运行会产生直接或者间接的影响。转移性支出则是政府单方面无偿向微观主体的资源转移，比如社会救助支出、产业补贴等。这类支出的目标是为了追求特定的社会经济发展目标，如保障弱势群体的基本生存和发展权利、促进特定的产业发展等。但是无偿性的，不遵循一般意义上的市场等价交换原则。

建立公共财政体制之后，我国也在探索在公共财政框架下推进财政支出分类改革。早在2006年2月10日，财政部发布《关于印发政府收支分类改革方案的通知》（财预［2006］13号），对财政支出按照经济性质和具体用途分成类、款两级,科目分别为:工资福利支出、商品和服务支出、对个人和家庭的补助、企事业单位的补贴、转移性支出、赠与、债务利息支出、债务还本支出、基本建设支出、其他资本性支出、贷款转贷及产权参股、其他支出。2017年8月1日,财政部出台《关于印发〈支出经济分类科目改革方案〉的通知》,对支出经济分类科目进行进一步完善,这次改革让财政支出更加清晰、完整、细化地反映政府用于工资、机构运转、事业单位运行、对企业单位补贴以及针对个人或家庭补助的情况,更好地确定各级政府部门的支出结构,客观评价其支出效果。

二是按照支出功能分类。支出功能主要是客观反映政府所承担的不同类型功能和职能目标。现实政府运行中,政府主要是通过设立不同的部门来承担相关职能和职责。根据《关于印发政府收支分类改革方案的通知》(财预〔2006〕13号),及社会主义市场经济条件下政府职能活动情况及国际通行做法,将政府支出分为类、款、项三级。按照支出功能分类可以分成:一般公共服务、外交、国防、公共安全、教育、科学技术、文化体育与传媒、社会保障和就业、社会保险基金支出、医疗卫生、环境保护、城乡社区事务、农林水事务、交通运输、工业商业金融等事务、其他支出、转移性支出。现行预算法第27条明确规定:一般公共预算支出按照其功能分类,包括一般公共服务支出,外交、公共安全、国防支出,农业、环境保护支出,教育、科技、文化、卫生、体育支出,社会保障及就业支出和其他支出;一般公共预算支出按照其经济性质分类,包括工资福利支出、商品和服务支出、资本性支出和其他支出。

三是按照财政支出所形成的资产类型,将财政支出分成经常性支出和资本性支出两种类型。由此所编制的预算分成经常性预算和资本性预算。在现实中,用于基础设施建设和用于政府运转的支出要有一个明确的区分。这种分类方法分别列示承担不同类型职能需要的结构。在财政收入来源和财政支出之间形成一种较为稳定的对应关系，便于更好地平衡财政收支之间的期限结构。事实上，现行预算法第27条中，也明确提出了资本性支出的概念。

四是按照不同类型预算安排的支出来进行支出分类。现行预算法第5条将预算分为一般公共预算、政府性基金预算、国有资本经营预算、社会保险基金预算。由此，财政支出可以按照不同类型预算来进行安排。

第三节　公共财政框架下的财政支出规模与结构

政府职能范围决定财政支出范围与规模，政府职能结构决定财政支出结构。在确立公共财政体制之后，财政支出规模与结构呈现出与社会主义市场经济体制相适应的格局。财政支出越来越向就业和社会保障、教育、公共医疗卫生、住房等事关基本民生的领域倾斜，而且，围绕缩小不同区域内公共服务差距，通过不断加大转移支付力度来推动公共服务均等化。同时，还要加大基础设施建设力度。财政学界总结这个时期与财政支出规模和结构有关的几个理论关键词主要有民生财政、土地财政、公共服务均等化，其中每个关键词都蕴含着财政支出内容：

一是"民生财政"。关于民生财政，并没有一个公认的定义。通常认为，在公共财政体制下，为了更好地维护人民群众的生存发展权利，维护基本的社会公平正义，财政支出必须要更好地保障就业、教育、医疗公共卫生、公共安全、生态环境、扶贫等与人民群众生存发展紧密相关的财政职能履行，学术界称之为"民生财政"。它是适应于社会主义市场经济体制要求的保障民生的财政支出体系，是公共财政体制的重要组成部分。不同时期下公共财政优先保障民生支出领域，这类支出往往存在支出刚性，只增不减。

二是"土地财政"。如果说民生财政是为了保民生的运转，那么土地财政是为了更好地搞建设。任何国家在经济发展过程中，都面临着为基础设施融资的问题。在我国，土地财政显然已经成为支撑基础设施建设的重要机制，甚至可以说是一种核心机制。从土地财政的运行来看，地方政府主要通过将土地作为核心来筹集财政收入、获取相关税费、获得土地融资等，同时运用财政支出手段推进区域工业化和城镇化。

三是"公共服务均等化"。2005年，《中共中央关于制定国民经济和社会发展第十一个五年规划的建议》首次提出"公共服务均等化"的理念。2006年10月，《中共中央关于构建社会主义和谐社会若干重大问题的决定》提出，"基本公共服务体系更加完备，政府管理和服务水平有较大提高"。公共服务均等化是指政府要为人民群众提供基本水平的、体现时期差异、大致均等的公共产品和公共服务，它将成为维护市场要素和产品自由流动的重要制度保障。当然，公共服务均等化不是"平均化"，也不是超过发展阶段的"超福利化"，而是要体现区域特色和基本公共服务的内涵。既要维护社会公平正义，又要确保社会经济效率达到最优水平。

第四节　分税制改革在厘清各级政府支出责任方面作出初步探索

财政体制改革的核心是规范政府间财政关系，法治化是规范政府间财政关系的基本方向。政府间财政关系的调整必须追求稳定性与确定性，财政体制的稳定性对于地方政府合理预期形成至关重要，稳定的财政体制可以避免地方政府不合理的短期行为。政府间财政关系的一个重要内容就是厘清各级政府的事权和支出责任。政府间事权和支出责任的划分应该借鉴世界各地的一般规律，同时立足于中国国情，进行系统总结、归纳。

政府间事权和支出责任划分的基本原则，理论界归纳整理了世界各国经验，主要有以下内容：一是根据公共产品和公共服务的受益范围，来确定各级政府的事权和支出责任。如果某项公共产品和公共服务的受益范围在全国甚至超过全国范围，或者具有省域间的外溢性，那么应由中央政府来提供；如果某项公共产品和公共服务的受益范围在省域内，或者具有地市间的外溢性，那么应由省级政府来提供；以此类推。当然，具有外溢性的地方性公共产品和公共服务，还有一种方式，即在中央政府主持下由地方政府自行协调联合提供，或由中央政府补助地方政府提供。二是根据公共产品和公共服务的供给效率，来确定不同级次政府的事权和支出责任。充分考虑到历史文化传统、经济稳定和发展职责、信息条件等因素，审视某项公共产品和公共服务究竟由哪级政府来提供更加有效率。特别是，事权和支出责任的划分要考虑到不同发展水平政府的信息优势，制定差异化的划分模式。三是规模经济原则。事权和支出责任划分中，还要注重各级政府供给公共产品和公共服务的规模经济，有些事权由更高级次的政府来承担可能会发挥规模经济效益，从而有效节约行政成本。

1993年紧张筹备、1994年以极大魄力推出的分税制改革，是为了适应于市场经济体制改革的需要而建立与社会主义市场经济体制相适应的财税制度的一次突破性配套改革举措，使中国的财政分权终于从未彻底改造"条块分割""讨价还价"机制的"行政性分权"，转入将政府与企业、中央与地方关系一并作法治化、规范化制度安排处理的"经济性分权"，在使财政分配适应社会主义市场经济体制客观要求对接"间接调控"体系方面，具有里程碑式的历史意义。1993年12月15日，国务院发布《关于实行分税制财政管理体制的决定》（国发［1993］85号），对中央政府与地方政府的事权和支出作了划分，明确提出：中央财政主要承担国家安全、外交和中央国家机关运转所需经费，调整国家经济结构、协调地区发展、实施宏观调控所必需的支出以及由中央直接管理的事业发展支出。地方财政主要承担本地区政权机关运转所需支出以及本地区经济、事业发展所需支出。

但由于多种主客观条件限制，1994年分税制改革仍不可避免地具有过渡色彩，需要继续深化改革。在研究中发现，这个文件仅仅给出了一个框架性的划分方案，是指导性的，未及细化，从而容易引发中央政府和地方政府、地方政府之间事权和支出责任不明晰的问题，特别是学术界提出的"事权下移、财权上移"的问题。很多地方的基层政府在履行职责时面临"上面千根线、下面一根针"的局面，很多基层政府不堪重负，在未来优化政府间财政关系方面还需要深化改革。

第五节　财政支出的绩效管理理论

在公共财政体制建立之后，以支出绩效为核心理念的财政支出绩效管理慢慢在全面预算管理中发挥了越来越重要的功能作用。财政支出绩效用于衡量财政支出在实现既定预算目标中发挥的功能和作用。财政支出绩效管理强调以发挥支出的最大效果为基础，实施资金的全过程管理和监督，实现"事前有目标、事中有跟踪、事后有评价"的管理体制，同时确保其透明度和可问责。财政支出的目的是为了满足一定的公共需要，管理程序是保障预算资金实现既定目标的手段。因此，支出绩效管理不仅要关注管理程序，关键还要判断绩效目标的合理性、可行性。如果一个支出项目绩效目标不合理，即使管理程序非常完备，最终财政预算资金也不会有效发挥作用，"方向如果错了，跑得越快，离目标越远"。

20世纪90年代，美国公共管理学者戴维·奥斯本（David Osborne）与特德·盖布勒（Ted Gaebler）在《改革政府：企业精神如何改革着公营部门》中提出了用企业家精神来改造传统官僚体制，这种改革不是要像企业一样去追求利益，而是借鉴企业经营的科学管理、运行机制、效率和服务意识让政府机关运转更加优化。他们提出，政府必须讲究支出绩效。应制定支出绩效度量的方法和流程，客观对其进行评价，并给予相应的奖惩。比如，把工资同绩效挂钩，把业绩信息当作一种管理手段，用于继续改进预算管理效率，依据绩效进行拨款。

2011年3月，国务院批准建立部际联席会议，负责指导和推动政府绩效管理工作。财政部专门成立相关机构，负责组织、指导全国预算绩效管理工作。各地区也在认真贯彻落实党中央、国务院有关文件精神，结合本地的实际情况，积极开展财政支出绩效评价，初步探索预算绩效管理。按照"支出必问效，无效必问责"的理念实施支出绩效管理，为未来建立现代财政制度找到一个突破口。

第十八章

建立社会主义市场经济体制时期的政府间财政关系理论

市场经济体制建立以后，政府的角色与作用发生了重大的变化，相应地，其财政职能也发生了转变。与此同时，我国财政学界的研究主题也从财政本质过渡到财政职能，有的学者从市场失灵定位财政职能，有的学者从政府"四个现代化"和"市场化"任务定位财政职能，也有的学者在社会主义市场经济条件下、在"传统三职能"的基础上重新界定财政职能，从而出现了"四职能论""新三职能论"等。财政职能划分是政府间财政关系发展的基础，在财政职能调整的背景下，财政职能在政府间的划分也必然随之调整。

第一节 适应社会主义市场经济发展需要的政府间财政关系理论

这一时期的理论探索主要集中于财政职能划分，而应用研究则是在分税制的框架下探索政府间财政关系各要素——事权、财权、财力、支出责任的划分，并对划分原则进行初步探索，进而为"省直管县""乡财县管"的实践模式寻求理论依据。

一 从财政职能划分的角度探讨政府间财政关系

随着市场经济体制在中国建立,西方财政理论被大量引入中国。其中最具代表性的是,在政府间财政关系领域,很多研究就是基于马斯格雷夫提出的财政三大职能进行政府间财政职能划分的。

吴俊培、[①] 钟晓敏和樊小钢、[②] 朱玲[③]等都曾经从财政职能划分的视角研究过政府间财政关系,并持相近的观点。他们认为,资源配置职能主要应由地方政府承担,而收入分配和经济稳定与增长职能应由中央政府承担。

财政职能划分能够体现财政是集权取向还是分权取向,在这方面,寇铁军持集权为主、分权为辅的观点,分权是对集权的制衡[④]。现代国家分权的基本依据是公平与效率的结合,具体又可分为政府职能分工层次原则和受益范围原则[⑤]。朱玲则认为不能简单地确定财政分权的上下限,而应遵照国情,以是否有利于发挥财政三大职能为标准进行财政体制安排。[⑥]

二 在分税制框架内探讨政府间财政关系

分税制全面实施后,政府间财政关系就有了制度依托,所以,这一时期对政府间财政关系的研究主要在分税制框架内进行。刘

[①] 吴俊培:《论中央和地方的财政关系》,《经济研究》1994 年第 4 期。

[②] 钟晓敏、樊小钢:《财政职能的结构分析——中央和地方政府的财政职能》,《财政研究》1995 年第 4 期。

[③] 朱玲:《关于中央财政与地方财政的基本理论要点》,《贵州社会科学》1997 年第 1 期。

[④] 寇铁军:《集权与分权的财政思考》,《财经问题研究》1994 年第 12 期。

[⑤] 寇铁军:《我国财政体制改革的目标模式》,《财经问题研究》1995 年第 12 期。

[⑥] 朱玲:《关于中央财政与地方财政的基本理论要点》,《贵州社会科学》1997 年第 1 期。

溶沧针对分税制实施过程中存在的难题提出制度完善的建议①。贾康、白景明的研究目标则定位于完善分税制基础上的分级财政，提出"七个一"原则，而实现这一目标的前提是适当简化政府层级②。姚洋、杨雷从理论上阐述在制度供给失衡的条件下，财政分权可能造成的不良后果，并分析我国财政分权领域存在的制度供给失衡问题，提出完善分税制的建议。③ 刘尚希则认为分税制改革以来的诸多不适应源自"财权与事权相匹配"的原则，需进行调整。④

三 对"事权""支出责任""财权""财力"划分及相互关系的探讨

1994 年分税制改革把"财权与事权相匹配"作为基本原则。理论界也比较一致地认为这是理顺中央与地方财政关系的基本准则，但这一原则并未得到自始至终的贯彻，几经调整变化，学者们也对此提出了自己的观点。

孙开将财权与事权的科学划分和有机结合认作财政体制中的关键问题，并提出事权需依据公共产品受益范围划分，财权划分应科学地体现事权划分的要求，转移支付制度则能有效促进事权与财权的结合。⑤ 王国清、吕伟将财政支出责任作为事权和财权联系的桥梁，认为事权确定支出责任，支出责任须由一定的财权保障履行，

---

① 刘溶沧：《完善分税制改革的两个难点》，《改革》1994 年第 6 期。
② 贾康、白景明：《县乡财政解困与财政体制创新》，《经济研究》2002 年第 2 期。文中提出的"七个一"原则为：一级政权，一级事权，一级财权，一级税基，一级预算，一级产权，一级举债权。
③ 姚洋、杨雷：《制度供给失衡和中国财政分权的后果》，《战略与管理》2003 年第 3 期。
④ 刘尚希：《完善财政体制应坚持的原则》，《中国党政干部论坛》2008 年第 9 期。
⑤ 孙开：《论财政体制中事权与财权的结合》，《中国经济问题》1997 年第 4 期。

第十八章　建立社会主义市场经济体制时期的政府间财政关系理论

因此事权决定财权，两者具有一致性。①

后来，在实践中，财权划分并不像理论设想的那么顺利，受到来自各方的阻力，所以，学者们便开始寻找现实条件下的制度优化方案，从而把关注点从财权划分转向了财力和事责（支出责任）分配，并且在此过程中存在观点的碰撞。刘尚希认为实现"财权与事权相匹配"的四个前提条件并不满足，而财力的下移则容易得多，因此"财力与事权相匹配"更能适应政府间"增量事权"频繁变动的时代特点。②侯一麟则认为"财力与事权相匹配"的提法不尽严密，依此原则可能出现政策设计短路、监督机制错位、责任机制颠倒等问题，并分析其中的"事权"实际为"事责"。③马海涛等综合前面的研究，提出了集大成的观点：在政府间财政关系的理顺过程中，应区分"事权"和"事责"的概念；在此基础上，应使得"转移支付后的财力和事责"相匹配，而"财权（形成'转移支付前的财力'）和事权"相匹配。这应该是对政府间财政关系四要素及其相互关系的贴切表述。④

事实上，在此之前，早在分税制改革初期，张力炜和倪红日的研究其实已包含了财力与支出责任的内在要求，但因其中的概念与逻辑尚不清晰，并未引起足够的重视。张力炜认为，片面追求财权与事权统一，不利于宏观经济调控，应在划分事权的基础上，使各级政府有支付能力的财政支出规模与事权相统一。⑤倪红日则直接提

---

① 王国清、吕伟：《事权、财权、财力的界定及相互关系》，《财经科学》2000年第4期。

② 刘尚希：《完善财政体制应坚持的原则》，《中国党政干部论坛》2008年第9期。

③ 侯一麟：《政府职能、事权事责与财权财力》，《公共行政评论》2009年第2期。

④ 马海涛、任强、程岚：《我国中央和地方财力分配的合意性：基于"事权"与"事责"角度的分析》，《财政研究》2013年第4期。

⑤ 张力炜：《片面追求"财权与事权统一"不利于宏观经济调控》，《计划经济研究》1993年第7期。

出"要改变事权与财权统一的理念",将事权概念改变为公共服务职责,细分公共服务职责与支出管理责任,区别财权与财力的概念,力争做到公共服务职责与财权的统一,支出管理责任与财力的匹配。①

也正是由于财权划分并不那么容易,所以更多的研究侧重于事权划分,产生了大量相关研究成果。卢洪友②和倪红日③分别提出了政府间事权划分的六原则和四因素,如果说六原则、四因素相对抽象和宏观,贾康则提出了有关政府投资的较为具体的观点:地方政府应退出一般竞争性、营利性项目投资领域,中央政府只承担大型、长周期、跨地区的重点生产建设项目的投资权责。④在明确了"事权与支出责任相适应"原则之后,又掀起了一轮新的关于事权划分的研究。高培勇提出,事权配置应该遵循市场优先原则、受益范围原则和效率原则。⑤而楼继伟则提出了外部性、信息复杂程度、激励相容的事权划分三原则。⑥

四 为"省直管县""乡财县管"的实践探索提供理论依据

1994年的分税制改革主要集中在中央和地方两级,而省以下的财政管理体制并未明确,主要是参照上级做法,造成了收入上移、支出下移的事实,县乡财政愈发困难。为解决县乡财政困难,完善

---

① 倪红日:《应该更新"事权与财权统一"的理念》,《涉外税务》2006年第5期。

② 卢洪友:《政府职能与财政体制研究》,中国财政经济出版社1999年版,第126—128页。

③ 倪红日:《应该更新"事权与财权统一"的理念》,《涉外税务》2006年第5期。

④ 贾康:《财税改革的回顾与展望》,《经济纵横》1996年第2期。

⑤ 高培勇:《世界主要国家财税体制:比较与借鉴》,中国财政经济出版社2010年版,第105—106页。

⑥ 楼继伟:《中国政府间财政关系再思考》,中国财政经济出版社2013年版,第37页。

省以下财政管理体制,诸多学者将关注点放在了减少政府财政层级上面,进行了"省直管县""乡财县管"方面的研究。

例如,贾康、白景明[①]、闫坤[②]均提出"把乡一级政府变成县一级政府的派出机构"、"把地市一级政府规定为省级的派出机构",从而虚化地市与乡镇政权,从体制上解决县乡财政困难的思路。张占斌从政府职能转变、信息技术发展、交通改善、市县发展的同质性等方面对"省直管县"进行了可行性分析。[③]

然而,也有学者持不同意见,认为"省直管县"并不能从根本上解决县乡财政困难。庞明礼便认为,"省直管县"只能减少财政层级,提高财政资金往来的速度,有助于中央财政政策的落实,并不能从根本上解决县乡财政困难。因为"省直管县"并没有抓住问题的根本,县乡财政困难原因有三个方面:一是农业税取消后县乡财政收入的骤减;二是新农村政策下县乡财政支出的增长;三是预算不规范导致财政支出缺乏必要约束。[④]

刘尚希则认为"市管县"与"省直管县"是互补的,空间上可以并存,省以下财政体制可以多样化,关键看其条件和外部环境。[⑤]

关于"乡财县管",也有不赞成的声音,管荣开认为,"乡财县管"改革在财政体制、科学理财、依法理财、公共财政与民生财政、行政管理等方面均存在不合理之处。[⑥]崔强则认为从依法治国、依法

---

① 贾康、白景明:《县乡财政解困与财政体制创新》,《经济研究》2002年第2期。

② 闫坤:《中国县乡财政体制研究》,经济科学出版社2007年版,第120—121页。

③ 张占斌:《省直管县改革与县域经济发展》,《学习月刊》2005年第11期。

④ 庞明礼:《对"省直管县"改革问题的理性反思》,《武汉科技大学学报》(社会科学版)2009年第3期。

⑤ 刘尚希:《改革成果存续时间是否太短——对"省直管县"欢呼背后的冷思考》,《人民论坛》2009年第4期。

⑥ 管荣开:《"乡财县管"不宜急于推行——对安徽基层财政改革的合理性与非理性质疑》,《农村财政与财务》2004年第8期。

理财和建立科学规范的公共财政管理体制的长远目标来看,"乡财县管"不如"乡财公开"[①]。

第二节 纳入公共财政制度框架下的政府间财政关系研究

1992年邓小平"南方谈话"引出社会主义市场经济的改革目标得以确立,之后我国开启了"财政公共化"匹配"经济市场化"的进程,公共财政学成为我国财政学的主流。这一时期,立足于市场失灵、公共产品提供的西方财政理论受到极大关注,奥茨、斯蒂格勒、马斯格雷夫、蒂伯特、布坎南、钱颖一和罗兰、温格斯特与怀尔德森等人有关财政分权的观点,被广泛用于我国政府间财政关系的研究中,形成基本理论要点和理论框架。在应用研究领域,还围绕着基本公共服务均等化等展开专题研究。

一 公共财政框架下政府间财政关系分析的基本逻辑

公共财政是建立在公共产品论基础上的,而公共财政框架下的政府间财政关系分析也就自然关注公共产品的层次性及不同层级公共产品提供效率的问题。

张馨认为,公共财政的基本框架的核心是为市场提供公共服务,分税制是与公共财政相适应的财政体制形式,因此,可在1994年税收制度改革的基础上建立真正的分级财政体制。[②] 王雍君认为,公共财政模式在财政体制方面的重要含义体现于分权制衡,从而保证公

---

① 崔强:《乡财县管不如乡财公开——浅议安徽省乡镇财政管理方式改革》,《农村财政与财务》2004年第8期。

② 张馨:《公共财政的概念与内容浅析》,载高培勇主编《公共财政:经济学界如是说》,经济科学出版社2000年版,第74—76页。

共产品的有效供应,制衡机制包括纵向和横向两个方面。① 郭代模、杨涛指出,构建"中国特色公共财政"需要财政管理体制的完善与创新,并确定了集权与分权之间的最佳均衡点,具体可通过事权和财权的划分、财力和转移支付的分配、建立省以下的分税制体系来达到。② 吕炜的研究表明,不同受益范围的公共产品的存在,直接关系到各级政府之间职责和收支范围的划分,而中央与地方政府在提供区域性公共产品方面的效率差异,直接关系到财政体制的集中和分散。③

二 基本公共服务均等化及相关专题研究

随着"学有所教""病有所医""住有所居"等基本公共服务均等化日益在现实生活中受到重视的公共财政建设进程,冯俏彬、贾康扩展和修正了已为全球经济学、财政学界广泛接受的经典公共产品定义,把基础教育、基本医疗服务和廉租房等中的各国早已纳入基本公共服务均等化范围,却不符合公共产品经典定义的供给品,清晰定义为"权益—伦理型公共产品",并给出了理论的论证与加入权益—伦理型公共产品后的社会产品全"光谱"。④ 这成为中国学术界在普遍接受英美经济学、财政学主流成果后,本土学者的一项重要发展创新。

这一时期对于促进基本公共服务均等化的专题研究,也可纳入政府间财政关系的研究范畴。综合学者们的研究成果可以发现,公共服务均等化与政府间财政关系之间存在着一条清晰的逻辑链条:

---

① 王雍君:《为公共财政确立"游戏规则"》,载高培勇主编《公共财政:经济学界如是说》,经济科学出版社2000年版,第236—239页。

② 郭代模、杨涛:《论中国特色公共财政体系的构建》,载高培勇主编《公共财政:经济学界如是说》,经济科学出版社2000年版,第265页。

③ 吕炜:《我们离公共财政有多远》,经济科学出版社2005年版,第46页。

④ 冯俏彬、贾康:《权益—伦理型公共产品:关于扩展的公共产品定义及其阐释》,《经济学动态》2010年第7期。

首先，在市场经济条件下，基本公共服务均等化是公共财政"公共性"的重要体现，是财政公平分配所要实现的政策目标之一。[①] 那么，为实现各地公共服务均等化的目标，就需要实行均等化的转移支付制度，以平衡各级政府之间的财政能力差异[②]。而要实现不同地区间公共服务水平大体均等，还需建立横向财政转移支付制度，在全国范围内盘活均衡机制。[③] 可见，基本公共服务均等化的实现不仅需要依赖由上至下的纵向转移支付，还需要适当发展同级政府间的横向转移制度，也就是说，不仅要优化各级政府之间的财政关系，还需要优化同级政府之间的财政关系。

第三节 关于政府间财政关系的规范分析与实证研究

这一时期开始出现运用博弈论等方法研究分税制下中央与地方的财政关系，评估分税制的目标实现程度、内在稳定性以及政府间财政关系的公平与效率，发现问题并尝试改进。

一 博弈论视角下的政府间财政关系研究

学者们从不同的角度、不同的方式运用博弈论等方法对政府间财政关系进行描述。例如，孙宁华在国内较早地运用博弈论方法分析了中央政府与地方政府在制度变迁、经济增长速度、财税上缴方面的博弈，并阐释了地方政府存在的逆向选择和道德风险行为，提出构建政府行为的激励约束机制、正确划分中央与地方的事权、正

---

① 王家永：《实现基本公共服务均等化：财政责任与对策》，《财政研究》2008年第8期。

② 中国财政学会"公共服务均等化问题研究"课题组、闫坤：《公共服务均等化问题研究》，《经济研究参考》2007年第58期。

③ 王恩奉：《建立横向财政转移支付制度研究》，《改革》2003年第1期。

确处理中央与地方两级调控的关系等建议。①薛黎明、王宁通过对地方之间、中央和地方两个博弈参与人之间的博弈对策分析,提出了中央应该把地方政府的收入努力程度作为衡量转移支付量的重要依据,这样才能使地方努力增加财政收入,使中央有限的转移支付在地方政府之间分配得更加有效率、更加公平。②于晶、牛海涛以利益冲突为主线,对我国央地财政关系改革过程中的利益博弈进行系统的制度分析,认为减少中央与地方之间的利益冲突、降低交易成本的出路在于完善分税制财政体制、地方利益表达机制、利益补偿机制和利益约束机制以及健全法律制度。③寇铁军、王倩倩④发现中央与地方财政关系具有极大的随意性与不规范性,从而为地方提供了博弈空间,在此基础上,对民族自治地方财政博弈的优劣势进行分析,并提出相应的建议。杨俊基于制度—行为分析框架解释了央地财政关系实际运行中"隐性博弈"现象的生成机制,提出在特定的制度情境下治理这种隐性博弈,应该在对地方利益诉求"同情地理解"基础上进一步完善分税制制度,充分重视发挥非正式规则体系的作用。⑤

二 对相关专题的实证研究

这一时期学界对政府间财政关系的实证研究在内容上也得到了极大的扩展,广泛涉及财政纵向失衡、财政分权与经济增长关系、转移支付等多个话题。

---

① 孙宁华:《经济转型时期中央政府与地方政府的经济博弈》,《管理世界》2001年第3期。
② 薛黎明、王宁:《地方政府争取中央财政转移支付的博弈分析》,《财经科学》2002年第3期。
③ 于晶、牛海涛:《从利益冲突看我国中央与地方财政关系变迁》,《湖南税务高等专科学校学报》2005年第6期。
④ 寇铁军、王倩倩:《中央与民族自治地方财政关系变迁的博弈分析》,《山东经济》2009年第2期。
⑤ 杨俊:《分税制背景下央地财政分配关系的"隐性博弈"问题分析》,《财经论丛》2012年第2期。

在对财政纵向失衡的实证研究方面,江庆发现,自分税制改革以来,我国地方各级财政处于纵向不平衡状态。从不平衡的程度看,省级有缩小趋势,而基层政府有扩大趋势。要矫正影响地方政府特别是基层政府的纵向财政不平衡,需要在法律上规范,还要构建起以均衡为取向的政府间财政关系模式。[①]

在对中国财政分权与经济增长关系的实证研究方面,也涌现出大量的学术成果,但实证结果却存在较大差异,主要体现在二者是正相关,还是负相关。认为二者之间存在正相关关系的学者有林毅夫和刘志强、张晏和龚六堂、周业安和章泉等。其中,林毅夫、刘志强利用1970—1993年省一级的横截面数据,研究了始自20世纪80年代中期的财政分权改革对人均GDP的增长率的影响[②];张晏、龚六堂根据转移支付、预算外资金和财政收支的不同安排,构造了四类财政分权指标对28个地区分税制改革前后的数据进行对比分析;[③] 周业安、章泉利用1986—2004年中国省级数据,对财政分权与经济增长的关系重新验证并进行稳健性检验。这些研究尽管针对的时期、采用的数据、研究的方法不尽相同,但均得出了财政分权与经济增长之间存在正相关关系的结论。[④] 认为二者之间存在负相关关系的学者有张涛和邹恒甫(1998)、胡书东(2001)、陈抗等(2002)等。其中,张涛和邹恒甫考察的是中国28个省份1980—1992年的数据,发现中国财政分权与经济增长之间呈负相关关系;[⑤]

---

① 江庆:《中国省、市、县乡级纵向财政不平衡的实证研究》,《安徽大学学报》(哲学社会科学版)2009年第3期。

② 林毅夫、刘志强:《中国的财政分权与经济增长》,《北京大学学报》(哲学社会科学版)2000年第4期。

③ 张晏、龚六堂:《分税制改革、财政分权与中国经济增长》,《经济学(季刊)》2005年第1期。

④ 周业安、章泉:《财政分权、经济增长和波动》,《管理世界》2008年第3期。

⑤ Zhang, Tao, Heng-fu Zou, 1998, "Fiscal Decentralization, Public Spending and Economic Growth in China", *Journal of Public Economics*, 67, pp. 221–240.

胡书东则考察一般的财政分权程度与国民生产总值增长率之间的关系，发现一般的财政分权程度扩大并不一定就能促进国民经济的增长，而财政建设支出的分权程度与国内生产总值增长率呈正相关关系。① 陈抗等研究发现，在 20 世纪 90 年代中期伴随分税制而来的财政集权加剧了地方政府从"援助之手"到"攫取之手"的行为转变，因而导致预算收入和经济增长速度显著下降。②

在对财政分权和经济增长相关性研究的基础上，相关研究还得到一些其他角度的发现。例如，温娇秀研究发现我国财政分权的经济增长效应呈现出显著的地域差异，对东部地区经济增长的促进作用大于中西部地区。③ 周业安、章泉对财政分权和中国经济波动的关系进行了分析，结论是：在财政分权体制下，固定资产投资和外商直接投资能够促进经济增长，也能导致经济波动；地方税负虽然会阻碍经济增长，但在分权体制下，也可以缩小地区发展差距；城市化不仅能够促进增长，而且能够减少宏观经济波动。④

在对转移支付制度的实证研究方面，何庆光基于 1985—2006 年省级面板数据，对我国的转移支付、地方税收收入和财政分权之间的关系进行实证检验，结果表明除部分省份外，我国的转移支付和地方税收收入与财政分权之间呈现正相关关系。⑤ 付文林、沈荣坤实证分析发现，我国当时的转移支付制度不仅会带来地方财政支出的"粘蝇纸效应"，而且地方政府的财力改善后还可能通过调整现有的

---

① 胡书东：《经济发展中的中央与地方关系——中国财政制度变迁研究》，上海人民出版社 2001 年版，第 136 页。
② 陈抗、Arye L. Hillman、顾清扬：《财政集权与地方政府行为变化——从援助之手到攫取之手》，《经济学（季刊）》2002 年第 1 期。
③ 温娇秀：《中国的财政分权与经济增长——基于省级面板数据的实证》，《当代经济科学》2006 年第 5 期。
④ 周业安、章泉：《财政分权、经济增长和波动》，《管理世界》2008 年第 3 期。
⑤ 何庆光：《财政分权、转移支付与地方税收收入——基于 1985—2006 年省级面板数据分析》，《统计研究》2009 年第 3 期。

财政支出结构，偏离转移支付的基本公共服务均等化目标，即存在地方财政支出的可替换效应，提出在地区间财政分配制度改革过程中，不仅要规范转移支付资金的分配程序，更重要的是强化地方财政决策的监督机制。①

此外，张斌、杨之刚对政府职能的纵向划分进行了实证分析。从公共需求的多样性、差异性和变动性出发，分析了信息不对称条件下公共需求的偏好显示与排序问题，认为公共产品的受益范围、偏好同质性、支付能力、公共需求排序方式和排序成本是在规范意义上影响政府间职能纵向划分的主要因素，并在区分供应与生产的基础上，归纳了政府间职能纵向划分的基本模式。②

第四节 基于历史视角和比较视角的政府间财政关系研究

分税制财政体制的建立将政府间财政关系的重要性凸显出来。于是，从历史中和国际上寻求经验的需要日益加深，因此，这一时期以历史视角和比较视角研究政府间财政关系问题再度成为热门。

一 基于历史视角的政府间财政关系研究

在历史研究方面，从魏晋南北朝到民国时期，各朝代的政府间财政关系均被纳入了研究视野。对相关研究成果进行梳理可发现，主要朝代政府间财政关系呈现如下特征：

初成体系的秦汉财政。秦统一六国后，实行高度统一的中央专

---

① 付文林、沈荣坤：《均等化转移支付与地方财政支出结构》，《经济研究》2012年第5期。

② 张斌、杨之刚：《政府间职能纵向配置的规范分析》，《财贸经济》2010年第2期。

制主义，财政走上了统收统支的道路，只存在中央一级财政，且将国家财政与皇室财政加以区别。到了西汉，财政体制发展为中央和郡两级，但仍坚持中央集权。汉武帝时财政体制得到创新，实施均输、平准等办法，通过商业流通活动加强中央财政集权。三国、魏、晋、南北朝直至隋代的财政管理体制与秦汉大同小异，特点是随着中央财政的强弱变化而不断地在集权与分权之间摇摆。[①]

先集权后分权的唐代财政。唐朝上半叶先是实行了中央高度集权的财政管理体制——租庸调制，且不断强化中央集权。后以"安史之乱"为界，财政权力开始被下放到地方藩镇和州府。[②] 并且建立了"两税三分制"，将国家税收划分为中央直接税与中央地方共享税，在三级政府间分配，但中央和藩镇之间存在着长期的财权竞争。[③]

逐步集权的北宋财政。北宋沿袭了"两税三分制"，先是对地方财政实行宽松管理，后来逐渐加强了对地方财源的剥夺，经过王安石变法，到北宋末年将所有财权收归中央。[④]

集权与失衡的元代财政。在元代，国家财赋收入主要由路府州县等地方政府征集，而其财政支出却受到中央以"岁终上计"和"钩考理算"等制度的严格控制，导致财政权利和责任严重失衡。行省先是完全代表中央利益的，直到路府州县等地方政府几乎完全失去财政权力时，才转变立场，财政体制逐渐演变为以行省为单位的中央与地方财政"七三"分成制。[⑤]

[①] 翁礼华：《纵横捭阖——中国财税文化透视》，中国财政经济出版社2004年版，第160—163页。

[②] 陈丽、郑学檬：《中晚唐时期中央财政地方化倾向探析》，《西北师大学报》（社会科学版）2004年第2期。

[③] 江晓敏：《唐宋时期的中央与地方财政关系》，《南开学报》（哲学社会科学版）2003年第5期。

[④] 同上。

[⑤] 翁礼华：《纵横捭阖——中国财税文化透视》，中国财政经济出版社2004年版，第175—177页。

以"起运"与"存留"为核心的明代财政。明代仍然是集权式财政体制,但央地财政关系通过侧重集权的"起运"制度和侧重分权的"存留"制度共同体现。"起运"是指司、府、州等地方政府按中央的指派定期定额将赋税运至中央及九边的仓库,"存留"是指司、府、州、县将部分税收留于当地,用作常规支出。中央将起运数额定得很高,地方"存留"也要受中央监督,仍然体现了中央集权的特征;但在"存留"之外地方还设有被称为"羡余"的"小金库"。①

从集权走向分权、争权的清代财政。除了起运存留外,清政府还通过解款协款、奏销等制度规范了中央与地方的财政分配关系,逐渐建立起更为严密的中央集权型财政体制。后为镇压各地起义,军费开支急剧膨胀,中央财政被削弱,为维持封建统治,只得向地方放权,地方财权显著增强。到晚清时期,由于列强入侵和国内反抗势力的发展,地方分权的势头更加猛烈,同时中央也为恢复集权型财政体制而采取了一系列调整措施,于是最终双方进入了争夺财权的对峙状态。②

徒具形式的民国财政。北洋军阀时期的财政体现出"无系统"的特征,南京政府时期的财政关系历经多次演变,从以省为主、县级虚悬,到建立县级财政,再到国家财政和以县为主的自治财政、省级虚悬,最后到界限较为分明的中央、省、县三级财政。由于缺乏稳定的社会条件和财政收支严重失衡,民国时期政府间财政划分徒具形式,没有起到相应作用。③

二 基于比较视角的政府间财政关系研究

在比较研究方面,政府间财政问题的研究在这一时期从不同维

---

① 肖立军:《明代财政制度中的起运与存留》,《南开学报》1997年第2期。
② 申学锋:《清代中央与地方财政关系的演变》,《河北学刊》2002年第5期。
③ 杜恂诚:《民国时期的中央与地方财政划分》,《中国社会科学》1998年第3期。

度多面开花，包括西方发达国家、发展中国家的维度，单一制国家、联邦制国家的维度，集权、分权和补助模式的维度，等等。

从西方发达国家与发展中国家的维度来看，不论是西方现代市场经济国家，还是发展中国家，各国政府都十分重视妥善处理中央与地方的财政分配关系，共同特征主要表现在三个方面：一是中央财力的集中程度较高，国家宏观调控具有主动权；二是实行分税制财政体制，规范政府间财政关系；三是建立中央对地方的税收返还和补助制度，贯彻和实现国家的政策意图。[①]

从单一制与联邦制的维度来看，在单一制国家，地方政府的权力由立法机关以普遍的形式授予，如英国、法国、日本等；而在联邦制国家，中央政府的权力在国家宪法中明确列举，列举之外的权力一概属于地方，如美国、原联邦德国、澳大利亚、瑞士等。[②] 联邦制国家为适应国家内部各地区之间多样化和差异性的特点，侧重维持财政平衡；而单一制国家更侧重促进发展。二者也存在三重共性：一是促进国家经济发展的目标相同；二是中央政府的税收远超地方政府且地方政府不同程度地依赖中央政府拨款；三是不断探寻维护中央权威与促进经济发展、维持中央和地方以及地方之间平衡与保护地方积极性的结合点。[③]

从集权、分权和补助模式的维度来看，学者概括了四种代表性模式：一是以美国为代表的分散立法、同源分享、自上而下的资金补助模式；二是以德国为代表的税权、税种共享、横向补助模式；三是以法国为代表的大权集中、小权分散、纵向补助模式；四是以日本为代表的财权集中、事权分散、税种让与、专项补助模式。[④]

此外，很多学者将中国与具体国家的政府间财政关系进行比较研

[①] 苏明：《国外中央与地方财政分配关系的特征》，《世界经济》1994 年第 5 期。

[②] 卢洪友：《处理中央财政与地方财政关系的国际经验值得研究和借鉴》，《改革与理论》1995 年第 6 期。

[③] 同上。

[④] 曹艳：《中央与地方财政关系的国际比较》，《大陆桥视野》2008 年第 9 期。

究，诸如美国、法国、日本、俄罗斯等，并提出比较具体的改革建议。尽管不同类型国家的政府间财政关系存在较大差异，但是学者们依然透过具体差异，概括出了若干普遍性的做法和一般经验，为我国政府间财政关系的完善提供借鉴。总结的经验主要包括如下方面：

一是要正确划分政府与市场的界限，经济运行、资源配置和收入分配以市场调节为基础，将政府职责范围严格限制于公共事务方面。[1]

二是要在厘清政府与市场界限的基础上，明确划分中央与地方政府的事权范围（卢洪友，1995；王朝才，2005[2]）。

三是事权结构与财权财力结构的安排具有非对称性，财权财力相对集中于中央，事权则相对分散于地方（陈为群，1994[3]；卢洪友，1995），这样国家宏观调控具有主动权[4]。

四是要实行有利于中央的规范化、制度化的分税制和规范的财政补助制度（苏明，1994；陈为群，1994）。

五是要将政府间财政关系法制化，在宪法或法律中明确各级政府事权与财权（卢洪友，1995）。

第五节　聚焦政府间财政关系具体问题的研究

这一时期，聚焦具体问题的研究成果明显增多，主要包括三类：

---

[1] 卢洪友：《处理中央财政与地方财政关系的国际经验值得研究和借鉴》，《改革与理论》1995年第6期。

[2] 王朝才：《日本中央和地方财政分配关系及其借鉴意义》，《经济研究参考》2005年第81期。

[3] 陈为群：《亚洲四国中央与地方财政分配关系的比较研究》，《当代经济科学》1994年第6期。

[4] 苏明：《国外中央与地方财政分配关系的特征》，《世界经济》1994年第5期。

一是应用性研究，例如将政府间财政关系用于分析房地产市场发展及相关产业发展、义务教育等公共事业发展等方面；二是专题性的研究，例如对财政投资、地方债、土地财政等涉及政府间财政关系的问题进行专题研究；三是法律层面的研究，主要针对政府间财政关系的法制化问题展开专题研究。

一 农村义务教育领域的政府间财政关系研究

首先，农村义务教育职能一般被认为应由较高层级政府行使。例如，张玉林提出要突破"以县为主"的局限，明确中央政府和省级政府作为义务教育投资主体的责任和义务。[①] 魏向赤指出，国际上教育职能主要由中央和省级政府履行，可以从提升事权级次和设置转移支付两个角度调整农村义务教育领域的政府间财政关系。[②] 李成贵提出，农村义务教育的公共投资应形成一种"上级政府买单，基层地方政府主管"的投入和管理体制。[③] 张丽华和汪冲提出，将农村义务教育事权上划中央政府，才是解决农村义务教育的地区差异和保障农村义务教育的公共投入的最佳选择。[④]

其次，农村义务教育应由较高层级政府出资，将方向瞄准转移支付。邵峰认为，应当首先明确义务教育筹资中各级政府的权利和义务，再依据地方投入能力及中央投入力度，通过中央对地方规范的一般性转移支付来共同保障农村义务教育的稳定投入。[⑤] 李维中和

---

① 张玉林：《中国农村教育的困境》，《安徽决策咨询》2002年第11期。
② 魏向赤：《合理安排财政支出加大义务教育投入》，《人民教育》2003年第19期。
③ 李成贵：《农村义务教育投入：主体确认与增长机制研究》，《中国农村经济》2003年第11期。
④ 张丽华、汪冲：《解决农村义务教育投入保障中的制度缺陷》，《经济研究》2008年第10期。
⑤ 邵峰：《谁为农村义务教育买单？——从政府间财政关系看农村义务教育的投入体系》，《教育与经济》2004年第3期。

赵中华提出，中央和省级政府在承担农村义务教育经费投入上，应当多承担一些职责，要建立包括一般性转移支付和专项转移支付在内的基础教育转移支付制度，分别解决一般资金需求和农村中小学危房改造等专项资金需求。① 纪益成主张，通过建立和完善纵横双向转移支付来解决农村义务教育的财力困难。②

最后，农村义务教育财政支出安排需考虑地区差异。郭晓东提出，采取"因地制宜、分类承担"的农村义务教育经费投入办法，对于东部发达地区，坚持"以县为主"；对于欠发达地区，以省、市为主，县为辅；对于国家级贫困县，则完全由中央承担。③

二 地方政府债务领域的政府间财政关系研究

2008年国际金融危机后，在经济刺激计划的带动下，以地方融资平台为主要依托，地方政府隐性债务迅速积累，推动经济摆脱危机的同时，各种问题也随之显现。很多学者开始从政府间关系的视角分析地方政府性债务产生的根源。贾康认为，地方政府隐性债务发展与省以下的分税制迟迟未能落实有关。④ 曾芸认为，中国式财政分权改革扭曲了央地关系，并加剧了中央与地方财政的纵向不均衡，导致财权与事权的矛盾突出，进而引发了地方政府性债务。⑤ 而王叙果等的研究表明，中国式财政分权并不是地方政府债务的全部原因，

---

① 李维中、赵中华：《完善农村义务教育投入体制，保障义务教育持续均衡发展》，《财会研究》2005年第11期。

② 纪益成：《推进农村义务教育持续发展的财政对策》，《财政研究》2012年第9期。

③ 郭晓东：《农村义务教育"分级管理"体制问题探析》，《教学与管理》2003年第31期。

④ 贾康：《地方债危机的体制性成因》，《上海国资》2011年7月。

⑤ 曾芸：《中国地方性债务问题研究——基于财政分权和政府行为的视角》，博士学位论文，东北财经大学，2011年。

政府在政治和经济当中的双重角色、银行业普遍存在的预算软约束也是重要原因。①

三 土地财政领域政府间财政关系研究

关于"土地财政"兴起的原因,很多学者认为是分税制财政体制造成财权上移、事权下移,地方财政收入减少、支出增加(刘守英、蒋省三,2005;② 周飞舟,2006③)。贾康则对这种观点提出批评,分析说明恰恰是由于1994年后分税制在省以下地方政府的贯彻落实受阻,过渡态变成了省以下普遍形成分成制甚至包干制的凝固态,才引发"土地财政"短期行为、隐性负债和基层财政困难等问题。④ 周振华认为,分税制下地方政府之所以愿意承受较大财政压力,是因为地方可以通过土地批租等形式辟新财源。⑤ 也有学者基于中国式财政分权体制(纵向竞争)和地方竞争机制(横向竞争)双重背景对"土地财政"进行解释(孔善广,2007;⑥ 吴群、李永乐,2010⑦),认为官员热衷于出让土地是为增长而竞争的"土地引资"。⑧

---

① 王叙果等:《财政分权、晋升激励与预算软约束——地方政府过度负债的一个分析框架》,《财政研究》2012年第3期。
② 刘守英、蒋省三:《土地融资与财政和金融风险——来自东部一个发达地区的个案》,《中国土地科学》2005年第5期。
③ 周飞舟:《分税制十年:制度及其影响》,《中国社会科学》2006年第6期。
④ 贾康:《正确把握大思路 配套推进分税制——兼与"纵向分两段,横向分两块"的主张商榷》,《中央财经大学学报》2005年第12期。
⑤ 周振华:《地方政府行为方式与地方经济自主发展》,《学习与探索》1999年第3期。
⑥ 孔善广:《分税制后地方政府财事权非对称性及约束激动机制变化研究》,《经济社会体制比较》2007年第1期。
⑦ 吴群、李永乐:《财政分权、地方政府竞争与土地财政》,《财贸经济》2010年第7期。
⑧ 张莉等:《财政激励、晋升激励与地方官员的土地出让行为》,《中国工业经济》2011年第4期。

一些学者们提出，要改变"土地财政"的现状，就需要将现在的"投资性政府"变为"服务型政府"，形成多元化的城市公共投资机制（刘守英、蒋省三，2005）；就需要完善分税制，优化中央和各级地方政府之间的财权与事权的匹配程度（张莉等，2011；贾康、刘微，2012）；就需要构建更为合理的地方税体系，加强土地及其附属物保有环节的征税设计，推进房产税改革，同时加快推进地方债制度建设①；就需要强化地方政府预算外和非预算资金收入的约束与规制②，推行更加透明公开的财政预算决算制度（张莉等，2011）。

四 法律保障层面的政府间财政关系研究

我国中央与地方政府间关系之所以长期以来难以逃出"一放就乱，一乱就收，一收就死"的怪圈，根本原因在于没有将其纳入法律框架。③ 行政性放权与行政性收权经常交替出现，从而造成中央与地方的权限调整基本属于政策性调整，权力的放与收存在较大不确定性和不稳定性。④ 而确保财政体制有效运行的关键在于寻求处理政府间财政关系的法律依据。李娜提出了分步进行财政立宪的建议，主张确立中央和地方的宪法主体地位，在宪法中增加中央与地方财政权划分和财政转移支付的规定，明确和强化人民代表大会的财政立法权和监督权。⑤ 冯果、李安安建议将更宽广的社会视角引入财政

---

① 贾康、刘微：《"土地财政"：分析及出路——在深化财税改革中构建合理、规范、可持续的地方"土地生财"机制》，《财政研究》2012年第1期。

② 罗必良：《分税制、财政压力与政府"土地财政"偏好》，《学术研究》2010年第10期。

③ 唐海秀：《宪政视野的我国中央与地方财政关系》，《决策与信息》2006年第8期。

④ 李娜：《宪政视角下我国中央与地方财政关系法治化的思考》，《改革与开放》2012年第10期。

⑤ 同上。

立法，来实现政府间财政关系的实质法治。① 张道庆认为，实现中央与地方财政关系的法治化应当在立法方面采用法律保留原则，完善中央与地方财政关系法律规范的内容，建立中央与地方财政争端解决机制。②

---

① 冯果、李安安：《中央代发地方债券的经济法分析——兼论政府间财政关系的法治化进路》，《广东社会科学》2011 年第 4 期。

② 张道庆：《论中央与地方财政关系法律调控机制的建构》，《西南政法大学学报》2006 年第 4 期。

第十九章

建立社会主义市场经济体制时期的预算理论[*]

20世纪90年代中后期,随着改革开放的深化,社会主义市场经济体制逐渐确立并得到发展,加之分税制财政体制的确立,预算法的颁布实施,20世纪末期我国推动以部门预算改革为代表的一系列预算实践,都成为催生多学科研究者关注预算理论发展的外在动因。与此同时,国内预算理论研究者与实践者也开始特别关注西方市场经济国家的预算理论与实践,这个时期很多经典的西方预算理论成果和专著被翻译成中文出版。国内实践发展对预算理论的需求,国外预算理论体系的影响,加上我国预算理论界对自身发展的期许,这些相互作用共同促进了我国预算理论在社会主义市场经济时期的快速成长与发展,其中也包括学科建设、人才培养模式的变化。尽管这个时期的理论研究争鸣很多,但是为满足现实需求,预算理论研究的范式呈现多样化趋势,理论界的广泛争鸣同时引发社会对公共预算问题的广泛且持续的关注,这些均是这个时期的重要特点和成果。在长期理论争鸣与发展中,我国预算理论研究也达成一些共

---

[*] 这个时期,由于预算理论研究受到多学科视角的影响,同时并存"政府预算""公共预算""国家预算"等概念,本章的"预算理论"涵盖以上三类概念,并对这些概念的产生与发展分别作了说明。

识，包括预算理论发展应该多研究些问题、少一些派系之争，预算理论发展既需要满足宏观经济决策之需，又需要在优化和规范政府活动与行为方面提供解释性理论。

第一节 预算理论的争鸣与发展概况

随着改革开放进程加快，之前计划经济体制下并不明显的几大重要关系——政府与市场的关系、政府与公民的关系、政府与社会的关系——逐渐浮出水面，并成为理论与实践讨论的焦点。其中，政府与市场的关系问题成为几大关系中的热点，且热度至今未减。在此背景下，政府凭借公权力获得并使用公共资源的特质受到广泛关注。人们开始讨论一个核心的问题，即政府应该遵循怎样的制度、规则和程序，才能确保自身行为的合法、合规、合理、有效，才能更好地使用公共资源促进经济发展和社会稳定，完成国家建设目标。随着人们逐步区分了政府与国家在预算管理中的不同角色，"政府预算"概念随之产生，并逐步代替"国家预算"出现在1994年《预算法》和之后的政府年度预算报告等政策文件中。与此同时，受西方公共预算（Public Budgeting）理论的影响，"公共预算"作为与"政府预算"并行使用的概念也逐步进入我国预算理论研究者和实践者视野，并得到一定程度的认可，公共预算作为一个概念更凸显预算的公共性、透明度、可知性原则。同期，国内财政学也围绕"国家财政"抑或"公共财政"展开广泛的讨论，众多学者参与并各抒己见，这些理论争鸣在一定程度上也影响了我国财政预算制度改革的思路以及政策方向。

这个时期，受国内外财政学理论发展与争鸣的影响，我国政府预算理论的发展也出现多元化特点。一方面，传统财政学及其研究者向公共经济学、公共管理学等其他学科借鉴与学习，甚至包括学科之间的"嫁接"来推动传统财政学的完善与发展，以适应新时期经济与社会发展需要①;另一方面,国内公共管理学、政治学、法学等领域的研究者加入政府预算(公共预算)的研究,重点关注预算权力、管理、组织、法治化等问题。多学科共同推进预算理论研究的态势逐渐形成,一度引发关于公共预算学科归属的讨论②。这个时期,在"公共财政论"与"国家财政论"的理论争鸣中也出现了关于预算核心概念的讨论,"国家预算""政府预算""公共预算"的用法同时存在并均有理论支持者和使用者。另外,不同学科推进预算理论研究范式的多样化,也促进了我国预算理论的快速发展。不同学科研究范式与方法的主要内容可见表19—1。

表19—1　　　　　　预算理论研究的多学科研究范式

主要学科研究范式	经济学		非经济学	
	传统财政学	公共经济学	政治学	公共管理学
研究对象及其重点	国家预算、政府财税收入、预算政策	公共部门、资源配置、政策对经济的功能	国家制度、权力、公平、正义	组织(内部)、分工、职能、决策、效率、效益
研究方法	规范研究	规范研究、实证研究	政治科学、实证研究	定性研究、定量研究

20世纪90年代初期,我国预算理论研究大致可以分为经济学和非经济学两大研究范式,经济学研究范式主要集中体现在传统财政学和公共经济学两大流派的研究成果,非经济学研究范式则主要集

---

① 杨志勇:《关于中国财政学发展方向的思考》,《地方财政研究》2013年第2期。
② 具体论述可参见高培勇《"一体两翼":新形势下的财政学科建设方向——兼论财政学科和公共管理学科的融合》,《财贸经济》2002年第12期;马骏《公共预算研究:中国政治学和公共行政学亟待加强的研究领域》,《政治学研究》2005年第5期;杨志勇《财政学的基本问题——兼论中国财政学发展的着力点》,《财政研究》2017年第12期。

中于公共管理学、政治学和法学视角的研究成果。不同研究范式有其重点关注的研究对象，擅长使用的研究方法。简单总结，我国传统财政学以国家分配论为主要特点，在此理论框架下的预算研究主要围绕国家预算展开，重点研究预算收支本身的问题，并且更擅长预算收入领域的研究，这得益于传统财政学中税收研究的蓬勃发展，但是对于预算支出领域的研究，尤其是围绕政府收支活动展开的政府行为的研究却是比较弱的[①]。相反，政治学和公共管理学视角下的预算理论研究更重视政府收支行为研究、预算管理研究、预算制度研究等方面，恰恰是对传统财政学范式下预算研究的补充。另外，公共经济学在20世纪90年代进入我国理论者视野以来，强调公共领域与公共产品的重要性，将研究对象由政府转向所有公共部门，扩展了传统财政学研究视野，也推动传统财政学的研究重点开始转向预算支出一翼，包括预算支出规模和结构调整[②]。公共选择理论和交易费用理论不仅推动了预算理论的国际研究进程[③]，同时也启发国

[①] 20世纪90年代，围绕我国预算理论和制度设计究竟应该沿袭"国家预算论"还是转向"公共预算论"的讨论非常热烈，影响也很广泛。但是，关于传统财政学的研究重点或研究对象究竟是什么的问题，所有论者都认同一点，即传统财政学的研究重点主要是财政收支本身，在此基础上的预算理论研究重点即预算收支本身。具体论述可参见赵志耘、郭庆旺《"公共财政论"质疑》，《财政研究》1998年第10期；高培勇《公共财政：概念界说与演变脉络——兼论中国财政改革30年的基本轨迹》，《经济研究》2008年第12期；杨志勇《关于中国财政学发展方向的思考》，《地方财政研究》2013年第2期。

[②] 高培勇：《公共财政：概念界说与演变脉络——兼论中国财政改革30年的基本轨迹》，《经济研究》2008年第12期。

[③] 从国际研究成果来看，公共选择理论为推动预算理论的发展和深入作出了积极的贡献。以尼斯坎南为代表，他利用公共选择理论对官僚制及其行政机构的预算行为进行较为系统的研究，发展出一个官僚机构"供给"理论。另外，霍恩、弗兰特、帕特思尼克、汤普森、巴特尔和马骏等学者利用交易费用理论对财政预算中的一些制度安排，主要包括预算制定与执行等内容进行了研究。详见［美］威廉姆·A.尼斯坎南《官僚制与公共经济学》，王浦劬等译，中国青年出版社2004年版，第5页；赵早早《财政预算理论：经济、管理与政治的视角》，载马珺、高培勇主编《国家治理与财政学基础理论创新》，中国社会科学出版社2017年版。

内学者构建理论框架来解释我国的预算实践①。

随着时间的推移和实践的发展，到了 21 世纪初期，尽管各学科均运用自己的范式和方法来研究预算问题，但是预算理论研究有必要打破学科界限或藩篱推动多学科交叉研究的思路得到越来越多人的关注。不过，多学科交叉研究也必须有章可循，针对同一个研究问题而进行多学科交叉研究的效果可能会更好，这也在后来的预算理论与实践发展中逐步得到印证。

第二节 传统财政学的自我发展与预算理论创新

新中国成立以来的较长时期里，我国预算理论一直属于传统财政学的研究内容。随着社会主义市场经济体制的确立和发展，传统财政学及其研究内容与方法不断受到挑战。挑战同时也催生财政学研究者不断反思，并为传统财政学未来发展疾呼呐喊。作为传统财政学中主要内容的国家预算理论也随之发生变化。

一 从国家预算到政府预算

1994 年之前，国家预算理论主要体现为预算国家中心主义，这不仅与计划经济体制相适应，也与我国传统财政学特征相吻合②。计划经济体制下，国家掌控一切社会资源，企业依附于国家、个人依附于国家或企业，国家与政府之间的差异只存在于政治学概念中，而在实践中却差异很小。国家预算在传统财政学"收支管平"的研

---

① 详见马骏、侯一麟《中国省级预算中的非正式制度：一个交易费用理论框架》，《经济研究》2004 年第 10 期。

② 杨志勇：《政府预算管理制度演进逻辑与未来改革》，《南京大学学报》（哲学、人文科学、社会科学版）2009 年第 5 期；朱柏铭：《中国财政学的革命》，《经济学家》2000 年第 2 期。

究框架下,侧重于预算收支及其收支活动的管理问题,强调国家预算制度的收支预测功能,甚至研究收支预测的具体技术与方法。传统财政学框架下的预算管理研究,主要是总结和归纳预算实践与业务[①],重点集中在如何更好地促进基本建设工作顺利展开。一方面要积极为基本建设筹集预算资金,另一方面要将有限预算资金在充分确保基本建设顺利开展的基础上再配置到其他支出类别上去,同时要确保预算收支实现综合平衡。传统财政学主要采用规范研究方法展开分析和论证,规范研究方法也是国家预算理论研究的主要分析方法。

随着社会主义市场经济体制改革不断深化,政府与市场的关系问题受到越来越多的关注。尤其是1994年分税制财政体制改革和《中华人民共和国预算法》颁布实施以来,中央政府与地方政府的财权与事权得到初步划分,中央政府预算与地方政府预算的边界也逐步清晰,传统财政学框架下的国家预算概念与内涵、国家预算管理的制度与方式有必要随之发生调整和转变。于是,随着传统财政学理论研究的自我觉醒,国家预算理论也必然随之变化。1995年3月6日,时任财政部部长刘仲藜向八届全国人大三次会议提交《关于1994年国家预算执行情况和1995年中央及地方预算草案的报告》,标志着国家预算制度与编制方法开始发生巨大变化,同时带动预算理论的创新与发展。1998年,财政部公布《1998年政府预算收支科目》,在该文件中首次使用"政府预算"概念,以此代替长期以来所使用的"国家预算"概念[②]。尽管从来没有官方文件具体说明为什么当年财政部将"国家预算"更名为"政府预算",但是从1998年开始,从预算理论研究到实践部门,"政府预算"概念获得了广泛认同,不仅被普遍使用,而且成为传统财政学理论研究的重要领域之

---

① 关于计划经济时期国家预算特征的论述可参见本书第七章。
② 马蔡琛:《国家预算、政府预算和公共预算的比较分析》,《中国财政》2006年第2期。

一。关于"政府预算"概念产生的背景,财政学界已基本达成共识,即此概念的产生与中国经济体制改革的发展趋势密切相关。尽管"政府预算"率先通过官方文件获得认可,但是国家预算概念也在同时使用。对于预算理论研究来讲,我们既需要充分论证核心概念的具体内涵与外延,搞清楚其产生与发展的来龙去脉,但是又不能过分纠结于概念本身。关注并寻找预算实践的核心问题并推动知识积累与研究发展,这才是最重要的工作。

二 政府预算研究视野的拓展

政府预算概念诞生之后,以政府及其预算活动为研究对象的政府预算管理研究从传统财政学中凸显出来。传统预算理论研究重点关注预算收支本身,以实际发生的预算实践或业务为研究对象,对预算分配、执行和监督进行现状描述,寻找问题并提出改革建议。但是,以传统财政学视野研究政府预算,导致对预算规则、预算参与者及其活动、预算收支对政策的影响、预算管理及其结果的影响因素等问题关注不多。传统财政学主动向公共管理学的研究视野和范式拓展,借助管理学理论与方法,吸收公共管理对政府及其组织行为的关注与研究特点,促进传统财政学领域内政府预算研究的新突破[1]。与政府预算理论发展相适应,关于人大预算监督的研究也逐渐增多,推进预算公开透明制度研究也出现并迅速获得社会关注。

传统财政学在努力推动预算研究的同时,在学科建设和大学院系设置上也有很大的拓展与突破[2]。一些大学在财政学专业、财政学系或财政税务学系的基础上,建立财税与公共管理学院、财政

---

[1] 高培勇:《"一体两翼":新形势下的财政学科建设方向——兼论财政学科和公共管理学科的融合》,《财贸经济》2002 年第 12 期。

[2] 杨志勇:《关于中国财政学发展方向的思考》,《地方财政研究》2013 年第 2 期。

与公共管理学院、公共经济与管理学院或公共管理学院，招收公共管理硕士（MPA）。尽管这种学科交叉发展的美好愿望最终未能完全按照理想模式发展下去，但是传统财政学希望在政府预算研究领域有所突破和创新的努力却是难能可贵的。从传统财政学自觉创新的历程也可以看出，政府预算研究可以在相关学科间进行交叉互动，基于共同的研究问题开展互动研究的成果可能会更好地指导实践。

第三节 公共经济学与预算理论发展

从 20 世纪末开始，西方公共经济学借助改革开放的契机进入我国财政学和政府预算研究者的视野。公共经济学根植于传统财政学，其发展经历了漫长过程，公共经济学又突破了传统财政学只关注税收问题的藩篱[1]，将研究对象更集中于公共部门包括政府与各类公共组织，研究视野拓展至政府活动与资源配置、收入分配、充分就业以及价格水平稳定与增长之间的关系。[2] 马斯格雷夫在其名著《财政学原理：公共经济研究》中明确指出，公共经济学视角下的财政学研究聚焦于政府财政收支活动与行为及其后果对社会目标的影响关系，并关注公共预算管理过程中的经济政策问题。[3] 公共经济学被引入国内，迅速地获得一批财政学者的认同与青睐。在引入初期，倾向于利用公共经济学来推动传统财政学创新发展的学者们认为，公

---

[1] 杨志勇、张馨：《公共经济学》（第三版），清华大学出版社 2013 年版，第 11 页。

[2] 具体论述可参见陈柳钦《公共经济学的发展动态分析》，《南京社会科学》2011 年第 1 期；马珺《财政学基础理论创新：重要但需审慎对待的诉求》，《财政研究》2018 年第 8 期。

[3] 转引自陈柳钦《公共经济学的发展动态分析》，《南京社会科学》2011 年第 1 期。

共经济学为我国财政学理论研究带来了新的知识、范式、思路与方法，当然也包括对预算理论研究的影响。

一 从国家预算到公共预算

从20世纪末至21世纪初，公共预算概念伴随着公共经济学在国内的发展而迅速被学界和公众认可并接受。公共经济学以关注政府与市场关系、界定政府职责与规范政府行为为主要内容的理论，恰恰契合我国当时社会主义市场经济发展的需要，因此得到国内学者的广泛关注并得以迅速传播。很多财政学研究者都撰写"公共经济学"专著或教材，并借助媒体将公共经济学围绕"公共"而确立的重要概念向社会大众传播，包括公共产品、公共服务、公共财政、公共预算等核心概念。与此同时，围绕"公共财政学"是否符合我国社会经济发展特质并取代"财政学"等问题，在财政学界出现了非常激烈的争论，而这其中也包含对预算理论创新与发展的内容[1]。尽管争鸣不断，但是公共预算概念已在这个时期迅速传播并获得广泛认可。同期，公共预算概念快速扩展的另一个原因是，政治学和公共管理学领域的预算理论研究者认同并广泛使用此概念，而这些学者多半都具有海外留学背景，他们更关注预算的政治特征及其公共特性。关于非经济学科推动公共预算理论发展的论述将在后面第四节具体阐述。

二 公共经济学促进预算研究的内容拓展与方法创新

如前所述，公共经济学拓展了传统预算理论研究的视野，在研

---

[1] 关于我国财政学是否应该被公共财政学概念所替代、公共预算是否能够概括并恰当反映我国预算特征等问题，1998—1999年，张馨先生等支持公共财政学替代财政学者与赵志耘先生、郭庆旺先生等不支持替代者之间有过多次公开的理论争鸣。详细内容可参见赵志耘、郭庆旺《"公共财政论"质疑》，《财政研究》1998年第10期；张馨《应从市场经济的几点看待公共财政问题》，《财政研究》1999年第1期；郭庆旺、赵志耘《"公共财政论"的再质疑》，《财政研究》1999年第12期。

究方法上同时包括规范研究和实证研究，量化研究的成果发表数量也逐年增加。公共经济学关注预算收支与经济政策目标实现之间的关系，拓展了传统财政学之前只局限于财税收入侧研究的思路，激发了国内对公共支出问题的研究。这个时期的研究主题包括：公共支出范围、结构、规模的讨论，公共支出的成本效益分析[1]，公共支出绩效评价与管理，不同类型公共支出（如行政事业性支出，教育、医疗、公共卫生等公共服务支出）的规模与效果分析，市场经济国家公共支出预算管理的经验与启示[2]。另外，还有研究者利用交易费用理论构建解释性框架，来解读我国省级预算过程中的非正式制度。该研究采用案例研究方法，对我国一个省级政府的预算过程进行"解剖麻雀式"的分析，在以交易费用理论为基础的解释性框架中，全面且生动地进行了分析，为读者更清晰地了解和掌握省级政府预算中的政治、非正式制度运作逻辑、预算过程等提供了翔实的材料[3]。

不过，随着社会的变化和研究的深入，极富思考与创新精神的国内预算理论研究者也发现公共经济学的缺陷与不足。尽管公共经济学对我国公共预算理论研究产生了积极的影响，并且一度被视为现代财政学发展的方向，其中也包括对传统预算理论的改造与发展。但是，公共预算或政府预算毕竟不能被经济学理论所完全覆盖，其本身又蕴含政治学、管理学、社会学中的某些特质，所以公共经济学对公共预算理论的发展也具有一定的局限性，尤其对预算管理的贡献不足。

---

[1] 阎坤、王进杰：《公共支出绩效管理中的成本效益分析》，《经济管理》2001年第7期。

[2] 在中国知网上搜索关键词"公共支出"和"预算"，可以发现从20世纪末起至今，围绕公共支出领域预算研究每年平均发表量在50篇以上，总数将近1700篇。

[3] 具体参见马骏、侯一麟《中国省级预算中的非正式制度：一个交易费用理论框架》，《经济研究》2004年第10期。

第四节 非经济学视角下的预算理论发展

21世纪初伊始，尤其是2002年之后，一批从事政治学或公共管理学的研究者开始研究政府预算问题。这些研究者多数采用政治学或公共管理学的研究视角和方法，不仅关注政府预算的政治性、预算过程中的权力配置与各方的博弈关系，而且注重探索西方基于管理学理论产生的预算改革模式的"中国化"问题。政治学和公共管理学领域的研究者认为，公共预算或政府预算问题并非仅仅是经济学的研究领域，同样也是政治学和公共行政学的重要研究领域。[1] 更有政治学研究者认为，从方法论角度来讲，与经济学研究方法相比，政治学和公共管理学研究方法更加适合推进中国的政府预算问题研究。[2] 非经济学理论研究者在初期的研究中，多采用案例研究的方法，打开我国公共预算或政府预算管理过程的"黑箱"，为理论研究者、社会公众等正确了解和理解我国预算实践提供了生动的素材[3]。与此同时，这些研究者不仅对问题和现象展开描述，而且尝试构建解释性理论框架分析我国政府预算或公共预算实践特点。其间，更是通过我国预算实践与西方公共预算的一般理论的充分对话，推进预算理论的发展和知识增长。

政府预算的法治化是这个时期的重要话题，既有理论探讨，更有重大改革实践。围绕预算法治化展开的相关研究，不仅有预算透

---

[1] 马骏、於莉：《公共预算研究：中国政治学和公共行政学亟待加强的研究领域》，《政治学研究》2005年第5期。

[2] 叶娟丽：《论中国公共预算研究的方法论自觉》，《武汉大学学报》（哲学社会科学版）2011年第9期。

[3] 此类研究以中山大学政治与公共事务管理学院马骏教授团队、上海大学原复旦大学苟燕楠教授团队为典型代表，具体文献可参见两个团队的研究成果。

明度研究[①]、人大预算监督制度研究、公民参与预算,而且还有为制定和颁布预算法而展开的讨论与研究。1994年颁布的《中华人民共和国预算法》及其实施条例,是国家预算法治化的重要标志,也是理论研究推动实现预算法治化的重要成果之一。理论界为我国预算法治化建设奔走疾呼,理论研究者更是为推动预算的公开透明和公民参与而亲历推进参与式预算改革等地方实践[②]。

总之,在社会主义市场经济体制下,公共预算或政府预算问题越来越受到重视,预算理论的研究工作也呈现出百家争鸣、百花齐放的蒸蒸日上之态。这个时期,关于预算理论研究究竟该划归哪个学科的争论一直存在。但是,各个学科也都发现各自在推动预算理论研究的深度和广度方面存在不足和缺陷。于是,学界大多数人逐渐认同,预算理论研究应该更注重问题导向,从多视角、利用多学科方法来研究政府预算问题是非常必要的。每个学科范式、理论与方法都有其独特之处,但又不足以全面解释我国预算实践及其问题,所以学科交叉推进研究应该是未来的发展方向。比如,传统财政学或公共经济学主要从政府预算的收支数量变化及预算政策的经济功能角度来研究;公共管理学主要从规范政府收支管理、改善组织文化、提高预算效能的角度来研究;政治学研究主要从如何实现预算的民主化、公开、透明、法治化等角度来研究。

---

① 上海财经大学蒋洪教授带领团队,从2008年开始进行31个省级财政透明度研究,并出版年度研究成果《中国财政透明度报告》。
② 赵早早、杨晖:《构建地方政府公开透明的预算制度——以无锡、温岭和焦作参与式预算实践为例》,《北京行政学院学报》2014年第4期。

第二十章

建立社会主义市场经济体制时期的财政政策理论

本章回顾建立社会主义市场经济时期的财政政策理论源起,并对当时的政策演化和理论研究发展脉络进行了梳理。在各方面的努力下,1998年和2008年两次积极财政政策成效显著,但也有一些值得探讨之处。总体来看,这一时期财政政策理论与实践与特定历史背景高度关联,也与市场经济体制建设过程中财政的能力与实力密不可分。

第一节 建立社会主义市场经济时期的财政政策源起

建立和完善社会主义市场经济体制是党的十四大提出的战略目标。财政政策不仅在其中发挥着促进和引领作用,而且自身也在不断完善和提升。从熨平经济波动到实现收支平衡,再到相机抉择,财政政策不断发展。

一 致力于熨平经济波动的财政政策

熨平经济周期指的是政府通过政策手段防止和消除宏观经济的

大起大落，减缓经济波动。其过程既要防止经济过热，抑制通货膨胀，又要减少失业，克服经济萧条，保证经济持续增长。政府运用宏观政策调节和熨平经济周期时，在财政政策方面，通常是在经济萧条时减税或增加财政支出，必要的情况下政府会增加财政赤字，并采用发行国债等办法弥补政府收支流量的缺口；而在经济高涨时期，会增税或减少财政支出，适当缩减财政赤字规模。

陈东琪（1999）认为1998年中国经济呈现"结构性"有效需求不足的特点。在这一经济不景气的阶段，政府的逆周期政策首先应当重视财政政策的作用。考虑到中国已经不是曾经的"单一通货膨胀时代"[1]，因此政府要根据通货膨胀和通货紧缩的周期性交互换位调整财政政策。在通货膨胀的阶段，财政政策目标应该是在保证国民经济持续增长的同时注意控制物价水平，保持经济运行基本稳定；而在通货紧缩的阶段，财政政策目标应该多注意防范通货紧缩，通过刺激经济增长，实现充分就业。

学者们对这一时期财政政策熨平经济波动的作用做了系统性概括。楼继伟（2014）指出，我国的宏观调控思想在1998年之前已经基本形成；1998—2002年两次外部经济冲击下，宏观调控政策得到了施展的空间。宏观经济调控中，政府利用财政政策、货币政策等工具熨平经济周期波动，将中国经济运行拉向常态增长水平[2]。唐在富（2018）则认为自改革开放以来，政府与市场的关系不断改变和调整。1978—1992年处于探索改革目标的阶段，该过程显著的特点是市场调节范围逐步扩大，价格机制作用恢复[3]。1993—2002年，我国确立了建立和完善社会主义市场经济体制的目标，强调市场在国家的宏观调控下对资源配置的基础性作用。

---

[1] 陈东琪、王冬梅：《熨平经济周期的财政政策》，《中国社会科学院研究生院学报》1999年第1期。

[2] 楼继伟：《深化财税体制改革建立现代财政制度》，《求是》2014年第20期。

[3] 唐在富、康玺：《改革开放四十年政府与市场关系调整历程与展望——基于财政视角的考察》，《财政科学》2018年第8期。

二　税收调节和财政支出调节

税收是政府干预经济活动的重要方式之一，具有稳定经济的功能[1][2][3]。在经济过热的情况下，增加税收可以抑制投资和消费，从而给经济降温；在经济出现衰退时，减税可以刺激投资和消费，促使经济复苏。在运用税收调节经济时，要充分考虑惯性和乘数效应。因为市场经济运行具有一定惯性，所以在实行增、减税收政策时要恰当地选择政策变化的时间点。一般而言，这个时间点应该位于严重的衰退或膨胀之前，即政策措施出台应留有一个时间差。另外，增、减税率幅度的选择应该要考虑增、减税收的乘数作用对经济的影响[4]。

在支出调节方面，财政支出规模和经济波动呈现一定的相关性[5]。财政支出波动对经济周期波动具有逆向调整的作用。财政支出可以分为经常性支出和建设性支出，支出增加通常会引发政府赤字增加和国债发行。当经济繁荣时，需求膨胀，政府可以通过减少财政支出抑制社会总需求膨胀，以防止经济过热和通货膨胀；当经济出现衰退时，政府可以增加财政支出使社会总需求增加，从而防止通货紧缩，使经济重归繁荣。其中，财政的公共支出变化对社会总需求、通货膨胀和通货紧缩程度、经济增长速度都具有杠杆作用[6]。

---

[1] 闫坤、于树一：《税收对扩大内需的影响机理与促进策略》，《税务研究》2015年第9期。

[2] 张斌：《新常态下促进实体经济发展的税收政策》，《地方财政研究》2017年第5期。

[3] 何代欣：《现代化经济体系下的税制改革趋势》，《国际税收》2018年第8期。

[4] 陈东琪：《对近两年宏观经济政策操作的思考》，《经济研究》1998年第12期。

[5] 刘雅静：《西方财政支出理论探析》，《文史哲》1993年第2期。

[6] 北京大学中国经济研究中心宏观组：《货币政策乎？财政政策乎？——中国宏观经济政策评析及建议》，《经济研究》1998年第10期。

由于1998年前行政管理支出增长较快，中央利用财政支出对经济波动进行调节时应注重开支的结构性调整，压缩行政开支，增加公共设施建设，使中国财政完成从"综合财政"向"公共财政"转换。

一些文献关注到实施财政政策中的财政赤字和政府债务风险问题。郭庆旺和赵志耘认为，中国经济下行期的财政赤字和财政拉动还是非常必要的，这有助于扩大总需求并刺激供给；过去20年的经验表明，财政政策的作用正在发挥，现阶段（1998）更需要财政政策的刺激。[①]夏杰长则认为积极财政政策刺激经济增长只能是一时之策。财政全面扩张导致的收支能力不匹配影响了财政稳定，并可能触发"硬着陆"的风险，因此提出相对适当的刺激办法，为大搞刺激活动降温[②]。

三 相机抉择的财政政策

学术界把我国宏观经济调控的模式归纳为相机抉择。相机抉择的财政政策可以在政策制定和工具选择上与经济周期相逆，从而在一定程度上熨平经济周期波动，这也就是我们常说的逆周期宏观经济调控。自1998年实施积极财政政策以来，政府合理把握政策实施的方向和力度，注重短期政策和长期政策目标的协调，以结合逆周期的宏观经济调控促进财政经济可持续发展与深化改革[③]。在经济低迷、需求不足、增长乏力时，政府实行扩张性的财政政策，快速启动经济，为刺激需求，增加政府直接投资；在经济处于高峰时，实行紧缩性的财政政策，抑制总需求，反通货紧缩和经济衰

---

① 郭庆旺、赵志耘：《论我国财政赤字的拉动效应》，《财贸经济》1999年第6期。
② 夏杰长：《论当前扩张性财政政策的回旋空间、制约因素及解决对策》，《管理世界》1999年第2期。
③ 史永东：《中国转轨时期财政政策效应的实证分析》，《经济研究》1999年第2期。

退。同时，相机抉择还可以通过结构调控缓解经济波动因素，通过合理扶持"瓶颈"部门，适当抑制过剩产业来稳定经济波动。梁学平[1]认为财政政策变迁具有适度调节宏观经济波动的路径依赖特征，我国虽然注重用逆周期的财政政策进行宏观经济调控，但也强调政策调节的适度性，避免过高的政策变迁成本。这在实践中的表现如，1998年采取的积极财政政策是一种适度的扩张政策，不是完全的扩张方向。

宏观经济稳定政策的出台和变化，是改革开放尤其是20世纪90年代中期以来我国经济波动趋缓、非线性特征减弱的重要原因（贾俊雪、郭庆旺，2008）。1994年开始的"分税制"、建立社会保障体系等一系列改革为中国政府运用财政政策进行宏观调控奠定了良好的财力和制度基础，确保了1998年以后实施的积极财政政策可以在遏制经济衰退和通货紧缩、熨平经济周期波动上发挥重要作用。但由于这一时期的经济制度不够完善，所以自动稳定的财政政策效能偏弱。

第二节　建立社会主义市场经济时期的财政政策演化

20世纪90年代初期，改革开放成效不断显现，经济市场化水平提高。20世纪90年代初期和中期财政政策的一项重要目的在于着力解决通货膨胀问题[2]。另外，实现经济快速增长成为各地的重要目标，为了实现增长目标，财政政策由"适度从紧"转为1998年后扩

---

[1] 梁学平：《我国财政政策变迁的路径依赖及其原因阐释》，《中央财经大学学报》2007年第10期。

[2] 李扬：《货币政策与财政政策的配合：理论与实践》，《财贸经济》1999年第11期。

张性的积极财政政策。①

一 第一轮积极财政政策

财政政策要在经济运行中发挥调控作用，必须建立在国家拥有一定财权的基础上。改革开放初期，国民经济"紧运行"，财政日益贫困化，所以财政政策默默无闻，难以对经济运行发挥调控作用。1997年亚洲金融危机之后，中国经济高速稳定增长，财政收入占GDP比重和中央财政占财政收入比重稳步提高。财政政策发力空间逐步增大②。

1. 前期铺垫

改革开放之后的政府宏观调控手段不再是单一行政手段，而开始注重与货币政策等其他调控手段结合，并向经济、法律和行政多元化转变。1993—1997年，我国采取了一系列宏观调控手段，实现了经济"软着陆"。调控过程中，政府没有简单地运用直接干预手段来处理经济过热问题，而是综合运用各项调控措施，有步骤、分阶段、逐步推进③。财政方面，政府结合分税制改革，强化了增值税、消费税的调控作用，通过发行国债引导社会资金流向。这一时期是政府运用财政政策和货币政策协调配合调控经济运行机制的形成阶段④。1992年之后，财政政策调控总体上实现了"由行政手段为主"向"经济手段为主"的转变⑤（肖炎舜，2017）。国家财政调控开始更多地运用税收、国债、转移支付等财政手段来实现目标，减少对

---

① 中国社会科学院经济所宏观课题组：《寻求更有效的财政政策——中国宏观经济分析》，《经济研究》2000年第3期。
② 崔建军：《财政、货币政策作用空间的历史变迁及其启示——基于中国财政、货币政策实践》，《经济学家》2008年第3期。
③ 张志强：《对我国宏观调控实践的历史回顾》，《中国市场》2008年第9期。
④ 常春凤：《改革开放三十年：中国经济波动与宏观调控的回顾与反思》，《经济学家》2009年第2期。
⑤ 肖炎舜：《中国经济体制转轨与财政政策调控》，《财政研究》2017年第2期。

企业等微观主体的行政性管理。税制改革推动了现代化复合税收体系形成。稳定的政府收入体系促进了财政收入增长。财税体制改革部分明确了中央和地方财政关系。政府与市场关系逐步理顺。

2. 具体做法

（1）增支。公共支出方面，增发长期国债，增加以公共投资为主的财政支出。政府先增发了 1000 亿元长期国债用于基础设施建设项目投资。这 1000 亿元国债只对商业银行发行，还债期限为 10 年，年利率 5.5%，债务由中央和地方财政各承担 50%。之后的几年，政府在原有的发债规模基础上又进行了几次国债增发。1998 年到 2004 年，中央财政共发行长期建设国债 9100 亿元，同期累计实际安排了 8643 亿元国债项目资金投资，相应地拉动了地方、企业等方面的配套资金和超过两万亿元的银行贷款。筹集的资金主要投资于重大基础设施建设项目，如修建高速公路、铁路、电力、大型水利工程等。投资项目中占比最大的三项为农林水利和生态建设（占比 30%）、交通通信基础设施建设（占比 19.8%）、城市基础设施建设（占比 15.2%）[1]。同时，国债基金还被用于一些技术改造和高科技产业项目，促进了科技进步和产业升级。

（2）减税。为了鼓励出口，中国在 1999 年 7 月前后两次提高出口商品退税率，出口商品综合退税率达 15%。管理上，不断加快出口退税进度，使得减税成效加速兑现。为了吸引外资，中央还制定了一系列涉外税收优惠政策。与此同时，政府取消了从计划经济时期开始的对外贸易专营制度，取消了对非公有制经济从事外贸经营的限制。该措施有效地促进了出口，缓解了经济过剩的问题。1999 年，为了拉动投资和消费，国家开始执行固定资产投资方向调节税减半征收政策，并于 8 月 1 日起对房地产的营业税、土地增值税、契税给予一定程度的减免。该政策激发了房地产投资，对经济增长

---

[1] 薛涧坡、张网：《积极财政政策：理论发展、政策实践与基本经验》，《财贸经济》2018 年第 10 期。

的推动作用不小。政府还取消福利性分房，鼓励按揭贷款购买商品房，通过刺激房地产需求拉动内需。

二 稳健财政政策

进入 21 世纪，中国经济增速放缓。政府不再把经济增长、总量扩张列为第一目标，而更多地关注经济结构调整。调整优化产业结构成为财政政策的重要内容[1]。这一阶段的财政政策和货币政策都趋于稳健，财政政策在支持传统产业转型的同时，也鼓励新兴产业发展，从而使经济增长动力更多元，经济增长更加稳健。

从 2003 年起，我国经济再次升温，出现了部分行业的"局部过热"。经济过热主要来自两个方面——投资增速和信贷扩张[2]。投资方面，2003 年年初各级党政领导换届。许多地方的新任领导提出了规模宏大的市政建设和工业建设计划。政治上的竞争演变成了经济上的竞争，地方政府的财政支出结构随之偏移[3]。许多地方政府要求把重化工业作为当地投资的重点，最终导致投资过度。黄赜琳[4]发现政府支出和技术进步冲击能解释 70% 左右的中国经济波动。中国经济波动是技术因素、供给因素和需求因素综合影响的共同产物。此外，该文证实改革后政府支出对居民消费产生了一定的挤出效应。因此，财政政策的不利影响开始被重视，实施稳健财政政策成为选择。

贾康认为在我国经济增长接近潜在水平，物价上升、失业率趋缓、国际收支保持盈余的状况下，继续进行积极的财政政策不利于

---

[1] 肖炎舜：《财政政策在不同阶段有不同的作用》，《中国财经报》2017 年 7 月 18 日。

[2] 吕炜：《体制性约束、经济失衡与财政政策——解析 1998 年以来的中国转轨经济》，《中国社会科学》2004 年第 2 期。

[3] 李永友、沈坤荣：《辖区间竞争、策略性财政政策与 FDI 增长绩效的区域特征》，《经济研究》2008 年第 5 期。

[4] 黄赜琳：《中国经济周期特征与财政政策效应——一个基于三部门 RBC 模型的实证分析》，《经济研究》2005 年第 6 期。

防止通货膨胀[1]。为了缓解经济过热，财政调控从积极的财政政策逐渐转向稳健的财政政策。2004年，时任财政部部长金人庆首次提出中国财政政策要由扩张向中性过渡。2004年12月3日，中央正式决定实行稳健的财政政策。稳健性财政政策的重点在于适当减少长期建设国债发行规模，控制财政赤字，优化产业结构，实现政府增收节支[2]。

这一时段政府实行的具体措施包括：（1）减少长期建设国债和中央财政赤字，长期建设国债从2002年的1500亿元缩减到2004年的1100亿元，并在2005年进一步缩减到800亿元；（2）加强房地产、钢铁、水泥等"过热行业"的行政控制，控制固定资产投资规模增速；（3）增加总体财政收入的同时调整财政支出结构和国债投资项目结构。

三 第二轮积极财政政策

2007年，美国次贷危机爆发，随即引发了国际性的金融危机。中国经济发展再次遭遇外部冲击。20世纪90年代起，中国一直实行出口导向型的政策。此次金融危机导致国际市场需求大幅萎缩，严重冲击了中国出口及外贸产业发展。国内经济出现明显的衰退迹象。金融危机还导致部分企业资金链断裂、资产负债出现问题。资本市场随之动荡，证券价格开始下跌。为了应对金融危机给我国经济带来的不利影响，温家宝总理主持召开国务院常务会议，研究部署进一步扩大内需促进经济平稳较快增长的措施[3]。

---

[1] 贾康：《1998年以来：从积极的财政政策到稳健的财政政策及公共财政制度建设》，《铜陵学院学报》2008年第1期。

[2] 金人庆：《积极运用财政手段 促进科学发展观的落实》，《求是》2004年第12期。

[3] 新华社：《温家宝主持召开国务院常务会议 研究部署进一步扩大内需促进经济平稳较快增长的措施》，2008年11月9日，人民网，http://politics.people.com.cn/GB/1024/8306627.html。

到了2007年下半年宏观经济出现过热苗头。为了预防经济过热，2008年年初的"两会"定调该年度的政策取向为稳健的财政政策和从紧的货币政策。但国内屡遭重大自然灾害事件以及美国次贷危机蔓延等影响，2008年下半年中央又调整了政策取向，开始实行积极的财政政策和适度宽松的货币政策。拉动内需成为当时经济调控的重要目标。第二轮积极财政政策和1998年一样，采取了增加公共投资为主的刺激方式。该阶段主要的财政政策措施包括：增加政府支出、加大"三农"领域的财政支出，采取减税退税和抵免税等多种方式减轻企业与居民等市场主体负担，并发行国债以弥补大量财政支出形成的缺口。薛涧坡和张网通过研究财政政策和我国经济波动之间的关系发现，在经济显著落后于长期趋势时，政府会采用积极的财政政策。该政策在短期内都明显改善了经济形势[①]。

第三节　建立社会主义市场经济时期的财政政策理论与实践

本节对建立社会主义市场经济时期财政政策实践进行了梳理，重点评估了政策绩效。这一时期，财政政策如何起效开始引起了广泛关注。这也为后来财政政策乃至公共政策评估的兴起奠定了基础。

一　政策实践：不断加大的财政投入力度

积极财政政策一般采用增支和减收两种方式。1998年，虽然国内经济水平有了很大提升，但基础设施建设水平依然薄弱。为了应对亚洲金融危机，也为了改善相对落后的基础设施，国家开始借积

[①] 薛涧坡、张网：《积极财政政策：理论发展、政策实践与基本经验》，《财贸经济》2018年第10期。

极财政政策大规模进行基础设施建设,以弥补发展短板。这一阶段的财政政策主要包括:(1)发行长期建设国债筹集所需资金;(2)通过"限产压锭"、减员增资等措施优化国有经济结构;(3)建设"三条保障线"来缓解国有经济战略性调整以及亚洲金融危机带来的就业困境和社会压力;(4)减轻企业和居民的税收负担,促进企业和居民的消费和投资。郭庆旺等的研究显示1998年积极财政政策乘数位于1.6—1.7,说明积极财政政策对拉动内需、抑制经济衰退有正面作用。但也发现积极财政政策的扩张作用随时间推移呈下降趋势,乘数在1998年为1.74,而在2002年降为1.56[①]。

第二轮积极财政政策是在2008年金融危机之后。这两轮积极财政政策的共同点在于都大幅增加公共投资。第一轮积极财政政策促成了大规模基础设施建设,加强了在民生工程、环境保护和教育设施上的财政投入;第二轮积极财政政策除了基础设施建设之外,相较于第一轮更加关注产业结构和支出结构的优化,加大了对科技创新、教育、医疗、社会保障等领域的投入。这一时期积极财政政策主要表现在:(1)按照"扩内需,保增长"的方针,政府出台了2009—2010年两年中投资4万亿元的经济刺激计划;(2)大规模增加政府支出,实行结构性减税,实施十大产业振兴规划,全面加大铁路、公路、城市轨道交通等基础设施建设;(3)货币政策也从适度从紧转变为适度宽松。央行连续多次下调存款准备金和利率。同时,增加货币发行,加大对企业的信贷支持,用以刺激消费和民间投资。

二 政策评价

(一)财政支出(投资)

财政政策的绩效评价问题是这一时期财政学研究的一个领域。

[①] 郭庆旺、吕冰洋、何乘材:《积极财政政策的乘数效应》,《财政研究》2004年第8期。

相关研究主要关注公共投资的总体评价、公共投资的具体影响、公共投资引发的赤字、债务和财政可持续等问题。

首先，对公共投资的总体评价。总体结论是，社会主义市场经济的初级阶段，增加公共投资可以改善宏观经济运行环境，推动经济长期增长，而经济衰退时期政府加大公共资本投资对经济增长尤为有效。公共资本投资包括人力资本投资和物质资本投资。实证研究发现，在投资领域，财政生产性支出与经济增长正相关；人力资本投资比物质资本投资更能拉动经济增长，同时用于科研支出的经济长期增长效应非常显著[1]。

其次，对公共投资具体影响的分析研究。其中的一个重点议题是，财政政策是否挤出了民间投资？刘溶沧和马拴友认为政府将赤字和国债用于公共投资不会对民间资本形成挤出效应，最终能够促进经济增长[2]。至于细节，郭庆旺指出由于民间部门投资对利率变化缺乏弹性，所以经济处于低谷的时期，公债融资形成财政赤字不会排挤民间投资，反而能拉动内需，改善经济运行[3]。李广众把上述情形归结为政府支出和居民消费是互补关系——政府支出增加，会提高居民的边际消费，使居民消费增加，最终产生拉动内需增长的效果[4]。李永友和丛树海也赞同财政政策调整不会对居民消费产生挤出效应，反而能带来挤入效应[5]。

---

[1] 郭庆旺、吕冰洋、张德勇：《财政支出结构与经济增长》，《经济理论与经济管理》2003年第11期。

[2] 刘溶沧、马拴友：《赤字、国债与经济增长关系的实证分析——兼评积极财政政策是否有挤出效应》，《经济研究》2001年第2期。

[3] 郭庆旺：《论我国财政赤字的拉动效应》，《财贸经济》1999年第6期。

[4] 李广众：《政府支出与居民消费：替代还是互补》，《世界经济》2005年第5期。

[5] 李永友、丛树海：《居民消费与中国财政政策的有效性：基于居民最优消费决策行为的经验分析》，《世界经济》2006年第5期。

最后，公共投资引发的赤字、债务和财政可持续问题。为了扩大内需，积极财政政策下国家的赤字和国债规模不断扩大。马拴友认为当时中国公共部门赤字扩张的空间已经很小了。如果只能用国债作为弥补财政赤字，那么积极的财政政策将是不可持续的[①]。庄子银和邹薇则提醒政府公共支出对经济增长的影响，需要考虑"调整成本"（转型）所引发的副作用。因为现实中存在大量的调整成本，这将使得公共支出对经济增长的带动作用被削弱[②]。

总体来看，积极财政政策在一定程度上起到了刺激内需，促进经济复苏的作用。与此同时，2008年的"4万亿"投资刺激计划使一些新兴产业，如风电、光伏、煤化工等投资增长过快，产能过剩成为经济发展中新的难题。积极财政政策着力于刺激有效需求增长，但刺激需求政策的边际效果有递减效应。

（二）财政收入（减税）

1998年的积极财政政策中减税规模较小。社会上比较普遍的观点是此时不宜大规模减税，因为财政支出扩张需要税收支持。刘军认为我国税收收入占GDP比重低。当时财政赤字不断扩张，因此不宜大规模减税。同时，我国以流转税为主体的税制结构，减税对经济的刺激效用不强[③]。贾康在研究中指出1998年之后的一段时间内，市场体制不健全，企业经营不够规范，减税对部分企业的影响很微弱，甚至可能导致偷税漏税现象增加[④]。安体富则提醒当前减税虽有

---

① 马拴友：《中国公共部门债务和赤字的可持续性分析——兼评积极财政政策的不可持续性及其冲击》，《经济研究》2001年第8期。

② 庄子银、邹薇：《公共支出能否促进经济增长：中国的经验分析》，《管理世界》2003年第7期。

③ 刘军：《实施积极的财政政策与发挥税收的调节作用》，《税务研究》1999年第9期。

④ 贾康：《1998年以来：从积极的财政政策到稳健的财政政策及公共财政制度建设》，《铜陵学院学报》2008年第1期。

一定困难，但是必要和可行的。1998年以来，中国税收连年大幅度增长。税收的长期增长会对抑制投资、消费，对扩大内需不利。结合当时经济形势，中国财政有能力进行税制改革，应完善税制并适当减税[①]。

[①] 安体富：《当前世界减税趋势与中国税收政策取向》，《经济研究》2002年第2期。

第二十一章

建立社会主义市场经济体制时期的政府债务与投融资理论

1992年建立社会主义市场经济体制方向确立之后,随着市场化改革进程的加快,国债市场加速完善,政府投融资体制的市场化改革进一步深化。在这一过程中,财政学界对政府债务与投融资理论的认识也更为深刻和全面。在政府债务理论领域,应对亚洲金融危机期间的财政实践一方面引起了宏观调控视角的国债理论发展,另一方面也引发了关于国债规模和政府债务可持续性的学术大讨论。在政府投融资领域,开发性金融和土地财政这两个极具中国特色的问题受到财政学界的高度关注。

第一节 国债理论的新进展:宏观调控视角

20世纪90年代末到21世纪初,国债问题再度成为财政学研究的一个焦点领域。这一时期国债理论的发展主要围绕两大问题展开:一是国债作为财政政策逆周期宏观调控工具的作用机理,二是国债规模的适度性。

第二十一章 建立社会主义市场经济体制时期的政府债务与投融资理论

与以往相似,该时期国债理论的发展在很大程度上仍然是由当时的财政实践催生的,而该时期国债实践的发展又在很大程度上是当时国内经济改革发展形势与国际经济环境的必然结果。从国内形势来看,受减税让利等体制改革因素的影响,20世纪80年代财政收入占GDP的比例以及中央财政收入占全部财政收入的比例持续下降,导致中央财政收支缺口拉大。尽管推行了分税制改革,但由于分税制改革刚刚起步,尚未从根本上改变上述局面。同时,国有企业改革过程中伴随着数以千万计的职工下岗,也对短期经济社会稳定带来了负面影响。从国际形势来看,从1997年7月开始,泰国、马来西亚、印度尼西亚、韩国等国家先后发生货币大幅贬值、股指下跌、经济萧条、资本外流的情况,这次危机迅速发展成为影响整个东南亚、东亚地区以及俄罗斯等周边地区的国际金融危机,史称"1997年亚洲金融危机"。亚洲金融危机是中国经济改革开放以来遇到的首次较为严峻的外部负向冲击,对中国经济尤其是外贸出口企业造成了较为严峻的影响。面对突如其来的外部冲击,中央于1998年年初作出扩大内需的决定,以应对外部冲击、确保宏观经济平稳运行。

基础设施建设是扩大内需的主要手段之一。对于基建项目的资金来源,当时的政策思路是:发行国债,并通过国债的杠杆作用带动银行贷款和民间投资。1998年8月,财政部关于增发1000亿元国债的中央预算调整方案经全国人大常委会审议通过;同时配套了1000亿元银行贷款资金,共同用于基建专项。此后又连续几年发行国债,1998—2003年先后累计发行中长期国债超过5100亿元,债务余额由7765.7亿元增长至23935.1亿元,债务余额占GDP比重由9.9%攀升至20.5%[1]。

这段时期对于国债理论发展的重要意义在于国债作为财政政策逆周期宏观调控工具的归位。在以往传统的认识中,国债主要被

---

[1] 数据来源为国家统计局数据库,《共和国财税60年》。

看作是弥补财政赤字的手段，是一种被动工具，甚至带有较浓的负面色彩。而 2000 年前后国债实践和理论的发展，更加强调国债在宏观调控中的作用——当经济在潜在产出水平之下运行时，通过主动增发国债拉动内需，促进实际产出水平向潜在产出水平收敛。国债由弥补财政赤字的被动工具变为拉动内需的主动工具，从此，国债作为逆周期宏观调控工具的积极色彩越来越受到重视（李扬，1995；徐放鸣，1999；韩凤芹，2000；周虹，2007；占超、宋珊，2008）。

与西方主流经济学中一般意义上的"扩张性财政政策"不同，国债在这一时期作为我国财政政策逆周期宏观调控工具具有两个鲜明的特点：

其一，发行国债是为基础设施建设项目融资，而不是用于弥补经常性赤字。该时期发行中长期国债所募集的资金主要运用于如下四类基础设施项目建设：一是铁路、公路、机场、河道整治等交通基础设施，二是城市和农村电站、电网建设；三是加固大江大河湖泊堤坝、修建水库、灌溉节水工程等农田水利设施和粮库建设，四是城乡供水供电供气、污水处理等基础设施，外加用于企业技术改造贴息。统计数据显示，1998 年当年城镇基础设施建设投资完成额达到 8143 亿元，比上年增长 34.6%，1998—2003 年累计完成基础设施建设投资 5.9 万亿元[①]。这些基础设施建设使我国在交通运输、生产生活用电、城乡面貌等领域实现了一次历史性的突破。

其二，注重发挥国债的金融杠杆作用，通过国债资金带动更多的银行贷款和社会资金。尤其值得圈点的是，这一时期财政学界围绕财政和金融的关系对国债在逆周期宏观调控中的作用机制进行了深入研究。其中重要一点便是认识到国债这一兼具财政和货币金融性质的工具在宏观调控中的"复合作用"：在通缩预期下，经济可能陷入"流动性陷阱"，这时货币政策的作用受到限制，因而需要财政

---

① 数据来源为 Wind 数据库。

政策发挥作用。此时，发行国债一能吸收和利用银行体系中难以被贷款消耗的存量资金和经济中的其他闲散资金，二能通过金融杠杆撬动更多的资金进入国债项目，三能提供乘数效应实现总需求更大规模的扩张。客观而言，尽管凯恩斯早在20世纪30年代就提出了"流动性陷阱"假说，但西方主流经济学中对财政政策与货币金融政策协调配合的研究长期以来存在不足，实践的发展更是滞后。国债在宏观调控中的"复合作用"理论可以看作是该时期财政学理论的一个重要突破，也是我国财政学界对宏观经济调控理论的一个独特贡献。

应当强调的是，这一时期国债理论的发展中，财政学界与政府财经部门之间、理论工作者与政策实践者之间的双向互动发挥了至关重要的作用。一方面，经济实践和政策实践的发展对财政学界提出了新挑战，激励和促进了国债理论的发展。另一方面，财政学界关于国债问题的思想创新和理论创新有力地支持了政策实践。此外，一些财经领域的官员能够开放思想、实事求是，不被陈规藩篱所约束，也是该时期国债理论与实践之所以实现大发展和大突破的另一个重要因素。颇具代表性的是时任国务院总理朱镕基，虽一度被境外媒体冠以"赤字总理"的称号①，但仍能顶住舆论压力，全面客观理性地看待国债问题，有力地确保了这一时期积极财政政策的实施。

第二节　关于国债适度规模和政府债务 负担的学术大讨论

从1981年恢复国债发行一直到1993年之前，年均国债发行额虽有增长，但总体来看国债规模尚不是一个突出问题。但进入20世

---

① 详见《朱镕基答记者问》，人民出版社2009年版，第53页。

纪 90 年代中期以后，国债发行规模开始明显攀升。1994 年国债发行额首度超过 1000 亿元，1995 年突破了 1500 亿元，1996 年进一步达到 1847.7 亿元。1998 年亚洲金融危机爆发之后的一段时期，国债发行量持续居高不下。

在国债持续大规模发行和政府债务余额的快速攀升的情况下，国债规模适度性问题开始成为财政学界研究的一个热点和焦点问题，财政学界在这一时期主要围绕"国债融资支持基建的合理性""政府债务是否过高""政府债务的危害"等问题展开一轮学术大讨论。代表性的研究有王传纶和高培勇（1995）、贾康（1996）、刘溶沧和夏杰长（1998）、高培勇（1998）、阎坤和徐佳蓉（2000）、夏杰长和赵志耘（2000）等。这些研究尽管侧重不同、结论也不尽相同，但其共同点是均认识到了两组突出的矛盾：其一，从增量来看，每年的国债发行规模增长较快；而从存量来看，国债余额尚不高。主要原因是改革开放之后举借国债的历史还比较短[①]。其二，从债务依存度、国债偿债率等财政收支指标看，财政债务规模已偏大，尤其是中央财政的债务依存度明显过高；但在国民经济全局的视角下从债务负担率、居民应债能力等指标来看，我国政府债务规模并不算高。当时研究得出的另外一个共识是，造成上述矛盾的直接原因在于"两个比重"过低，而"两个比重"下降则是减税让利、税收"缺位"、预算内收入向非规范性政府收入转移等体制转轨时期的综合原因造成的。

归纳而言，在这一轮学术大讨论中，对于当时国债规模和政府债务负担的观点大致可以分为"支持"和"谨慎"两类。

"支持"类的观点倾向于肯定国债发行的积极作用，认为国债规模仍存在扩张的空间。例如，贾康指出，"只要处理好中央财政债务

---

① 详见高培勇《关于中国国债规模问题的几点看法》，《财政研究》1998 年第 3 期。

依存度问题，进一步扩大国债规模仍是有余地的"①。刘溶沧和夏杰长也认为，只要适度提高"两个比重"，"进一步扩大国债规模仍是有余地的"②，他们的理论测算指出"九五"期间每年保持2200亿—2800亿元的国债发行规模是可能的。

持这类观点的学者首先从财政政策逆周期宏观调控的角度来论证经济下行期实施积极财政政策的意义，其理论渊源可以追溯至凯恩斯（贾康、赵全厚，2000）。当经济中有效需求不足时，实际产出水平低于潜在产出水平，这时政府应当通过实施积极的财政政策来扩大需求，从而帮助经济实际产出水平向潜在产出水平恢复。积极财政政策的具体手段虽然很多，但基本逻辑无非是"增支"和"减收"两条，而无论是"增支"还是"减收"，都会引起政府财政赤字的增加和债务余额的积累。其次，"支持类"的观点还认为应将负债与资产对应起来辩证地看。由于该时期发行国债获得的融资主要用于基础设施建设，形成了公路、铁路、机场、电站电网等大量优质资产。这些资产中，有的能够通过经营性收费直接获得回报，有的还能够产生较强的正外部性，间接带动企业利润和财政收入。因而，如果时间拉长来看，适度规模的国债发行并不会增加政府中长期债务负担。另外，基础设施建设还产生了不容低估的社会效益和政治意义。例如，铁路、公路、航空交通基础设施的大发展不仅有利于促进区域经济的整合、推动统一大市场的形成，而且能促进地域文化的融合，特别是边疆与内地之间以及城市与农村之间的人员、信息、资金、商品交流。再次，规模足够大、流动性充分的国债市场还是一国金融运行和货币政策调控发挥作用的重要基础（李扬，2003）。

而另一些研究则对发行国债刺激经济持谨慎态度。第一，政府

---

① 贾康：《关于我国国债适度规模的认识》，《财政研究》1996年第10期。
② 刘溶沧、夏杰长：《中国国债规模：现状、趋势及对策》，《经济研究》1998年第4期。

支出增加会"挤出"私人部门支出,从而不一定能够起到扩大内需的作用(刘溶沧、马拴友,2001;张海星,2001)。根据"李嘉图等价定理",如果政府当期债务增加,私人部门会预期政府未来将加税以偿还债务,从而相应地减少本期支出,为将来加税做准备。私人部门减少的本期支出会抵消政府支出的增加,从而使得积极财政政策难以发挥作用。第二,政府发债融资不是免费的午餐,而是需要偿还的,如果政府债务积累过快、规模过大,可能导致国债政策不可持续,甚至容易引发金融危机(刘尚希,2001;刘立峰,2001;魏陆,2001)。这一时期兴起的关于国债、财政赤字、政府债务等话题的争论在新中国财政学的发展历程中具有重要意义,其重要性并未随着亚洲金融危机的复苏以及2003年后中国经济走出通缩阴影而淡化。事实上,2008年国际金融危机爆发之后和2014年中国经济再度陷入结构性通缩的时期,财政赤字与政府债务的问题都再次成为财政学讨论的焦点议题,而讨论的基调仍是以亚洲金融危机应对时期的上述两派观点为基础的。关于这一点,我们将在后文详细展开。

第三节　政策性金融、开发性金融理论与实践

政策性金融是有别于商业性金融,不以单纯营利为导向,体现政府政策意图并需以财政为后盾形成其支持机制的金融形式,涉及财政贴息、政策性信用担保、产业引导基金和政策性银行业务等具体运作机制。在我国20世纪80年代末90年代初,基于国际经验借鉴和实际生活客观需要,即有政策性金融的理论研讨和实践推进。贾康、阎坤介绍总结了日本"财政投融资"的政策性金融经验,并强调了借鉴这方面国际经验对于中国的重大现实意义。[1] 贾康、白钦

---

[1] 贾康、阎坤:《转轨中的财政制度变革》,上海远东出版社1999年版。

第二十一章 建立社会主义市场经济体制时期的政府债务与投融资理论

先、刘军民、孟艳等学者在政策性金融方面,先后推出了为数可观的研究成果。贾康、刘军民把财政支持政策性金融的健康发展,放在中国现代化进程所必须秉持的赶超战略高度做了提纲挈领的研讨[①],后来他们与孟艳等合作,又撰写了《战略机遇期金融创新的重大挑战:中国政策性金融向何处去》这一专著(中国经济出版社2010年版),对政策性金融展开了系统性的较全面论述。

开发性金融是一种介于商业金融与政策性金融之间的金融模式,虽然名曰"金融",但实际上也发挥着重要的"财政"辅助职能,在政府投融资实践中扮演着重要角色。在我国,开发性金融理论主要是在国家开发银行(CDB)的实践探索中逐步形成,并不断完善的。陈元作为国家开发银行早期的负责人,既是开发性金融实践的参与者和开拓者,同时也是开发性金融思想理念的开拓者和主要传播者之一,其代表性的论著如陈元(2004、2010、2012、2015)[②]。

一方面,发展中国家在工业化和城市化过程中总是存在大量的基础设施建设投资和产业固定资产投资需求;而另一方面,由于政府财政资金有限、市场失灵等原因,这些融资需求往往难以得到满足,成为制约发展中国家经济成长的最常见瓶颈之一。如何有效地为基础设施和重大产业固定资产项目融资成为摆在所有发展中国家面前的一道难题,也是改革开放之后我国投融资体制改革的核心任务。开发性金融理论的核心思想是"通过建立具有国家信用的金融机构,为特定需求者提供中长期融资,同时以建设市场和健全制度的方式,推动市场主体的发展和自身业务的发展,从而实现政府目

---

① 贾康、刘军民:《政策性金融与中国的现代化赶超战略》,《财政研究》2010年第1期。

② 陈元:《发挥开发性金融作用 促进中国经济社会可持续发展》,《管理世界》2004年第7期;陈元:《改革的十年发展的十年——开发性金融实践与理论的思考》,《求是》2004年第13期;陈元:《开发性金融与中国城市化发展》,《经济研究》2010年第7期;陈元:《政府与市场之间:开发性金融的中国探索》,中信出版社2012年版;陈元:《开发性金融与中国经济社会发展》,《经济科学》2015年第4期。

标的一种金融形式"（陈元，2010）。开发性金融基本运行机制可以概括为三句话：一是"政府选择项目入口"；二是"开发性金融孵化"；三是"实现市场出口"（陈元，2004）。开发性金融是对政策性金融的超越，与商业金融一样实行市场化运作；但开发性金融区别于商业金融的是，开发性金融不进入高度成熟的商业化领域，而是主要在市场不完善、不充分的领域运营，承担着在信用缺失、市场失灵的地方弥补信用、建设市场的职能。

开发性金融理论创新的一个重要意义在于，在财政与金融市场之间建立起了新的桥梁，丰富了政府投融资机制。从我国国家开发银行的业务实践来看：一方面，国家开发银行享有在公开市场上发行金融债券的特许权，并被赋予准主权级别的信用，能以较低的成本在国内和国际市场募集资金，并且能够直接从中央银行获得再融资；另一方面，国家开发银行以较低的成本为"两基一支"（基础设施、基础产业、支柱产业）领域的投资项目提供资金支持，成为化解工业化和城镇化过程中基础设施等重大项目融资难问题的重要机制，并采取市场化方式运作，在很大程度上减轻了"委托—代理"问题，解决了财政补贴和政策性金融的低效率问题。截至2017年年底，国家开发银行累计发放的贷款余额达到11万亿元，比世界银行和亚洲开发银行贷款的总和还要多。

未来，随着更多的后发国家步入经济发展正轨以及"一带一路"倡议的推广实施，开发性金融理论和实践的普遍意义将进一步凸显。

第四节 "土地财政"与土地供给双轨制

一 "土地财政"的相关研究

在快速的城镇化过程中，土地开始成为地方政府组织财源的重要载体，所谓的"土地财政"模式开始在政府投融资过程中发挥不可低估的作用。这一时期，我国财政学界产生了大量关于"土地财政"问题的研究,代表性的文献如刘守英、蒋省三(2005),国务院发展研究中心土地课题组(2005),张青、胡凯(2009),陈志勇、陈莉莉(2010),周飞舟(2010),蒋震、邢军(2011),贾康、刘微(2012),李涛、许成安(2013),赵燕菁(2014)等。根据宪法、土地管理法等的规定,我国土地实行公有制,具体分为全民所有制和农村集体所有制两种形式。农村集体所有的土地要变为城市建设用地,必须先转化为国有土地。因而,政府实际上是城市建设用地市场上具有垄断性质的唯一供给方。狭义上的土地财政仅指地方政府出让土地使用权所获得的出让金。广义上,与"土地财政"相关的收入具体包括三部分:一是国有建设用地使用权出让收入,即狭义的土地财政收入。二是与土地和房地产相关的税收收入,包括城镇土地使用税、土地增值税、耕地占用税、契税、房产税5个专门针对土地和房地产相关交易使用行为征收的税种,以及营业税、企业所得税、个人所得税、城市维护建设税、印花税、教育附加税6个部分来源于土地和房地产的税种,共计11个税种。三是与土地和房地产相关的借债收入,即地方政府融资平台通过抵押国有土地使用权从金融市场获得的融资收入,也可称为"土地金融"收入。1995年1月开始实施的旧预算法限制了地方政府的举债权限,但实际上各级地方政府仍然面临为城市化过程中大量基础设施建设项目进行融资的需求和激励。于是,地方政府通过财政拨款或以土地使用权注资设立城市建设投资公司、城建开发公司、城建资产经营公司等"融资平台",一方面承担政府投资项目,另一方面担负起为市政建设融资的职能。融资平台模式一度成为地方政府举债的主要模式,而大量的融资平台贷款、债券、信托产品以土地使用权作为抵押,也成为一种独特的"土地财政"形式。

二 土地供给双轨制

国有建设用地使用权交易市场是"土地财政"的实现场所,同时也是关系到经济全局的基础性要素市场，对经济社会运行与发展会产生方方面面的影响。因而，土地市场的运行模式与机制成为这一时期财政学研究的重要问题之一，其中又以土地供给"双轨制"的相关研究最具代表性。

土地供给"双轨制"的基本内涵是：在我国特有的土地管理制度下，政府事实上成为建设用地市场上具有垄断性质的唯一供给方，政府对不同类型用地[①]的供给和价格形成机制存在差异，其基本特征可以概括为"低价出让工业用地，高价出让住宅和商业用地"。

首先，不同类型土地出让价格长期保持较大差距，居住用地和商业用地价格长期大幅度高于工业用地。以2000年年初为例，居住用地平均价格为923元/平方米，商业用地平均价格为1615元/平方米，工业用地平均价格则仅为444元/平方米。居住用地平均价格与工业用地的价差达到2.1∶1，商业用地与工业用地的价差为3.6∶1。

其次，居住用地和商业用地价格的增速也持续快于工业用地价格增速。2000—2016年，工业用地平均价格由444元/平方米增长到782元/平方米，增长了76%，年均增速仅为3.6%。而居住用地平均价格由923元/平方米增长到5918元/平方米，增长了541%，年均增速达到12.3%；商业用地平均价格由1615元/平方米增长到6937元/平方米，增长了330%，年均增速也高达9.5%。造成的结果是：居住用地与工业用地价差、商业用地与工业用地价差呈不断扩大之势，到2016年年底分别扩大到7.8∶1和8.9∶1。换句话说，居住用地平均供地价格是工业用地平均供地价格的7.8倍，商业用地平均供地价格是工业用地的8.9倍。

---

① 国有建设用地按照用途可划分为四类：工矿仓储用地、商服用地、住宅用地、其他用地。其中，其他用地包括公共管理与公共服务用地、交通运输用地、水域及水利设施用地、特殊用地等。

(一) 土地供给"双轨制"的制度背景

低价出让工业用地、高价出让商住用地是我国土地城镇化过程中的一个显著特点。财政学界的研究发现，这种差别性供地方式是地方政府的理性选择，与我国现有的政府间财政关系、土地征用制度和官员考核晋升激励机制等制度背景密切相关。

首先，分税制改革之后，地方政府收支缺口扩大，增加了地方政府依赖土地财政扩充财源的激励。1994年分税制改革强化了中央财权，弱化了地方财权。分税制改革之前，中央财政收入占全国财政收入的比重为22%，地方财政收入所占比重为78%。分税制改革之后，中央地方财政收入的比例划分接近1∶1。但是事权和支出责任不仅没有相应上移，甚至还出现了下移。1993年，地方财政支出占全国财政支出的比重为72%，尽管20世纪90年代中后期略有下降，但此后一直呈上升趋势，到2012年之后稳定在85%之上。相应地，中央财政支出比重则下降到不足15%。财权上移、事权下移、财权事权不匹配，造成的结果就是地方财政收支缺口不断扩大，地方政府有较强的激励去依靠各种预算外收入扩充财源。国有建设用地出让金全部归地方所有，因而迅速成为地方政府最可靠、最灵活的收入来源之一。而且除了一次性的土地出让金之外，用地企业缴纳的增值税、营业税、所得税也能为地方财政贡献收入。对此，我们在下文会作更为详细的分析和测算。

其次，独特的土地制度决定了地方政府是城市建设用地市场上具有垄断性质的供给方，使得地方政府有机会在不同类型土地的供给和定价上采取差异化策略。2002年4月，国土资源部颁布《招标拍卖挂牌出让国有土地使用权规定》，要求"商业、旅游、娱乐和商品住宅等各类经营性用地，必须以招标、拍卖或者挂牌方式出让"。此规定限制了低价出让土地用于商业和住宅建设的行为。但2003年6月国土资源部颁布的《协议出让国有土地使用权规定》仍然为通过协议方式低价出让工业用地留下了口子。直到2006年8月，为了遏制建设用地总量增长过快、低成本工业用地过度扩张等问题，《国务院关于加强土地调控有关问题的通知》明确规定，"工业用地必须采用招标拍卖挂牌方式出让"。从数据上也可以看出，伴随着这一制度变化，工业用地的平均出让价格在2006年8月之后的确出现了更快的增长。但即便如此，工业用地出让价格不论是水平还是增速，都低于住宅用地和商业用地。

再次，"官员晋升锦标赛"机制加剧了地方官员通过招商引资促进当地经济发展的激励，而土地成为招商引资过程中地方官员手中为数不多的、可灵活使用的竞争手段。我国的地方政府和地方官员在经济增长中扮演着重要角色，其招商引资、推动地方经济发展的热情与其他国家相比是罕见的。Li和Zhou（2005）、周黎安（2007）等[1]将这一现象总结提炼为"官员晋升锦标赛"理论——"地方官员之间围绕GDP增长而进行的晋升锦标赛"。在"官员晋升锦标赛"理论强调的晋升激励和"中国特色的联邦主义"理论强调的行政分权和财税激励[2]的作用下，地方政府和地方官员以土地双轨制为抓手，一方面低价出让工业用地、带动就业和税收增长，另一方面高价出让住宅用地，以之补贴基础设施建设，从而在整体上最大化土地的效用。

（二）土地供给"双轨制"的激励机制

基于上述这些制度背景，土地供给"双轨制"成为我国城镇化和工业化过程中的一个典型特征。可以说，土地供给"双轨制"是地方政府以财政收入、经济发展为目标，在财政收支平衡等约束条件下，灵活制定建设用地出让行为的理性结果。土地供给双轨制的经济逻辑大致可以概括如下（图21—1）：

---

[1] Li H, Zhou L. Political Turnover and Economic Performance: The Incentive Role of Personnel Control in China. *Journal of Public Economics*, 2005, 89 (9): 1743-1762. 周黎安：《中国地方官员的晋升锦标赛模式研究》，《经济研究》2007年第7期。

[2] 详见：Qian and Weingast (1997), Jin, Qian, Weingast (2005) 等。

第二十一章 建立社会主义市场经济体制时期的政府债务与投融资理论　315

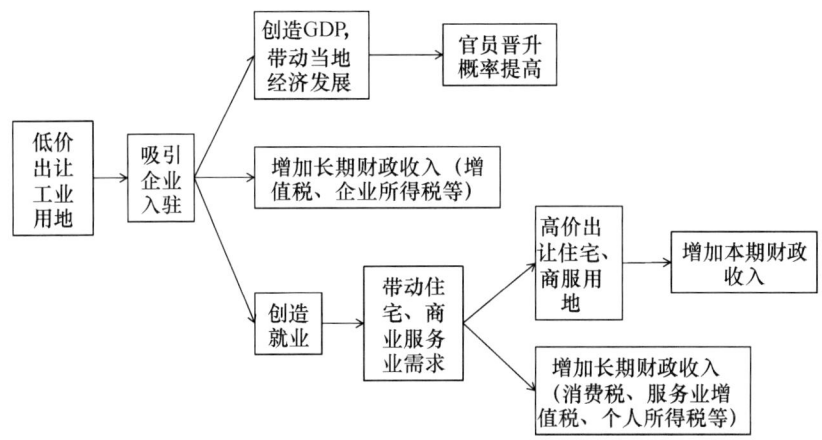

图21—1　土地供给"双轨制"的激励机制

首先，地方政府低价出让工业用地，以此作为优惠条件招商引资，吸引工业企业入驻。这样可以产生三重好处：一是企业入驻后可以创造GDP，带动当地经济发展。这本身还会增加官员升迁的概率；二是企业日后缴纳的增值税和企业所得税将为地方政府创造长期财政收入来源，同时中央分成的收入也相应增加；三是工业企业创造就业，吸引人口流入城市，带动住宅、商业服务业需求。一方面，商业服务业的发展本身又成为地方政府的一项长期财政收入来源；另一方面，地方政府可通过高价出让住宅用地、商服用地的方式，增加当期的财政收入。

整体而言，由于可增加工业企业税收和商业服务业税收两项长期财源，以及住宅用地和商服用地出让金这项当期财源，加之有助于提高官员晋升的可能性，低价出让工业用地以招商引资的做法对于地方政府主政官员而言有很多好处。因此，低价出让工业用地以招商引资成为2000年之后地方经济发展和地区间经济竞争的一大主流模式。雷潇雨和龚六堂曾通过构建一个包含工人、企业和地方政府的城市经济模型来研究地方政府的最优土地出让策略[①],从理论上证明:降低企业地租、提高居民地租是地方政府的最优选择。他们还利用全国186个地级及以上城市2003—2008年的数据检验上述结论,实证研究表明:工业地租越低,城市工人就越多,换言之,地方政府通过土地供给双轨制来促进工业化和城市化是有效的。但是雷潇雨和龚六堂(2014)也指出,随着城市经济快速发展,这一策略的效果逐渐减弱,而问题却日渐突出,商住成本高昂成为阻碍城镇化的因素。

以土地供给双轨制为典型特征的"土地财政"在相当长一段时期内为中国经济的工业化和城镇化发挥了积极作用。土地财政不仅作为政府获取收入、组织投融资的一种手段,在很大程度上带动了城市扩张和基础设施提升;而且有效地将政府、居民、产业园区、房地产开发商、工业企业等利益相关者的激励融合起来,既促进了城市化,又推动了房地产相关产业以及其他工业和服务业的发展。但在另一方面,土地供给双轨制模式也带来了一些问题,集中体现为一二线城市的房价高涨和部分三四线城市的房地产库存积压等。随着城镇化进程的深入,这一模式的可持续性越来越值得学术界和政策界重新审视。

---

① 雷潇雨、龚六堂:《基于土地出让的工业化与城镇化》,《管理世界》2014年第9期。

第四篇

中国特色社会主义新时代的财政学（2012年以后）

第二十二章

中国特色社会主义进入新时代后财政学的发展

第一节 中国特色社会主义进入新时代的财政学基础理论

20世纪50—60年代，改革开放之后的20世纪80年代，以及向社会主义市场经济转轨之后的20世纪90年代，均见证了中国财政学者在不同阶段试图建立区别于苏联和英美财政学理论体系的努力。然而，进入21世纪，由于英美公共经济学始被大规模引入，虽然传统财政学者在公共政策界依然风头强劲，但传统财政学本身始陷入沉寂。

2013年，中国财政学迎来了新的发展契机。当年，党的十八届三中全会以《中共中央关于全面深化改革若干重大问题的决定》的形式，赋予财政以"国家治理的基础和重要支柱"的定位，传统财政学者对财政的定位与之相当吻合，从而前所未有地激发了传统财政学者创新财政理论的热情。2016年5月国家领导人号召加快构建中国特色哲学社会科学体系[1],对于强调财政学国情特色的传统财政学者,又是一针强心剂。党的十九大提出"新时代中国特色社会主义思想",在经济学界催生了一大批依托新时代、构建有中国特色社会主义政治经济学的研究中心。传统财政学界长期以来追求学科独立和学术自主的自发努力,因此也自然而然地汇入了这股时代潮流。

一　时代背景

(一) 从经济体制改革到国家治理现代化

自 1992 年以来,经过近 30 年市场化取向的改革,中国已经建立起了社会主义市场经济体制的基本框架,经济总量跻身于世界第二大经济体。与此同时,中国社会结构和利益格局发生了深刻变化,原有的阶级、阶层和利益群体发生分化,同时催生了一些新的社会阶层和利益群体,呈现出多元化、多层次的利益关系格局,传统的单中心、层级型的治理模式不能适应这一新的变化,从而构造一种"共谋、共建、共担、共享的利益共同体",保证经济发展和社会进步的全面可持续,由此催生了国家治理现代化的要求[2]。

2013 年 12 月党的十八届三中全会通过《中共中央关于全面深化改革若干重大问题的决定》,其中第五章专门论述新时代如何深化财税体制改革,提到"财政是国家治理的基础和重要支柱",并指出财税体制改革的目标是建立与现代国家相匹配的现代财政制度。相比之下,党的十四届三中全会提出建立公共财政制度时,只是将之作为社会主义市场经济体制的一个组成部分,而这一次将现代财政制度与现代国家治理紧密联系而明确表述了财政的基础与支柱功能作用,在中国官方历史上还是第一次。

---

[1] 参见习近平《在哲学社会科学工作座谈会上的讲话》,2016 年 5 月 17 日,http://politics.people.com.cn/n1/2016/0518/c1024 - 28361421 - 2.html。

[2] 高培勇:《论中国财政基础理论的创新——由"基础和支柱说"说起》,《管理世界》2015 年第 12 期。

第二十二章　中国特色社会主义进入新时代后财政学的发展

（二）迅速英美化的财政学

进入 21 世纪之后，中国财政学走上了全面跟随和模仿英美的快车道。随着高等财政学教育模式引入越来越多的英美元素，除了个别学者之外，本土财政学人基本上放弃了创建独立于西方财政学体系的追求，表现为财政学教学和研究上新的"一边倒"倾向。这一背景奠定了今日中国财政学教学与研究的主流风气，即在研究主题、研究方法上，都普遍地向英美主流财政学看齐。

向西方主流财政学研究范式的靠拢，在一定程度上加速了中国财政学研究国际化的进程，促使中国财政学教学在短短十余年中，迅速拉近了与英美主流教学模式的距离，无论是课程设置、教材选用、研究主题选择，还是研究的科学化和实证化，都取得了前所未有的进步。

但不可否认的是，一方面，西学引进的过程中出现了偏向英美而忽视欧陆的倾向，学术引进的片面性也造就了今日中国财政学主流的单一性。另一方面，在经济发达国家学术示范的压力下，进一步导致了对中国既有学术传统、学术资源以及学术努力的漠视。英美主流财政学的引入与普及，虽然使财政学向科学化、技术化和形式化方向深入，但"财政与国家治理"的关系并未彰显为财政学研究的主题。

然而，仅仅依靠英美传统所提供的学术范式，显然无法回应在中国关系国家治理体系和治理能力现代化的重大理论命题。对于那些进入稳态社会的发达国家而言，其财政学者遵循配置范式、埋首于既定制度框架下的技术配置细节是可以理解的，而中国仍处于转型阶段，诸多重要领域的制度建设尚未完成，中国的财政学要对未来国家制度建设做出贡献，研究者有必要认识到并注意克服上述缺陷。

（三）传统财政学的失落

近 20 年来，财政研究中新理论、新方法的引进日新月异，但传统财政学作为一门学科却有点"找不着北"。"财政学"这个古老的名词已基本上被"公共经济学"所取代,在综合性大学里,往日辉煌的财政学系(院)多数已经并入经济学系(院)或者公共管理学系(院),幸运地保留下来的那些财政学系(院)面临被边缘化的窘境[①],财政学作为一门学科的独立性和自主性遭遇前所未有的挑战。

(四)时代对财政学基础理论创新提出新要求

自改革开放以来,财税体制改革一直扮演着改革先行者的角色,或通过国家财政的"放权让利",积极为其他领域改革创造条件;或通过政府角色的规范与归位,引领整个中国经济体制改革进程。在改革开放的各个不同时期,财政理论关于政府职能定位及其与市场关系的深入研究,发挥了"知识变革和思想先导"的作用,为我国经济体制改革的顺利推进提供了有力的理论支撑。

然而最近十余年以来,主流财政理论对变化环境中各项具体改革任务及国家制度变革的理论支持相对走弱,在某些方面的影响力已明显落后于法学、社会学等邻近学科。

中国的改革进程已进入单纯依靠经济体制改革单兵突进难以奏效的阶段,必须走全面深化改革之路,才能实现国家治理体系和治理能力现代化的改革总目标。党的十八届三中全会《决定》提出的"财政是国家治理的基础和重要支柱"这一命题,将财政与国家治理紧密联系,这一源于中国改革实践的理论洞察,是对过去千百年来人类思想史上国家理论与财政思想的高度提炼与精确概括,不仅对全面深化改革的各项实践起到政策纲领的作用,更具有高度的理论创新性。此一契机引发了广大财政理论工作者反思过去在教学、研究范式方面的不足,坚持问题导向、立足中国实际,致力于融合人类历史上一切先进的思想文化成果,推进财政学研究的理论创新。

---

① 2018年3月30日《经济观察报》上的一篇文章《重塑财政学》(杜涛,2018),为诠释当前财政学在中国的窘迫状况增加了新的注解。

二 主要的理论观点

中国社会科学院高培勇倡导"国家治理现代化框架下的财政基础理论建设"[①]，后又于《管理世界》发文，倡导"建立起体现中国特色、中国风格、中国气派的中国财政学体系"[②]。

贾康、龙小燕提出以"财政全域国家治理"理论框架支持构建现代财政制度，是财政理论与时俱进的创新命题，是过去早已有所认识的"跳出财政看财政""财政服务全局、支持长远"和"公共框架"转型等递进而来的理论认识进展与升华，合乎逻辑地有利于确立财政部门和财政工作者的全局意识、创新意识、担当意识与现代化战略思维和战略实施能力[③]。

中央财经大学李俊生倡导"建立财政学的中国学派"，并提出"新市场财政学"[④]。他认为，"'公共财政学'作为当代主流财政理论存在最为突出的问题是解释力和预测力的严重弱化"。他试图通过重新定义市场模型，重新解释政府、企业和市场之间的关系，为"重构具有强大解释力和精准预测力的财政学范式"开辟研究路径[⑤]。

2018 年 2 月，中国财政科学研究院刘尚希在中国财政学会召开的"新时代中国特色社会主义财政基础理论研讨会"上结合其《公共风险论》一书初稿，报告了其基于"公共风险"这一核心概念建

[①] 高培勇：《论国家治理现代化框架下的财政基础理论建设》，《中国社会科学》2014 年第 12 期。

[②] 高培勇：《论中国财政基础理论的创新——由"基础和支柱说"说起》，《管理世界》2015 年第 12 期。

[③] 贾康、龙小燕：《财政全域国家治理：现代财政制度构建的基本理论框架》，《地方财政研究》2015 年第 7 期。

[④] 李俊生：《新市场财政学：旨在增强财政学解释力》，《中央财经大学学报》2017 年第 5 期。

[⑤] 李俊生：《新市场财政学：旨在增强财政学解释力的新范式》，《财政与税务》2017 年第 8 期。

构新财政学理论的设想①。

刘晓路、郭庆旺②认为,在党的十八届三中全会之后,"我国财政学有必要建设一种具有中国特色的财政理论",并以"国家治理财政学"为之命名。河南财政金融学院崔潮教授也撰文倡导此论③。

吕冰洋④阐述了财政与国家治理的关系,并提出,沿着"财政制度—增进公共秩序—国家能力支柱—实现国家治理目标"的逻辑,建立起"国家治理财政论"基本框架的设想。

王雍君⑤认为,"为塑造一门博大精深的治国经邦之学,财政学须深度融合经济、管理、政治和法律维度,形成广视域和逻辑自洽的财政治理",并论述了"财政治理学的视野与概念框架"。在此基础上,提出"智识财政学"⑥,将研究对象界定为集体物品,以依次涵盖集体物品、财政场域、财政安排和财政政策的标准概念框架重构财政学研究体系。

三 评价与展望⑦

(一) 时代呼唤财政学基础理论创新

寻求一个好的国家治理模式,是人类社会面临的基本问题。党

---

① 刘尚希:《公共风险论》,人民出版社2018年版。刘尚希、李成威、杨德威:《财政与国家治理:基于不确定性与风险社会的逻辑》,《财政研究》2018年第1期。

② 刘晓路、郭庆旺:《国家视角下的新中国财政基础理论变迁》,《财政研究》2017年第4期。

③ 崔潮:《财政学三大流派与国家治理财政学建构》,《地方财政研究》2018年第3期。

④ 吕冰洋:《国家治理财政论:从公共物品到公共秩序》,《财贸经济》2018年第6期。

⑤ 王雍君:《财政治理学的视野与概念框架》,"中国第一届公共经济学·理论服务实践研讨会",中国昆明,2015年7月。

⑥ 王雍君:《智识财政学:回应公共生活叙事与改革挑战》,《财政科学》2018年第3期。

⑦ 部分内容来自马珺《财政学基础理论创新:重要但需审慎对待的诉求》,《财政研究》2018年第8期。

的十八届三中全会《决定》提出"财政是国家治理的基础和重要支柱"这一理论命题,为当前中国财政学基础理论建设提供了新的机遇、注入了新的活力。如何全面地、历史地理解"财政何以是国家治理的基础和重要支柱",并确立一个能够胜任"国家治理的基础和重要支柱"的现代财政制度,作为一个重大的理论和实践问题,被推到财政理论界的面前。

该问题此时在中国掀起新热潮有一定的特殊性,它产生于中国融入新一轮全球化的进程之中。随着中国融入全球化进程的加深,其要求全球治理规则制定权的努力也越来越明显,并进一步要求意识形态和学术话语权,官方推动构建具有中国特色的哲学社会科学体系的努力,则是这一进程的重要组成部分和结果之一。正因为如此,出于学术批评者所珍视的学术独立,当下确实有必要在学术史的框架内厘清该问题独立性的一面,说明该问题自身的重要性。

(二)审慎对待财政学创新诉求

然而,在今天这样一个高度互联、互通和共享的世界中,知识以惊人的速度扩散,同时获取知识的成本无限趋零。仅仅通过提出几个标新立异的观点,或者仅仅指出现有知识体系的一二瑕疵,即想全盘颠覆过去的知识体系,是不可能令人信服的。任何创新都不是无中生有,一门学科的创新,因其具有系统性,更应当站在前人的肩膀上。财政学理论创新的前提,是创新主体能够客观地认识学科现状、准确地把握学科前景,并审慎地发现和选取创新突破点。笔者以为,中国的财政学人追求学术创新的立意是可贵的,但以下几大问题应引以为戒:

1. 避免仅仅基于经验和直觉、基于对主流财政学个别观点或概念的否定,盲目否定西方主流财政学。

就当前而言,中国学者对西方主流财政学的不满更多地体现为零星而局部的批评,少有系统而全面的替代性理论建构。这也是批评声音之所以未成气候的重要原因。有学者尝试建构和提出了新的替代性理论,然而,这些努力还需要在国内、国际的学术市场和实践中经受检验，其生命力如何、能否获得国内外同行的认同，仍然有待观察。理论的形成与发展依然存在一个从提出到修正和完善的过程，不可能毕其功于一役。另有一些已经明确提出来、尚未体系化的论点，有的刚一出台便已显露了难以立论的薄弱之处；还有一些所谓学术批评，由于无视既有的学术传统，因而缺乏学术价值，不足为道。学术批评不是"鸡同鸭讲"，不是各说各话，更不是信口开河，必要的共识性话语平台尤其重要。整体而言，中国的财政学术批评，还需要在理论视野和理论深度方面下苦功夫，以提升与被批评对象对话的力量与深度。

2. 应充分重视西方财政学自我更新的能量，对其进行系统追踪和全面把握。

追求突破和创新是学术研究的生命线。西方的主流财政学者并非无视自身的不足，更非一些批评者眼中的顽固不化、抱残守缺之辈。相反，在过去几十年里，西方主流财政理论不断地从经济学的新发展、政府政策和社会观念的变化中汲取养分，以谋主流财政学现状的改观。批评者只有充分重视主流财政学的自我更新，跟踪西方主流财政学的新进展及其自我改进，在这个基础上才能开展有针对性的、公允的批评，并有所创新。

3. 在批评借鉴中重视反思与对话。

西方的财政学术批评有更强的反思精神，相互之间存在理论交锋和对话。即使是在批评者群体内部，也并非完全同声一气。在中国学者中，这样的对话和交锋几乎为零。至今为止，笔者只看到朱军通过社交软件推送过一篇文章，对"财政学基础理论创新"中的浮躁心理和冒进行为提出批评[①]。在一个缺乏对话与交锋的思想市场

[①] 朱军的批评包括：（1）完全排斥现代经济学背景下的现代财政研究脉络和范式。（2）忙于发论文、争荣誉、完全根据功利性评价体系走，忽视了跟踪前沿文献、采用主流方法来编写符合中国国情的财政学教材和著作。（3）忙于建学派，忽视了学术价值形成的自然规律。

上，即使是作为知识消费者的学术人，都不可能对一份思想产品的新知识含量充分知情，更别说大众读者群了。这无形中为各种"伪创新"提供了生存土壤。

综上所述，财政学基础理论创新这一论题无疑是重要的，因此才值得中国学者审慎对待。无论中国传统学者想要做的是扬弃英美主流财政理论，还是完全以新理论取而代之，都需要对自己的处境和实力有客观的认知。在过去若干年里，面对外部创新的挑战，包括来自公共选择、政治经济学、财政社会学等批评者的竞争，英美主流财政学也在不断地自我革新。客观地说，到目前为止，中国传统财政学者所谈的和已经做到的"创新"，远远没有达到上述正反双方所达到的理论深度，一些学者由于对上述形势缺乏全面、深入的掌握，其提出来的一些问题显得站不住脚，回答问题的方式及提供的答案，也缺乏必要的学术价值与意义。在这个意义上，中国财政学者要想成为英美主流财政学合格的挑战者，的确还有一段较长的路程要走。

第二节　中国特色社会主义新时代的财政收入理论

随着中国特色社会主义进入新时代，社会主要矛盾的变化要求加快建立以现代税收制度为主的现代财政收入制度体系。其中，税收制度不仅要更好地筹集财政收入，为人民提供更为优质的公共服务方面提供充足的财力保障；同时，税收制度的制定和实施还要更好地满足人民在民主、法治、公平、正义、安全、环境等方面的需要。

一　国家治理现代化进程中的税收治理现代化研究

税收制度是现代财政制度的重要组成部分。推进税收治理现代化是增强税收在国家治理中的基础性、支柱性、保障性作用的必然要求。在中国特色社会主义进入新时代的历史背景下，回顾改革开放40年来财税体制改革的历程，我们已经基本建立了与社会主义市场经济相匹配的税制体系，下一步的税制改革要按照推进国家治理体系和治理能力现代化的要求，在加快建立现代财政制度的框架内致力于推进税收治理的现代化。①

新时期学术界对税收治理现代化的研究主要集中在以下五个方面：

一是对现代税收制度及其特征的研究。主要包括：税收法定主义指导下的税收立法；预算法定和财政收支的公开透明对纳税人自愿遵从并参与税收治理的重要性；现代复合税制体系的构建和完善；税收制度通过公平和效率权衡来体现国家治理理念；与现代税收制度相匹配的现代税收管理体系的建立，等等。

二是对税收治理现代化的具体内容和评价指标的研究。税收治理现代化可以概括为税收理念和税收理论的现代化、税收治理制度环境的现代化、税法制定过程的现代化、税制体系的现代化和税收管理现代化五个方面。② 而税收现代化应从完备规范的税法体系、成熟定型的税制体系、优质便捷的服务体系、科学严密的征管体系、稳固强大的信息体系、高效廉洁的组织体系六个方面进行评价。③

三是对税收法治现代化的研究。强调税收法治现代化的重要性，认为世界各主要国家的税制变迁，总体上都是税收法治现代化的过程。④

四是对税收理论现代化的研究。中国税收现代化必然呼唤着中国税收理论的强力支撑与同步发展，呼唤着中国税收理论现代化。

---

① 张斌：《推进税收治理现代化的思考》，《财政科学》2018年第8期。
② 同上。
③ 国家税务总局税收科学研究所课题组：《税收现代化目标体系建设研究》，《税收经济研究》2015年第3期。
④ 张守文：《税制变迁与税收法治现代化》，《中国社会科学》2015年第2期。

总体上看，中国特色社会主义税收体系的现代化应当包括中国特色社会主义税收理论的现代化，包括我国自己税收理论的持续完善与系统成型，使之更加符合时代新要求。与税收理论现代化密切相关的四个主要问题是：（1）要始终坚持税收理论现代化就是税收理论当代中国化的理念；（2）要继续探寻落实税收法定原则的中国模式；（3）要正确理解预算确定的税收收入任务的新概念，丰富依法治国框架下的依法治税与税收任务统一理论；（4）要持续探讨具有服务保障的税收征管的统一理念，在新形势下不断丰富依法征管与纳税服务有机统一的理论。①

五是按照现代税收制度要求完善税收制度的研究。相关研究在系统评估现行税收制度格局功能和作用"漏项"基础上，全面分析建立现代税收制度的全新思维和操作路线，提出要围绕以增加自然人直接税为主要着力点，以现代税收征管机制转换为配套措施两个方面的政策主张。②

二 "互联网＋"与数字经济背景下税收理论的发展

以"互联网＋"与数字经济发展为特征的新一轮技术革命深刻改变了经济的运行方式，在推动经济增长的同时正在重新塑造各国内部和全球范围的利益分配格局。建立在工业社会基础上的现行税制体系和国际税收规则需要应对世界经济的数字化转型和以自动化、人工智能为代表的新技术革命的挑战。世界各国都面临着推动适应数字经济时代的税制改革，深化全球税制与征管协调的任务。2018年，习近平总书记在 G20 阿根廷峰会上指出：我们要鼓励创新，促进数字经济和实体经济深度融合，同时关注新技术应用带来的风险

---

① 邓力平：《对税收理论现代化相关问题的思考》，《税务研究》2015 年第 10 期。

② 高培勇：《论完善税收制度的新阶段》，《经济研究》2015 年第 2 期。

挑战，加强制度和法律体系建设。① 围绕"互联网＋"和数字经济背景下税收理论的研究主要集中在以下三个方面：

一是数字经济发展对现行税制的冲击。从税制构成角度分析，大数据时代"互联网＋"新经济模式对税制的影响主要有：纳税主体随市场主体的多变性而呈现复杂化和难以控制；"互联网＋"与传统产业相融合，经营模式复杂化税源难以分割；常设机构和固定营业场所的关系变得模糊不清，税权划分复杂化；税源与价值创造地分离，利润归属难辨等。②

还有的研究从企业税收和个人税收的角度进行了分析。在企业税收方面，数字经济的发展导致以生产要素在地理空间上集聚并采用科层制管理为特征的传统企业正在逐步被"没有任何重大实体存在"而又能广泛参与不同"税收管辖区"经济活动的大型网络平台所替代；生产、批发、零售各环节以及产业和行业之间的边界日益模糊，最终消费者与货物和服务提供者之间的空间距离不断扩大。这对以实体方式存在的企业及其分支机构为主要征税对象，按行业和区域划分税收的现行企业所得税、间接税和区域及国际的税收利益分配产生了重大挑战。

在个人税收方面，数字经济的发展使企业对个人、个人对个人直接交易的市场环境和技术条件日趋成熟，传统工业经济的生产组织方式正在被更为灵活的要素组合方式所替代。共享经济、众筹、众包、微商、自媒体与知识付费等新业态的兴起导致自然人作为消费者和生产者边界的模糊。而自动化、人工智能等新技术的广泛应用则会进一步深刻影响就业结构和就业方式。上述变化不仅使人口老龄化的经济体以雇佣劳动报酬为主要来源的社会保障筹资模式更加难以维持，新技术应用对劳动报酬实现形式和收入分配的影响也

---

① 详见 http://www.chinanews.com/gn/2018/12-01/8689818.shtml。
② 焦瑞进：《大数据时代深化税收改革的系列思考》，《财政经济评论》2016年第1期。

对个人所得税改革提出了新的要求。

在国际税收方面，在所得税领域，数字经济的发展导致跨国公司对全球价值链布局进行重新调整，大型科技公司利用知识产权等无形资产在低税地设立利润中心，没有重大实体存在的企业直接跨境提供数字化产品和服务，大型网络平台在全球范围提供免费服务并通过搜集和利用用户信息获取在线广告收入，这些都带来了利润实现地与经济活动发生地和价值创造地的背离。在间接税领域，跨境电子商务带来的低价值货物进口、数字化产品和服务的直接跨境交易对以企业及其常设机构为征税对象的增值税（货物劳务税）、零售税、消费税（Excise Tax）、关税的征收带来了冲击，跨境贸易的间接税制调整也迫在眉睫。[1]

二是人工智能对税收理论创新的影响。相关研究认为，随着人工智能技术的更加成熟和应用的更加广泛，层出不穷的新发现、新发明、新创造，都会改变经济和社会环境。人工智能的发展让税收理论创新的任务变得更加紧迫，税收应该以什么方式存在的问题已浮出水面，而这更需要税收理论的创新。[2]

三是新技术应用对税收管理的影响。相关研究主要包括："互联网+"背景下大数据技术在税收现代化管理中应用的必要性、可行性[3]；我国当前税收管理中基础数据及其应用中存在的问题；利用大数据技术有效梳理数据与数据、数据与业务之间的关联，帮助税务部门提高数据管理和利用水平；[4] 基于区块链技术的税收治理框架和税收征管模型研究，应用区块链技术推动纳税信用管理和推进电子发票创新等方面。

---

[1] 张斌：《数字经济对税收的影响：挑战与机遇》，《国际税收》2016 年第 6 期。
[2] 杨志勇：《人工智能、税收政策与税收理论》，《税务研究》2018 年第 6 期。
[3] 江苏省南京市地方税务局大数据科研组：《"互联网+"背景下大数据对现代税收管理的影响》，《税务研究》2016 年第 10 期。
[4] 余静：《大数据背景下推进税收治理的探索》，《税务研究》2015 年第 10 期。

第三节　中国特色社会主义新时代的
　　　　财政支出理论

党的十八届三中全会《决定》提出"全面深化改革的总目标",提出要"完善和发展中国特色社会主义制度,推进国家治理体系和治理能力现代化"。这次会议上还提出"财政是国家治理的基础和重要支柱,科学的财税体制是优化资源配置、维护市场统一、促进社会公平、实现国家长治久安的制度保障"。对财政的理解从经济层面上升到推动国家治理现代化层面,财税体制改革的目标转变为建立与国家治理现代化相适应的"现代财政制度"。由此,财政支出理论也应在推动国家治理现代化方面发挥相应的功能和作用。

一　现代财政制度中财政支出的功能和作用研究

习近平总书记对国家治理体系和治理能力做了系统性论述,并指出"治理和管理一字之差,体现的是系统治理、依法治理、源头治理、综合施策"[①]。高培勇(2014)认为:"中共十八届三中全会围绕深化财税体制改革做出的全新理论概括或理论判断,标志着财政基础理论建设的重大突破:将财政从政府收支活动的平台转换至国家治理的平台并以其基础和重要支柱加以定位,将财税体制的属性定位由经济体制的重要内容转换为国家治理体系的重要组成部分。新的历史起点上,我们对于财政的认识深化了。财政不仅是政府的收支或政府的收支活动,而且是国家治理的基础和重要支柱,这是第一次从根本上摆正了财政的位置。"[②] 与公共财政制度相比,现代

[①] 详见习近平2014年3月6日在全国"两会"上参加上海代表团审议时的讲话,《人民日报》2014年3月6日第1版。

[②] 高培勇:《由适应市场经济体制到匹配国家治理体系——关于新一轮财税体制改革基本取向的讨论》,《财贸经济》2014年第3期。

财政制度并不是推倒重来,而是更加深化了公共财政制度的内涵和外延,既要坚持公共财政制度的一些基本原则,同时又要在国家治理的诸多环节发挥基础性和支撑性作用。

财政学界普遍认为,现代财政制度下财政支出也要体现系统性、依法性、源头性和综合性,核心是制定设计一套"支出规则"和"支出体制",按照依法治国的要求,顺应新时代发展要求,实现既定的财政功能目标。建立现代财政制度的具体内容包括:"建立完整、规范、透明、高效的现代财政预算管理制度;建设有利于科学发展、社会公平、市场统一的税收制度体系;健全中央和地方财力与事权相匹配的财政体制。"[1]

第一,财政支出必须要严格按照法定程序来履行。要全面提升财政支出的法治水平,将所有类型的财政支出纳入立法机关的预算审查和控制范围,只有在经过了严格预算管理法定程序后才能够实施。特别是在我国现行四本预算体系之中,统筹考虑四本预算支出,按照全口径预算支出管理的要求,按照支出实质打通相互之间的关系,也是提升支出法定性的重要原则。同时,还要强化财政支出的公开、透明,每一笔支出要实现纳入"事前有目标、事中有跟踪、事后有评价"的全环节绩效管理,不断推进财政支出的公开、透明,更加关注人民群众的需求,更加关注支出的实际产出和结果,不断改进财政支出水平和质量。

第二,财政支出的安排要遵循市场在资源配置中起决定性作用的原则。财政支出的主要功能在于为社会经济运行创造一个良好的条件,维护市场、社会秩序,并在资源配置中发挥辅助性作用。有效维护市场规则,注重调节经济周期波动,更好地优化国家、企业、居民三者之间的分配关系,并提供一些基础性产业和基础设施,更好地为市场在资源配置中起决定性作用提供基础和前提

---

[1] 楼继伟:《建立现代财政制度》,引自财政部官方网站 http://www.mof.gov.cn/zhengwuxinxi/caizhengxinwen/201312/t20131216_1024900.html。

条件。

第三，明确财政支出的基础性和支撑性作用。除了公共财政所具备的"公共性、非营利性、规范化"之外，财政支出还要坚持基础性和支撑性两个特征。财政支出与政府的功能、职能定位直接相关。从政府功能来看：一是确保国家独立、主权和领土完整，有效维护社会秩序，为社会经济运行创造好的外部环境。社会运行的第一要务是确保秩序，一个好的外部秩序和内部秩序至关重要。确保军事国防、国家立法、司法、行政等政权的稳定运转，维护国家政治、经济、社会安定团结，有效保障人民群众的生命财产安全，正确处理国际合作和国际事务等是财政支出的重要职能和职责。二是维护市场规则，确保市场运行有序、规范、可持续，更好配置资源。三是维护社会公平正义，有效实施分配调节功能。一方面，要确保每个公民的基本生存和发展权利，为全体社会成员提供基本民生保障和基本生存发展条件；另一方面，制定社会规则，将不同区域、不同群体之间的分配差距控制在合理、适度范围之内，更好地促进基本公共服务均等化。四是优化资源配置。实施资源配置的规划和调控措施。资源配置规划是国家对资源的现状、未来方向做的全面统筹布局，政府通过建立规划、引导市场资源配置，提升市场资源配置的能力和效率，降低或避免市场资源配置中的盲目性，优化解决供给和需求之间的信息不对称。五是有效治理和管理好金融和非金融企业的经营性资产、行政事业单位国有资产，以及国有土地、矿产资源、水、森林、草原、滩涂、大气等各类自然资源。

第四，建立各级政府之间明晰的事权和支出责任划分体制机制。在一个大国治理体制中，建立一套分级政府治理的体制机制，提升大国治理效率，并构建各级政府间事权和支出责任的协调、配合机制，也是现代财政制度下财政支出的重要内容。具体而言，应建立各级政府的职能、职责、支出责任清单，并实现法定，细化各级政府间的职能、职责履行。

第五，财政支出要支撑国家的发展能力提升。从世界经济社会发展的历程来看，并不是所有国家都能够做到持续发展，成功做到这一点的国家需要具备强大的自我发展能力。党的十九大报告指出："我国经济已由高速增长阶段转向高质量发展阶段，正处在转变发展方式、优化经济结构、转换增长动力的攻关期，建设现代化经济体系是跨越关口的迫切要求和我国发展的战略目标。"为了更好地实现这一目标，财政支出要在提升发展能力方面更好地发挥作用。从历史经验来看，激发市场活力、深化市场分工仍然是提升发展能力的最有效手段。同时，随着经济和社会向智能化方向转型和升级，如何有效发挥人的创新能力也越来越成为财政支出体制需要考虑的因素。

二 财政支出研究服务于"贯彻新发展理念，建设现代化经济体系"

中国特色社会主义进入新时代，经济社会发展阶段以及相关特征发生了巨大变化，基于这些变化，财政支出理论发展也面临着挑战和机遇。一是随着基础设施存量从"短缺"走向"饱和"，基础设施投资支出在拉动增长中的功能和作用呈现边际递减的趋势，再单一依赖于大规模基础设施投资拉动为主要内容的财政政策，已经难以适应当前的发展阶段；二是社会主义市场经济体制进入更加完善、成熟的阶段，发挥财政支出的调控作用须强调市场在资源配置中的决定性作用，财政支出应更加有助于激发市场活力，充分调动市场主体的积极性、主动性，有助于深化社会分工、提升资源配置效率。在这种情况下，财政支出领域的研究需致力于如何支持构建全国统一市场体系、让生产要素活力彻底释放，确保市场要素按照分工格局在全国各个区域无障碍、低成本自由流动；三是随着技术创新领域的巨大进步，传统工业社会正在向智能化、精确化转型，新产业、新业态、新模式层出不穷，如何更好地发挥财政支出在促进创新驱动方面的功能作用，将成为未来财政支出理论研究的重要的方向和趋势。

此外，财政支出研究者还需在我国大规模减税降费的背景下，密切关注与"税式支出"相关的理论问题。自从2012年开始，我国开始了"营业税改征增值税"试点，到2016年5月1日，此项改革扩大至全国全行业，既显著发挥了打通产业链条、深化社会分工的作用，又实现了规模巨大的减税效应。2019年，又实施大规模减税降费，预计减税规模达到两万亿元左右。而大规模减税与经济新常态下税收收入压力叠加，如何处理好二者的关系，是一个必须攻克的课题。同时，财政投资支出在局部领域强调"补短板"，注重在供给侧结构性改革中的引导和支持作用，这与财政基建投资的总体发展方向不同，也需要单独予以关注，以更好地实现"贯彻新发展理念，建设现代化经济体系"目标。

三 财政支出规模和结构研究的新变化和新趋势

进入新时代后，对于财政支出和结构的研究将遵循总量控制、有保有压的思路，聚焦重点领域和薄弱环节，着力提高财政支出的效率和效益，确保经济社会实现高质量发展目标。

一是配合创新驱动发展战略，研究如何通过财政支出提升产业整体竞争力，加快培育新动能。既要考虑如何加强对创新、科技、教育等领域的投入，又要考虑如何与这些领域的体制机制创新有机结合，更要考虑如何发挥财政支出在推动激发市场创新创造活力中的"四两拨千斤"作用。二是研究充分保障好民生领域公共服务支出需求的方略。具体关注如何巩固好脱贫攻坚成果，支持乡村振兴战略实施，加大对医疗公共卫生、就业、社会保障、生态环境等领域的投入，充分保障人民群众的基本生存权和发展权。三是研究政府职能如何进一步优化，行政管理支出如何进一步压缩，财政存量资金如何进一步盘活，困难地区和基层政府保工资、保运转、保基本民生的能力如何全面增强。四是研究财政支出支持全面深化改革的具体路径。进入新时代后，各个领域的改革任务仍然十分繁重，财政支出要为全面深化改革提供充分保障，在总的方向既定条件下，需要从具体路径层面加以深入研究，助力财政成为名副其实的国家治理基础和重要支柱。

第四节　中国特色社会主义新时代的政府间财政关系理论

党的十八大以来，我国政府间财政关系改革加速，改革进程引领相关理论研究逐阶段发展。在国家治理现代化的改革总目标的引领下，研究符合现代财政制度要求的政府间财政关系。针对政府间财政关系的支出侧短板，以分领域财政事权与支出责任划分改革为主要抓手，研究政府间财政关系改革的深化。

一　适应国家治理现代化需要的政府间财政关系理论

《中共中央关于全面深化改革若干重大问题的决定》（以下简称《决定》）中明确"全面深化改革的总目标是完善和发展中国特色社会主义制度，推进国家治理体系和治理能力现代化""财政是国家治理的基础和重要支柱""必须完善立法、明确事权、改革税制、稳定税负、透明预算、提高效率，建立现代财政制度，发挥中央和地方两个积极性，改进预算管理制度，完善税收政策，建立事权和支出责任相适应的制度"。由此，适应国家治理现代化需要的现代财政体制理论创新开始蓬勃发展，财政学理论研究再次向政府间财政关系聚焦，并在"国家治理现代化—现代财政制度—政府间财政关系—中央和地方两个积极性—事权和支出责任相适应"这样一个逻辑链条中展开。

首先，从多重维度将政府间财政关系与国家治理相对接。楼继伟基于"资源配置方式是影响政府间财政关系首要因素"的判断，将计划经济、转轨经济、市场经济的政府间财政关系分别对应到统收统支、财政包干、分税制,现阶段需将政府间财政关系作为国家治理现代化的重要组成部分统筹谋划,重点是推进事权和支出责任划分改革。① 高培勇认为《决定》将财政体制改革与国家治理现代化进程紧密对接,并实现了财税功能"质的飞跃"。在此基础上,提出将"走样了"的分税制回归"分事、分税、分管"的本来意义,即从"分事""分税"开始到全面系统的分级财政管理,夯实分税制的基石并把握住分税制的灵魂。② 贾康则将财政与国家治理现代化"五位一体"相对接,提出"财政全域国家治理"理论框架,并将建立事权与支出责任相适应的财政体制纳入其中。③ 刘尚希则提出从国家治理两级架构——中央和地方来进行财政体制改革的总体设计,主要处理好中央和地方财政之间、省以下财政间两个层面政府间财政关系。④

其次,将政府间财政关系纳入与国家治理现代化相匹配的现代财政制度来研究。一方面,旨在明确"两个定位"——现代财政制度在国家治理中的定位和政府间财政关系在现代财政制度中的定位。贾康、龙小燕认为现代财政制度是国家治理体系最重要的组成部分,是全面改革的引领、配套和支撑,而现代财政制度是完整的财政制度体系,理顺政府间事权与支出责任关系体制是当前需要重点推进的改革之一。⑤ 另一方面,旨在把握在现代财政制度框架下央地财政

---

① 楼继伟:《中国政府间财政关系再思考》,中国财政经济出版社 2013 年版;楼继伟:《深化事权与支出责任改革 推进国家治理体系和治理能力现代化》,《财政研究》2018 年第 1 期。

② 高培勇:《论国家治理现代化框架下的财政基础理论建设》,《中国社会科学》2014 年第 12 期。高培勇:《由适应市场经济体制到匹配国家治理体系——关于新一轮财税体制改革基本取向的讨论》,《财贸经济》2014 年第 3 期。

③ 贾康、龙小燕:《财政全域国家治理:现代财政制度构建的基本理论框架》,《地方财政研究》2015 年第 7 期。

④ 刘尚希:《财政改革、财政治理与国家治理》,《理论视野》2014 年第 1 期。

⑤ 贾康、龙小燕:《财政全域国家治理:现代财政制度构建的基本理论框架》,《地方财政研究》2015 年第 7 期。

关系发展的特殊性。高培勇（2018）发现在现代财政制度下看央地财政关系，已经不再锁定央地财力的增减，而是锁定"发挥中央和地方两个积极性"，"建立事权和支出责任相适应的制度"正是从权责匹配来激发两个积极性的角度提出。[1] 围绕"两个积极性"进行政府间财政关系研究的还有涂永珍（2014）和宋时飞（2014）。涂永珍认为《决定》提供了下一步深化财税体制改革的路线图，其核心是通过"建立现代财政制度"，"发挥中央、地方两个积极性"[2]。宋时飞发现新中国成立以来，我国通过财税体制的数次调整提高了中央宏观调控能力和地方自我发展能力，两个积极性得到了一定程度的调动，但改革仍未到位，目前需通过构建现代财政制度，着力解决中央和地方事权与支出责任划分方面的"错配"问题[3]。此外，相关研究还致力于分析良好的政府间财政关系对于现代财政制度和国家治理的积极作用。卢洪友（2014）认为，推进国家治理体系和治理能力现代化的财政路径之一就是建立现代分税制制度[4]。于树一（2015）基于政府间财政关系的国家治理属性提出的观点为：只有理顺政府间财政关系，才能以财政为纽带，实现经济、政治、文化、社会、生态的全方位、立体化的统一、协调、联动。当前，政府间财政关系作为现代财政制度中"木桶的短边"，成为深化财税体制改革的重点任务。[5] 段炳德（2016）通过构建"比斯利"式政治代理模型来阐述现代财政制度和现代财政国家的构成要件及其逻辑关系，

---

[1] 高培勇：《中国财税改革40年：基本轨迹、基本经验和基本规律》，《经济研究》2018年第3期。

[2] 涂永珍：《建立现代财政制度 发挥中央和地方两个积极性》，《行政科学论坛》2014年第2期。

[3] 宋时飞：《以现代财政制度激发中央和地方两个积极性》，《中国经贸导刊》2014年第13期。

[4] 卢洪友：《从建立现代财政制度入手推进国家治理体系和治理能力现代化》，《地方财政研究》2014年第1期。

[5] 于树一：《论国家治理框架下事权和支出责任相适应的政府间财政关系》，《地方财政研究》2015年第5期。

结论表明：现代财政制度的组成部分——健康的政府间财政关系将有效促进居民福利的提升。①

二 纳入财税体制改革的政府间财政关系研究

2018年正值改革开放40周年，作为经济体制改革重要组成部分的财税体制改革也吸引了诸多目光，学者们对财政体制改革40年的历程进行回顾与展望，其中，政府间财政关系内容所占的笔墨最多。

首先，以政府间财政关系发展线索划分40年财税改革阶段。楼继伟以1978年、1993年为时间节点，将我国政府间财政关系的改革分别划分为与计划经济、"双轨制"、市场经济相对应的改革。② 倪红日将40年财政管理体制改革划分为中央"放权"改革、分税制改革、以"共享"和"共担"为特点的央地财政关系调整三个阶段。③ 曾康华则将财政体制改革走过的40年历程理解为中央、地方与企业之间权责匹配的财政体制循序渐进的建设过程④。如果转回到改革开放30年的节点上，可以看到项怀诚对财税改革的阶段划分更为直接：以15年为限，改革开放前15年是经济转型时期"分灶吃饭"的财政体制，改革开放后15年是社会主义市场经济体制下的"分税制"财政体制，这两个阶段划分的依据明显是政府间财政关系。⑤

其次，以政府间财政关系为重点展望未来财税改革。高培勇认为，在从"财政公共化"走向"财政现代化"的过程中，中央和地

---

① 段炳德：《现代财政制度的基本要素与构建逻辑》，《管理世界》2016年第8期。

② 楼继伟：《中国政府间财政关系再思考》，中国财政经济出版社2013年版。

③ 倪红日：《改革开放以来中央与地方财政关系的演进与展望》，《经济纵横》2018年第6期。

④ 曾康华：《中央、地方与企业：财政体制改革40年》，《中国社会科学报》2018年6月26日。

⑤ 项怀诚：《中国财政体制改革六十年》，《中国财政》2009年第19期。

方财政关系是下一轮财税体制改革的重头戏，因为它是中央和地方关系的基础和支撑，而后者是现代国家治理领域最重要的关系链条之一。[①] 贾康、刘薇认为在全面改革中深化财税体制改革的重点有六个方面，均处于政府间财政关系领域：（1）以政府扁平化改革为框架；（2）以合理调整事权为匹配逻辑；（3）以税制改革为配合，完善政府间收入划分改革；（4）以规范的转移支付制度体现事权优先原则；（5）以建立现代公共预算管理制度为基础性支撑；（6）以举债权和产权管理为重要组成要素。[②] 余英认为未来财政体制改革的重点是推进分领域的财政事权和支出责任划分改革，而加快健全地方税体系是财税改革的方向之一。[③] 倪红日认为目前正在形成"共享"和"共担"为主的财政管理体制：央地收入划分以共享收入为主，逐步适度扩大地方税种；逐步提高中央财政事权和支出责任；转移支付制度逐步规范，以一般性转移支付为主；逐步提高基本公共服务均等化水平。[④]

在对已有研究进行全面梳理的基础上，闫坤、于树一做出判断：财税改革40年历程的主线索是财政管理体制的发展，中央和地方财政关系的变迁。并总结了能够概括40年财税改革规律的五个关键词——"渐进式改革""集权与分权""积极性""基数""事权、财权、财力、支出责任划分"，提出新一轮财税改革的思路。[⑤]

最后，在财税制度发展的框架内梳理政府间财政关系的逻辑。

---

① 高培勇：《中国财税改革40年：基本轨迹、基本经验和基本规律》，《经济研究》2018年第3期。

② 贾康、刘薇：《构建现代治理基础——中国财税体制改革40年》，广东经济出版社2017年版。

③ 余英：《中国财税改革40年来的脉络与影响》，《徐州工程学院学报》（社会科学版）2018年第4期。

④ 倪红日：《改革开放以来中央与地方财政关系的演进与展望》，《经济纵横》2018年第6期。

⑤ 闫坤、于树一：《财税改革40年：挑战、主线、规律和未来改革思路》，《学习与探索》2018年第10期。

归纳相关研究观点可以看到，从公共财政制度发展到现代财政制度，理论界默认的财税体制改革的逻辑前提没有改变，依然是"以支定收"。在公共财政制度框架下，高培勇建议依据"市场经济—社会公共需要—政府职能—财政支出—财政收入"的关系链，以"政府究竟需要干什么事""政府究竟需要多少钱"和"政府究竟可以取得多少钱"为线索[①]。在现代财政制度框架下，楼继伟（2013）、卢洪友（2014）、于树一（2015）的研究均遵循以下逻辑：合理界定政府与市场、政府与社会的边界——基于权责对等原则合理划分政府间事权和支出责任——基于事权和支出责任划分合理划分政府间收入——健全统一规范透明的财政转移支付制度。而贾康、梁季的表述强调了在深化分税制改革的大方向和在政府层级扁平化和"大部制"前提下，按照中央、省、市县三级框架间遵循"一级政权、一级事权、一级财权、一级税基、一级预算、一级产权、一级举债权"并辅以纵横转移支付制度的逻辑，使分税制在省以下贯通落地，达到"财政与事权相顺应，财力与事权相匹配"的境界，以支持经济社会的长治久安[②]。

尽管财税改革的逻辑侧重点有所不同，但一致认为事权和支出责任划分是理顺政府间财政关系的关键。而对于事权和支出责任划分的逻辑，马万里提出纵横两个维度，纵向沿政府架构从中央到地方各级进行划分，横向依据政府、市场与非营利组织在公共产品供给方面的分工进行划分，而且路径也由传统的"财力路径"转向"事权路径"[③]。李炜光则强调法律授权，即经法律程序对中央和地方以及地方各级政府的公共责任进行授权，将其作为各级政府"事

[①] 高培勇：《"量入为出"与"以支定收"——关于当前财政收入增长态势的讨论》，《财贸经济》2001年第3期。

[②] 贾康、梁季：《辨析分税制之争：配套改革取向下的全面审视》，《财政研究》2013年第12期。

[③] 马万里：《多中心治理下的政府间事权划分新论——兼论财力与事权相匹配的第二条（事权）路径》，《经济社会体制比较》2013年第6期。

权"的合法性来源,逻辑次序不能颠倒。①刘尚希等认为我国长期以来忽略了政府间的委托代理关系,对"中央决策,地方执行"的事权划分模式缺乏认识,对我国来说,正确的逻辑起点是政府间支出责任划分,具体要细化各级政府间的支出责任,并通过立法确立支出责任划分的法律地位②。而李苗、崔军则认为,全面理解事权的内在属性需要基于责任层次与权力要素两个方面,而不仅仅是单一的责任层次。③贾康于2017年的全国政协委员提案中,明确建议,在深化改革中加快编制中央、省、市县的三级事权一览表,并对应到三级财政支出责任明细单上,并由粗到细、动态优化。

三 以财政事权与支出责任划分为载体的政府间财政关系研究

随着党的十八届三中全会明确提出"建立事权和支出责任相适应的制度",我国事权与支出责任划分改革拉开帷幕。由于这是一项涉及面广、关系复杂的改革,需要遵循渐进式改革的路径,依旧选择从财政领域入手,探索财政事权与支出责任划分之路,从而为这一时期的政府间财政关系研究提供了契机。

首先,从理论上探讨划分原则。在提出"事权和支出责任相适应"之前,闫坤、于树一在对我国政府间财政支出责任的研究中,提出了中央和地方政府间财政支出责任的划分原则以及省以下基本公共服务财政支出责任划分原则,需考虑基本公共服务的标准和层次性、外部性,各级政府的财政支出能力差异,交易费用和规模经济等。④

---

① 李炜光:《财政何以为国家治理的基础和支柱》,《法学评论》2014年第2期。

② 刘尚希、马洪范、刘微、梁季、柳文:《明晰支出责任:完善财政体制的一个切入点》,《经济研究参考》2012年第40期。

③ 李苗、崔军:《政府间事权与支出责任划分:从错配到适配——兼论事权责任层次和权力要素的双重属性》,《公共管理与政策评论》2018年第4期。

④ 闫坤、于树一:《论我国政府间财政支出责任的"错配"和"纠错"》,《财政研究》2013年第8期。

而楼继伟提出的外部性、信息处理的复杂性、激励相容的事权划分三原则①更是在党的十八届三中全会提出"建立事权和支出责任相适应的制度"后得到了广泛认同、解读和发展。例如，李俊生等认为，在适用上述三原则时，需要以政府的激励相容为主，因为其是制度设计的结果，也是改善公共服务提供效率的部分②。刘尚希等将上述三原则视为"效率维度三原则"，并在此基础上提出与之对应的"风险维度三原则"：风险决策原则、风险分担原则、风险匹配原则③。除此之外，杨志勇从事权划分的稳定性和确定性视角④，刘剑文、侯卓从形式法定和实质法定视角，对事权划分进行了原则性探讨⑤。

其次，从实践上探讨具体领域的财政事权与支出责任划分。这一时期的相关研究涉及教育、文化、科技、环保、交通运输、财政支农等领域。

在教育领域，李振宇、王骏（2017）对中央和地方各级各类教育的财政事权和支出责任进行全面分析，发现当前划分存在的问题，进而基于教育财政的特殊性，提出教育财政事权与支出责任划分六原则以及改革方向和建议⑥。孙开、王冰系统梳理了我国普通教育事权划分的总体格局以及政府间普通教育支出责任划分的基本结构，

---

① 楼继伟：《中国政府间财政关系再思考》，中国财政经济出版社2013年版，第24页。

② 李俊生、乔宝云、刘乐峥：《明晰政府间事权划分 构建现代化政府治理体系》，《中央财经大学学报》2014年第3期。

③ 刘尚希、石英华、武靖州：《公共风险视角下中央与地方财政事权划分研究》，《改革》2018年第8期。

④ 杨志勇：《分税制改革中的中央和地方事权划分研究》，《经济社会体制比较》2015年第2期。

⑤ 刘剑文、侯卓：《事权划分法治化的中国路径》，《中国社会科学》2017年第2期。

⑥ 李振宇、王骏：《中央与地方教育财政事权与支出责任的划分研究》，《清华大学教育研究》2017年第5期。

第二十二章　中国特色社会主义进入新时代后财政学的发展

探索"事权法定、上级统筹、超负上移"的共同教育事权划分模式，提出以完善转移支付制度和加强教育支出项目预算管理为支撑条件，优化普通教育事权与支出责任划分的具体思路[①]。马海涛、郝晓婧从概念入手，以"付钱"和"花钱"来分析事权、支出责任与财权、财力的逻辑关系，从政策层面对央地财政教育事权和支出责任的划分进行定量研究[②]。

在文化领域，傅才武、宋文玉探讨了文化领域内政府间事权与支出责任划分的理论基础、划分标准和政策路径，一是基于文化产品的"公共所有程度、排他性程度、收益预期稳定程度、可经营性程度、可交易性程度、受益主体可区分程度"六大特征性指标，建立起政府与市场边界确定以及中央与地方事权与支出责任划分的基本标准；二是基于"受益范围、行动效率、技术难度"三因素，建立起划分中央与地方事权的"三原则"；三是在六指标与三原则的基础上形成结构化理论模型。[③]

在科技领域，李欣等从改变履行科技事权行为模式的角度，提出要从以项目为中心的微观化模式向"风险—环境"模式转变，构建起中央与地方科技事权新型关系——政府与市场、中央与地方共同分担宏观创新风险的环境建设。在支出责任方面，遵循政策和顶层设计、"退"和"补"、以"条条"优化"块块"、改革科技预算、完善科技支出评估和监督的改革路径。[④] 李振国等基于分级制试验的视角将中央与地方政府的互动关系纳入我国科技创新的治理体

[①] 孙开、王冰：《政府间普通教育事权与支出责任划分研究——以提供公平而有质量的教育为视角》，《财经问题研究》2018 年第 8 期。

[②] 马海涛、郝晓婧：《中央和地方财政事权与支出责任划分研究——以公共教育领域为例》，《东岳论丛》2019 年第 3 期。

[③] 傅才武、宋文玉：《创新我国文化领域事权与支出责任划分理论及政策研究》，《山东大学学报》（哲学社会科学版）2015 年第 6 期。

[④] 李欣、余贞利、刘尚希：《中央地方科技事权与支出责任的划分研究》，《经济研究参考》2015 年第 22 期。

系，对我国中央层面重复试验、支出责任分散，中央直管类科技项目管理异化，地方政府热衷于跟随引导类政策造成支出增加等问题进行了分析[①]。

在环境领域，逯元堂等提出遵循效益最大化原则、污染者负担原则、政府基本公共服务原则理顺环境保护中政府与市场关系，遵循环境公共物品层次性划分原则、职能下放原则、政府环境基本公共服务均等化原则进行中央与地方环境保护事权划分，在环保领域着力构建起国家调控、地方负责、政府有为、市场有效的政府与市场、中央与地方的关系。[②] 洪小东认为，环境事权与支出责任划分应当遵循经济逻辑与政治逻辑的辩证统一，并充分考量环境权的特质以及央地政策目标的差异等重要因素。优化环境转移支付机制、推进环境事权法治化是完善环境事权与支出责任划分的两条基本路径[③]。

在交通运输领域，于树一、杨远旭发现交通运输具有公共产品或准公共产品属性以及明显的外部性，这是央地财政交通事权与支出责任划分的基础。而国际经验表明，交通运输领域财政事权与支出责任划分遵循外部性、信息处理复杂性和事权法定原则。立足我国现代综合交通运输体系的国情，提出具体划分建议。[④]

在财政支农领域，刘志忠、廖亚君认为，中央与地方财政支农关系的不清晰导致不同地区支农政策同质化、地方消极支农的问题存在，财政支农事权与支出责任的划分是理顺中央与地方财政支农

---

① 李振国、温珂、方新：《创新我国文化领域事权与支出责任划分理论及政策研究》，《山东大学学报》（哲学社会科学版）2015 年第 6 期。

② 逯元堂、吴舜泽、陈鹏、高军：《环境保护事权与支出责任划分研究》，《中国人口·资源与环境》2014 年第 11 期。

③ 洪小东：《央地政府间环境事权与支出责任划分》，《地方财政研究》2018 年第 5 期。

④ 于树一、杨远旭：《交通运输领域中央与地方财政事权与支出责任划分研究》，《财政监督》2018 年第 23 期。

关系的核心，其中的关键是中央主动承担财政支农的事权与支出责任，从而改变中央集权而地方对抗的博弈关系。① 杜辉从中央财政支农资金项目需要地方配套的问题切入，发现配套基础、态度、过程、效率等方面均影响到央地财政关系，其根源是集权思维下的支农权责失衡，而解决问题的思路可以考虑路径优化，即将地方配套转变为中央配套，从重视权责划分转变为重视权责力的平衡，让配套制扬长避短。② 中国农村财经研究会课题组（2015）以问题为导向，既考虑到财政支农事权和支出责任的纵向划分，也考虑到横向划分。在纵向上提出按照受益原则和技术原则建立责任明确的政府分级支持机制，在横向上提出合理配置部门职能，健全财政支农体制机制、创新支农资金管理机制和涉农资金整合统筹长效机制的近中期和远期设想。③

第五节　中国特色社会主义新时代的预算理论

党的十八届三中全会提出财政是国家治理的基础与重要支柱，构建现代财政预算制度是提升国家治理能力和实现国家治理现代化的重要内容。中国现代预算理论发展既是时代要求，又需体现时代特征。现实问题不仅需要从经济学和财政学视角去解读，预算理论更需要管理学、政治学甚至法学等多学科的知识贡献。推动预算理论多学科融合发展成为未来的新趋势，并逐步得到认同。

---

① 刘志忠、廖亚君：《财政支农领域的中央与地方关系问题研究——基于异质性地区的视角》，《学术研究》2015 年第 8 期。

② 杜辉：《财政支农资金"配套制"探析——兼论政府间支农权责关系》，《经济体制改革》2014 年第 4 期。

③ 中国农村财经研究会课题组：《中央财政与地方财政支农事权和支出责任划分研究》，《当代农村财经》2015 年第 3 期。

一 现代预算基本原则与预算理论

中国推动现代预算制度改革,实现中国特色社会主义制度,同时需要吸取人类文明有益成果。我国预算学界已经就现代预算制度建设进行了长期的研究,并且对于预算原则的论述基本达成共识。而理论研究有关预算基本原则的共识性成果,也与党的十九大提出推动"全面规范透明、标准科学、约束有力的预算制度"相互印证,进而坚定了未来构建现代预算制度的方向。主要包括以下七个方面[①]:

一是法治化原则,政府预算必须在现行法律框架和预算制度约束下进行,政府所有的预算收入和支出都必须获得立法机构的批准,批准之后的预算执行也必须依法开展,所有预算参与者都必须依法行事。二是全面性原则,即所有关于公共资源的收支情况必须全部纳入预算、进入预算程序、受预算制度的约束。三是一致性原则,所有预算资源都必须采用同样的规则进行分配与管理,所有关于财政收入与支出的决策过程必须统一。四是年度性原则,即政府预算决策必须每年进行,换句话说,政府必须针对每年的新情况对预算做出适时调整,中长期财政规划也需要与年度预算相结合。五是公开透明原则,即政府预算的制定过程应该是透明的,并接受公众监督,政府公开的预算文件和内容必须真实、详细和准确,便于公众理解和审查。政府预算的执行、审计以及决算也须向公众全面公开。六是绩效性原则,即政府使用公共资源和资金必须讲求结果和绩效,科学合理地评价投入与产出之间的关系,引导政府预算决策和执行更有效地解决社会问题。七是审计原则,即所有使用预算资源的组织,包括政府在内,每年都必须接受独立审计机构的审计监督,审计监督发现的问题需要及时纠正。

---

① 楼继伟主编:《深化财税体制改革》,人民出版社 2016 年版;马骏、赵早早:《公共预算:比较研究》,中央编译出版社 2012 年版。

二 现代预算理论与多学科共融发展

经过多年的发展，我国预算理论研究与实践经历了计划经济时期而进入社会主义市场经济时期。立足新时代，过往的发展历程告诉我们三点重要启示：一是预算理论的发展要顺应时代发展要求，无法脱离当时的社会、经济、文化等制度性因素而单独存在，制度性因素对预算理论发展的影响是非常显著的；二是预算理论的产生、发展与创新必须与实践相结合，脱离了预算实践或无法对预算实践起到启发、指引、解释等作用的所谓理论，终将面临危机；三是预算理论是动态的、开放式发展的，随着时代变化而需不断创新，为解决现实问题而推动多学科交叉共融发展是未来发展的趋势。

我国预算理论发展至今，已经与财政学、公共经济学、公共管理学、政治学、法学等多学科都交叉。无论哪个学科介入研究政府预算或公共预算问题，都认同一个基本概念，即政府预算或公共预算是对政府收支行为的明确且集中的反映，研究政府预算问题，就是研究政府的收入、支出、管理、监督等相关领域问题。当然，我们必须承认，不同学科在研究政府预算问题时，无论是研究视角、研究重点还是研究方法，的确存在差异。具体来看，财政学或经济学更关注宏观经济发展层面，政府预算作为一种工具对宏观经济可能产生的影响，以及如何影响政府与市场的关系等，比如公共选择理论、新制度经济学理论等。公共管理学视角更关注政府预算的过程、过程中各种预算参与方的行为逻辑和行为方式，注重理性和有限理性对预算管理制度与预算管理行为的影响等，比如有限理性模型、新公共管理理论、新公共服务理论等。政治学视角关注于政府预算制度的公平与正义，更追求预算制度实现公平与正义的目的性，而不太关注资金配置和使用效率问题。长期以来，针对政府预算问题所展开的多元研究途径，毋庸置疑都很有价值，但是，各种途径的研究又不可避免地带有自身的缺陷与偏见。因此，为了能够更全面地理解政府预算理论，以推动中国现代政府预算制度建设，就必须对每种途径的研究进行深入了解，以尽可能地避免偏见，获得对政府预算与现代政府预算的全面理解。

政府预算的理论发展与改革实践均证明，该领域可以容纳跨学科的综合性研究。党的十八届三中全会通过的《中共中央关于全面深化改革若干重大问题的决定》将财政（包括政府预算）定性为国家治理的基础和重要支柱，为政府预算研究提出了跨学科综合研究的现实要求。如果不是这样，既不能解释各学科对政府预算理论研究所作出的既有贡献，更无法解释党的十八届三中全会明确地将财政与国家治理联系起来的既成事实。

第六节 中国特色社会主义新时代的财政政策理论

党的十八大以来，中国积极财政政策翻开新篇章。在供给侧结构性改革指引下，积极财政政策在促进产业结构调整、推动高质量发展的过程中作用显著。同时，积极财政政策在减收和增支方面不断加力提效。减税降费政策落到实处，重点领域支出强度持续增加。积极财政政策构成了中国特色社会主义新时代宏观调控体系的重要组成部分。

一 中国特色社会主义新时代的财政政策源起

本部分回顾中国特色社会主义新时代的财政政策形成及发展过程，主要从经济环境变化到政策部署转变的角度考察财政政策的变迁，梳理重要历史节点下的政策文件精神。

（一）进入 21 世纪之后的中国经济

改革开放以来，我国经济一直保持较高的增长速度。2008—2010 年，在国内外经济形势低迷、国际金融危机爆发、汶川地震等自然灾害接连发生的情况下，我国实行了积极的财政政策和稳健的货币政策，依靠扩张性的需求刺激政策来保持经济高速增长态势。特定时期的刺激政策对拉动经济总量增长起到重要作用，但同时也引发了一些副作用。进入新时代后，中国经济开始注重经济发展质量的提升。

归纳起来，21世纪前10年，财政政策和货币政策的主要目标是扩大内需，宏观调控指向促进经济增长，而非经济结构调整。而在21世纪第二个10年，我国经济发展进入新阶段，经济增速放缓，经济发展中的结构性问题愈发突出。财政政策在稳增长的同时，开始着手调整解决经济发展中的结构性问题。新常态下，调结构成为保持经济平稳较快发展的驱动力。

（二）经济结构调整与高质量发展要求

自2011年起，我国连续实行积极的财政政策和稳健的货币政策。在保持经济增长的同时，重点进行经济结构调整，提高发展质量。自2013年起，中国进入全面深化改革的新阶段。2013年11月，党的十八届三中全会上通过的《中共中央关于全面深化改革若干重大问题的决定》明确指出"经济体制改革是全面深化改革的重点。核心问题是处理好政府和市场的关系，使市场在资源配置中起决定性作用和更好发挥政府作用"。《决定》将财政定位为国家治理的基础和重要支柱，并指出"宏观调控的主要任务是保持经济总量平衡，促进重大经济结构协调和生产力布局优化。减缓经济周期波动影响，防范区域性、系统性风险。稳定市场预期，实现经济持续健康发展"。2014年5月10日，习近平在河南考察时首次明确提出"新常态"的概念。他指出："我国发展仍处于重要战略机遇期，我们要增强信心，从当前我国经济发展的阶段性特征出发，适应新常态，保持战略上的平常心态。"新常态强调经济要持续健康发展，突出体现为以提高经济发展质量和效益为中心的价值取向。

新常态的宏观经济背景是"三期叠加"——增长速度换挡期、结构调整阵痛期、前期刺激政策消化期。至此，经济发展方式从快速粗放增长型向质量效率型转变；经济结构调整从增量扩张为主转向调整存量兼顾增量的阶段；经济发展动力从主要依靠资源和低成本劳动力等要素转向创新驱动，经济发展主体转向寻找新的增长点。要引领新常态，便对宏观政策调整提出了新的要求，调整思路要以提质增效为中心。为此，2015年中央经济工作会议指出"稳定经济增长，要更加注重供给侧结构性改革"。

（三）党的十九大以来的财政政策发展

2017年10月，党的十九大作出了"中国特色社会主义进入新时代，我国社会主要矛盾已经转化为人民日益增长的美好生活需要和不平衡不充分的发展之间的矛盾"的历史性论断。

2019年的政府工作报告指出要正确把握宏观政策取向，继续实施积极的财政政策。在经济高质量发展的阶段，实施积极的财政政策不仅要发挥其促投资、稳增长的作用，还要考虑到"高质量发展"等关系经济长远发展的若干重要因素。中国经济进入新常态，宏观调控思路的增长目标从速度型转变为质量型。一方面，中国经济在前30年实现了高速增长，在新阶段中应追求质量提升和效益增长，适时调低增速目标；另一方面，要加强对社会保障、公共服务、环境保护等领域的关注。

为了防控新常态下经济发展的不稳定因素和突发风险，我国致力于创新宏观调控方式和思路。宏观政策在区间调控的基础上进行定向调控。具体方式是：先把握经济运行的上下限，以通货膨胀目标作为经济运行合理趋近的上限，将经济增长目标和失业目标作为下限，严格把控上下限，防止通胀和紧缩。在经济运行处于合理区间时实行定向调控，对当下经济的突出问题实行定向政策，对不同行业、不同部门有针对性地进行降税、减费等措施，如加大对经济结构薄弱环节的支持力度等。在此基础上，实行相机调控，根据经济运行状况对宏观经济进行预调微调。

二　中国特色社会主义新时代的财政政策演化

积极财政政策主要有"增支"和"减收"两种方式。2013年之前，政府的积极财政政策以大规模政府支出调控为主，税收政策调整为辅；之后积极财政政策逐步转型，政府大规模支出政策逐步淡出，"减收"工具得到重视。

（一）减收为主的积极财政政策

中国进入经济新常态，宏观调控思路也发生了变化。2015 年的中央财经领导小组会议指出：在适度扩大总需求的同时，着力加强供给侧结构改革，着力提高供给侧体系质量和效率，增加经济持续增长动力。这意味着新常态下积极财政政策的重点从供给侧转向需求侧，从增加社会有效需求转化到增加社会有效供给。2008 年国际金融危机以来，我国实行了几轮强刺激经济政策，但刺激需求增长的边际作用趋减。同时，学者们发现了宏观经济运行出现的产能过剩[1]、债务快速增加[2]、资源错配[3]等负面问题。在 1998 年和 2008 年两轮积极财政政策中，政府投资驱动型的财政支出方式，致使基建类产能迅速扩张直至过剩，同时令地方政府背上了沉重的债务负担。在此局面下，需求侧刺激政策副作用越来越大，而促进经济高质量发展的目标始终难以达成。为此，政府宏观调控开始注重供给侧。通过增加有效供给，减少无效供给，来满足和引领需求。进而化解产能过剩问题，提高企业竞争力。这些措施致力于在实现经济平稳运行和经济快速转型中取得平衡。

（二）收支共同发力的财政政策

财政政策思路发生变化。新常态下，新一轮的积极财政政策开始避免采取单纯增支的刺激计划，主要表现为，从传统的政府直接投资转而主要增加公共产品和服务的有效供给。借助税收优惠政策、

---

[1] 耿强、江飞涛、傅坦：《政策性补贴、产能过剩与中国的经济波动——引入产能利用率 RBC 模型的实证检验》，《中国工业经济》2011 年第 5 期。

[2] 薛涧坡、张网：《积极财政政策：理论发展、政策实践与基本经验》，《财贸经济》2018 年第 10 期。

[3] 汪红驹、汪川：《国际经济周期错配、供给侧改革与中国经济中高速增长》，《财贸经济》2016 年第 2 期。

行政事业性收费减免等财政政策设计来支持企业发展。新的积极财政政策中，政府利用"减负"方法来激发企业活力，尤其是针对中小微企业提供了更大力度、更大范围的创新激励政策，旨在培育经济增长的新动力，充分发挥中小微企业促进就业和活跃市场的积极作用。进一步，政府逐步优化财政支出结构，增加财政资金在民生领域的投入，加大财政对制约经济社会发展的薄弱环节上的投入力度，提高财政资金的使用绩效。

财政政策作用机制发生变化。新常态之前，政府倾向于提高政府赤字率、增加政府投资支出来扩大总需求。进入新常态后，政府开始选择减少"支出赤字"，转而适度安排"减税赤字"。本质上，减税降费是降成本、补短板、促进供给侧改革的一项措施。发力点的变化体现在通过减少企业税收成本的方式提高企业盈利、激发社会活力，进而扶持创新创业企业和小微企业的发展。这些措施旨在培育经济发展新动能，使积极财政政策更有效。

供给机制上，减税降费有鼓励企业投资、增加外贸出口的作用。市场需求下行期，企业往往经营困难。政府通过减税降费政策，增加企业利润，提高企业再生产和创新发展的能力。需求机制上，减税降费通过减轻居民税负，增加可支配收入，拉动了消费需求。价格机制上，受益于税费成本降低，间接推动了消费品价格下行，消费将进一步得到扩大。长期机制上，虽然税费减免降低了财政收入，但企业得到了发展助力、居民受益于可支配收入增加和消费升级。财政收入的范围可能逐步扩大。

三　中国特色社会主义新时代的财政政策理论与实践

党的十八大以来，财政部门以供给侧结构性改革为主线，以保障和改善民生为重点，推动经济发展方式转变和社会事业建设[①]，实

[①] 财政部综合司：《充分发挥财政政策在宏观调控中的重要作用　助力我国经济行稳致远》，《中国财政》2018年第24期。

施了积极有效的财政政策。理论层面的相关探讨也进一步趋于活跃。

（一）减税降费

过去五年，减税降费成为积极财政政策的重要组成部分。减税降费政策有利于改善供给水平、刺激有效需求，并有助于调节收入分配格局。回顾政策历程，2012年之后减税降费的脚步逐步加快。"结构性减税"到"全面减税降费"，政策思路旨在降低社会税费负担水平，进而开始指向维持经济平稳较快发展。

政策定位逐步提升，一系列减税降费政策持续推进。其中包括：第一，全面实施营业税改征增值税改革（俗称"营改增"）。"营改增"改革完善了增值税税制结构，减少了重复征税；减轻企业税负压力，引导企业创新，优化企业生产模式[①]。第二，扩围扶持中小企业的税收优惠政策。着力推进了企业所得税改革，加大研发费用的扣除力度，重点激发中小企业和创新型企业的发展活力。第三，实施个人所得税综合加分类的税制，加入个人事项的税前费用扣除。此举显著降低了个人所得税负担，改善了社会福利水平。第四，出台降费减负政策，加大清理收费基金力度。比如减免小微企业的行政事业性收费、明显降低企业社保缴费的负担，行政事业性收费的免征范围还从小微企业扩大到所有企业和个人。同时，降费政策在加大普遍性降费力度的同时提高收费项目的规范性。通过调整政府收入和企业效益来促进经济发展。张斌总结了减税降费的理论维度、政策框架和现实选择。研究认为理解减税降费政策有两个既有区别又相互联系的基本理论维度：一是从财政政策的角度分析减税降费对需求和供给的作用机制及其政策效应；二是从总量与结构的角度分析减税降费对政府与市场资源配置格局与经济运行机制的影响。[②]

[①] 张同斌、高铁梅：《财税政策激励、高新技术产业发展与产业结构调整》，《经济研究》2012年第5期。

[②] 张斌：《减税降费的理论维度、政策框架与现实选择》，《财政研究》2019年第5期。

减税降费力度比肩历次增支为主的积极财政政策。财政部的最新估算显示，2018年预计减税1.3万亿元。而在此之前的5年时间里，营业税改征增值税累计减税超过2万亿元，为小微企业提供税收优惠及清理各项收费累计减轻市场主体负担3万多亿元[①]（何代欣，2019）。2019年，中国全面减税降费迈出更大步伐。占税收收入比重39%的第一大税种——增值税税率分别下调3%和1%，超出各方预期。面向小微企业的所得税减免标准继续提高，个人所得税综合计征改革与税前扣除正式推开。现行税制中的前三大税种，全部进入实质性的减税区间。这在共和国税收发展的历史上前所未有，在世界主要国家税制改革中也罕见。本次减税不仅是覆盖面大，而且力度持续增加。2018年3月公布的计划减税数是8000亿元，12月减税执行数达到了1.3万亿元。正当各方预计2019年减税规模不低于2018年时，新公布的减税计划达到了2万亿元，超过2018年税收收入总额的10%。[②]

（二）财政政策加力提效

2018年年末的中央经济工作会议提出积极财政政策加力提效。加力提效意指加大减税降费力度和支出力度上双管齐下。一方面，用更大规模的减税降费政策降低经济主体负担，激发市场主体的活力。2019年，政府又推出了一批小微企业减税措施，全国纳税企业总数的95%以上都可以享受到此次减税利好。另一方面，增加支出规模，关注重点和薄弱领域，调整优化支出结构。政府全面清理结转结余资金，在重点支出项目上不减力，另外增加在科技创新、民生、脱贫攻坚、结构调整等领域的资金投入，增强人民获得感。强化逆周期调节，着力促进中国经济高质量发展。政府还要加强"三公"费用管理，大力压减一般性支出以及全面实施预算绩效管理，提高资金利用效益，继续盘活财政存量资金。高培勇指出从财政赤

[①] 何代欣：《中国减税降费的作用与关键环节》，《经济纵横》2019年第2期。

[②] 何代欣：《如何推动减税降费全面起效》，《金融博览》2019年第5期。

字、减税降费、扩大支出这几个主要政策变量观察，2019年我国的积极财政政策配置格局呈现出不少令人瞩目的深刻变化。我国经济已由高速增长阶段转向高质量发展阶段，不宜简单套用以往的理论来理解当下的积极财政政策，也不宜简单套用以往的实践来认识当下的积极财政政策，而要立足高质量发展，按照变化了的理念、战略加以理解和认识。①

财政学界十分关注对新时代积极财政政策的研究。闫坤认为财政政策需通过进一步深化财税体制改革，找准加力提效的发力点。一是实施增加总需求的财政政策，二是实施提升收益率的财政政策，三是实施提升信用水平的财政政策，四是实施优化资源配置的财政政策，五是实施提升有效供给能力的财政政策。还要看到，相关财政改革和政策设计还需符合建立现代财政制度的方向和要求。②汪德华全面解析了2018年积极财政政策力度，认为中国预算执行现状与财政政策运行机制高度相关。③杨志勇指出地方政府的行为往往也会对宏观调控产生重要的影响。地方专项债券的发行也可以视为积极财政政策的有机组成部分。地方政府发行专项债券，并将所筹收入用于扩大支出，同样是财政扩张性的表现。对于当下中国而言，地方政府专项债券发行和使用进度，对稳投资、扩内需、补短板有重要意义。④长期来看，财政政策对高质量发展的意义重大。财政政策与货币政策要加强协调，更好地发挥财政政策的逆周期、总量性及结构性功能，是发挥宏观经济政策

---

① 高培勇：《把握积极财政政策配置格局的深刻变化》，《经济日报》（理论版）2019年5月17日。

② 闫坤：《积极财政政策如何"加力提效"》，《经济日报》（理论版）2019年1月3日。

③ 汪德华：《2018年积极财政政策的力度有多大》，《中国经贸导刊》2018年第21期。

④ 杨志勇：《专项债券让积极的财政政策更加有效》，《经济参考报》（理论版）2018年8月16日。

逆周期调整功能的关键①。

第七节　中国特色社会主义新时代的政府债务与投融资理论

2012年以来，以党的十八大召开为标志，财政学界关于政府债务和政府投融资问题的研究也进入了新的阶段。这一时期研究所呈现出的一个鲜明特点是问题导向。具体而言，有三方面研究最为突出：一是针对政府综合债务负担和债务风险问题而产生的政府资产负债表研究；二是针对现实中发生的形式繁多的地方政府性债务而产生的地方政府融资模式和风险防范问题研究；三是针对政府和社会资本合作（PPP）、政府投资基金等政府投融资新模式而产生的应用研究。

一　政府资产负债表研究

"政府资产负债表"是在特定时间点上（通常是历年年末）对政府资产情况和负债情况的全面反映，包括全国层面的政府资产负债表和地方政府资产负债表。政府资产负债表既是政府财政工作的一项重要软基础设施，同时也是财政学研究的一个重要细分领域。首先，政府资产负债表是进行财政可持续性评估和财政风险量化研究的基础，是政府债务余额管理的重要参考基准。其次，政府资产负债表也是统筹政府财力和支出负担的基础，能为政府在一般公共预算、政府性基金预算、国有资本经营预算、社保基金预算"四本账"之间进行跨部门协调、提高财政资金综合使用效率提供更全面、更准确的决策参考。最后，政府资产负债表编制对于全面理解政府

---

① 何德旭、郑联盛：《积极财政政策助推高质量发展》，《中国金融》2019年第8期。

间纵向财政关系也具有重要意义,有助于科学指导中央地方财政关系改革。

与"政府资产负债表"相关联的一个概念是"国家资产负债表"。从逻辑关系而言,政府资产负债表一般被简单地看作国家资产负债表的一个构成部分,除此之外,国家资产负债表还涵盖了居民家庭部门、非金融企业部门、金融部门、对外部门的资产负债情况。但实际上,政府资产负债表与国家资产负债表的关系要更为复杂:首先,两者并不是单纯的子集关系,政府的资产负债情况与居民、企业等其他部门的资产负债之间可能存在交叉,特别是在我国有大量国有企业的情况下,政府部门资产负债与企业部门资产负债之间存在复杂的关联。其次,两者遵循的理论基础存在差异。国家资产负债表的编制以国民账户体系(SNA)为框架蓝本,而政府资产负债表的编制主要遵循微观层面的政府会计体系。再次,在国际上,由于大多数国家均已采用国民账户体系统计框架,因而国家资产负债表有较为通行、普遍认可的使用规则,跨国可比性较强;而由于不同国家的政府部门会计准则不一,因而政府资产负债表缺乏公认的、可参考借鉴的规则,跨国可比性也较弱。

我国的政府资产负债表和国家资产负债表的研究编制工作起步较晚。尽管赵建勇(1999)、丛树海、郑春荣(2002)等学者较早地论述过政府资产负债表或国家资产负债表的理论基础,国家统计局国民经济核算司于2007年编著出版的《中国资产负债表编制方法》首次较为全面地阐述了包括政府部门在内的分部门资产负债表编制方法及主要资料来源;然而,直到2011年之前,尚未有深入的、系统性的研究成果出现。

第一波比较有影响力的研究成果产生于2012年前后。其中最具代表性的是由李扬、马骏、曹远征分别牵头的三个研究团队先后发布的国家资产负债表研究成果:李扬等(2012a,2012b),马骏、张晓蓉、李治国等(2012),曹远征等(2012)。这三个团队对国家资产负债表的研究各有侧重,其中涉及资产负债表的部分详略不一,编制结果也存在不小的差异；但其贡献却值得高度肯定，一是为我国国家资产负债表研究编制工作进行了最初的尝试，为后续研究积累了经验、暴露了问题、调校了方向；二是提高了财政学界乃至更广泛的经济学界、政策讨论和公众舆论中对国家资产负债表和政府资产负债表的关注度。此后，李扬牵头的研究团队持续更新、编制、发布历年的中国国家资产负债（李扬、张晓晶、常欣，2013、2015、2018），并建立"中国宏观杠杆率数据库"[①]，每季度定期对外公开发布整体经济宏观杠杆率及分部门杠杆率的最新测算结果，成为相关领域研究的重要公共性基础资料。

2013 年党的十八届三中全会上首次以中央纲领性文件的形式提出要"编制全国和地方资产负债表"，此后，中央全面深化改革领导小组又于 2017 年审议通过了《全国和地方资产负债表编制工作方案》。

紧接着，国内出现了政府资产负债表研究的第二波热潮。与之前研究相比，第二波热潮有两大特点：一是将政府资产负债表作为一个单独对象专门进行研究，而不是在国家资产负债表的整体框架下顺带研究政府部门的资产负债情况；二是主要由财政学领域的学者主导实施，而不是像第一波热潮中主要由宏观经济学和金融学领域的学者牵头。第二波热潮中最具代表性的研究成果有二：

第一是由中国社会科学院财政税收研究中心"中国政府资产负债表"项目组编制发布的《中国政府资产负债表（2017）》。该项目组在对政府资产负债表理论框架和中国政府资产负债情况进行全面系统梳理的基础上，理论联系实际，构建了 2010—2015 年历年的中国政府资产负债表，并结合此表对中国政府资产负债的规模、结构、债务风险等因素进行了深入分析[②]。

[①] "中国宏观杠杆率数据库"详见国家金融与发展实验室官方网站。

[②] 详见杨志勇、张斌主编《中国政府资产负债表（2017）》，社会科学文献出版社 2017 年版。中国社会科学院财政税收研究中心"中国政府资产负债表"项目组、汤林闽：《中国政府资产负债表（2017）》，《财经智库》2017 年第 5 期。

第二是由杜金富、王毅、阮健弘等人组成的"政府资产负债测度核算的理论方法与政策研究"课题组的系列研究成果，代表性的例如：杜金富（2015），王毅、郭永强（2015），杜金富、王毅、阮健弘（2019）等。该研究团队的最新成果是《2008—2016 中国政府资产负债表》，此表的特点之一在于对政府主体做了三个层次的界定，并分别在三个层次上考察政府资产负债情况：第一层次是"狭义政府"；第二层次是"广义政府"，即狭义政府+事业单位+政府控制的非营利组织；第三层次是"政府总体部门"，即广义政府+国有企业[①]。

总体来看，我国政府资产负债表的研究在不长的时间里已经取得了较大进展，但在政府资产与负债的定义、内涵、性质、分类等问题上尚未达成一致，研究的深度、细度和系统性都还有待加强。未来应扎实推进这些基础性理论问题研究，达成更广层面的共识，争取早日实现官方政府资产负债表的编制与公开发布。

二 地方政府性债务融资及其风险防范的理论探讨

20 世纪 90 年代中期之后，地方政府的投融资活动日渐活跃，与此同时，地方政府债务开始迅速以不同的形式持续积累，成为一个越来越突出的财政现象。2009 年"4 万亿"刺激计划之后，尤其是 2012 年以来，地方政府投融资实践和债务积累成为财政学研究中的焦点问题之一。

（一）地方政府融资模式研究

首先出现的是关于地方政府债务融资模式的研究。在众多的地方政府债务融资模式中，"融资平台"和地方政府债券是最主要的两种。

[①] 详见杜金富、王毅、阮健弘《〈2008—2016 中国政府资产负债表〉编制报告》，《中国金融》2019 年第 3 期。

1. 地方政府"融资平台"

"融资平台"模式最常见的运作机制是：地方政府向融资平台公司划拨国有土地使用权，由融资平台公司通过"代建制"实施基础设施建设，而融资平台以国有土地使用权和政府增信作为基础向银行贷款或在金融市场发行债券获得融资。

改革开放之后，尽管中央政府层面的国债发行得以恢复，但地方政府直接举债融资一直不被法律认可。1995 年 1 月开始实施的《中华人民共和国预算法》明确规定"除法律和国务院另有规定外，地方政府不得发行地方政府债券"①。这在制度上限制了地方政府直接举债的权限，但仍为地方政府通过融资平台间接举债留下了口子。同时期的土地管理制度②和基础设施投融资体制③也使得地方政府通过融资平台举借债务成为可能。1987 年 12 月成立的上海久事公司一般被认为是第一家地方政府融资平台公司；此后，融资平台公司模式逐渐成为地方政府进行基础设施建设投融资的重要载体，但直到 1996 年之前，融资平台公司都处于初步发展阶段，平台数量和债务规模均不大，业务模式也较为简单和规范，不存在引发系统性金融风险的可能。

此后，融资平台模式经历了两次发展高潮：一次是在 1997 年亚洲金融危机之后，另一次是在 2008 年国际金融危机之后的"4 万亿"刺激时期。在这两段时期，基建成为应对外部冲击、扩大内需的重要抓手，为了确保基建项目融资来源同时又规避预算法对地方政府举债的限制，融资平台模式一度受到各级地方政府的青睐。省、市、县各级地方政府纷纷成立了融资平台公司，有些地方甚至成立了多家。在平台公司数量快速增加的同时，融资平台通过银行贷款

---

① 同年 10 月颁布的《中华人民共和国担保法》也规定国家机关不得作为保证人。
② 详见《中华人民共和国土地管理法》。
③ 详见《国务院关于投资体制改革的决定》（国发〔2004〕20 号）、《企业债券管理条例》等。

和发行债券举借的债务规模也迅速膨胀。

2009 年融资平台公司数量及债务规模的高度增长很快引起了警惕，为了防控风险，中央从 2010 年 6 月开始对各级融资平台进行清理整顿①，但并未从根本上规范和限制融资平台的债务扩张。2014 年，新预算法和国务院《关于加强地方政府性债务管理的意见》（国发〔2014〕43 号）等一系列文件以法律法规的形式进一步明确了地方政府与融资平台之间的界限②。直到 2017 年之后，融资平台债务才开始得到有效控制，融资平台公司开始进入规范发展阶段，由地方政府的"投融资主体"向独立于地方政府的专门从事基础设施建设运营等业务的国有企业转型。

2. 地方政府债券

2009 年，财政部开始代理省级政府发行地方政府债券。自此开始，地方政府债券经历了不被允许，到中央"代发代还"，再到"自发代还"，最后到"自发自还"的渐进式发展之路。③ 从 2015 年开始，地方政府债务实行余额管理，由各省在限额之内自发自还地方政府债券。财政学界将此称之为"开正门"。打开发行债券的"正门"也进一步确保了划清地方政府与融资平台公司之间的界限、关闭地方政府通过融资平台公司违规举债的"后门"。

另外，在一般债券之外，土地储备专项债券、收费公路专项债券、棚户区改造专项债券等多类地方政府专项债券的发行和管理也逐渐成熟，成为地方政府融资的又一规范化途径。到 2018 年，地方政府专项债券的发行规模为 109938.75 亿元，专项债券余额达到 73922.77 亿元④。

---

① 详见《国务院关于加强地方政府融资平台公司管理有关问题的通知》（国发〔2010〕19 号）。

② 根据新预算法的规定，融资平台在 2015 年及之后举借的债务不再属于地方政府债务。

③ 详见《2009 年地方政府债券预算管理办法》（财预〔2009〕21 号）、《2014 年地方政府债券自发自还试点办法》（财库〔2014〕57 号）等文件。

④ 参见财政部《关于 2018 年中央和地方预算执行情况与 2019 年中央和地方预算草案的报告》。

(二) 地方政府债务问题的理论探讨

随着地方政府举债行为的日益活跃以及地方政府性债务的持续扩张,财政学界掀起了关于政府债务融资问题的第三次学术大讨论。与以往不同的是,这一次大讨论探讨的焦点由中央政府债务转向地方政府债务问题,探讨的核心问题有二:第一,是否应当允许地方政府举债融资?第二,如何防范化解地方政府性债务风险?

1. 是否应当允许地方政府举债?

改革开放之后,尽管中央政府层面重启国债发行,但地方政府举债在法律上一直是被禁止的。禁止地方政府举债融资的主要原因在于担心地方政府债务扩张失控。但实际上,早在预算法修订之前,省市县各级地方政府在实践中就已经开始通过银行贷款、融资平台发债、信托计划等五花八门的形式进行债务融资,导致地方政府性债务持续积累,规模不断扩大。更值得担忧的是,由于这些政府性债务的类型不同、模式繁杂、性质不同、政府负担的偿还或担保责任不一,且缺乏准确透明的统计数字,因而相比于传统上官方认可的狭义政府债务而言,蕴藏着更大的风险。

随着实践的发展,财政学界越来越认识到地方政府举债融资的合理性和必要性(刘利刚、陈少强,2006;杨志勇,2009;金大卫,2010;邓子基、范玉洁,2012;贾康,2013;孙栋梁、盛硕,2013;陈怡西,2014)。第一,地方政府提供的公共服务越来越多,其中的一部分是有偿的,存在金融机制组织资金来源的可能性。第二,地方政府信息更充分,由地方政府举债融资,比中央政府举债再转移支付更有效率,能在一定程度上减轻"委托—代理"问题造成的效率损失。第三,"开正门"有利于堵"偏门"。如果禁止了地方政府通过正规途径融资,那么就可能难以避免地出现形式各异的非正规融资途径;相比于正规融资途径而言,非正规融资途径不仅成本高,而且不透明、不利于监测管理,从而容易造成更大的财政金融风险。

最终,在理论和实践的共同推动下,2015年新修订的预算法中正式以法律的形式承认和允许地方政府举债。

2. 地方政府性债务融资模式探讨

地方政府应当采取什么样的融资模式？不同融资模式之间是否存在优劣差别？财政学界在新时期围绕这些问题进行了大量研究探讨（刘立峰等，2010；王元京等，2010；赵全厚等，2011；王国刚，2012；王蕴等，2012；财政部财政科学研究所课题组，2013；刘伟和李连发，2013；范必等，2015；金烨等，2016；中国财政科学研究院金融研究中心课题组等，2017）。截至目前，对于地方政府最优融资模式问题尚未达成一致，主要的共识仍是原则性的：

一是期限匹配原则。地方政府债务融资的很大一部分被用于支持铁路公路交通、城市地下管网等基础设施项目建设，这些项目具有建设周期长、回收周期长的特点，从投资建设到产生收益往往需要三年以上的时间，完整的投资回收期更是长达十几年甚至几十年。因而在融资侧，应当匹配长期资金为佳。如果资金的还本周期较短，则需要中途进行再融资置换，不仅操作烦琐，而且容易引发资金断裂风险。

二是风险与收益匹配原则。首先，不论是狭义的地方政府债，还是包括融资平台负债在内的各类广义地方政府性债务，其背后均有政府信用作背书；区别仅在于政府信用背书的形式存在差异，有的是显性的背书、有的是隐性的背书，有的是直接负有偿还义务，有的是负有担保责任。即便2017年以来"打破刚兑"被定调为地方政府隐性债务的改革方向，但直到目前为止，城投公司等融资平台仍然内含着地方政府信用背书的支持，具有"刚性兑付"的性质。

事实上，"打破刚兑"的科学性和可能性问题在学术研究中依然存在争论，尚未取得共识：一方面，城投公司等所谓的地方政府融资平台天然地与政府之间存在关联，与一般意义上的市场主体不同；而单一制国家的政治结构进一步强化了中央财政之于地方债务、上级财政之于下级债务、地方政府之于融资平台公司的信用背书，在一定程度上具有类安全资产的性质（彭文生，2017）[①]。另一方面，地方政府融资平台的债务主要用于提供公益性或准公益性的公共产品，由于这些项目大多具有外部性特征，因而项目本身的现金回流只是项目收益的一部分，更多的外部性收益无法通过项目本身得到回收，而是体现在经济效率提升、税基扩大、生活便利度提高、乃至房价上涨等更广泛的层面。总而言之，不论在科学性方面，还是在可行性方面，"打破刚兑"均仍然存在争议。

此外，在内含着不同程度政府信用背书的情况下，各类地方政府性债务的违约风险较低甚至趋近于零，按照风险收益相匹配的金融原理，其融资成本也应较低。但在现实中，不乏地方政府融资平台举借高成本债务的情况。对于投资者而言，一方面享受着较高的风险溢价，另一方面却受政府信用背书的保护，只承担较低甚至趋近于零的违约风险；这一时期的地方政府融资平台债务市场在一定程度上违背了风险与收益相匹配的金融原则，成为金融体系中广泛存在的大规模套利机会。既在一定程度上导致了金融机构的投机行为，又让地方政府及其融资平台无谓地背负了过高的债务成本。

总体而言，目前财政学界对地方政府性债务融资模式和基础设施建设投融资机制问题的研究仍显不足。在当前和未来一段时期，地方政府性债务融资模式问题，或者更为聚焦的基础设施项目投融资机制问题，仍将是我国财政学领域需要高度关注、亟待突破的关键问题。

（三）防范化解地方政府隐性债务风险

与发达国家相比，我国的政府债务从总量上来看并不高。根据国际清算银行（BIS）的统计，截至2018年年末，我国政府债务/GDP比值为49.8%；根据中国社会科学院金融与发展实验室"中国宏观杠杆率数据库"的测算，截至2018年年末，我国政府债务/GDP比值为37.0%作为比较，2018年年末美国的政府债务/GDP比

[①] 详见彭文生《渐行渐近的金融周期》，中信出版社2017年版，第267—291页。

值为98.7%，日本为202.5%，印度为67.2%，巴西为87.0%，均高于中国（图22—1）。但是，如上文所述，对我国政府债务问题最大的担忧在于正规口径之外的"地方政府性债务"，也被称作地方政府"隐性债务"。通过梳理相关文献也可以得出，该时期财政学研究中对我国政府债务风险问题的基本判断也是：总体风险可控，但地方隐性债务风险突出（杨志勇，2015、2017；刘尚希，2018；徐忠，2018）。

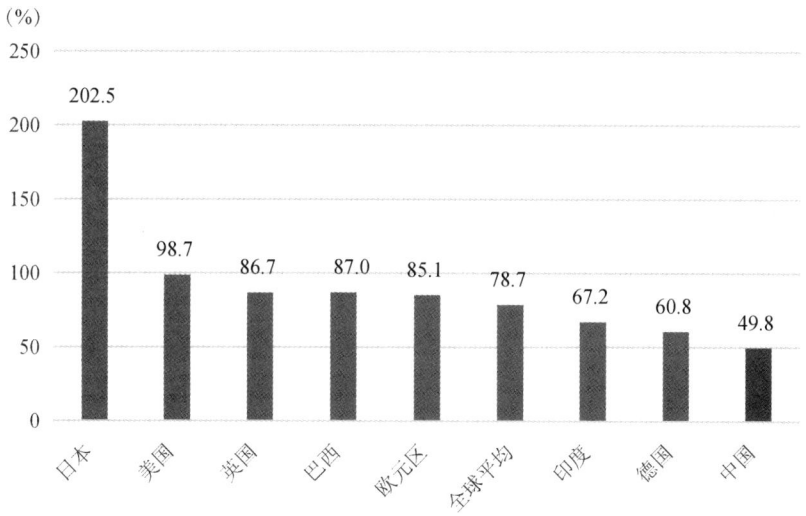

图22—1 代表性国家政府债务/GDP比值（2018年年末）
资料来源：BIS数据库。

地方政府"隐性债务"并不是一个新问题。事实上，财政学界早在21世纪之初就意识到了这一问题（刘尚希，2000）。但"隐性债务"问题引起政策层面的高度重视则是在2015年之后。2015年年末的中央经济工作会议上提出了以"三去一降一补"为主要抓手的供给侧结构性改革，其中"去杠杆"的任务之一就是防止地方政府性债务过度攀升。2017年10月，党的十九大报告中又将"防范化解重大风险"作为三大攻坚战之一，其中也包括防范化解地方政府性债务风险。

根据对审计署和财政部有关文件的梳理,这一时期地方政府"隐性债务"主要包括两部分:一是2014年之前发生的由地方政府负有偿还责任或救助义务的债务,但在2014年的甄别过程中未被纳入到受认可的地方政府存量债务之列的部分,此处可简称为"存量隐性债务"。二是2015年之后发生的国有企事业单位替政府举债,以及政府通过设立投资基金、PPP、购买服务等模式违规举借的债务,此处可简称为"增量隐性债务"。存量隐性债务是地方政府融资制度改革在转型过渡期出现的特殊问题,是阶段性的;而增量隐性债务则是在"开正门""堵后门"之后,部分地方政府违规开辟的"偏门",引发了中央的高度重视。2018年发布的《中共中央国务院关于防范化解地方政府隐性债务风险的意见》(中发〔2018〕27号)对地方政府"隐性债务"进行了界定,并由审计署对地方政府隐性债务进行了全面审计。客观上,由于地方政府性债务债出多门、举债机制不透明、缺乏可靠的统计数据,在很大程度上限制了财政学研究中对我国政府债务风险及财政可持续性问题的判断。因而,规模测算研究就成为地方政府债务问题研究的一项基础性工作。其中颇值一提的一项工作是由毛捷带领的研究团队整理构建的"城投债基础数据库"[1],该数据库克服了已有研究文献中通常依赖的万德(Wind)等商业数据库中城投债统计数据的诸多缺陷[2]。

另一类研究试图通过案例研究、数理模型研究等方法来衡量地方政府债务风险。例如,吴俊培和李淼焱(2013)对我国中西部地区地方债务及其潜在风险的调研分析;刘骅(2015)以长三角高新技术开发区为典型案例对融资平台信用风险进行定量研究;中国财

---

[1] 详见毛捷、徐军伟、管星华《城投债的再认识》,工作论文(内部文稿),2019年。

[2] 详见曹婧、毛捷、薛熠《城投债为何持续增长:基于新口径的实证分析》,《财贸经济》2019年第5期。

政科学研究院"地方财政经济运行"西部调研组以贵州和陕西两省为典型案例,分析了新旧动能转换背景下诱发地方财政金融风险的各方面因素(刘尚希等,2018)。再如,蒋忠元(2011)、刘慧婷和刘海龙(2016)、张海星和靳伟凤(2016)、王胜威和孟翠莲(2017)、洪源和胡争荣(2018)等研究运用"KMV模型"从不同的视角、对不同地域范围内的地方政府债务风险进行了定量刻画。此外,还有学者对地方政府债务风险的传导渠道进行了深入研究,如黄国桥和徐永胜(2011)、张英杰和张良贵(2014)、牛霖琳等(2016)、尹旭(2018)等文献综合起来较为全面地梳理了地方政府债务风险的传导渠道和机制。

未来,如何建立规范、可持续的地方政府投融资模式,从制度根源上厘清地方政府与下属城投公司等原"融资平台"的关系、划清界限,硬化地方政府以及地方政府下属城投公司的预算约束,仍然是我国财政学研究和深化财政体制改革中的一个重点难点问题。

三 政府投融资理论与实践的最新发展

进入新时期之后,经济社会发展新形势对政府参与市场经济活动提出了新挑战和新需求。在这种情况下,政府和社会资本合作(Public-Private Partnership,简称PPP)以及政府投资基金两类政府投融资活动迅速在政府投融资实践中得到推广应用。

(一)政府和社会资本合作(PPP)

政府和社会资本合作(PPP)是提供基础设施与公共服务的一种特殊合作关系,通常的模式是"由社会资本承担设计、建设、运营、维护基础设施的大部分工作,并通过'使用者付费'及必要的'政府付费'获得合理投资回报;政府部门负责基础设施及公共服务价格和质量监管,以保证公共利益最大化[①]"。

---

① 详见《财政部关于推广运用政府和社会资本合作模式有关问题的通知》(财金〔2014〕76号)。

归纳而言，PPP模式的核心可以概括为三点：其一，PPP模式兼具公益性和营利性，目的在于通过引入专业机构、构建合理的利益分享机制，从而提高公共服务供给效率。其二，在PPP模式中，政府与社会资本之间是利益共享、风险共担的合作关系，而不是债权债务关系或买卖关系。其三，在具体操作中，合作双方或多方通常会设立专门服务于合作项目的"特殊目的实体"（Special Purpose Vehicle，简称"SPV"）。

PPP模式不仅能够拓宽资金来源、提高资源配置效率、增强基础设施和公共服务提供能力，而且能起到促进政府职能转变、提升国家治理能力的作用，特别是在城镇化进程加快、财政收支压力加剧的情况下，其积极意义更为凸显。PPP在我国真正开始大规模推广应用是从2014年开始。2014年，国务院、财政部、发改委相继发布文件[①]，鼓励、引导和推广运用PPP模式。根据财政部政府和社会资本合作中心"全国PPP综合信息平台项目管理库"的统计数据，截至2019年4月，入库PPP项目已达到8918个，项目总金额为13.5万亿元。

（二）政府投资基金

政府投资基金是一种新型的政府投融资模式，由政府通过预算安排单独出资或与社会资本共同出资成立基金，采用市场化方式引导社会各类资本投资经济社会发展的重点领域和薄弱环节，支持相关产业和领域发展[②]。政府投资基金的基本原理是，通过发挥财政资金的杠杆作用，带动更多的社会资本，助力实现特定政策目标。

政府投资基金在我国最早是为了引导社会资金支持高新技术领

---

① 详见《关于在公共服务领域推广政府和社会资本合作模式指导意见的通知》（国办发〔2015〕42号），《财政部关于推广运用政府和社会资本合作模式有关问题的通知》（财金〔2014〕76号），《国家发展改革委关于鼓励民间资本参与政府和社会资本合作（PPP）项目的指导意见》（发改投资〔2017〕2059号）。

② 详见《政府投资基金暂行管理办法》（财预〔2015〕210号）。

域创业而设立的,因而也被称为"引导基金"。一般认为,2002年成立的"中关村创业投资引导基金"是我国最早的政府引导基金,目的就在于支持互联网、电子产品等高新技术产业化,促进创业企业成长。为了推广和规范创业投资引导基金的发展,国家发展改革委、财政部、商务部于2008年还颁布了《关于创业投资引导基金规范设立与运作的指导意见》(国办发〔2008〕116号)。

但时至今日,政府投资基金早已超出了引导创业投资的范畴,被应用于更广泛的领域[①]:一是支持创新创业,鼓励和带动创业投资企业投资于种子期和起步期的创业企业;二是支持中小企业发展;三是促进产业转型升级和重大关键技术产业化;四是引导社会资本进入基础设施和公共服务领域。2015年以来,我国出现了一轮设立政府投资基金的热潮,多数省级政府以及很大一部分地级市政府均设立了政府投资基金。据统计,截至2018年6月底,全国共设立了1171支政府投资基金,总规模超过1.4万亿元。[②]

从财政学发展的视角来看,由于PPP和政府投资基金的应用性较强,且在我国大规模运用的时间尚不长,目前的研究主要以应用研究为主,集中在业务模式研究、政策咨询、信息统计、培训咨询等方面,深度理论研究仍较为缺乏。但值得一提的是,PPP和政府投资基金领域的智库研究较为突出,一方面为智库建设提供了契机,一方面也是智库服务于经济社会发展的重要载体。[③] 以PPP为例,2014年之后短短几年时间里就出现了多家专注于PPP问题研究的智库组织,为推广运用PPP模式、以智资政发挥了积极作用。其中既有依托于政府部门成立的智库,如"财政部政府和社会资本合作中

---

① 详见财政部2015年11月发布的《政府投资基金暂行管理办法》(财预〔2015〕210号)。

② 数据来源为CVSource数据库。

③ 2014年之后的一段时期,我国出现了一轮智库发展高潮。2015年11月召开的中央全面深化改革领导小组第十八次会议专门研究了智库工作,审议通过《国家高端智库建设试点工作方案》。

心",该中心还建立了 PPP 项目数据库,成为相关领域研究的重要基础资料来源;又有高校科研院所性质的智库,如"清华大学政府和社会资本合作研究中心""中央财经大学 PPP 治理研究院"等;还有民间智库,如"中国 PPP 服务平台""中建政研政府和社会资本合作研究中心"等。

第二十三章

新时代财政学研究的新领域

新中国成立70年来，我国财政学在坚持原有学科体系有序发展的基础上，根据学科体系的拓展路径、发展规律和逻辑架构，陆续将国有资产管理问题、收入分配改革问题和财经外交发展问题纳入其理论和实践的研究范畴，并在理论体系、分析方法、研究框架和概念厘定等方面注重与财政学自身发展相衔接和协调。目前，财政学已经成为解决上述领域重大理论问题和实践工作的基础支撑之一，并促进了相关学科的快速发展。

第一节　财政学研究与国有资产管理的创新和发展

从沿革上看，国有资产及国有企业的现代化管理问题与财政学研究的领域一直保持着密切的联系，甚至在历史上的多个时期都具有"贴边"发展和"交叉融合"的特点。随着"以管资本为主加强国有资产监管"的改革主线的确定，财政作为国有资产的主要出资主体和渠道，财政学研究更是成为国有资产管理理论和管理体制创新研究以及国有企业治理体系变革实践的重要基础。

一　财政学研究与国有资产和国有资本的关系

党的十八届三中全会《决定》明确指出，要"以管资本为主加强国有资产监管"，这就将资本和资产问题及其属性特征呈现出来。从概念上看，资本主要是指价值形态、抽象形态，而资产则是指功能形态、具体形态。在实践操作上，作为功能形态的资产往往与具体的生产制造过程和企业经营管理直接相关，表现为有形价值和生产工具（如装备等）；而作为价值形态的资本则与投融资能力和布局调整等直接相关，表现为抵质押价值和标准化产权（如股权等）。

从载体上看，资本形态的载体应该是运营标准化产权和抵质押价值的主体，主要是国有资本运营公司和国有资本投资公司两种类型。而资产形态的载体则应是实体经济企业，包括制造业、服务业、建筑业、采掘业和农业等领域的企业，主要运用资产的功能属性扩大产出、创造增加值、提高收益率。

财政学研究与国有资本、资产属性的关系是从载体开始的。首先，与国有企业集团作比较，明确国有资本运营公司、投资公司的性质和内涵。大体而言，资本运营公司、投资公司与国有企业集团相比，有如下四点不同。一是公司属性不同。企业集团主要是产业集团，本身是从事生产经营活动，同时对集团所属企业的生产经营活动实施有效管理。国有资本投资、运营公司是国有资本市场化运作的专业平台，本身不从事具体的生产经营活动。二是涉及领域不同。企业集团基本上都是围绕国有资产监管机构确定的主业，在主业范围内从事生产经营和管理。国有资本投资、运营公司则是按照国家确定的目标任务和布局领域设立，目的是优化国有资本布局，促进国有资本合理流动。三是管理方式不同。企业集团主要是以产业为纽带，对所属企业实施管理。国有资本投资、运营公司以资本为纽带，以产权为基础，开展国有资本的市场化运作，对所持股企业按照规范的法人治理结构管理。四是治理结构不同。企业集团属于一般性企业，只不过在出资人中有国有资本的出资人；国有资本投资、运营公司则属于真正承担国有企业职能和社会责任的国有企业。

其次,分析国有资本运营公司、投资公司的地位与作用。一是构建国有资本投资、运营主体,实现国有资本所有权与企业经营权的分离,实现国有资本市场化运作。由国有资本投资、运营公司以管资本的方式管理企业,不再是政府部门直接管理企业,从而有利于企业市场化主体地位的确立,有利于企业自主经营、提升效益和效率。二是发挥国有资本投资、运营公司平台的作用,促进国有资本合理流动,优化国有资本投向。通过平台让国有资本更多地向重点行业、关键领域和优势企业集中,推动国有经济布局优化和结构调整,提高国有资本配置和运营效率,更好地服务国家战略需要。三是更加有利于明确责任,强化监督。通过以资本为纽带进行授权,明晰政府、国有资产监管机构、国有资本投资运营公司和国有企业四者之间的关系,有利于正确处理授权经营和加强监督两者之间的关系,明确各方责任,有利于防止国有资产流失。

最后,国有资本投资和运营公司的目标各有侧重,性质存在显著差异。国有资本投资公司主要以服务国家战略、优化国有资本布局、提升产业竞争力为目标,在关系国家安全、国民经济命脉的重要行业和关键领域,以对战略性核心业务控股为主;国有资本运营公司主要以提升国有资本运营效率、提高国有资本回报为目标,以财务性持股为主。

二 财政学研究与国有资本管理

财政部门在国有资产管理体制中一直担任出资人角色,因此财政学也较早地开展了从出资人和资本角度的国有资产管理体制和国有企业管理问题研究,并取得了显著成效:有针对性地研究了国有资本管理的主体、框架、环节和模式等问题,并促进了以"管资本"为抓手的现代市场体制机制的完善,以及国有企业作为真正意义上的市场主体的形成。

在研究中重点探讨了国有资本投资、运营公司试点的两种模式：一是国有资产监管机构授予出资人职责，二是政府直接授予出资人职责。

在国有资产监管机构授权模式下，政府授权国有资产监管机构依法对国有资本投资、运营公司履行出资人职责。国有资产监管机构根据国有资本投资、运营公司具体定位和实际情况，按照"一企一策"原则，授权国有资本投资、运营公司履行出资人职责，并依法落实其董事会职权，对其进行考核和评价，同时制定监管清单和责任清单，明确监管内容和方式，定期向本级人民政府报告。

在政府直接授权模式下，政府直接授权国有资本投资、运营公司对授权范围内的国有资本履行出资人职责，直接对其进行考核和评价。国有资本投资、运营公司根据授权自主开展国有资本运作，贯彻落实国家战略和政策目标，定期向政府报告年度工作情况，及时向政府报告重大事项。

从公司运营模式看，国有资本投资、运营公司自身不从事具体生产经营活动，不干预所持股企业日常生产经营。公司通过管资本方式实现对所持股企业的管理，以出资额为限承担有限责任。国有资产监管机构或者政府作为授权主体，对于国有资本投资、运营公司进行考核和评价，而不再直接管理企业，这样有利于减轻企业生产经营中的行政化问题。

三　财政学研究与国有资产基础管理

国有资产基础管理是保障国有资产管理工作有效进行的重要前提。长期以来，由于我国国有资产监督管理机构直接管理国有资产和国有企业，所以基础性工作往往由各业务司局分别承担，并根据资产的基本特征，各自规定相应的资产管理办法。在这种情况下，尽管每一种资产的管理和统计都富有针对性，但在资产的跨类统计和净值核算上则存在明显的管理短板，造成国有资产管理缺乏全面性和有效性。

财政学选择从价值和产权视角进行国有资产管理研究,形成了国有资产基础管理领域的新的研究范式和成果,在很大程度上解决了上述问题。一是跳出操作层面,从功能层面出发,将国有资产的基础管理从提升国有资产管理效率、保障国有资产保值增值、支持国有资产管理体制改革等内容展开;二是有效纳入财政信息化、大数据等内容,形成国有资产基础管理研究的基本框架。

财政学领域的国有资产基础管理研究起步于1992年的国有企业股份制改革。以确保国有资产安全、实现股权来源的多元化和经营目标市场化的要求为目标,构建国有资产基础管理体系,进而推进股份制改革。在实践中,这一阶段的国有资产基础管理确实是以明晰国有产权、推进资产交易、实现股权合作和保值增值为重点,实现了理论与实践的良性互动。

随着国有企业改革进程的不断深化,国有资产基础管理研究工作逐步向规范化、机制化和体系化的方向延伸,推动了国有资产基础管理综合性、全面性的有效实践。相关研究成果和方法在《国务院关于2017年度国有资产管理情况的综合报告》中得到了充分体现。以此为标志,国有资产基础管理制度的框架体系基本形成,主要包括六个方面:一是制定、执行、检查国有产权管理有关法规、政策及制度;二是组织清产核资;三是进行产权界定,处理产权纠纷;四是进行产权登记,国有资产管理部门代表国家对国有资本进行产权登记;五是国有资产统计;六是资产评估确认等环节和措施。基于此框架,国务院国资委、财政部等部门已经着手组建国有资产基础管理数据库以及部委间协作机制和数据填报与监督检查机制。在国有资产监管部门对数据资源统一推进的基础上,可以较为系统和有效地构建数据的科目、范围、指标和标准,开展相关分析与评价。

四 财政学研究与国有资本经营预算管理

国有资本经营预算是政府预算的重要组成部分,其内在的逻辑在于：政府以股权所有者身份依法取得国有资本收益，并按照履行社会责任、保障政府目标和支持企业发展的原则，对所得收益进行分配而发生的各项收支预算。财政学对国有资本经营预算管理的研究是按照预算管理和资产管理两条主线，以资产收益分享为基础，将政府以资产所有者获得的资产收益进行支配和分享，以实现国有企业的社会责任、保障责任和经济收益的目标，并有效支持一般公共预算、社会保险预算的收支管理活动。

根据上述财政学研究的特点，我们将财政学研究视角下的国有资本经营预算划分为三个研究板块：国有资本支出的方向和作用、国有资本经营预算的主体框架和国有资本经营预算的主要内容。

第一，国有资本支出的方向和作用要以国有企业的股权结构和资本职能进行划分。股权结构主要涵盖国有独资公司或未确定收益分配方案的全资公司；资本职能主要是指以企业集团为投资对象的投资资本，而不是企业集团持有的生产性资本。这样，国有资本经营预算支出除调入一般公共预算和补充全国社会保障基金外，主要用于解决国有企业历史遗留问题及相关改革成本支出、国有企业资本金注入、其他支出。其中，国有企业资本金注入采取向投资运营公司注资、向产业投资基金注资以及向中央企业注资三种方式。

第二，国有资本经营预算的主体框架包含三个方面：一是国有资本经营预算收入主要来源于国有资本收益。二是国有资本经营预算既是一本独立的预算，又是我国预算体系中的一环，要综合考虑国有企业的基本形势、运行状况和支持目标的需要进行调整和完善，逐步提高上缴比例，并统筹兼顾各方发展要求。三是国有资本经营预算支出的重点与方向是根据产业发展规划、国有经济布局和结构战略性调整、国有企业发展要求以及国家战略、安全等的需要来制定，具体支出类别又分为资本性支出、费用支出和其他支出。

第三，国有资本经营预算是对所得收益进行分配而发生的各项收支预算，预算主体有预算主管部门、预算单位、预算执行企业。这些主体编制国有资本经营预算的共同职责是完善国有企业收入分配制度，集中解决国有企业体制机制中发生的各种困难和问题。编制国有资本经营预算有利于国有资本出资人充分发挥它的职能作用，有利于实现政府作为国有资本所有者的监管职能，有利于国有资本出资人加强对国有资本经营者的约束与控制，有利于强化对国有资产的规范化管理，有利于完善国家复式预算制度。

五 财政学研究与混合所有制改革

党的十八届三中全会《决定》明确指出，"国有资本、集体资本、非公有资本等交叉持股、相互融合的混合所有制经济，是基本经济制度的重要实现形式"。因此，推进混合所有制改革、支持和促进混合所有制企业发展，是国有企业改革的重要体现。混合所有制改革将有利于国有资本放大功能、保值增值、提高竞争力，有利于各种所有制资本取长补短、相互促进、共同发展。党的十九大报告进一步提出"深化国有企业改革，发展混合所有制经济，培育具有全球竞争力的世界一流企业"的重大论述，为混合所有制改革描绘了更加宏伟的蓝图。

财政学对混合所有制改革的研究始于1993年的现代企业制度建设和股份制改革，但当时研究的着力点是如何支持社会资本参与国有企业改革和经营运转，如何确保国有资产的保值增值，以及如何完善国有企业的治理结构使其与市场经济更加匹配。总体上，当时的混合所有制并不是一种独立的经济形态和企业组织形式，而仅仅是一种产权结构和经营载体，其目标是相互借力，匹配和适应市场规律的运行要求。当时研究认为，发展混合所有制的主要目的是实现不同所有制资本间的共同发展和有效制衡，核心是国有企业经营机制的成功转换。后来混合所有制改革成为国有企业总体改革方案的重点和亮点。国家发改委在规范推进混合所有制经济改革的方案中，大量地借鉴和使用了财政学的研究方法，从而在股权结构、产权制度、企业治理、利益分配等方面形成一系列重要的理论创新和实践成果。财政学框架下的混合所有制主要包括三条主线，分别是：

混合所有制的体制改革主线、不同所有制资本间的发展与制约主线和国有企业经营机制转换主线。

第一，混合所有制体制改革主线，主要对目标企业是否适宜混合所有制改革进行客观分析，优化完善改革方案，依法履行决策程序，规范组织方案实施。主要涉及三个方面的研究：一是科学定价非货币资产，避免国有资产流失。在目前国有资产管理体制下，价格主要参照资产评估价值确定，因此评估方法的选择问题至为关键。二是尽量避免企业集团各级企业层层混合。对于企业集团来说，混合所有制改革应重点抓住一个产权层级开展，尽量避免在每个产权层级上搞层层混合。三是请审计部门、法律部门提前介入混合所有制改革方案设计，提升方案可行性和合规性，确保混合所有制改革规范有序推进。

第二，不同所有制资本间的发展与制约主线，其关键是兼顾各方核心利益，努力实现国有股东、民营股东的双赢。对于混合所有制改革，国有股东的主要目标是搞活企业经营机制、放大国有资本功能和提高企业经济效益，民营股东则更加关注话语权、经济效益和现金分红。兼顾国有股东和民营股东的核心利益，为实现混合所有制改革后稳定的投资回报，参照上市公司相关监管规定，国有企业混合所有制改革后应在公司章程约定可支配利润的最低分红比例，并努力提高最低分红比例的水平，争取实现现金分红能基本覆盖股东资本金对应的财务费用。混合所有制改革后，企业的董事会要按照股东股权比例和制衡原则，合理分配董事席位，努力保障民营股东的话语权，形成国有股东和民营股东之间权责对等、有效制衡的良好格局。

第三，国有企业经营机制转换主线，这是混合所有制改革的主要目的。研究表明，为推进国有企业经营机制转换，应着力做好以下四个方面的改革：一是积极推行职业经理人制度，实现董事会按市场化方式选聘和管理职业经理人的目标，并对职业经理人实行市场化薪酬分配机制；二是对于完成混合所有制改革的国有企业，针对经理人和公司业务骨干建立完善的股权激励和员工持股等中长期激励机制；三是建立健全与激励机制相对称的约束机制，主要采取业绩考核、经济责任审计、延期支付、追索扣回等措施；四是推进劳动、人事、分配三项制度改革，逐步建立市场化用工制度，真正形成管理人员能上能下、员工能进能出的人才流动机制。

六　财政学研究与员工持股计划改革

国有企业的员工持股计划的尝试开始于 21 世纪初，但随后受到关联交易、内部交易和导致国有资产流失等问题的影响，又被政策实施以严格的限制。2008 年 9 月 16 日国资发改革〔2008〕139 号文对员工持股工作进行了全面规范。财政学相关研究有效汲取前期实践探索的经验和教训，以资产增量、适度激励和出资新购为三大基点，为新一轮员工持股改革提供了理论支撑。

第一，坚持员工持股计划的方向是立足于新增资产，而不是存量资产，主要采取增资扩股、出资新设方式开展员工持股。员工持股计划究竟是立足于企业回购、无偿分配，还是企业回购、有偿作价，抑或是增资扩股、出资新设，一直是研究中的焦点内容。选择增资扩股、出资新设方式的依据是坚持明晰产权、保障产权和提升产权的基本方向，不宜对现行产权体系实施改变，也不应人为干预产权价值和配置结构。

当然，也有研究支持在完成增资扩股的同时推动股权在股东间有效流转，但在实施初期，考虑到其他股东的利益和新股权体系的稳定性和一致性，建议暂时限制向非股东员工转让股权，待持续一段时间，企业总体运行平稳后再做其他的安排，但应征得其他股东过半数同意，并须保证其他股东员工的优先购买权。

第二，坚持员工持股计划的适度激励原则，并有效防止出现内部人控制和"吃大锅饭"的情况。已有研究文献在以下内容上达成了一致，即推行员工持股计划的目的是优化国有企业股权结构，激发员工积极性，增强企业活力，促进企业发展，因此对企业经营发展有直接或较大影响被作为确定持股人员范围的重要标准。为防止员工持股计划成为少数人的特权，不能将人员范围限定在管理层，但为防止平均主义，不能将人员范围扩大到全体员工。在实践中，《中共中央国务院关于国有企业改革的指导意见》中明确指出，员工持股计划的实施范围应是在关键岗位工作并对公司经营业绩和持续发展有直接或较大影响的科研人员、经营管理人员和业务骨干。

此外，还有研究指出，要坚持适度激励的原则，重点推进转制的科研院所、高新技术企业和设备投资大、改造效果好的企业实施员工持股计划，在形成激励的同时，也确保员工利益。

第三，坚持出资新购的原则和多样化的持股形式，但应控制杠杆、量力而行、限制集中度。一是出资新购应以正常的市场价格确定股权价值，确保国有资产的安全稳定。在员工入股前，应按照有关规定对试点企业进行财务审计和资产评估，员工入股价格不得低于经核准或备案的每股净资产评估值。对于有公允价值的上市公司国有股权，其员工入股价格按证券监管有关规定确定。二是员工持股应主要以货币形式出资，并按约定及时足额缴纳，如果以科技成果出资入股应提供所有权属证明并依法评估作价，及时办理财产权转移手续。杠杆应坚持合理边界、化暗为明。试点企业、国有股东不得向员工无偿赠予股份，不得向持股员工提供垫资、担保、借贷等财务资助，持股员工不得接受与试点企业有生产经营业务往来的其他企业的借款或融资帮助。三是员工持股可以使用多种形式，但应确保明确职工个人股权，并加强对个人利益的保护。研究表明，不宜对员工持股的方式限制过于严格，但无论哪种方式，均须坚持保障职工个人利益和明晰产权，并限制在个人资产负债表之外增加杠杆。四是员工持股比例应体现公平原则，有效降低不合理的集中度，并为未来的企业发展和员工持股创新预留空间。研究表明，员工持股比例不宜过高，应与现行的资产结构和股权结构相适应，既保证员工对企业发展的参与权，又有效保障现有股东的利益。另外，员工持股比例不宜"一刀切"，而是应结合企业规模、行业特点、企业发展阶段等因素确定。除此之外，在具体的研究中还涉及员工持股管理、退出要求和转让限制等问题，也为改革实践提供了必要的理论支持。

第二节　财政学研究与收入分配制度改革

收入分配是公共财政的三大职能之一。良好的收入分配制度，对于促进生产、保障劳动者利益、维护国民经济平衡都至关重要。深化收入分配制度改革，提升财政收入分配职能，优化收入分配结构，防止收入分配差距过大，使发展成果更多更公平地惠及全体人民，是实现国家治理现代化的必然要求。

一　财政学研究与初次分配改革

一般而言，经济学理论都将财政收入分配职能界定于再分配领域，很少在初次分配领域来讨论和分析财政问题和作用。但实际上，财政作为国家治理的基础和重要支柱，在资源配置、资产管理和生产组织（特别是生产要素的投入组织）方面也发挥着作用。因此，财政学中初次分配的研究视角也尤为重要。

初次分配是以劳动者报酬、固定资产折旧、生产税及财产收入等形式对增加值进行的分配。这是更为基础性的分配关系，要解决的主要是货币资本所有者与人力资本所有者的利益分配问题，不仅数额大，而且涉及面广。研究表明，如果在初次分配中市场中调节机制缺失，并出现重大分配失衡，在财政再分配中就很难加以扭转。因此，财政在初次分配中就需要纠正市场失灵，完善劳动、资本、技术、管理等要素按贡献参与分配的初次分配机制。目前，相关研究的落脚点主要在就业、工资、产权三个方面。

第一，在就业方面，主要研究五方面问题：一是如何完善税费减免和公益性岗位、岗位培训、社会保险、技能鉴定补贴等政策，促进高校毕业生、农村转移劳动力、城镇困难人员、退役军人就业；二是如何完善和落实小额担保贷款、财政贴息等鼓励自主创业政策；三是如何健全面向全体劳动者的职业培训制度，足额提取并合理使用企业职工教育培训经费；四是如何将新增财政教育投入向职业教育倾斜，逐步实行中等职业教育免费制度和向农民工免费提供的职业教育和技能培训制度。

第二，在工资方面，强调深化工资制度改革，完善企业、机关、事业单位工资决定和增长机制。在研究中，将机关事业单位的工资制度和居民财产性收入纳入初次分配的研究范畴，并以增加值的形成渠道和结构层次作为研究对象。主要研究五方面问题：一是如何促进中低收入职工工资合理增长，二是如何加强国有企业高管薪酬管理，三是如何完善机关事业单位工资制度，四是如何健全技术要素参与分配机制，五是如何多渠道增加居民财产性收入。

第三，从所有制和产权管理的角度来切入初次收入分配是财政学研究的重要创新，也是财政学研究对收入分配改革的一个贡献。主要研究两方面问题：一是如何建立健全国有资本收益分享机制，包括如何全面建立覆盖全部国有企业、分级管理的国有资本经营预算和收益分享制度，如何合理分配和使用国有资本收益，扩大国有资本收益上交范围。二是如何完善公共资源占用及其收益分配机制。包括如何完善公开公平公正的国有土地、海域、森林、矿产、水等公共资源出让机制，如何建立健全公共资源出让收益全民共享机制等。

二　财政学研究与再分配改革

国民收入再分配是指国家的各级政府以社会管理者的身份主要通过税收和财政支出的形式参与国民收入分配的过程。国民收入再分配一直是财政学的重要研究对象，财政收支一直都是我国促进社会公平、降低贫富差距的关键支撑。

财政学对再分配体系的研究重点是构建以税收、社会保障、转移支付为主要手段的再分配调节机制。再分配的主要目标是缩小收入分配差距，提高中低收入群体的收入水平，实现共同富裕。为实现上述目标，须强调税收制度、社会保障、转移支付三种工具各有分工侧重：税收制度要既有利于生产产出，又有利于收入分享，并有效实现"抽肥补瘦"；社会保障立足于托底保障，强调保基本、广覆盖、可持续，并通过统筹机制的设计，有效降低收入分配差距；转移支付应主要落在居民身上，增加居民收入，提升公共服务，完善保障体系。

税收领域的研究聚焦如何加大税收调节力度，改革个人所得税，完善财产税，推进结构性减税，减轻中低收入者和小型微型企业税费负担，形成有利于结构优化、社会公平的税收制度。研究表明，结构性减税的重心是激励生产创造，但也应高度重视对收入分配改革的引导，较大幅度地降低生产性企业和劳动者的税负水平，改革和提高财产税，促进积累转向生产领域而不是空转、溢出，从而将生产、消费和积累更好地统一在一起。主要研究两方面问题：一是如何加强个人所得税调节，二是如何改革完善房地产税、消费税等。

社会保障领域的研究聚焦如何全面建成覆盖城乡居民的社会保障体系。研究表明，应按照全覆盖、保基本、多层次、可持续方针，以增强公平性、适度流动性、保证可持续性为重点，不断完善社会保险、社会救助和社会福利制度，稳步提高保障水平。主要研究三方面问题：一是如何完善基本养老保险制度；二是如何加快健全全民医保体系；三是如何提高住房保障水平。

转移支付制度领域的研究聚焦如何转移支付制度与保障和改善民生、提升公共服务能力、优化公共服务供给有效结合。主要研究两方面问题：一是如何集中更多财力用于保障和改善民生，重点加大对教育、就业、社会保障、医疗卫生、保障性住房、扶贫开发等方面的支出；二是如何加大促进教育公平力度，合理配置教育资源，重点向农村、边远、贫困、民族地区倾斜，进一步完善普通高中、普通本科高校、中等职业学校和高等职业院校家庭经济困难学生国家资助政策。

三 财政学研究与农村收入分配改革

农村收入分配改革是国家收入分配改革的重要组成部分，也是扶贫攻坚战略的实施重点。从总体上看，农村收入分配改革的重心包括三个方面：提高农民收入水平，增加农民收入渠道，推进农村产业发展。财政学研究对上述三个方面都有涉及，而且建立了以收益和补贴为"双主线"的农村收入分配改革理论框架。

第一，持续强化收益主线。从财政的内涵和政策范围出发，促进工业化、信息化、城镇化和农业现代化同步发展，促进公共资源在城乡之间均衡配置、生产要素在城乡之间平等交换和自由流动。农民家庭经营收入、土地增值收益和扶贫开发是研究的重点。一是如何增加农民家庭经营收入。研究表明，应着力健全农产品价格保护制度，稳步提高重点粮食品种最低收购价，完善大宗农产品临时收储政策；着力推进农业产业化，支持适度规模经营，加大对农村社会化服务体系的投入；促进产销对接和农超对接，使农民合理分享农产品加工、流通增值收益。二是如何合理分享土地增值收益。研究表明，重点是依法保障农民的土地财产权。强调要按照依法自愿有偿的原则，允许农民以多种形式流转土地承包经营权，确保农民分享流转收益；完善农村宅基地制度，保障农户宅基地用益物权；改革征地制度，依法保障农民合法权益，提高农民在土地增值收益中的分配比例。三是如何加大扶贫开发投入。研究的重点是将扶贫开发资金与产业发展相结合，将扶贫与扶志相结合，将授人以"渔"与授人以"鱼"相结合。既通过财政扶贫开发资金为扶贫托底，以"鱼"保生活、优环境、促奋进；又通过产业发展及合理分配机制为扶贫提供平台和路径，以"渔"形成贫困地区和贫困家庭的脱贫的手段和模式。

第二，不断强化和提升补贴主线。基于以补贴为主要手段的财政政策框架，致力于加快完善城乡发展一体化体制机制研究，加大强农惠农富农政策力度，建立健全农业转移人口市民化机制。主要研究两方面问题：一是如何健全农业补贴制度。研究表明，应建立健全农业补贴稳定增长机制，完善良种补贴、农资综合补贴和粮食直补政策，增加农机购置补贴规模，完善农资综合补贴动态调整机制，新增农业补贴向粮农和种粮大户倾斜。二是如何有序推进农业转移人口市民化。研究的重点是探索建立政府、企业、个人共同参与的市民化成本分担机制和努力实现城镇基本公共服务常住人口全覆盖两个基本问题。目前已经形成了个人为主、企业为辅和政府支持的研究框架，也提出了"供给均衡、享受均衡和保障均衡"的基本公共服务创新模式。

第三节 财政学研究与财经外交

财经外交是指以财经事务为对象的国家间（或地区间）沟通和交往活动。财经外交具有双重目标：一是通过政府有形之手实现双边或多边国际经济合作；二是通过与经济相关的外交活动来实现国家安全、政治稳定等非经济目的。在财政学的研究框架中，原本就包括国际税收、国际公共产品提供、对外援助等内容，而在新时代，进一步将国际财经合作、国际金融协作等内容纳入财经外交范畴。

一 财政学研究与国际税收关系

国际税收是指两个或两个以上国家政府在对跨国纳税人行使各自的征税权力中形成征纳关系从而产生的国家之间的税收分配关系。这种关系基于各国政府所拥有的税收管辖权，其实质是各国政府在对各自政权管辖范围内的跨国纳税人征税的基础上形成的税收权益分配。

国际税收一直是财政学研究的对象，其切入点是国家间税收分配关系，目的是解决国家之间税收权益分配方面的矛盾。主要研究四个方面问题：一是如何协调有关国家之间行使税收管辖权，避免国际双重课税的发生和扩大；二是如何协调有关国家对跨国纳税人的管理方法，及其跨国征税对象在各自国家的计算、分配和税款征收；三是如何加强有关国家之间交换税收情报的内容和方法，以及防止跨国纳税人从事国际避税的有效政策措施；四是国际税收协定的适用范围、基本用语、主要内容以及签订原则与程序。

随着实践的发展，国际税收的研究也在不断地拓展和创新，在国际税收原则方面形成了如下观点：

第一，存在于各个经济主权国家内部的税收公平原则和税收中性原则决定着国际税收的基本原则。税收公平原则要求在国际经济往来中产生的税收收入应该在各有关国家之间公平分配，同时该原则也应该确保纳税人在税负轻重上不应遭受歧视或者享受不合理的优惠。税收中性原则意味着税收不会影响纳税人在跨国交易中的经济选择。不论在资本输入或者资本输出行为中，它们都是中性的。发达国家通常倾向于资本输出的中性，这样纳税人在选择投资国内或者投资国外时不受影响（也就是追求全球效率）。相反，发展中国家则更倾向于资本输入或竞争性的中性，以确保国内投资者和国外投资者在决定投资该国时处于同等水平（也就是追求国内效率）。

第二，国际税收系统的公平与效率并非取决于任何一个国家的税收法律制度，而是所有国家税法制度的整体效果。每个国家都在运用各自的税法规则管辖相关交易。由于缺乏统一的规则，各国税法系统在对跨境交易行使管辖时常常存在冲突，从而导致多重征税或不征税现象的产生。而对税收中性原则缺乏共同标准的结果常常引发经济扭曲和国际税收竞争。

第三，建立以可操作性和互惠为原则的国际税收体系可试图解决上述问题。有关征税当局必须有能力执行该国的税法，同时也能够与其他贸易伙伴合作推进国际征税原则的统一并实现各国自身的财政目标。

上述研究成果的取得和突破，在很大程度上有效支撑了我国在应对和处理国际税收冲突、避免双重征税等问题上的主动性和灵活性，能够更加有效地应对国际反避税。研究表明，即使许多国家在国内法中通过单边税收减免以最大限度地消除双重征税的影响，消除双重征税是无法完全通过相应的国内立法来解决的。双重征税问题需要通过国际税收协定（也称"避免双重征税税收协定"或者DTAA）来解决。这些税收协定是由主权国家在国际公法原则和《维也纳公约》有关税收协定原则的指导下通过谈判签署的。针对各国征税当局十分重视纳税人通过避税手段导致本国全球税收收入份额减少的现象，大多数国家都在国内立法或者司法实践中规定了范围广泛的反避税措施。相关研究表明，反避税措施主要通过"实质重于形式"原则阻止虚假交易的发生，以及通过"商业行为目的标准"来进行商业正当性裁判，并且反避税措施特别强调任何交易都不得以节税为其唯一或者主要目的。此外，国际税收筹划策略有利于促进税后所得和交易中资金在母国和东道国之间的流动。随着国际业务的不断深化，税收筹划综合考虑了交易成本、管理结构和其他可能的商业风险，最佳的税收筹划并不一定意味着税收负担绝对数最低，但与各关联国家征税总额相比，帮助纳税人实现全球综合税负最小化。

二 财政学研究与国际贸易体系

当前的国际贸易体系的体制结构总体保持稳定，基本上分三个层面：第一个层面是世界贸易组织WTO为代表的全球贸易体制；第二个层面是区域贸易体制，从最先建立的欧洲联盟到东盟、北美自由贸易区，再加上全世界这些年来建立的一百多个区域贸易协定；第三个层面是双边自由贸易协定。财政学对国际贸易体系的研究主要立足于政府补贴、政府采购和关税保护三条主线。在WTO框架下，关税保护原则是货物贸易的基本原则；政府补贴则通过《补贴和反补贴协议》实施规范和管理；而政府采购则由《政府采购协定》（GPA）等实施管理。

第一，规范政府补贴体系、深化政府补贴研究。政府补贴是指一成员方政府或任何公共机构向某些企业提供的财政捐助以及对价格或收入的支持，以直接或间接增加从其领土输出某种产品或减少向其领土内输入某种产品，或者对其他成员方利益形成损害的政府性措施。对政府补贴的研究主要集中在以下三个方面：一是可诉和不可诉的补贴划分与管理，包括落后地区开发补贴、研发补贴、创新补贴，以及在此基础上坚持公开、竞争、透明的补贴管理机制；二是非定向和定向的补贴，根据补贴的使用方向是否为特定的产业或是特定的主体予以确定，非定向补贴原则上不受国际干预；三是普遍实施的和特定实施的补贴，普遍实施的补贴属于收入分配改革的内容，不受别国指责和干预。

第二，加大对政府采购管理的研究，加速推进GPA谈判。《政府采购协定》是世界贸易组织管辖的单项贸易协议，是各参加方对外开放政府采购市场，以实现政府采购国际化和自由化的法律文件。值得注意的是，其并不属于加入世界贸易组织所需签订的一揽子协议的范围。我国在2001年加入WTO时，并没有同时签署GPA，只是承诺愿意接受GPA，但是谈判事宜另行安排。

GPA强调三个原则：一是国民待遇原则和非歧视性原则，即各缔约方不得通过拟订、采取或者实施政府采购的法律、规则、程序和措施来保护国内产品或者供应商而歧视国外产品或者供应商；二是公开性原则，即各缔约方有关政府采购的法律、规则、程序和做法都应公开；三是对发展中国家的优惠待遇原则，即有关缔约方应向发展中国家，尤其是最不发达国家提供特殊待遇，如提供技术援助，以照顾其发展、财政和贸易的需求。

财政学对GPA的研究是基于国内的政府采购实践和国际政府采购的典型案例而展开的。GPA适用范围是财政学研究的主要内容。由于国际上没有统一的政府采购定义，GPA中也没有用列举方式反映政府采购内容,因此,每个成员方的 GPA 适用范围都是通过谈判确定,确定具体的开放项目,形成开放清单。按照上述特征,财政学对 GPA 的研究形成了以下三个重点领域,包括:

一是拓展外部市场,实现政府采购市场国际化发展的研究。我国加入 GPA 后,能够根据各方在协议中承诺的条款,有保证地进入其他 GPA 成员方的采购市场。这对于劳动力过剩和内部消费市场有限的中国来说尤其重要。

二是推动我国政府采购制度的改革和完善的研究。研究表明,加入 GPA 能够促进我国在政府采购领域进行改革,从而提升政府采购领域的竞争度、透明度和一体化程度。例如,我国曾经实行政府采购与自主创新挂钩的政策,即以政府采购的扶持来鼓励自主创新产品和企业,但在实施中,受到政府目标波动和机制不透明的影响,自主创新政策已经偏离了其最初的目标,部分地区利用这一政策以达到地方保护的目的,从而影响了竞争度、透明度。

三是推进贸易和投资自由化研究。研究表明,政府采购市场自由化作为全球贸易和投资自由化的重要部分,已成为各国政府关注的焦点,GPA 成员方根据国内外经济形势不断调整和补充本国政府采购制度的同时,暂未加入 GPA 的 WTO 成员方也在积极研究该项协议,着手建立和完善国内政府采购制度,并根据本国国情研究有关应对措施。GPA 已然成为政府采购市场开放的通用标准,并对消除国际贸易中的歧视待遇、推动全球贸易和投资自由化进程具有积极意义。

第三,加强关税有效保护和促进价值链分工的研究。关税保护原则是指政府可以通过关税来保护国内市场和国内产业,以有效替代非关税壁垒。随着 WTO 对关税保护原则重视程度加深,各成员方均在强化对关税保护原则的研究。在研究上,主要形成了保护关税和关税对价值链的影响两个研究领域:

一是保护关税的研究。我国对保护关税的研究持续了约 30 年左右的时间，经历了从舶来、消化、吸收和创新的各个阶段，研究的重点也从简单的阶梯形关税和制成品保护，拓展到根据贸易的实际情况，在产业链中强化对目标产品（含制成品和中间产品）的保护，并有效促进全产业链贸易增长（重点是产业内贸易增长）。研究表明，制成品并不一定是直接的关税有效保护对象，而且阶梯形关税所导致的中间产品的进出口压力也并不符合市场有效性的原则，保护关税的税率结构应更加注重平衡和公平，在有效设计名义关税税率的情况下，结合比较优势和全球产业分工来促进关键性环节和产出扩张、效率提升。

二是关税对于价值链影响的研究。近年来关税研究新兴领域的重心由对产业链的影响调整到对价值链的影响。关税对价值链影响的研究主要是通过合理的关税税率设计和所得税税率激励，推进高附加值环节和产品向本国转移和集聚，从而在相同的贸易规模下，获得尽可能多的贸易利益，并形成新的产业链结构和国际分工体系。该问题的研究重点是关税对国际产业转移规律和国际投资模式创新的影响，将国际贸易的关税体系和国际投资的所得税体系进行有效的结合，从而形成新的投资效应和贸易优势，有效提升企业盈利水平和就业带动能力，增强国家贸易利益和产出利益。

三　财政学研究与"一带一路"发展

2013年9月和10月，中国国家主席习近平在出访中亚和东南亚国家期间，先后提出共建"丝绸之路经济带"和"21世纪海上丝绸之路"（以下简称"一带一路"）的重大倡议，得到国际社会高度关注。"一带一路"建设是一项系统工程，要坚持共商、共建、共享原则，积极推进沿线国家发展战略的相互对接。共建"一带一路"旨在促进经济要素有序自由流动、资源高效配置和市场深度融合，推动沿线各国实现经济政策协调，开展更大范围、更高水平、更深层次的区域合作，共同打造开放、包容、均衡、普惠的区域经济合作架构。

(一) 财政学研究与"一带一路"投资促进

与沿线国家建立起新型贸易、投资关系是共建"一带一路"的重点工作之一。投资的资金保障,以及企业的第三国贸易和国际税收的优惠安排是财政学研究的重点内容,对"一带一路"的投资促进也将发挥着重大作用。

第一,完善国内资金保障体系,形成与国际资金的有效联动,扩大"一带一路"投资能力和作用的研究。一方面坚持落实中央在"一带一路"决策中的绝不搞新"马歇尔计划"的要求,另一方面则坚决支持"一带一路"的投资需求,做好保障支撑的工作。从研究的进展和支撑效应的发挥来看,目前已经构建了三大研究领域和四大投资保障体系。三大研究领域是指信贷支持研究、基金支持研究和多边金融机构研究;四大投资保障体系则包括:政策性、开发性金融机构的专门信贷保障,商业性金融机构的优惠信贷保障,各方合力的投资基金保障(如丝路基金),多边金融机构的支持保障(如亚洲基础设施投资银行),等等。与此同时,在研究中也形成了一系列重要的理论突破重点和实践创新亮点,如在多边金融机构建立股权和表决权分离机制,在丝路基金的发展中建立分步出资和股债联动机制,在开发性、政策性金融机构中建立银团机制和优惠机制等,都是最新研究成果的有力体现。

第二,加强合作,形成合力,共同开展第三国贸易。"一带一路"的投资目标不是为了占领东道国市场,而是在满足东道国需要的基础上,与东道国的要素、资源和企业开展有效合作,努力形成新的经济增长点和贸易优势环节。研究的重点集中在如何与东道国企业进行战略合作、实现并购重组、完善产业链体系、形成支持政策体系等方面。

第三,突破现行税制限制,实现更有针对性的税收优惠安排。根据现行公司法,子公司之间是不能直接并表核算的,只能根据股权结构的情况,各自核算归母利润和税负水平。研究表明,为推进"一带一路"投资发展,可以在遵守国内公司法和东道国法律的情况下，对"一带一路"沿线国家子公司的利润情况实施并表，并在并表的基础上核算归母利润和税负水平。这种安排可以有效突破企业海外初创期对企业的利润压力和资金压力，并降低企业参与"一带一路"的税负压力，提升参与意愿。

（二）财政学研究与"一带一路"融资和债务问题

在2017年5月召开的第一届"一带一路"国际合作高峰论坛期间，财政部会同相关部委成功举办了"促进资金融通"平行主题会议，确定资金融通政策框架。财政部推动27国财政部门共同核准《"一带一路"融资指导原则》（以下简称《指导原则》），与世界银行、亚洲基础设施投资银行、亚洲开发银行、欧洲复兴开发银行、欧洲投资银行、新开发银行6家多边开发银行签署了《关于加强在"一带一路"倡议下相关领域合作的备忘录》。第一，《指导原则》是"一带一路"倡议提出以来，首次就融资问题形成的指导性文件，为推动建设符合"一带一路"特点的融资体系提出了具有前瞻性的务实建议，为今后各方深化融资合作打下了良好基础。第二，《指导原则》将在鼓励私营部门参与、拓展资金渠道、发展本币债券市场、加快投资便利化等方面发挥积极作用，将大大推动构建长期、稳定、可持续、风险可控的多元化的"一带一路"融资体系。在此基础上，研究重点被确定在以下三个方面：一是如何推动商品、资金、技术、人员流通，为经济增长提供强劲动力和广阔空间。研究表明，应同更多国家商签高标准自由贸易协定，加强海关、税收、审计监管等领域合作，建立共建"一带一路"税收征管合作机制，加快推广"经认证的经营者"国际互认合作。二是如何开展规范的制度性合作，为长期发展构建良好的基础。研究中除支持《"一带一路"融资指导原则》外，还支持《"一带一路"债务可持续性分析框架》中涵盖的重要研究工作，为共建"一带一路"融资合作提供理论依据。三是如何推进科技人文交流、共建联合实验室、科技园区合作、技术转移四大举措。

在2019年4月召开的第二届"一带一路"高峰论坛期间，财政部和中国人民银行在资金融通分论坛上，就完善政策标准体系、推进可持续融资等进行深入探讨，达成多项共识，并正式发布《"一带一路"债务可持续性分析框架》。该分析框架是在借鉴国内财政学研究最新成果以及国际货币基金组织和世界银行低收入国家债务可持续性分析框架的基础上，结合"一带一路"国家实际情况制定的债务可持续性分析工具。《"一带一路"债务可持续性分析框架》的发布，既彰显了中方在债务可持续性问题上积极和开放的态度，又体现了中方对"一带一路"低收入国家发展需求的重视，有助于提高"一带一路"参与各方投融资决策的科学性，加强有关国家债务管理能力，推动共建"一带一路"高质量发展。

以《"一带一路"债务可持续性分析框架》为基础，学界已经着手开展新一轮研究的部署，并尽早形成新的理论支撑体系和创新发展框架。如重点研究支持多渠道资金参与基础设施融资，鼓励多边开发机构与"一带一路"国家开展联合融资，鼓励开展第三方合作、多方合作，推广股权投资、PPP项目融资等方式，充分发挥公共资金的带动作用，动员长期资本及私人部门资本参与，等等。

总体来看，财政学研究与政策沟通具有交集。政策沟通是"一带一路"的"五通"发展框架的重要构成，也是难点所在。宏观政策沟通的重点是财政政策、货币金融政策、产业政策和贸易政策等板块，并按照信息互通、政策互动、协调联动的步骤逐步深化相关理论研究成果。财政学研究包括沿线国家间的财政政策互动和宏观政策协调两个重要的研究领域，以及税制、预算和债务管理三大研究重点。这些研究成果已经体现在"一带一路"的实践之中，并开始向政府间的直接沟通、联动转化，在理论体系上也将形成新的边缘学科和创新模块，为财政学的发展提供新的领域、空间和研究对象。

第二十四章

中国特色哲学社会科学学科体系下财政学发展展望

中国特色社会主义已进入新时代，中国学术界担负着构建中国特色哲学社会科学学科体系、学术体系和话语体系的重任。党的十八届三中全会之后，财政被定位为国家治理体系的基础和重要支柱。中国的财政学，经过70年的引进、创新与发展，已形成颇具特色的传统，也有诸多特别关注的议题。在这样的大背景下，如何兼容并收，继续创新、发展具有中国特色的财政学，成为时代赋予中国财政学人的急迫课题。本章结合财政学界的热点话题和近期发展动向，从中外对比的视角，着重展望分析了中国财政学学科归属、财政学基础理论的创新发展、以财政实践引领财政学具体研究领域的发展、财政学研究范式的融合发展等问题。

第一节 中国特色哲学社会科学学科体系下的财政学学科归属

在中国学界，关于财政学学科属性的讨论由来已久。在国务院学位委员会、教育部印发的学科分类体系中，财政学是应用经济学一级学科下属的二级学科。属于财政研究领域的社会保障、预算管理，在管理学下属二级学科公共管理中也有涵盖。

马珺指出，中国财政学界一直有试图建立区别于苏联和英美财政学理论体系的努力。[①] 至少自改革开放之初，特别是20世纪90年代初期，关于重新定位财政学学科属性的讨论就非常热烈。主流的意见认为：财政学不应只作为经济学的应用分支，西方（尤指英美）公共经济学的现有研究不能涵盖财政学的全部内涵。邓子基认为西方的公共产品理论忽视了国家的干预和财政的调控，[②] 姜维壮指出西方的公共经济学研究脱离了政治的研究方向，导致了财政学与财政实践的脱节，将研究重点放在提供公共产品上而忽略了种种社会矛盾关系及其处理。[③] 陈共也对公共经济学提出了质疑："财政部门既不生产公共物品也不提供公共物品，而是从货币形态上为公共部门生产和提供公共物品提供财力，财政部门是通过本身特有的运行机制来实现资源配置、收入分配以及经济稳定和发展的职能，最终满足社会公共需要。这样看来，以公共经济学替代财政学，也就模糊甚至取消了财政学的特殊对象，最终是取消财政学。"[④]

但西方公共经济学的引进仍然对我国传统的财政学研究造成了不小的冲击。马珺认为，主要是由于21世纪以来英美公共经济学被大规模引入，虽然传统财政学者在公共政策界依然具有强劲的影响力，但传统财政学自身开始陷入沉寂。[⑤] 在党的十八届三中全会提出"财政是国家治理的基础和重要支柱"论断之后，有关财政学学科归

[①] 马珺：《财政学基础理论创新：重要但需审慎对待的诉求》，《财政研究》2018年第8期。

[②] 邓子基：《坚持、发展"国家分配论"》，《财政研究》1997年第1期。

[③] 姜维壮：《确立我国财政学理论基础的三大原则》《江西财经大学学报》1999年第5期。

[④] 陈共：《关于财政学基本理论的几点意见》，《财政研究》1999年第4期。

[⑤] 马珺：《财政学基础理论创新：重要但需审慎对待的诉求》，《财政研究》2018年第8期。

属的讨论又开始热烈起来。

一 财政学学科归属的几种意见

我国的财政学研究历经 70 年的发展，吸收了大量来自其他学科的知识体系与研究方法，以及来自不同学术传统的学术影响，成为一门综合性很强，又颇具中国特色的学科。与英、美学界关于财政问题的研究散布于不同学科的状况有所不同，中国财政学界是具有一定独立性的群体。因此，中国财政学界对财政学科归属的争论，尤其热烈。按照齐守印的分类，关于财政学学科属性的观点大致有三类，分别为"将财政学视为经济学大类的一门应用性分支学科""认为财政学是兼具经济学和政治学属性的交叉性或综合性独立学科"以及"认为财政学不仅是经济学和政治学的交叉，而且也是和不少相关学科相互的交叉"。[1] 当前的讨论依然按照这些维度展开。

首先是将财政学归为经济学类。如安体富认为："政策、制度属于上层建筑的范畴，但财政政策和制度反映的是财政经济关系，属于财政学、经济学研究的内容"，概念或范畴质的规定性是一元的，财政是一种特殊的经济范畴，赞同财政学归属于经济学科。[2] 就我们所见，公开撰文认为财政学应归属于经济学类的还较为少见。但考虑到目前有关学科属性的讨论，目标诉求是挑战现状；换个角度看，未发表意见的"沉默的大多数"，可能会赞同财政学主要归属于经济学科。

其次是将财政学视为经济学和政治学的交叉学科。持这种观点的学者认为将财政学研究局限于经济学视野范围的论断太过绝对，财政学科的政治性特点不容忽视。陈共就十分强调政治在财政学科

---

[1] 齐守印：《中国特色财政学部分基础理论问题辨析》，《财政研究》2018 年第 8 期。

[2] 安体富：《关于财政学的学科属性与定位问题》，《财贸经济》2016 年第 12 期。

中的重要性，他认为："在财政诞生的那一刻就注入了两种因素，即经济因素和政治因素，因而财政概念是二元的，是经济和政治的结合体或融合体。"[1]

最后是将财政学视为多学科的交叉学科。持有第三种观点的学者则认为，财政的综合性并不止于传统的经济学和政治学两大范畴，而应与更多的学科知识相结合。如高培勇认为，财政学科包括经济学、管理学（或政治学）两大学科领域内容。财政经济学侧重于财政运行规律的分析和揭示，财政管理学则侧重于财政管理机制的构造和操作。"单纯基于任何一个学科领域的思维去研究财政问题，都不会被认为是全面而完整的。"[2] 杨志勇认为财政学介于经济学、政治学和公共管理学等多个学科领域。[3] 王国清则提出："财政学的研究，要密切联系财务、金融、投资、会计、哲学、政治学、社会学、文化学、法学、管理学、公共管理学、资源环境、数学等学科，这些学科有其独特的任务，有其特定的对象范围，但它们又是财政学所必然涉及的从属性领域。"[4]

二 以经济学科为基础，多学科交融的财政学科

无论将财政学科归属于何种理论体系，财政学科所具有的综合性特点都是不可否认的。正如布坎南（1987）所指出的："在研究一个国家的财政时，学科的专门化却是一种倒退。"[5] 财政问题的研究需要运用到政治、经济、法律、社会、公共管理等学科的方法与

---

[1] 陈共：《财政学对象的重新思考》，《财政研究》2015年第4期。

[2] 高培勇：《论公共管理学科和财政学科的融合》，《中国高教研究》2003年第2期。

[3] 杨志勇：《财政学科建设刍议：结合中国现实的研究》，《财贸经济》2007年第12期。

[4] 王国清：《略论财政学的学科属性与研究范围》，《财政监督》2017年第22期。

[5] 布坎南：《公共财政》序，中国财政经济出版社1991年版，第3页。

知识体系。这在我国财政学本科教学培养体系中也有所体现：据教育部财政学类专业教学委员会秘书处对 121 所高校进行的调查，在财税专业课程设置方面，众多高校选择的教学方案集中于财政学、中国税制（税法）、政府预算、税收筹划、税务管理、国际税收、政府会计、国有资产管理、纳税检查、税收经济学和公债学这 11 门课程[①]，涵盖了经济学、管理学、法学等学科大类。

在高等教育领域，学科划分涉及人才培养、教师资源分配等一系列问题。在这样的背景下，如果财政学能够独立成为一级学科，对于促进财政学科发展自是大有帮助。但如果受总量限制，财政学必须归属于某一级学科之下，则显然应归属于经济学科。一般说来，财政可简单划分为"财"与"政"两个层面。"财"，主要指合理利用公共资源以达到一定的公共目标，这显然应归属于经济学科。"政"，主要是指治理政治，这不能简单归属于经济学科。但两者比较而言，"财"是快变量，更为外在、直观、可变；"政"是慢变量，相对稳定、渐变、内在。可以说，"财"是财政领域最活跃的主体部分，应当属于经济学科。

一些批评者反对将财政学归属于经济学科，主要意见是现有财政学教科书习惯从"公共品"与"外部性"讲起，隐含这两个概念是财政乃至政府起源之意。在笔者看来，这样的理由并不充分，从"公共品"与"外部性"讲起的主要作用是与经济学教材相衔接，而在之后诸多具体财政问题的分析上，都是多维度展开，实际上已表明财政问题的复杂性。财政研究应当充分融合政治学、法学、管理学等学科，但在强调财政学跨学科属性的同时，不应忽略财政最为基本的经济功能。现代经济学的基本特征是关于资源配置的一门学问。财政问题的分析，首要的还是要搞清楚如何合理配置公共资源，以达到公平和效率相协调的国家目标或公共目标。在此基础上，

---

① 张锦华、郑春荣：《我国财政学类本科专业建设状况分析报告——基于 56 个专业点的问卷调查》，《中国大学教学》2014 年第 7 期。

再考虑政治、社会、法律、管理等方面的影响。

第二节 中国特色财政学基础理论发展展望

一 关于中国特色财政学基础理论的几种观点

我国的经济发展历史波澜壮阔，财政政策在其中发挥了极其重要的宏观调控作用。而与财政在经济建设实践中的强大功能形成鲜明对比的是，我国财政理论缺乏基本的解释力和预测力，显示出理论的"灰暗色彩"。[①] 刘尚希指出，财政学理论要有所作为，必须"超越财政学科的极限，站在人类社会发展的高度，放眼整个社会科学，来思考财政问题"[②]。《中共中央关于全面深化改革若干重大问题的决定》（以下简称《决定》）提出"财政是国家治理的基础和重要支柱"，这其中最为突出的变化在于将"以往作为经济范畴、经济领域要素之一的财政，跨越经济、政治、文化、社会、生态文明和党的建设等所有领域而跃升至国家治理层面，在国家治理的总棋局中加以定位"[③]。这一论述即是我国财政基础理论的重大创新。与此同时，它也对我国财政理论体系的建设提出了更高的要求。为了适应财税体制改革的新要求并用于指导实践，中国特色财政学基础理论的发展刻不容缓。

学术界通常将中国财政学的思想来源归结为两个方面：一是苏联财政学科体系，二是现代西方财政学。"20 世纪的最后 20 年中，

---

① 李俊生、姚东旻：《财政学需要什么样的理论基础？——兼评市场失灵理论的"失灵"》，《经济研究》2018 年第 9 期。

② 马珺：《"国家治理与财政学基础理论创新"研讨会综述》，《财贸经济》2014 年第 11 期。

③ 高培勇：《论中国财政基础理论的创新——由"基础和支柱"说起》，《管理世界》2015 年第 12 期。

前一个 10 年（1980 年代）财政学界的主要任务在于克服前苏联财政科学体系的缺陷和意识形态因素对学术研究独立性的干扰；后一个 10 年（1990 年代）的焦点，则在于大范围引入西方主流财政学教育资源。"[1] 其实，除此之外，更全面地看，还应有第三个来源，这就是中国的"地气"——中华民族的思维传统和中国的实践。[2]在数十年的财政实践和理论研究之下，我国财政学者们对西方公共经济学进行了长久的研究、探索、反思，逐渐形成了带有中国特色的财政学理论体系。

70 年来，传统的中国财政学理论流派都有了一定程度的发展。例如，基于"社会共同需要论"的内核，李俊生为增强财政学的现实解释力提出了"新市场财政学"的概念。在财政产生于社会共同需要的前提下，社会上的公共部门和私人部门不再是对立的，也就不存在"政府失灵"或是"市场失灵"的问题。市场上所有的行为主体（包括政府）都应被视作"市场地位"相同的客体，公共部门和私人部门平等的"同台竞技"。其理论认为，传统的公共经济学"难以对现实财政现象做出合理的解释，也很难对财政活动的未来做出准确的预测，因为这个理论存在着常识性的错误，即把私人部门和市场混为一谈"[3]。

李俊生、姚东旻对社会共同需要论评价道："不同于以市场失灵理论为基础的'公共财政学'研究的市场经济财政个别，也不同于以国家暴力理论为基础的'国家分配论'研究的社会主义国家计划经济财政个别，以社会共同需要论为基础的财政学研究的是财政一般，是以揭示人类社会各个历史发展阶段上财政行为的一般规律为

---

[1] 马珺：《财政学研究的不同范式及其方法论基础》，《财贸经济》2015 年第 7 期。

[2] 高培勇：《论中国财政基础理论的创新——由"基础和支柱"说起》，《管理世界》2015 年第 12 期。

[3] 李俊生：《新市场财政学：旨在增强财政学解释力的新范式》，《中央财经大学学报》2017 年第 5 期。

主要目标的科学。"①

"财政是国家治理的基础和重要支柱"的提出对国家分配论的进一步发展提供了历史性契机，学界开始反思在研究中运用该理论遇到的问题，认为理论亟须予以重新构建以适应新的经济发展形势。陈共认为，新形势下，应强调"从国家治理角度研究财政问题"②。

除此之外，基于国家治理，刘晓路以蒂利模型为基础，总结了西方主流财政理论的主要逻辑，指出其中存在的"国家缺失"现象及成因。强调"不应回避国家与财政的暴力属性，国家财政制度的各项选择必须权衡国际国内、政治经济社会等各方面因素"③。王雍君、乔燕君认为财政学应顺应学科融合的大趋势，形成"共通的、事实基础的、因果逻辑关系贯穿其中的全新知识话语体系"④。

二 以现代财政制度为重点推进基础理论发展

《决定》中所提及的"全面深化改革"包括深化经济体制改革、政治体制改革、文化体制改革、社会体制改革、生态文明体制改革和党的建设制度改革。在深化经济体制改革中，对财政体制改革的要求是："建立现代财政制度。"其中，建立现代财政制度的主要内容包括：建立完整、规范、透明、高效的现代预算管理制度；建设有利于科学发展、社会公平、市场统一的税收制度体系；健全中央和地方财力和事权相匹配的财政体制。⑤

明确了现代财政制度的基本特征和基本框架，现有研究成果可以

---

① 李俊生、姚东旻：《财政学需要什么样的理论基础？——兼评市场失灵理论的"失灵"》，《经济研究》2018 年第 53 卷第 9 期。

② 陈共：《财政学对象的重新思考》，《财政研究》2015 年第 4 期。

③ 刘晓路：《构建现代财政制度的理论基础：蒂利模型的财政学解读》，《财政研究》2017 年第 1 期。

④ 王雍君、乔燕君：《集体物品、财政场域与财政学知识体系的新综合》，《财政研究》2017 年第 1 期。

⑤ 楼继伟：《建立现代财政制度》，《人民日报》2013 年 12 月 16 日。

有机组合形成现代财政制度理论的框架体系，接下来就需要在此基础上，从中国实际问题出发，进行财税理论创新，形成理论体系。贾康提出，财政基础理论层面客观需要以"财政全域国家治理"为正面表述与基本框架进行创新。"现代财政制度是一整套、一系列互相协调、相互关联的财政制度的体系，包括现代预算制度、现代税收制度、现代政府债务管理制度、现代国库集中收缴和集中支付制度、现代转移支付制度、现代政府采购制度、现代国有资本管理制度、现代财政支出管理制度、现代财政监督制度等等覆盖财政活动所有领域的制度总和。"[①] 现代财政制度的建设重点为财税理论的发展提供了指引，财税理论的进步又会作用于现代财政制度的完善，财政作为国家治理的基础和重要支柱，将在国家治理层面发挥更为显著的作用。

第三节 具体研究领域的发展展望

一 财政学具体领域的研究现状

财政学的具体问题的范围较广，可以通过对学术论文发表情况掌握具体领域的研究现状。樊丽明、王澍（2016），丛树海、宋达飞（2017）基于不同的时间段和样本期刊，均采用文献计量学的方法，分析了近些年来国内学术期刊发表财政学相关论文的基本情况。[②] 如表24—1所示，如果包含《税务研究》杂志在内，两项研究均发现

[①] 贾康：《财政全域国家治理：现代财政制度构建的基本理论框架》，《地方财政研究》2015年第7期。

[②] 樊丽明、王澍（2016）选择《中国社会科学》《经济研究》《管理世界》《财贸经济》《财政研究》以及《税务研究》六种中文期刊，分析时期为2006—2015年。丛树海、宋达飞（2017）排除了《管理世界》杂志，但额外增加了《经济学（季刊）》以及《财经研究》《财经科学》《中国人民大学学报》等财经类期刊或高校学报，共计19种典型学术期刊，分析时期为2011—2015年。两篇文章在分类时使用术语有所不同，但实质含义相近。这里按照樊丽明、王澍（2016）的术语统一归类。

以税收为主体的财政收入相关问题的学术论文占比超过50%。即使如樊丽明、王瀴（2016）排除掉《税务研究》杂志，仅分析五本综合类学术期刊，财政收入相关问题的研究也居于第一位，占比达到28%。表中也显示，财政支出、财政体制相关问题的研究占比也相对较高。

表24—1　　　　　中国财政学科研究领域现状分析　　　　单位：篇

研究主题	主要内容	5刊 2006—2015年	6刊 2006—2015年	19刊 2011—2015年
财政基础理论	财政职能、性质、起源；市场失灵相关问题；财政思想史等	301	323	93
财政收入（税收学）	财政收入总论（财政收入规模、结构、制度优化等）；税收（税收理论、税收制度、税收征管）；非税收入等	619	2437	1857
财政支出	财政支出总论（财政支出的规模、结构、效益等）；购买性支出（民生性支出、投资性支出）；转移性支出（财政补贴等）	394	446	325
预算管理	预算管理、财政透明度、绩效管理、政府采购等	233	244	185
财政体制	财政分权理论、分税制、政府间转移支付等	263	358	266
财政平衡与公债	财政平衡、财政赤字、公债等	82	86	185

续表

研究主题	主要内容	5 刊 2006—2015 年	6 刊 2006—2015 年	19 刊 2011—2015 年
财政与宏观经济政策	财政与宏观经济政策	166	279	204
其他（社会保障等）	社会保障理论；养老保险、医疗保险、失业保险、社会救助等	143	181	60
合计		2201	4354	3175

资料来源：樊丽明、王泹：《中国财政学研究态势——基于2006—2015年六刊发文的统计分析》，《财贸经济》2016年第12期。丛树海、宋达飞：《2011—2015年财政学研究代表性期刊发文状况分析》，《中央财经大学学报》2017年第6期。

樊丽明、王泹（2016）的研究还显示，财政基础理论方面的学术论文占比相对较高。而丛树海、宋达飞（2017）统计的样本期刊达到19种，但财政基础理论方面的论文数量不到樊丽明、王泹（2016）统计的三分之一。其原因之一在于樊丽明、王泹（2016）的研究涵盖了2006—2010年。这从侧面反映2006—2010年，关于财政基础理论的研究属于热点问题，但在2011—2015年则明显淡化。

将中文权威期刊的财政学论文发表趋势，与国际学界的情况进行比较，可以得到一些有趣的发现。如表24—2所示，美国国民经济研究局（NBER）公共经济学领域的工作论文中，1990年有关税收的研究占比高达63.6%，但此后快速下降，2000年为28.1%，到2010年仅为15.3%。[1] 与之对比，关于财政支出的研究占比则从

---

[1] NBER（美国国民经济研究局）工作论文，涵盖经济学各个学科；目前已达25000篇以上，每年新增数千篇，是英文经济学论文的主要展示平台。其工作论文大部分都能发表于主流英文经济学期刊，因此能够较好地反映英美学界对公共经济学的关注点。

1990年的5.5%，快速上升到2010年的20.8%，较税收问题的研究高4.5个百分点。这与中国财政学界目前侧重于财政收入领域形成鲜明对比。如仔细阅读NBER公共经济学领域工作论文，可以发现其更多聚焦于具体的财政支出项目或政策、具体的税收政策变化等话题。这与国内学界部分论文集中在税收或财政支出整体问题也有所不同。

表24—2　　NBER公共经济学领域工作论文主题变化趋势　　单位:%

研究主题	1990年	2000年	2010年
税收	63.6	28.1	15.3
财政支出	5.5	13.7	20.8
税收和支出	0	7.8	1.1
其他（教育、管制等）	30.9	50.3	62.8

资料来源：Chetty R，Finkelstein A．The Changing Focus of Public Economics Research，1980－2010．*Nber Reporter*，2012（1）：1－6．

在财政学具体研究领域侧重点的选择上，中外学界存在的差异，有其现实基础。一是税收种类较少，且税制本身具有稳定性。从现状看，欧美发达国家的税制变化较少；缺少变化，则提供的学术研究机遇较少。与之对比，财政支出项目则众多繁杂，且每年变化较多，能够提供很多研究机会。二是公共经济学研究越来越关注实践，特别是重视政策评估。显然，各个具体的财政支出项目与人民的生活息息相关，更适于进行公共政策评估，其评估结论也能为支出政策与项目的科学制定提供一定的借鉴。

与欧美发达国家有所不同，我国的税制体系尚处于不断优化的过程中。实践在不断变化，既为学术研究提出了很多需求，又为学术研究提供了很多机遇。从这个角度看，我国财政学界对于以税收为主体的财政收入问题关注更多，有其合理性。当然，各高校的财政学科一般会下设税收系，教学研究人员的供给现状，对学术论文的研究领域也有一定的影响。

二 财政学具体研究领域展望

中外的情况均说明，财政学的研究，应当与实践的发展相匹配，应当重视财政实践中的突出问题。从这一角度看，我国财政学具体研究领域的未来发展方向，取决于我们对财政实践未来变化方向的判断。

如樊丽明、王澍（2016）所展示的，财政学的研究主题，大体可分为财政基础理论、财政收入、财政支出、政府间财政关系、预算管理、宏观财政政策等几大类。从构建中国特色哲学社会科学学科体系、明确财政学的学科属性的角度看，应当加强财政基础理论研究。从财政实践看，目前税制乃至财政收入体系、财政支出、政府间财政关系、预算管理以及宏观财政政策，都尚处在全面深化改革的进程中，都需要学术研究予以高度关注。但从长期看，这些制度变革的最终目标是构建现代财政制度，进入稳定成熟阶段。在这样的阶段，与欧美发达国家类似，财政学研究也将逐步转移到以各类具体财政支出项目为关注重点。纷繁复杂、可变性强的财政支出项目，特别需要财政学研究做好公共政策评估，揭示政策的福利影响，为完善政策设计提供证据。

从财政学各个具体领域来看，每个领域都有其特殊的关注问题，在不同阶段有其热点问题。如在税收领域，应重点关注如何协调好筹集收入与经济调节功能。在预算管理领域，应关注如何通过完善管理程序提升预算绩效。在政府间财政关系领域，应关注如何通过事权划分、财力和财权划分、转移支付等制度设计，提升中央以及地方各级政府的积极性。在财政政策领域，要求研究者具备宏观经济视野，关注各项财政收入和财政支出政策的宏观经济影响。从中国实践来看，要特别重视财政政策与货币政策、产业政策等之间的协调配合，特别重视赤字增加以及老龄化对财政可持续性的影响。

特别要指出的是，以上所说财政学研究要关注实践问题，并非提倡过度关注解决实务问题。学术研究应当与实务研究有所分工，应当更为侧重研究具有学理性、规律性的问题。在每个具体研究领域，都需要鼓励以具体问题为切入点，但需要遵循科学研究范式，由此才能获得科学的研究结论。泛泛而谈，既不符合科学研究范式的要求，又无法为政策制定提供有益借鉴。

第四节 研究范式的发展展望

一 财政学研究范式的发展趋势

在研究范式上，中国财政学界的研究传统是以学理性分析为主，侧重于重大政策问题或具体实务问题的讨论。但在 20 世纪 90 年代之后，特别是 21 世纪以来，国内社会科学界开始向"用数据说话"的研究范式转变，采用以计量分析方法为主的经验研究（国内或称实证研究），到目前已成为主流。如樊丽明、王溦（2016）所展示的，六本权威期刊 2006—2015 年发表的财政相关论文，采用经验研究方法的论文数量在波动中大幅增长：2006 年实证分析论文为规范分析（即以学理性分析为主）论文的 1.1 倍，而到了 2014 年增长到 1.8 倍，2015 年有所回落到 1.7 倍。中国财政学论文对经验研究的日益重视，与国际上的发展趋势是一致的。如表 24—3 所示，NBER 公共经济学领域工作论文中，1990 年纯理论研究[①]占比为 38.2%，纯经验研究占比为 32.7%，二者兼而有之的研究为 29.1%。但到了 2010 年，纯经验研究占比已迅速上升到 52.5%。

[①] 英文经济学论文中，理论研究往往采用构造理论模型的方式。这与中国财政学界所强调的以构造学科体系为主要内容的基础理论研究，并不相同。

表24—3　　NBER公共经济学工作论文使用研究方法变化趋势　　单位:%

研究方法	1990年	2000年	2010年
经验研究	32.7	46.4	52.5
理论研究	38.2	37.3	30.1
理论研究与经验研究兼有	29.1	11.8	5.5
其他（文献回顾，研究方法等）	3.6	4.6	12.1

资料来源：Chetty R, Finkelstein A. The Changing Focus of Public Economics Research, 1980-2010. *Nber Reporter*, 2012（1）：1-6.

以上可见，中国财政学界越来越重视"用数据说话"的经验研究范式，与国际学界的发展方向趋同。其原因，一方面是受近些年来我国经济学界大规模学习、引进国际上科学研究范式的影响，另一方面是学科发展的规律使然。可以说，国际上公共经济学界也发生了以经验研究为主导的大规模转向，背后的原因是其越来越重视实践中的政策评估问题。只有采用"用数据说话"的经验研究科学范式，才能使研究结论满足"可信性"和可验证性的要求。只有研究范式科学、研究结论可信，才能积累学科知识体系，更好地为实践服务。当然，这样的研究范式也存在研究发现"碎片化"的弊端，还需要以理论为指导使诸多研究发现体系化。

二　现有研究范式存在的问题及未来发展方向

中国财政学界以经验研究为主导的研究范式转变，取得了一定的成绩。相关文献，为我们更为客观、更为深层次地认识财政领域存在的问题及其影响，提供了强有力的依据。但如按照以上所说"积累科学知识"为根本评价标准，当前财政学诸多经验研究文献，还存在计量分析过程相对粗糙，分析结论的可信性受到质疑，政策讨论较为单一、深度不够等问题。少数论文的选题模仿痕迹严重，如简单变换样本进行的计量分析，脱离中国实践且无法贡献学术新知。特别要指出的是，经验研究的基本要求是能够结合现实将理论命题采用合理的指标科学量化，才有进行计量分析的基础。但从财政学界的现状来看，诸多论文都存在核心指标的设定与中国财政实践、其本源经济含义相脱节的问题。

我们以近些年来两个财政学热点概念，财政分权、财政压力为例，来说明这一点。知网检索可见，2016 年 1 月至 2019 年 4 月 CSSCI 来源期刊发表论文中，关键词包含"财政分权"的有 361 篇，包含"财政压力"的有 40 篇。这些论文，多数是以财政分权、财政压力为解释变量，分析其对研究主体某一方面的影响。以"财政分权"为解释变量的多数论文，往往用本级（如省级）财政收支占其所在整体区域（如全国）的比重来衡量。这脱离了"财政分权"是度量研究主体内部财政收支权力如何划分的本来经济含义。一些论文又将"财政分权"与"财政自给度"等同起来，但在财政学文献中这两个概念不能等同。以"财政压力"为解释变量的多数论文，往往用一般公共预算收入／一般公共预算支出来度量财政压力。但在中国实践中，一般公共预算的收支缺口，是以转移支付来填补，因此这一指标实质是财政自给率，或者说转移支付依赖度的反向指标。显然，实践中并非更为依赖转移支付的地区财政压力就更大，转移支付依赖度与财政压力在理论上也并非一回事。核心指标与论文所讲的理论故事相脱节，自然无法获得科学结论。

从这一现状来看，中国财政学界的经验研究范式，急需提升质量。一是要关注中国实践中的真问题，杜绝既无现实意义又无学术贡献的单纯模仿；二是要解决诸如核心指标的合理量化等计量分析的基础问题。如果核心指标的实际含义与论文提出的理论假说不匹配，则显著的研究结论，实际上积累的是虚假的科学知识。如果论文关注的问题既不能提供学术新知，又无实践价值，则属于无效科研活动。

在重视提升经验研究质量之外，还需鼓励百花齐放，提倡学理性分析与经验研究的融合发展，特别要重视中国财政实践中典型事实的梳理。中国现实中的一些重大财政改革，需要学理性分析来指引。这类学理性分析论文，虽不具备长期知识积累的功能，但能为解决实践中的重大财政问题提供有益指导。中国财政学界特别关注的学科基础理论问题，需要结合财税思想史、财政史，进行深度的学理性分析，才能取得科学的共识。如上文所提到的，经验研究结论一般说来具有"碎片化"特征，在相关研究发现积累到一定程度之后，也需采用学理性分析的方式予以整合实现体系化，使其成为中国特色哲学社会科学学科体系的有机组成部分。中国当前的财政制度已经过了70年的发展演变，在诸多具体领域都有其独特特征，也需要学界结合学理性分析和量化分析的方法，致力于梳理中国财政实践中的典型事实。

综上所述，70年来，中国财政学界在学术传统的影响和各种学术创新的冲击下，形成了自身独特的风貌，在学科属性和学科基础理论发展方面多次展开激烈的讨论。进入21世纪以来，中国财政学科的关注重点以及研究范式，也在逐步发生变化。总体而言，中国财政学70年的发展，高度关注财政实践中的重大问题，与时俱进，为推进财税改革和国家各项事业发展做出了不可磨灭的贡献。展望未来，有关学科基础理论、学科属性等根本问题还需进一步深入讨论，以取得更大的共识。而在财政学关注重点领域，研究范式的转变方面，应当适应财政实践的变化而不断演变。概而言之，提高财政学研究的分析深度、分析质量是未来重点方向，以更好服务实践，积累更多学术新知。

参考文献

薄一波：《税收在我们国家工作中的作用》，《人民日报》1950年3月22日第1版。

《陈云文选》第二卷，人民出版社1995年版。

《陈云文选》第三卷，人民出版社1995年版。

毛泽东：《抗日游击战争的战略问题》，人民出版社1967年版。

毛泽东：《论持久战》，人民出版社1976年版。

毛泽东：《目前抗日统一战线中的策略问题》，人民出版社1976年版。

《毛泽东文集》第6卷，人民出版社1999年版。

习近平：《齐心开创共建"一带一路"美好未来》，新华网2019年4月26日（http：//www.xinhuanet.com/politics/2019－04/27/c_1124422911.htm）。

习近平：《在哲学社会科学工作座谈会上的讲话》，新华网2016年5月17日，（http：//politics.people.com.cn/n1/2016/0518/c1024－28361421－2.html）。

《习仲勋在陕甘宁边区》编委会：《习仲勋在陕甘宁边区》，中国文史出版社2009年版。

朱镕基：《朱镕基答记者问》，人民出版社2009年版。

北京大学中国经济研究中心宏观组：《货币政策乎？财政政策乎？——中国宏观经济政策评析及建议》，《经济研究》1998年第

10 期。

财政部财政科学研究所编：《抗日根据地的财政经济》，中国财政经济出版社 1987 年版。

财政部财政科学研究所课题组：《城镇化进程中的地方政府融资研究》，《经济研究参考》2013 年第 13 期。

财政部财政科学研究所、中央财政金融学院主编：《财政学问题讨论集——1964 年财政学论文讨论会论文选辑（上、下册）》，中国财政经济出版社 1965 年版。

财政部税务总局编：《中国革命根据地工商税收史长编》（陕甘宁边区部分），中国财政经济出版社 1989 年版。

财政部预算司编著：《国家预算管理学》，中国财政经济出版社 1986 年版。

财政部综合计划司编著：《财政只是问答，国家预算分册》，中国财政经济出版社 1980 年版。

财政部综合司：《充分发挥财政政策在宏观调控中的重要作用助力我国经济行稳致远》，《中国财政》2018 年第 24 期。

财政科学研究所编：《革命根据地的财政经济》，中国财政经济出版社 1985 年版。

国家税务总局税收科学研究所课题组：《税收现代化目标体系建设研究》，《税收经济研究》2015 年第 3 期。

国家预算教材编写组编著：《国家预算》，中国财政经济出版社 1964 年版。

国家预算教材编写组编著：《国家预算》，中国财政经济出版社 1980 年版。

国务院发展研究中心土地课题组、李剑阁、蒋省三、韩俊、刘守英：《土地制度、城市化与财政金融风险——来自东部一个发达地区的个案》，《改革》2005 年第 10 期。

全国政协文史资料研究委员会编：《文史资料选集》（第 8、26、27 册），中国文史出版社 1986 年版。

人民出版社编：《抗日战争时期解放区概况》，人民出版社 1953 年版。

陕甘宁边区财政经济史编写组：《抗日战争时期陕甘宁边区财政经济史料摘编》，陕西人民出版社 1981 年版。

陕西省档案馆编：《陕甘宁边区政府大事记》，档案出版社 1991 年版。

《社会主义财政学》编写组：《社会主义财政学》，中国财政经济出版社 1980 年版。

中国人民大学编辑：《中国人民大学第二次科学讨论会财政组报告提纲》，中国人民大学 1951 年版。

中国人民大学财政教研室编：《苏联与中国国家预算讲义》，中国人民大学出版社 1951 年版。

中国人民大学财政教研室编著：《财政学（初稿）》，中国财政经济出版社 1964 年版。

中国社会科学院经济研究所中国现代经济史组编：《第一、二次国内革命战争时期土地斗争史料选编》，人民出版社 1981 年版。

陈光焱：《中国财政通史第十卷：中华人民共和国财政史》（上），湖南人民出版社 2015 年版。

陈光焱：《中国财政通史第十卷：中华人民共和国财政史》（下），湖南人民出版社 2015 年版。

陈锡文主编：《中国农村公共财政制度》，中国发展出版社 2005 年版。

陈锡文主编：《中国县乡财政与农民增收问题研究》，山西经济出版社 2003 年版。

陈元：《政府与市场之间：开发性金融的中国探索》，中信出版社 2012 年版。

邓子基：《财政学原理》，经济科学出版社 1989 年版。

邓子基、叶振鹏：《社会主义财政理论》，人民出版社 1978 年版。

邓子基编：《财政是经济基础还是上层建筑》，中国财政经济出版社1964年版。

邓子基等主编：《比较财政学》，中国财政经济出版社1987年版。

丁方、罗毅：《新财政学教程》，十月出版社1951年版。

冯田夫：《我国新民主主义革命时期根据地战时财经史》，中国财政经济出版社2011年版。

冯芸桂：《难忘的延安岁月》，中国文化出版社2003年版。

高坚：《中国国债（修订本）》，经济科学出版社1997年版。

高培勇：《公共财政：经济学界如是说》，经济科学出版社2000年版。

高培勇：《共和国财税60年》，人民出版社2009年版。

高培勇：《世界主要国家财税体制：比较与借鉴》，中国财政经济出版社2010年版。

高培勇、孙国府、张迪恩：《中国财税改革30年：回顾与展望》，中国财政经济出版社2009年版。

高培勇主编：《"费改税"：经济学界如是说》，经济科学出版社1999年版。

高培勇主编：《中国税费改革问题研究》，经济科学出版社2004年版。

高培勇主编、张斌副主编：《个人所得税：迈出走向"综合与分类相结合"的脚步》，中国财政经济出版社2011年版。

郭德宏：《中国近现代农民土地问题研究》，青岛出版社1993年版。

何东昌主编：《马叙伦部长在第一次全国教育工作会议上的开幕词》（1949年12月23日），载《中华人民共和国重要教育文献（1949—1975）》，海南出版社1998年版。

何廉、李锐：《财政学》，国立编译馆1935年版。

何振一：《理论财政学》，中国财政经济出版社1987年版。

何振一、阎坤：《中国财政支出结构改革》，社会科学文献出版社2000年版。

何振一、阎坤、雷爱先：《构造有中国特色的市场经济财政体系》，江苏人民出版社1999年版。

胡书东：《经济发展中的中央与地方关系——中国财政制度变迁研究》，上海人民出版社2001年版。

贾康：《财政本质与财政调控》，经济科学出版社1998年版。

贾康、刘薇：《构建现代治理基础——中国财税体制改革40年》，广东经济出版社2017年版。

贾康、阎坤：《转轨中的财政制度变革》，上海远东出版社1999年版。

贾康主编：《税费改革研究文集》，经济科学出版社2001年版。

孔祥熙：《抗战以来的财政》，胜利出版社1942年版。

李扬、张晓晶、常欣：《中国国家资产负债表2018》，中国社会科学出版社2018年版。

梁式文：《财政学大纲》，广东大学出版社1946年版。

刘秉麟：《近代中国外债史稿》，武汉大学出版社2007年版。

刘克崮、贾康主编：《中国财税改革三十年：亲历与回顾》，经济科学出版社2008年版。

刘尚希主编：《公共风险论》，人民出版社2018年版。

刘志城主编：《社会主义税收若干问题》，中国财政经济出版社1992年版。

刘佐：《社会主义市场经济中的中国税制改革（1992—2013）》，中国税务出版社2014年版。

刘佐：《新中国税制60年》，中国财政经济出版社2009年版。

楼继伟：《中国政府间财政关系再思考》，中国财政经济出版社2013年版。

楼继伟主编：《深化财税体制改革》，人民出版社2016年版。

楼继伟主编：《新中国50年财政统计》，经济科学出版社2000年版。

卢洪友：《政府职能与财政体制研究》，中国财政经济出版社1999年版。

吕炜：《我们离公共财政有多远》，经济科学出版社 2005 年版。

马骏、张晓蓉、李治国等：《中国国家资产负债表研究》，社会科学文献出版社 2012 年版。

马寅初：《财政学与中国财政：理论与实践》，商务印书馆 1948 年版。

齐守印：《财经大业》，中国财政经济出版社 2012 年版。

千家驹：《新财政学大纲》，生活·读书·新知三联书店 1949 年版。

钱穆：《中国经济史》，北京联合出版公司 2013 年版。

申春生：《山东抗日根据地史》，山东大学出版社 1993 年版。

沈志华：《苏联专家在中国（1948—1960）》（第三版），社会科学文献出版社 2015 年版。

粟寄沧：《新财政学教程》，新潮书店 1951 年版。

孙翊刚主编：《简明中国财政史》，中国财政经济出版社 1988 年版。

孙翊刚主编：《财政五十年——若干财政理论问题研究》，经济科学出版社 1999 年版。

涂龙力、王鸿貌：《税收基本法研究》，东北财经大学出版社 1998 年版。

王丙乾：《中国财政 60 年回顾与思考》，中国财政经济出版社 2009 年版。

王诚尧主编：《国家税收》，中国财政经济出版社 1997 年版。

王诚尧主编：《中国社会主义税收》，黑龙江人民出版社 1986 年版。

王亘坚：《论财政学的对象》（财政学问题讨论集上册），中国财政经济出版社 1965 年版。

王启云：《山东抗日根据地的减租减息》，中共党史出版社 2005 年版。

王绍飞：《财政学新论》，中国财政经济出版社 1984 年版。

王绍飞：《改革财政学》，中国财政经济出版社 1989 年版。

王绍光、胡鞍钢：《中国国家能力报告》，辽宁人民出版社 1993 年版。

王文靖编著：《谈我们的国家预算》，中国青年出版社1953年版。

王毅、郭永强：《政府资产负债表：国际标准与实践》，中国金融出版社2015年版。

翁礼华：《纵横捭阖——中国财税文化透视》，中国财政经济出版社2004年版。

吴敬琏：《当代中国经济改革教程》，上海远东出版社2015年版。

伍丹戈：《论国家财政》，立信会计图书用品社1951年版。

武衡主编：《抗日战争时期解放区科学技术发展史资料》，中国学术出版社1984年版。

项怀诚主编，《中国财政50年》，中国财政经济出版社1999年版。

谢旭人主编：《中国财政60年》，经济科学出版社2009年版。

戌子和：《晋冀鲁豫边区财政简史》，中国财政经济出版社1987年版。

许廷星：《关于财政学的对象问题》，重庆人民出版社1957年版。

许毅主编：《中央革命根据地财政经济史长编》，人民出版社1982年版。

闫坤、于树一：《中国的市场化改革与公共财政职能转换》，社会科学文献出版社2016年版。

阎坤：《财政改革新论》，中国经济出版社1999年版。

阎坤：《中国县乡财政体制研究》，经济科学出版社2007年版。

阎坤、王进杰：《公共支出理论前沿》，中国人民大学出版社2004年版。

杨培新：《旧中国的通货膨胀》，人民出版社1985年版。

杨志勇：《财政理论发展纲要》，1999年打印稿。

杨志勇：《现代财政制度探索：国家治理视角下的中国财税改革》，广东经济出版社2015年版。

杨志勇：《中国财政体制改革与变迁》（1978—2018），社会科学文献出版社2019年版。

杨志勇、张斌主编：《中国政府资产负债表（2017）》，社会科学文献出版社 2017 年版。

杨志勇、张馨：《公共经济学》（第三版），清华大学出版社 2013 年版。

叶振鹏、张馨：《双元结构财政——中国财政模式研究》，经济科学出版社 1995 年版。

尹文敬：《国家财政学》，立信会计图书用品社 1953 年版。

张馨：《比较财政学教程》，第二版，中国人民大学出版社 2004 年版。

张馨：《公共财政论纲》，经济科学出版社 1999 年版。

张馨、杨志勇、郝联峰、袁东：《当代财政与财政学主流》，东北财经大学出版社 2000 年版。

张卓元：《新中国经济学史纲（1949—2011）》，中国社会科学出版社 2012 年版。

赵早早：《财政预算理论：经济、管理与政治的视角》，原载于马珺、高培勇主编《国家治理与财政学基础理论创新》，中国社会科学出版社 2017 年版。

安体富：《当前世界减税趋势与中国税收政策取向》，《经济研究》2002 年第 2 期。

安体富：《关于财政学的学科属性与定位问题》，《财贸经济》2016 年第 12 期。

安体富、高培勇：《社会主义市场经济体制与公共财政构建》，《财贸经济》1993 年第 4 期。

贝多广：《论社会资金流动的综合平衡》，《经济研究》1989 年第 7 期。

毕志恒：《日本的国债》，《世界经济》1984 年第 1 期。

蔡寅：《改革国家预算管理体制的设想》，《财贸经济》1988 年第 3 期。

曹凤岐、顾志杰：《关于制定预算法的几个问题》，《北京大学学报》

（哲学社会科学版）1990 年第 1 期。

曹婧、毛捷、薛熠：《城投债为何持续增长：基于新口径的实证分析》，《财贸经济》2019 年第 5 期。

常春凤：《改革开放三十年：中国经济波动与宏观调控的回顾与反思》，《经济学家》2009 年第 2 期。

陈东琪：《对近两年宏观经济政策操作的思考》，《经济研究》1998 年第 12 期。

陈东琪、王冬梅：《熨平经济周期的财政政策》，《中国社会科学院研究生院学报》1999 年第 1 期。

陈逢书：《浅谈中央企业与地方财政关系》，《财政研究》1991 年第 11 期。

陈共：《财政学对象的重新思考》，《财政研究》2015 年第 4 期。

陈共：《关于财政学基本理论的几点意见》，《财政研究》1999 年第 4 期。

陈共：《关于"公共财政"的商榷》，《财贸经济》1999 年第 3 期。

陈抗、Arye L. Hillman、顾清扬：《财政集权与地方政府行为变化——从援助之手到攫取之手》，《经济学（季刊）》2002 年第 1 期。

陈元：《发挥开发性金融作用 促进中国经济社会可持续发展》，《管理世界》2004 年第 7 期。

陈元：《改革的十年 发展的十年——开发性金融实践与理论的思考》，《求是》2004 年第 13 期。

陈元：《开发性金融与中国城市化发展》，《经济研究》2010 年第 7 期。

陈志勇、陈莉莉：《"土地财政"：缘由与出路》，《财政研究》2010 年第 1 期。

陈志勇、毛晖：《财政理论研究要与时俱进——"全国财政基础理论座谈会"综述》，《财政研究》2002 年第 10 期。

初维真：《山东抗日根据地的地位和作用》，《山东社会科学》1995

年第 4 期。

丛树海、宋达飞：《2011—2015 年财政学研究代表性期刊发文状况分析》，《中央财经大学学报》2017 年第 6 期。

丛树海、郑春荣：《国家资产负债表：衡量财政状况的补充形式》，《财政研究》2002 年第 1 期。

崔潮：《财政学三大流派与国家治理财政学建构》，《地方财政研究》2018 年第 3 期。

崔建军：《财政、货币政策作用空间的历史变迁及其启示——基于中国财政、货币政策实践》，《经济学家》2008 年第 3 期。

戴根有：《1988 年通货膨胀成因及治理建议》，《中国金融》1989 年第 5 期。

戴园晨、徐亚平：《财政体制改革与中央地方财政关系变化》，《经济学家》1992 年第 4 期。

邓力平：《对税收理论现代化相关问题的思考》，《税务研究》2015 年第 10 期。

邓子基：《过渡时期国家预算的任务》，《厦门大学学报》（财经版）1954 年第 5 期。

邓子基：《借鉴公共财政论，发展国家分配论》，《财政研究》2000 年第 1 期。

邓子基：《略论财政本质》，《厦门大学学报》（社会科学版）1962 年第 3 期。

邓子基：《论赤字有害与消灭赤字措施》，《经济问题探索》1981 年第 3 期。

邓子基：《〈社会主义财政学〉教材简介》，《财政》1980 年第 6 期。

邓子基：《转换国有企业经营机制的财政对策》，《财贸经济》1992 年第 10 期。

邓子基、徐日清：《再论财政收支矛盾与财政收支平衡》，《经济研究》1982 年第 1 期。

董大胜：《从我国国情出发认识财政赤字》，《财政研究》1987 年第

11 期。

董大胜：《改革预算编制形式实行复式预算》，《财政》1987 年第 3 期。

杜辉：《财政支农资金"配套制"探析——兼论政府间支农权责关系》，《经济体制改革》2014 年第 4 期。

杜萌昆：《对"七五"期间税制改革若干问题的争论》，《税务研究增刊》1986 年第 21 期。

杜恂诚：《民国时期的中央与地方财政划分》，《中国社会科学》1998 年第 3 期。

段炳德：《现代财政制度的基本要素与构建逻辑》，《管理世界》2016 年第 8 期。

樊纲：《发展市场经济与当前改革战略重点的调整》，《江淮论坛》1993 年第 1 期。

樊纲：《"软约束竞争"与中国近年的通货膨胀》，《金融研究》1994 年第 9 期。

樊丽明、王澍：《中国财政学研究态势——基于 2006—2015 年六刊发文的统计分析》，《财贸经济》2016 年第 12 期。

付文林、沈荣坤：《均等化转移支付与地方财政支出结构》，《经济研究》2012 年第 5 期。

傅才武、宋文玉：《创新我国文化领域事权与支出责任划分理论及政策研究》，《山东大学学报》（哲学社会科学版）2015 年第 6 期。

甘培根、夏斌：《论日本国债的市场化》，《国际金融研究》1986 年第 2 期。

高培勇：《公共财政：概念界说与演变脉络——兼论中国财政改革 30 年的基本轨迹》，《经济研究》2008 年第 12 期。

高培勇：《关于中国国债规模问题的几点看法》，《财政研究》1998 年第 3 期。

高培勇：《"量入为出"与"以支定收"—结合当前财政收入增长态势的讨论》，《财贸经济》2001 年第 3 期。

高培勇：《论国家治理现代化框架下的财政基础理论建设》，《中国社会科学》2014年12期。

高培勇：《论完善税收制度的新阶段》，《经济研究》2015年第2期。

高培勇：《论中国财政基础理论的创新——由"基础和支柱说"说起》，《管理世界》2015年第12期。

高培勇：《美国的国债管理》，《外国经济与管理》1984年第11期。

高培勇：《美国巨额国债的原因及前景分析》，《现代财经—天津财经学院学报》1985年第3期。

高培勇：《"一体两翼"：新形势下的财政学科建设方向——兼论财政学科和公共管理学科的融合》，《财贸经济》2002年第12期。

高培勇：《应当建立一门〈国债管理学〉》，《财政研究》1993年第4期。

高培勇：《由适应市场经济体制到匹配国家治理体系——关于新一轮财税体制改革基本取向的讨论》，《财贸经济》2014年第3期。

高培勇：《中国财税改革40年：基本轨迹、基本经验和基本规律》，《经济研究》2018年第3期。

葛致达：《谈谈财政平衡与不平衡的认识——学习唯物辩证法的一点体会》，《财政研究》1980年第12期。

葛致达：《我国国家预算的本质和它在过渡时期的作用》，《经济研究》1956年第3期。

耿强、江飞涛、傅坦：《政策性补贴、产能过剩与中国的经济波动——引入产能利用率RBC模型的实证检验》，《中国工业经济》2011年第5期。

郭代模：《中央与地方财政分配关系的现状与展望》，《财政研究》1991年第7期。

郭德宏：《第二次国内革命战争时期党的土地政策的演变》，《中国社会科学》1980年第6期。

郭德宏、梁尚贤：《试论大革命时期的土地斗争》，《历史研究》1983年第2期。

郭连成：《苏联对中央财政与地方财政关系的调整》，《财经问题研究》1985 年第 3 期。

郭庆旺、吕冰洋、张德勇：《财政支出结构与经济增长》，《经济理论与经济管理》2003 年第 11 期。

郭庆旺、三好慎一郎、赵志耘：《财政赤字学说述评》，《经济学动态》1993 年第 8 期。

郭庆旺、赵志耘：《"公共财政论"的再质疑》《财政研究》1999 年第 12 期。

郭庆旺、赵志耘：《论我国财政赤字的拉动效应》，《财贸经济》1999 年第 6 期。

郭深：《按照提高经济效益的方向改善中央和地方的财政关系》，《中央财政金融学院学报》1987 年第 3 期。

郭树清：《当前经济形势和加强宏观调控问题》，《经济研究》1995 年第 6 期。

何代欣：《如何推动减税降费全面起效》，《金融博览》2019 年第 5 期。

何代欣：《现代化经济体系下的税制改革趋势》，《国际税收》2018 年第 8 期。

何代欣：《中国减税降费的作用与关键环节》，《经济纵横》2019 年第 2 期。

何德旭、郑联盛：《积极财政政策助推高质量发展》，《中国金融》2019 年第 8 期。

何庆光：《财政分权、转移支付与地方税收入——基于 1985—2006 年省级面板数据分析》，《统计研究》2009 年第 26 卷第 3 期。

何盛明：《"政府应该做的，就是财政要干的"—关于市场经济条件下国家财政职能的几点思考》，《财政研究》1998 年第 8 期。

何振一：《财政改革基本思路的若干思考》，《财贸经济》1987 年第 8 期。

何振一：《财政改革中急需解决的几个理论认识问题》，《财贸经济》

1993 年第 11 期。

何振一、阎坤：《改革支出预算分配方式的研究》，《财政研究》1997 年第 12 期。

何振一、阎坤：《建设中国式财政政策性投融资体系的研究》，《财贸经济》1999 年第 9 期。

洪小东：《央地政府间环境事权与支出责任划分》，《地方财政研究》2018 年第 5 期。

洪源、胡争荣：《偿债能力与地方政府债务违约风险——基于 KMV 修正模型的实证研究》，《财贸经济》2018 年第 5 期。

侯梦蟾：《关于社会主义财政以再生产为前提的几个问题》，《财贸经济》1983 年第 5 期。

侯一麟：《政府职能、事权事责与财权财力》，《公共行政评论》2009 年第 2 期。

黄达：《综合平衡与货币流通》，《上海金融研究》1982 年第 3 期。

黄国华：《毛泽东"红色政权"模式探索》，《四川师范大学学报》（社会科学版）1995 年第 1 期。

黄国桥、徐永胜：《地方政府性债务风险的传导机制与生成机理分析》，《财政研究》2011 年 9 期。

黄赜琳：《中国经济周期特征与财政政策效应——一个基于三部门 RBC 模型的实证分析》，《经济研究》2005 年第 6 期。

《基金、世行专家对中国财税改革的看法和建议》，《财政研究》1994 年第 3 期。

贾俊雪、郭庆旺：《中国经济周期波动特征变化与宏观经济稳定政策》，《经济理论与经济管理》2008 年第 7 期。

贾康：《财税改革的回顾与展望》，《经济纵横》1996 年第 2 期。

贾康：《概论财政政策与货币政策的协调配合》，《中央财政金融学院学报》1992 年第 2 期。

贾康：《关于我国国债适度规模的认识》，《财政研究》1996 年第 10 期。

贾康:《深入进行财政体制改革的设想》,《中国经济体制改革》1986年第10期。

贾康:《"土地财政":分析及出路——在深化财税改革中构建合理、规范、可持续的地方"土地生财"机制》,《财政研究》2012年第1期。

贾康:《中国财税改革30年:简要回顾与评述》,《财政研究》2008年第10期。

贾康、白景明:《县乡财政解困与财政体制创新》,《经济研究》2002年第2期。

贾康、梁季:《辨析分税制之争:配套改革取向下的全面审视》,《财政研究》2013年第12期。

贾康、刘微:《"土地财政"论析——在深化财税改革中构建合理、规范、可持续的地方"土地生财"机制》,《经济学动态》2012年第1期。

贾康、龙小燕:《财政全域国家治理:现代财政制度构建的基本理论框架》,《地方财政研究》2015年第7期。

贾康、阎坤:《完善省以下财政体制改革的中长期思考》,《管理世界》2005年第8期。

贾康、赵全厚:《国债适度规模与我国国债的现实规模》,《经济研究》2000年第10期。

江晓敏:《唐宋时期的中央与地方财政关系》,《南开学报》(哲学社会科学版)2003年第5期。

姜铎:《解放战争时期国民党统治下上海的物价与通货膨胀情况》,《上海经济研究》1989年第1期。

姜维壮:《确立我国财政学理论基础的三大原则》,《江西财经大学学报》1999年第5期。

蒋震、邢军:《地方政府"土地财政"是如何产生的》,《宏观经济研究》2011年第1期。

解学智、赵白羽:《我国目前不宜实行复式预算》,《财政研究》

1987年第8期。

金人庆：《积极运用财政手段　促进科学发展观的落实》，《求是》2004年第12期。

孔善广：《分税制后地方政府财事权非对称性及约束激动机制变化研究》，《经济社会体制比较》2007年第1期。

寇铁军：《集权与分权的财政思考》，《财经问题研究》1994年第12期。

寇铁军：《我国财政体制改革的目标模式》，《财经问题研究》1995年第12期。

雷潇雨、龚六堂：《基于土地出让的工业化与城镇化》，《管理世界》2014年第9期。

李成刚：《何振一：财政学社会共同需要论学派的创立》，《中国经济时报》2014年11月26日第9版。

李成瑞：《社会主义市场经济条件下"四大平衡"理论的再认识》，《经济研究》1996年第1期。

李广众：《政府支出与居民消费：替代还是互补》，《世界经济》2005年第5期。

李金早：《美国加拿大中央与地方财政关系及其比较分析》，《世界经济》1987年第8期。

李俊生：《新市场财政学：旨在增强财政学解释力的新范式》，《中央财经大学学报》2017年第5期。

李俊生、乔宝云、刘乐峥：《明晰政府间事权划分　构建现代化政府治理体系》，《中央财经大学学报》2014年第3期。

李俊生、姚东旻：《财政学需要什么样的理论基础？——兼评市场失灵理论的"失灵"》，《经济研究》2018年第9期。

李苗、崔军：《政府间事权与支出责任划分：从错配到适配——兼论事权责任层次和权力要素的双重属性》，《公共管理与政策评论》2018年第4期。

李炜光：《财政何以为国家治理的基础和支柱》，《法学评论》2014

年第 2 期。

李晓西、白景明：《社会主义市场经济条件下的财政体制初探》，《财政研究》1993 年第 1 期。

李欣、余贞利、刘尚希等：《中央地方科技事权与支出责任的划分研究》，《经济研究参考》2015 年第 22 期。

李扬：《国债规模：在财政与金融之间寻求平衡》，《财贸经济》2003 年第 1 期。

李扬：《货币政策与财政政策的配合：理论与实践》，《财贸经济》1999 年第 11 期。

李扬：《1994 年宏观调控体系中的国债管理政策》，《财贸经济》1995 年第 2 期。

李扬、张晓晶、常欣、汤铎铎、李成：《中国主权资产负债表及其风险评估（上）（下）》，《经济研究》2012 年第 47 卷第 6 期、第 7 期。

李永友、丛树海：《居民消费与中国财政政策的有效性：基于居民最优消费决策行为的经验分析》，《世界经济》2006 年第 5 期。

李永友、沈坤荣：《辖区间竞争、策略性财政政策与 FDI 增长绩效的区域特征》，《经济研究》2008 年第 5 期。

梁尚敏：《建立有中国特色的当代财政学》，《中南财经大学学报》1994 年第 4 期。

梁尚敏：《社会主义财政学研究中的若干问题》，《财政研究》1982 年第 5 期。

梁文森：《关于财政、信贷、物资平衡问题的研究》，《经济学动态》1980 年第 2 期。

梁学平：《我国财政政策变迁的路径依赖及其原因阐释》，《中央财经大学学报》2007 年第 10 期。

林毅夫、刘志强：《中国的财政分权与经济增长》，《北京大学学报》（哲学社会科学版）2000 年第 4 期。

刘昌黎：《论国债在战后日本经济发展中的作用》，《日本问题》

1989 年第 3 期。

刘昌黎：《日本偿还国债的措施与方法》，《外国经济与管理》1985 年第 8 期。

刘崇武：《美国中央财政与地方财政关系》，《财政研究》1986 年第 10 期。

刘春鹏：《关于社会主义国家公债的几个问题》，《财政研究》1983 年第 2 期。

刘国光：《经济体制改革与宏观经济管理——"宏观经济管理国际讨论会"评述》，《经济研究》1985 年第 12 期。

刘剑文、候卓：《事权划分法治化的中国路径》，《中国社会科学》2017 年第 2 期。

刘剑文、熊伟：《也谈税收基本法的制定》，《税务研究》1997 年第 5 期。

刘军：《实施积极的财政政策与发挥税收的调节作用》，《税务研究》1999 年第 9 期。

刘立峰：《国债政策可持续性及财政风险度量》，《宏观经济研究》2001 年第 8 期。

刘立峰、许生、王元京、罗松山、林勇明、钟国强、娄振华、张同功：《地方政府融资研究》，《宏观经济研究》2010 年第 6 期。

刘利刚、陈少强：《中国应允许地方政府举债吗？》，《世界经济》2006 年第 4 期。

刘溶沧：《加快和深化财政体制改革的基本思路》，《福建论坛》（经济社会版）1988 年第 1 期。

刘溶沧：《简论中央与地方财政的"双紧"态势》，《财经理论与实践》1987 年第 3 期。

刘溶沧：《完善分税制改革的两个难点》，《改革》1994 年第 6 期。

刘溶沧、马拴友：《赤字、国债与经济增长关系的实证分析——兼评积极财政政策是否有挤出效应》，《经济研究》2001 年第 2 期。

刘溶沧、夏杰长：《中国国债规模：现状、趋势及对策》，《经济研究》1998 年第 4 期。

刘尚希：《改革成果存续时间是否太短——对"省直管县"欢呼背后的冷思考》，《人民论坛》2009 年第 4 期。

刘尚希、李成威、杨德威：《财政与国家治理：基于不确定性与风险社会的逻辑》，《财政研究》2018 年第 1 期。

刘尚希、马洪范、刘微、梁季、柳文：《明晰支出责任：完善财政体制的一个切入点》，《经济研究参考》2012 年第 40 期。

刘尚希、石英华、武靖州：《公共风险视角下中央与地方财政事权划分研究》，《改革》2018 年第 8 期。

刘尚希、王志刚、程瑜、梁季、樊轶侠、武靖州：《新旧动能转换背景下地方财政金融风险——基于贵州和陕西的调研》，《财政科学》2018 年第 1 期。

刘守英、蒋省三：《土地融资与财政和金融风险——来自东部一个发达地区的个案》，《中国土地科学》2005 年第 5 期。

刘伟、李连发：《地方政府融资平台举债的理论分析》，《金融研究》2013 年第 5 期。

刘晓路：《构建现代财政制度的理论基础：蒂利模型的财政学解读》，《财政研究》2017 年第 1 期。

刘晓路、郭庆旺：《国家视角下的新中国财政基础理论变迁》，《财政研究》2017 年第 4 期。

刘雅静：《西方财政支出理论探析》，《文史哲》1993 年第 2 期。

刘迎秋：《我国财政制度改革的更高目标——建立公共财政》，《改革》1994 年第 4 期。

刘永祯：《对预算赤字问题的再探讨》，《财经问题研究》1985 年第 5 期。

刘中华：《一些国家加强预算立法和预算管理的做法——预算法国际研讨会综述》，《财政》1988 年第 6 期。

楼继伟：《深化财税体制改革建立现代财政制度》，《求是》2014 年第 20 期。

楼继伟：《深化事权与支出责任改革 推进国家治理体系和治理能力现代化》，《财政研究》2018 年第 1 期。

卢洪友：《处理中央财政与地方财政关系的国际经验值得研究和借鉴》，《改革与理论》1995 年第 6 期。

卢洪友：《从建立现代财政制度入手推进国家治理体系和治理能力现代化》，《地方财政研究》2014 年第 1 期。

陆南泉：《苏联中央财政与地方财政的关系问题分析》，《财贸经济》1983 年第 2 期。

吕冰洋：《国家治理财政论：从公共物品到公共秩序》，《财贸经济》2018 年第 6 期。

吕炜：《体制性约束、经济失衡与财政政策——解析 1998 年以来的中国转轨经济》，《中国社会科学》2004 年第 2 期。

马蔡琛：《国家预算、政府预算和公共预算的比较分析》，《中国财政》2006 年第 2 期。

马蔡琛：《我国复式预算管理模式的改革取向》，《中国财政》2005 年第 5 期。

马大强：《关于理顺中央与地方财政关系的思考》，《经济纵横》1991 年第 2 期。

马国强：《论税收与政府收费的合理定位》，《财政研究》1999 年第 5 期。

马海涛、任强、程岚：《我国中央和地方财力分配的合意性：基于"事权"与"事责"角度的分析》，《财政研究》2013 年第 4 期。

马骏、侯一麟：《中国省级预算中的非正式制度：一个交易费用理论框架》，《经济研究》2004 年第 10 期。

马骏、於莉：《公共预算研究：中国政治学和公共行政学亟待加强的研究领域》，《政治学研究》2005 年第 5 期。

马珺：《财政学基础理论创新：重要但需审慎对待的诉求》，《财政研究》2018 年第 8 期。

马珺：《财政学研究的不同范式及其方法论基础》，《财贸经济》

2015 年第 7 期。

马珺:《"国家治理与财政学基础理论创新"研讨会综述》,《财贸经济》2014 年第 11 期。

马拴友:《中国公共部门债务和赤字的可持续性分析——兼评积极财政政策的不可持续性及其冲击》,《经济研究》2001 年第 8 期。

马万里:《多中心治理下的政府间事权划分新论——兼论财力与事权相匹配的第二条(事权)路径》,《经济社会体制比较》2013 年第 6 期。

倪红日:《改革开放以来中央与地方财政关系的演进与展望》,《经济纵横》2018 年第 6 期。

倪红日:《应该更新"事权与财权统一"的理念》,《涉外税务》2006 年第 5 期。

牛霖琳、洪智武、陈国进:《地方政府债务隐忧及其风险传导——基于国债收益率与城投债利差的分析》,《经济研究》2016 年第 51 卷第 11 期。

齐守印:《国有企业财务与国家财政关系新论——兼谈建立国企资金与财政资金分流营运体制的设想》,《经济与管理研究》1988 年第 4 期。

齐守印:《中国特色财政学部分基础理论问题辨析》,《财政研究》2018 年第 8 期。

乔先久:《改革国家预算管理体制的综合设想》,《财政研究》1988 年第 2 期。

沈立人:《"分灶吃饭"和分税制评议》,《财贸经济》1987 年第 11 期。

施正文、徐孟洲:《税法通则立法基本问题探讨》,《税务研究》2005 年第 4 期。

史永东:《中国转轨时期财政政策效应的实证分析》,《经济研究》1999 年第 2 期。

宋新中、余小平:《关于制定预算法的几点意见》,《财政研究》

1989 年第 3 期。

苏明：《国外中央与地方财政分配关系的特征》，《世界经济》1994 年第 5 期。

眭国余：《关于发行教育公债的建议》，《经济科学》1980 年第 4 期。

孙剑纯：《井冈山时期毛泽东的政权建设思想》，《求实》1987 年第 5 期。

孙开：《关于理顺中央与地方财政关系的若干思考》，《财经问题研究》1990 年第 7 期。

孙开：《论财政体制中事权与财权的结合》，《中国经济问题》1997 年第 4 期。

孙宁华：《经济转型时期中央政府与地方政府的经济博弈》，《管理世界》2001 年第 3 期。

孙树明：《关于公共财政的一些基本问题》，《中国财经报》1996 年 3 月 19 日。

汤林闽：《我国地方政府资产负债表：框架构建及规模估算》，《财政研究》2014 年第 7 期。

汤林闽：《中国政府资产负债表：理论框架与现实选择》，《金融评论》2014 年第 1 期。

唐海秀：《宪政视野的我国中央与地方财政关系》，《决策与信息》2006 年第 8 期。

田一农：《加强国家预算的综合平衡工作》，《财务与会计》1979 年第 5 期。

汪春凤：《陈云"三大平衡"理论研究——以 1949—1956 年为例》，《经济研究导刊》2013 年第 31 期。

汪红驹、汪川：《国际经济周期错配、供给侧改革与中国经济中高速增长》，《财贸经济》2016 年第 2 期。

汪学谦：《苏联东欧国家中央与地方间的财政体制问题初探》，《财政研究》1982 年第 2 期。

王丙乾：《确保今年财政收支的基本平衡》，《财贸经济》1982 年第

5 期。

王朝才：《日本中央与地方财政分配关系及其借鉴意义》，《财政研究》1992 年第 2 期。

王传纶、高培勇：《关于中国国债的几点考虑》，《财政研究》1995 年第 12 期。

王恩奉：《建立横向财政转移支付制度研究》，《改革》2003 年第 1 期。

王国刚：《关于"地方政府融资平台债务"的冷思考》，《财贸经济》2012 年第 9 期。

王国刚：《论企业组织制度的整顿与改革——兼评"放权让利"的改革思路》，《中国经济问题》1990 年第 6 期。

王国民：《关于进一步理顺国家与企业中央与地方财政分配关系的思考》，《财政研究》1987 年第 3 期。

王国清：《略论财政学的学科属性与研究范围》，《财政监督》2017 年第 22 期。

王国清、吕伟：《事权、财权、财力的界定及相互关系》，《财经科学》2000 年第 4 期。

王家永：《实现基本公共服务均等化：财政责任与对策》，《财政研究》2008 年第 8 期。

王陆进：《我国财政宏观调控中值得商榷的问题》，《中央财政金融学院学报》1993 年第 5 期。

王绍飞：《关于明后年财政体制改革的建议》，《财政研究》1986 年第 11 期。

王绍飞：《国家预算萎缩的原因和对策分析》，《财贸经济》1989 年第 7 期。

王绍飞：《中央和地方财政关系的目标模式》，《财贸经济》1988 年第 6 期。

王绍飞：《重新认识国家信用的性质、作用及国债的承受力》，《财政研究》1989 年第 4 期。

王延杰、李书霞：《从现行预算管理体制看复式预算在我国的可行性》，《河北学刊》1989年第3期。

王雍君：《智识财政学：回应公共生活叙事与改革挑战》，《财政科学》2018年第3期。

王雍君、乔燕君：《集体物品、财政场域与财政学知识体系的新综合》，《财政研究》2017年第1期。

王元京、高振华、何寅子：《地方政府融资面临的挑战与模式再造——以城市建设为例》，《经济理论与经济管理》2010年第4期。

王蕴、胡金瑛、徐策：《我国地方政府债务性融资模式选择》，《经济研究参考》2012年第2期。

王志：《发行公债是弥补财政赤字的好办法》，《金融研究》1981年第2期。

魏陆：《我国国债规模的可持续性及其风险分析》，《财经研究》2001年第9期。

巫建国：《对我国财政政策运行状况及前景的分析》，《中央财政金融学院学报》1995年第8期。

巫建国：《试论市场经济体制下的财政职能》，《财政研究》1994年第5期。

吴厚德：《如何改革中央与地方的财政分配关系》，《商学论坛》1990年第1—2期。

吴俊培：《论"公共财政"的误区》，《中南财经大学学报》1998年第4期。

吴俊培：《论中央和地方的财政关系》，《经济研究》1994年第4期。

吴俊培、李淼焱：《中国地方债务风险及防范研究——基于对中西部地方债务的调研》，《财政研究》2013年第6期。

吴念鲁、杨洪：《从美国政府债券市场看我国国债制度改革方向》，《国际金融研究》1988年第5期。

吴群、李永乐：《财政分权、地方政府竞争与土地财政》，《财贸经济》2010 年第 7 期。

吴世农：《论现阶段我国宏观经济的内外部双重平衡及其调控政策》，《中国经济问题》1993 年第 1 期。

吴兆莘：《国家预算的本质和职能》，《厦门大学学报》（社会科学版）1955 年第 5 期。

席克正、丛树海：《宏观经济中财政政策与货币政策的选择》，《财经研究》1993 年第 5 期。

夏杰长：《论当前扩张性财政政策的回旋空间、制约因素及解决对策》，《管理世界》1999 年第 2 期。

夏杰长、赵志耘：《国债规模的国际比较：判断与启示》，《经济学动态》2000 年第 4 期。

项怀诚：《中国财政体制改革六十年》，《中国财政》2009 年第 19 期。

肖捷：《联邦德国财政体制的基本模式及其启示》，《管理世界》1991 年第 2 期。

肖立军：《明代财政制度中的起运与存留》，《南开学报》1997 年第 2 期。

肖炎舜：《中国经济体制转轨与财政政策调控》，《财政研究》2017 年第 2 期。

谢国满：《中央与地方新型财政关系——分级财政目标模式和运行条件初探》，《暨南学报》（哲学社会科学）1992 年第 1 期。

徐放鸣：《中国国债——政府宏观调控的重要工具》，《中国财政》1999 年第 8 期。

徐日清：《论财政在完善社会主义市场经济中的作用》，《社会科学》1993 年第 1 期。

徐忠：《新时代背景下中国金融体系与国家治理体系现代化》，《经济研究》2018 年第 7 期。

许建国、李波：《改革开放 30 年来税收理论发展的历程》，《税务研究》2008 年第 10 期。

许毅:《对国家、国家职能与财政职能的再认识》,《财政研究》1997 年年第 5 期。

许毅:《三十年来财政实践与理论的发展》,《财政研究》1980 年第 Z1 期。

薛涧坡、张网:《积极财政政策:理论发展、政策实践与基本经验》,《财贸经济》2018 年第 10 期。

闫坤:《财税改革的渐进之路》,《中国经济报告》2008 年第 5 期。

闫坤:《对我国财政收入高速增长的原因分析及中期展望》,《经济学动态》2008 年第 6 期。

闫坤:《分税制改革的评价与展望》,《中国财政》2008 年第 18 期。

闫坤、徐鹏庆:《分税制、财政困境与地方政府转型》,《改革》2015 年第 12 期。

闫坤、于树一:《财税改革 40 年:挑战、主线、规律和未来改革思路》,《学习与探索》2018 年第 10 期。

闫坤、于树一:《论我国政府间财政支出责任的"错配"和"纠错"》,《财政研究》2013 年第 8 期。

闫坤、于树一:《税收对扩大内需的影响机理与促进策略》,《税务研究》2015 年第 9 期。

阎坤:《财政支出的理论框架及前沿问题》,《财政研究》2002 年第 7 期。

阎坤:《对我国分税制财政体制改革的分析》,《税务研究》2000 年第 11 期。

阎坤:《国债发行、运作与经济增长的国际比较及中国的实践》,《世界经济》1999 年第 11 期。

阎坤:《积极财政政策与通货膨胀关系研究》,《财贸经济》2002 年第 4 期。

阎坤、陈新平:《我国当前金融风险财政化问题及对策》,《管理世界》2004 年第 10 期。

阎坤、王进杰:《公共品偏好表露与税制设计研究》,《经济研究》

2000 年第 10 期。

阎坤、王进杰：《公共支出绩效管理中的成本效益分析》，《经济管理》2001 年第 7 期。

阎坤、徐佳蓉：《中国国债规模若干重要观点述评》，《财贸经济》2000 年第 3 期。

杨菲蓉：《毛泽东关于富农概念的使用及其界说（1925—1933）》，《毛泽东思想研究》1997 年第 4 期。

杨俊：《分税制背景下央地财政分配关系的"隐性博弈"问题分析》，《财经论丛》2012 年第 2 期。

杨之刚：《财政体制中央集权与地方分权的比较研究》，《赣江经济》1987 年第 2 期。

杨志勇：《财政学的基本问题——兼论中国财政学发展的着力点》，《财政研究》2017 年第 12 期。

杨志勇：《财政学科建设刍议：结合中国现实的研究》，《财贸经济》2007 年第 12 期。

杨志勇：《地方债治理的短期与中长期之策》，《人民论坛》2015 年第 30 期。

杨志勇：《地方政府债务风险研判与化解策略》，《改革》2017 年 12 期。

杨志勇：《地方政府直接发债需要什么条件?》，《中国税务》2009 年第 8 期。

杨志勇：《分税制改革中的中央和地方事权划分研究》，《经济社会体制比较》2015 年第 2 期。

杨志勇：《关于中国财政学发展方向的思考》，《地方财政研究》2013 年第 2 期。

杨志勇：《我国预算管理制度的演进轨迹：1979—2014》，《改革》2014 年第 10 期。

杨志勇：《现代财政制度：基本原则与主要特征》，《地方财政研究》2014 年第 6 期。

杨志勇：《政府预算管理制度演进逻辑与未来改革》，《南京大学学报》（哲学、人文科学、社会科学版）2009 年第 5 期。

杨志勇：《中国财政 40 年：观念与变革》，《财贸经济》2018 年第 10 期。

杨志勇：《专项债券让积极的财政政策更加有效》，《经济参考报》（理论版）2018 年 8 月 16 日。

杨仲伟、张曙光、王诚、韩制能：《我国通货膨胀的治理》，《经济研究》1988 年第 6 期。

叶娟丽：《论中国公共预算研究的方法论自觉》，《武汉大学学报》（哲学社会科学版）2011 年第 9 期。

叶振鹏：《财政在社会主义国民收入分配中的地位》，《中央财政金融学院学报》1983 年第 2 期。

叶振鹏：《建立公共财政基本框架的几个问题》，《中国财政》1999 年第 10 期。

叶振鹏：《社会主义财政在社会再生产中的地位和职能作用》，《财政研究》1980 年第 Z1 期。

叶振鹏：《适应社会主义市场经济的要求重构财政职能》，《财政研究》1993 年第 3 期。

叶振鹏、张馨：《论双元财政》，"全国第七届财政基础理论讨论会"上的发言，厦门大学，1993 年。

易纲：《中国的货币供求与通货膨胀》，《经济研究》1995 年第 5 期。

殷晓：《关于中央与地方财政关系调整的思考》，《浙江学刊》1991 年第 5 期。

于树一：《论国家治理框架下事权和支出责任相适应的政府间财政关系》，《地方财政研究》2015 年第 5 期。

于树一、杨远旭：《交通运输领域中央与地方财政事权与支出责任划分研究》，《财政监督》2018 年第 23 期。

于学军：《1998 年货币政策效用解析》，《经济研究》1999 年第 3 期。

余秉坚:《关于国家预算收入科目的改革设想》,《财贸经济》1984年第7期。

喻雷:《关于较长期间发行公债可能引起的几个问题的探讨》,《财政研究》1984年第5期。

袁东:《中央和地方财政关系中存在的问题和解决途径》,《中国经济问题》1992年第1期。

袁振宇:《社会主义初级阶段财政政策思考》,《财贸经济》1987年第7期。

张斌:《减税降费的理论维度、政策框架与现实选择》,《财政研究》2019年第5期。

张斌:《推进税收治理现代化的思考》,《财政科学》2018年第8期。

张斌:《新常态下促进实体经济发展的税收政策》,《地方财政研究》2017年第5期。

张斌、杨之刚:《政府间职能纵向配置的规范分析》,《财贸经济》2010年第2期。

张复英、李松森:《我国应实行复式预算》,《财政研究》1987年第12期。

张海星:《我国国债挤出效应分析》,《财政研究》2001年第2期。

张海星、靳伟凤:《地方政府债券信用风险测度与安全发债规模研究——基于KMV模型的十省市样本分析》,《宏观经济研究》2016年第5期。

张锦华、郑春荣:《我国财政学类本科专业建设状况分析报告——基于56个专业点的问卷调查》,《中国大学教学》2014年第7期。

张力炜:《片面追求"财权与事权统一"不利于宏观经济调控》,《计划经济研究》1993年第7期。

张力炜:《日本中央与地方的财政金融体制》,《计划经济研究》1992年第6期。

张丽华、汪冲:《解决农村义务教育投入保障中的制度缺陷》,《经济研究》2008年第10期。

张青、胡凯:《中国土地财政的起因与改革》,《财贸经济》2009年第9期。

张守文:《税制变迁与税收法治现代化》,《中国社会科学》2015年第2期。

张同斌、高铁梅:《财税政策激励、高新技术产业发展与产业结构调整》,《经济研究》2012年第5期。

张辛巳:《国家预算刍议》,《山西财经学院学报》1983年第3期。

张馨:《财政的公共性与阶级性关系析疑》,《经济学动态》1999年第5期。

张馨:《"公共财政"与"国家财政"关系析辩》,《财政研究》1997年第11期。

张馨:《公共产品论之发展沿革》,《财政研究》1995年第3期。

张馨:《论公共财政》,《经济学家》1997年第1期。

张馨:《双元财政论述评》,《中国经济问题》1999年第1期。

张馨:《应从市场经济的角度把握公共财政问题——答赵志耘、郭庆旺同志》,《财政研究》1999年第1期。

张馨、王开国:《复式预算是否适应于我国?》,《财政》1989年第4期。

张晏、龚六堂:《分税制改革、财政分权与中国经济增长》,《经济学(季刊)》2005年第1期。

张耀伦、周少云:《发展社会主义公共财政的思考》,《财贸经济》1993年第8期。

张占斌:《省直管县改革与县域经济发展》,《学习月刊》2005年第11期。

赵春新:《财政、信贷平衡和宏观经济控制》,《中央财政金融学院学报》1985年第4期。

赵履宽:《评放权让利和双轨制的改革思路》,《改革》1989年第2期。

赵梦涵:《"一五"时期中央与地方财政关系调整的回顾》,《经济纵横》1992 年第 1 期。

赵全厚、杨元杰、赵璧、孙昊旸：《地方政府投融资管理模式比较研究》，《经济研究参考》2011 年第 10 期。

赵昕东：《财政政策方向与力度的指示器：结构性赤字的估算及应用》，《财政研究》2000 年第 10 期。

赵早早、杨晖：《构建地方政府公开透明的预算制度——以无锡、温岭和焦作参与式预算实践为例》，《北京行政学院学报》2014 年第 4 期。

赵志耘、郭庆旺：《"公共财政论"的再质疑》，《财政研究》1999 年第 12 期。

赵志耘、郭庆旺：《"公共财政论"质疑》，《财政研究》1998 年第 10 期。

郑良芳：《打破财政统支局面就能解决财政、信贷、物资的平衡吗?》，《金融研究》1981 年第 2 期。

钟晓敏、樊小钢：《财政职能的结构分析——中央和地方政府的财政职能》，《财政研究》1995 年第 4 期。

周飞舟：《分税制十年：制度及其影响》，《中国社会科学》2006 年第 6 期。

周黎安：《中国地方官员的晋升锦标赛模式研究》，《经济研究》2007 年第 7 期。

周茂荣：《美国国债和美国经济的发展》，《世界经济》1982 年第 3 期。

周其仁：《中国农村改革：国家和所有权关系的变化（下）——一个经济制度变迁史的回顾》，《管理世界》1995 年第 4 期。

周绍朋、王健、汪海波：《宏观调控政策协调在经济"软着陆"中的作用》，《经济研究》1998 年第 2 期。

周业安、章泉：《财政分权、经济增长和波动》，《管理世界》2008 年第 3 期。

周泽民：《论公债的性质和作用》，《财政研究》1982 年第 3 期。

朱军：《现代宏观财政理论研究的脉络与启示——兼谈对财政学基础理论创新的借鉴意义》，《财贸经济》2015 年第 7 期。

朱玲：《关于中央财政与地方财政的基本理论要点》，《贵州社会科学》1997 年第 1 期。

庄子银、邹薇：《公共支出能否促进经济增长：中国的经验分析》，《管理世界》2003 年第 7 期。

高培勇：《把握积极财政政策配置格局的深刻变化》，《经济日报》（理论版）2019 年 5 月 17 日。

高培勇：《市场经济体制与公共财政框架》，《人民日报》2000 年 9 月 28 日。

贾康、阎坤、陈新平：《实现开发性金融与财政的协调互动》，《经济参考报》2005 年 7 月 16 日。

楼继伟：《建立现代财政制度》，《人民日报》2013 年 12 月 16 日。

肖炎舜：《财政政策在不同阶段有不同的作用》，《中国财经报》2017 年 7 月 18 日。

阎坤：《个人所得税：改革之路怎么走》，《光明日报》2016 年 9 月 8 日。

阎坤：《积极财政政策如何"加力提效"》，《经济日报》（理论版）2019 年 1 月 3 日。

叶振鹏、张馨：《双元结构财政——中国财政的新模式》，《光明日报》1993 年 11 月 9 日。

Chetty R., Finkelstein A., "The Changing Focus of Public Economics Research, 1980 – 2010". *Nber Reporter* 2012 (1): 1 – 6.

Jin H., Qian Y., Weingast B. R., et al., "Regional Decentralization and Fiscal Incentives: Federalism, Chinese Style", *Journal of Public Economics*, 2005, 89 (9): 1719 – 1742.

Li H, Zhou L., "Political Turnover and Economic Performance: The Incentive Role of Personnel Control inChina", *Journal of Public Economics*, 2005, 89 (9): 1743 – 1762.

Qian Y., Weingast B. R., "Federalism as a Commitment to Reserving MarketIncentives", *Journal of Economic Perspectives*, 1997, 11 (4): 83 – 92.

Zhang, Tao., Heng-fu Zou, 1998, "Fiscal Decentralization, Public Spending and Economic Growth in China", *Journal of Public Economics*.

后　　记

2019年是新中国成立70周年，也是新中国财政制度建设和新中国财政学发展70周年。70年来，在新中国的财政体系不断丰富和完善、财政制度不断健全和创新下，财政学科得到了持续的实践滋养，形成了规模浩大的研究成果、影响深远的思想体系、匹配中国实践的理论模型、总结改革开放规律的历史文献。

为纪念新中国成立70周年，中国社会科学院将以《庆祝中华人民共和国成立70周年书系》献礼祖国，《新中国财政研究70年》是学科发展系列之一，记叙新中国财政学说史。既是中国社会科学院2019年精品工程项目，也是财经院财政学科骨干力量共同努力，向祖国70年华诞的献礼作品。

本书以刻画财政学发展的历史主线，展示财政学科的使命和价值，拾贝财政学研究的重大理论成果，以历史服务于现实，以理论服务于实践，以规律服务于创新。受研究团队所托，我忝为执笔后记，谨以自己浅薄的理论根基和实践积累，传记伟大的新时代，致敬新中国财政70年！

新中国财政学发展70年，先后经历过四个历史阶段，并形成了服务于全局和实践的三大理论体系。新中国成立初期到1978年党的十一届三中全会是第一个历史阶段。在这个阶段中，我们经历了恢复国民经济、强化战时保障、完成"三大改造"、建立社会主义计划经济体系和维持"文化大革命"时期"三大平衡"等重大历史任务的考验。财政学在服务实践中得到了良好的充实，并发挥了其特有的支撑作用，如支持编写了新中国的第一本国家概算，提出了统一全国税政的思路，建立了基本建设的拨款制度，推进了国营经济和工业化发展，强化了财政、信贷、物资的综合平衡，等等。这一时期财政学研究的主要对象是资源和要素的配置问题，以及物质产品的分配问题，以此形成了"国家分配论"的实践基础和理论框架。

从1978年到1992年党的十四大的胜利召开是第二个历史阶段。这个阶段也是计划经济向市场经济的过渡阶段，其目标是释放经济潜能、培育市场主体、理顺市场机制和改革收入分配，形成"国家调节市场，市场引导企业"的模式。这一时期的财政学在改革开放的理论探索中发挥了思想"先锋队"和理论"堡垒"作用：率先提出了"财政包干制"的理念，有效策应和支持了"企业承包制"改革；提议中央和地方财政体制转向"分灶吃饭"，以调动地方做大蛋糕的积极性；倡导"利改税"以明确政府与企业的收入分配关系。在理论体系上，由于这一阶段的主基调是"放权让利"，即政府向企业放权，中央向地方放权，行政管理向市场机制放权，所以总体上仍属于"国家分配论"的架构之下，只不过在理念、政策和手段上更加表现出市场化的特征。

从1992年到2012年党的十八大召开是第三个历史阶段。这个阶段是社会主义市场经济制度得以确立，并在体制、机制、主体、模式的建设上全面推进的关键时期。财政学开始转向基于系统的市场经济体系的财政体制、制度、政策和手段的研究，有效回答了财政收入的来源、财政服务的对象、财政管理的要求、财政资源配置四个方面的问题，深入开展了公平税制、完善体制和部门预算的理论研究工作，先后形成了以增值税为主体的中性流转税制、以财政政策和货币政策协调配合的宏观经济调控方略，及取消农业税、统一内外资企业税制、研究部门预算和国库单一账户制度等重大理论成果，有针对性地支持了相关领域的重大改革。在这一阶段，财政学在理论体系上更加注重解决财政收入的合规性、政府支出的匹配性，财政管理的规范性和宏观调控的引导性等问题，以及支持中国财政运转的基础由产权管理为主体转向属地管理为主体，坚定地推进分税制改革等重大理论落地，整体理论框架属于"公共财政学"的范畴。

2013年党的十八届三中全会召开以来，以新时代中国特色社会主义建设与发展为起点，财政学发展进入第四个历史阶段。这一阶段的财政学主要围绕财政是国家治理的基础与重要支柱、市场在资源配置中发挥决定性作用、建立现代财政制度三个主要命题展开，并按照财税体制改革总体方案的要求，做好现代预算制度、现代税收制度、中央和地方财政关系三个方面的理论研究和经验总结工作，重点突破中期财政预算、转移支付制度、地方政府性债务管理、政府综合财务报告、消费型增值税制度、消费税的调节功能、环境保护税和房地产税制度、完善地方税体系、合理划分政府间事权与支出责任等关键性问题。同时，在财政学的框架上按照国家治理体系和治理能力现代化的要求，相应地将政府投融资、国有资产管理、收入分配制度、财经外交和"一带一路"纳入学科研究框架，并以财政的逻辑和视角形成了一系列重要理论成果。总体上看，这一时期的财政学学科体系主要服务于国家治理现代化发展，着力于对现代财政制度的理论突破和体系建构，拓展于以"人类命运共同体"为基础的国际财经事务协调，这样，我们将该阶段的理论体系概括为"国家治理财政学"，并坚持以习近平新时代中国特色社会主义思想为指导。

新中国财政学发展的70年，始终以有序平衡、协调统一作为总体原则，处理好政企、政资、政社、央地、收支"五大关系"。政企关系是"五大关系"的基础，也是财政学持续研究和不断深化的重要领域。1950年，针对财政学界提出的调整"三大关系"（即公私关系、劳资关系和产销关系），国家着手对工商业进行调整，重点是形成规范、有序的政企关系；1956年，财政学界提出了尊重私有权利、"和平赎买"的理念，以此为原则，完成了工商业的全面公私合营，形成了公有制的企业体系；20世纪80年代中期，财政学界提出应坚持所有权和经营权分离,通过明确责、权、利关系,推进企业承包经营责任制;1993年,以"产权清晰、权责明确、政企分开、管理科学"为标准,以公司制为主要形式,开启了现代企业制度的建设进程;2013年,以"混合所有制是基本经济制度的有效实现形式"为依据,在坚持完善现代产权制度的前提下,推动国有经济、集体经济和非公有制经济的融合发展。从总体上看,财政学对政企关系所坚持的理论原则是:调动企业的积极性,保障财政的持续性,明确产权的基础性。

政资关系是政企关系的提升和延伸,是企业制度与国家管理制度衔接的重要领域。新中国成立初期的公私合营制度就是政府和资产关系的具体体现和运用,财政学理论认为,自此政资关系逐步走向与政企关系的融合。随着20世纪80年代企业承包经营责任制和股份合作制的兴起,企业经营管理和资产价值管理再次形成分离,财政学将政资关系作为独立的研究对象,再次纳入轨道;1993年开始的现代企业制度建设与发展,财政学提出了以产权明晰为基础,出资人、监管人和经营者适度分离的相关理念,成为政资关系的重要深化;1997年,国有企业的改革逐步进入深水区,财政学提出了坚持国有资产保值增值的基本原则,并以此形成了政资关系的基础要求;2007年,我国建立国有资本经营预算;2013年,以"管资本为主加强国有资产监管"成为政资关系的新要求,财政学针对国有资本经营主体的国有资本运营公司和国有资本投资公司的研究工作成为推进改革的重要理论参考。从总体上看,财政学对政资关系的研究主线是:资产价值属性和企业经营属性的关系,以及在此基础上形成的资产价值属性(资本)和资产功能属性(狭义的资产)的关系。

政社关系是国家事务的基础关系,是政府实施社会治理的基本架构,是"有限政府"建设与社会组织发展的核心内容。财政学对政社关系的理论框架主要基于三个要求展开:一是成本控制要求,即政社关系的有序协调所付出的成本情况;二是治理绩效要求,即政社关系对财政投入的产出效益（社会治理效果）的情况；三是社会发展要求，即政社关系不是静态的，而是以社会发展为前提的。在三个要求的框架下，财政学先后对阶级治理体系、社会阶层管理、社会组织发展和政务服务与社会服务融合等问题进行了深入的研究，形成了"双轨制"改革、非政府组织发展、政府购买服务和社会团体脱钩等一系列理论创新和理论应用。

央地关系是政府间财政关系的核心体现，也是优化政府间财政关系的核心内容。财政学一直高度关注央地关系，并形成了企业所有权归属划分、财政体制的优化调整、事权和财权相匹配、事权与支出责任相适应等一系列研究重点。这些理论成果有效支持了企业权利归属划分，税制改革和税收权利分享，财政体制的优化与动态调整，事权与财权、事权与财力、事权与支出责任的匹配与适应等一系列改革实践，并于2016年通过《关于推进中央与地方财政事权和支出责任划分改革的指导意见》（国发［2016］49号文）将前期理论成果和实践探索予以总结和呈现。

收支关系是财政学的基本关系，主要包括收支差额、期限差距和结构差异三个方面，并以其程度成为财政风险的重要判断依据和评价标准。在收支关系的研究上，财政学形成了一系列的重大理论成果，包括引进收支差额的国际参照标准，推动预算审核的重点由平衡状态、赤字规模向支出预算和政策拓展，中期预算管理，建立跨年度预算平衡机制，规范地方政府性债务管理，等等。这些重大成果还将为现代财政制度的建设和发展提供支持和助力。

新中国财政学发展的70年，始终坚持完善学科体系、服务国家治理、优化资源配置三条主线，构建理论发展与实践创新的统一体。完善学科体系是几代财政学人孜孜不倦的追求。70年来，学科研究的范围从预算制度、税收制度扩展到产权制度、国有资产、收入分配和政府间财政关系等领域，研究方法从平衡状态、补偿机制拓展到综合平衡、产出绩效、投融资协调等手段，研究对象从人、财、物延伸到背后的责、权、利和前置的政、社、产。服务国家治理是财政学的目标诉求，是落实"财政是国家治理的基础和重要支柱"的关键所在。从计划经济时期的完成"三大改造"、支持工业化发展、实施工商统一税制，到商品经济时期的治理经济环境、整顿经济秩序、总体"放权让利"，再到社会主义市场经济时期的分税制财政体制、全面深化改革、贯彻五大发展理念等都是服务国家治理的集中体现。优化资源配置是财政学的理论基础，也是"看得见的手"的运行载体。70年来，财政学对资源配置的研究从保供给到促平衡，从提效率到求公平，从服务于市场在资源配置中发挥"基础性作用"到"决定性作用"；"看得见的手"从孤军奋斗到"双手"并举，从支配手段到协调并重再到"更好地发挥政府作用"，形成了一批重大成果，也取得了许多宝贵经验，为财政学理论体系的进一步深化发展，准备了良好的条件。

本书将新中国财政学发展的重大历史事件、重大理论成果和重大逻辑主线收录其中，结合财政的运行规律和理论的创新规律进行适度的抽象凝练，以体现学科框架、逻辑架构、设计理念和本质结果，在致敬先辈学人的同时，为我们的时代传记，并向读者奉上一本财政学发展的"时间煮雨"。

按照中国社会科学院党组的总体部署，2018年12月，根据《中国社会科学院〈庆祝中华人民共和国成立70周年书系〉编撰工作方案》要求，财经战略研究院成立了以我为组长、12名执笔者组成的《新中国财政学研究70年》编撰工作小组，随着2018年12月25日第一次编撰工作小组会议召开，编撰工作正式启动。

从正式启动到将书稿呈交出版社只有6个月的时间，其间还要经过写作大纲的起草和讨论通过、中期报告、书稿的汇总和修改以及两轮统稿，这对于编撰工作小组来说无疑是异常艰巨的任务。为了提高效率，所有执笔者除了写作之外，还要承担一项工作，或者是大纲起草，或者是统稿，或者是每次组会的会议纪要……

在大纲提交院社科院党组讨论时，谢伏瞻院长对本书提出了重要指示，蔡昉副院长对本书提出了具体要求，并将书名最终确定为

《新中国财政学研究70年》。几经讨论，本书最终按照历史发展阶段（新中国成立初期至改革开放前、改革开放起步时期、建立社会主义市场经济体制时期、中国特色社会主义新时代）和财政学研究的问题（基本理论、财政收入、财政支出、政府间财政关系、预算管理、财政政策、政府债务和政府投融资）两个维度进行写作。具体分工如下：

杨志勇：新中国财政学70年发展的基本脉络与主要成就（第一章）

张德勇：新中国财政学发展的实践基础（第二章）

马珺：各时期的财政学基础理论（第三章、第八章、第十五章、第二十二章第一节）

张斌：各时期的财政收入理论（第四章、第九章、第十六章、第二十二章第二节）

蒋震：各时期的财政支出理论（第五章、第十章、第十七章、第二十二章第三节）

于树一、闫坤：各时期的政府间财政关系理论（第六章、第十一章、第十八章、第二十二章第四节）

赵早早：各时期的预算与财政平衡理论（第七章、第十二章、第十九章、第二十二章第五节）

何代欣：各时期的财政政策理论（第十三章、第二十章、第二十二章第六节）

冯明：各时期的政府债务与投融资理论（第十四章、第二十一章、第二十二章第七节）

闫坤、张鹏：新时代财政学研究的新领域（第二十三章）

汪德华：中国特色哲学社会科学学科体系下财政学发展展望（第二十四章）

提纲撰写小组：闫坤、张斌、汪德华、何代欣、蒋震

第一次统稿组：闫坤、汪德华、张德勇、于树一、冯明

第二次统稿组：闫坤、于树一、冯明

在进行任务分工之后，本书的编撰工作稳步进行。在具体写作中，执笔者把自己置身于 70 年财政学发展的历史长河中，置身于一次次的财政理论大讨论中，站在中国特色社会主义新时代与著名财政学家进行隔空对话；在组会讨论中，执笔者力求把每一个重大财政问题的来龙去脉梳理清楚，不断碰撞出闪光的思想火花，为书稿能够精彩呈现中国财政学发展史打下了坚实的基础。每一个人都能身处其中，每一个人都能身临其境，每一个人都让自己化身为同时承载着财政学历史和现实的一叶轻舟，畅游在学术海洋。在这样的精神激励下，本书实现了初衷，向世人展现了中国财政学学科发展的精美画卷。

本书得以在短时间内问世，除了执笔者的努力之外，还要感谢很多人。感谢谢伏瞻院长的信任，将这项光荣的政治任务交给财经院财政学科；感谢蔡昉副院长的具体指导，让本书能够拥有更高的角度、更广的视野；感谢中国社会科学出版社社长赵剑英、总编辑魏长宝和编辑王曦，在写作的每一阶段都从出版的角度提出宝贵意见。出版社的提前介入、共同研讨，将研究创作和编辑宣传工作有效结合在一起，提升了本书的规范性、可读性和时效性；感谢科研局为本书的写作创造各种有利条件；感谢中国社会科学院大学财经系的部分同学，为本书的撰写做了很多基础性工作。此外，本书的研究撰写工作还得到了学界前辈的关注、帮助和指导，在此一并表示我们深深的谢意和敬意。

由于时间短、任务重，本书的观点、内容难免存在疏漏，恳请读者为我们提出宝贵意见，助力我们进步，从新的起点，再出发！

闫　坤

2019 年 6 月 30 日